Le piège de l'identité

Du même auteur

Stranger in My Own Country, Farrar, Straus & Giroux Inc., 2014.
The Age of Responsibility, Harvard University Press, 2017.
The People vs. Democracy, Harvard University Press, 2018.
Le Peuple contre la démocratie, Éditions de l'Observatoire, 2018.
The Great Experiment, Penguin Press, 2022.
La Grande Expérience. Les démocraties face à la diversité, Éditions de l'Observatoire, 2022.
The Identity Trap: A Story of Ideas and Power in Our Time, Allen Lane, 2023.

Yascha Mounk

Le piège de l'identité

Comment une idée progressiste est devenue une idéologie délétère

Traduit de l'anglais (États-Unis)
par Benjamin Peylet

Éditions de
L'Observatoire

Titre original :
The Identity Trap: A Story of Ideas and Power in Our Time

Éditeur original : Penguin Press, 2023

ISBN : 979-10-329-2717-5
Dépôt légal : 2023, novembre

170 *bis*, boulevard du Montparnasse, 75014 Paris

Introduction

L'appât et le piège

À la fin de l'été 2020, Kila Posey posa une question à la directrice de l'école élémentaire Mary-Lin, située en banlieue aisée d'Atlanta : était-il possible d'inscrire sa fille de 7 ans dans la classe d'une institutrice en particulier ? « Pas de problème, répondit d'abord la directrice. Dites-moi laquelle. » Ce qui fut fait. Mais à la suite de cet échange, la directrice imposa finalement une autre institutrice, qu'elle considérait mieux adaptée. Finalement, Kila Posey, une femme noire, demanda pourquoi sa fille ne pouvait être inscrite dans la classe choisie. « Eh bien, admit la directrice, parce que ce n'est pas la classe des Noirs. »

Ce récit réveille des souvenirs tristement familiers. Il évoque l'histoire longue et violente de la ségrégation. Il conjure des images de parents blancs horrifiés à l'idée que leurs enfants puissent être mêlés à des camarades noirs. Mais il y a ici un retournement de situation pervers, et inattendu : la directrice, Sharyn Briscoe, est noire elle aussi. Comme Kila Posey en a témoigné dans l'*Atlanta Black Star*, elle était « désespérée d'avoir une telle conversation en 2020 avec quelqu'un qui lui ressemble tant, une autre femme noire. Ce n'est rien de plus que de la ségrégation au sein de l'école. On ne fait pas de ségrégation par classes. On ne peut pas faire ça. »

En réalité, les événements de l'école élémentaire Mary-Lin ne sont pas le prolongement d'une histoire bien connue ; ce sont les résultats d'une nouvelle tendance idéologique. De plus en plus d'écoles aux États-Unis pensent lutter contre le racisme en séparant les enfants selon leur couleur de peau.

Des écoles publiques ont réintroduit la ségrégation. Le lycée Evanston-Township, en banlieue de Chicago, propose à présent des cours de mathématiques réservés aux élèves qui « s'identifient comme noirs ». Beaucoup d'autres se sont lancées dans des « regroupements par affinités » fondés sur une forme de ségrégation raciale. Tout un secteur scolaire de Wellesley, dans le Massachusetts, a récemment créé un « *safe space* pour les élèves asiatiques et américains d'origine asiatique ». Comme le soulignait l'e-mail d'invitation, « il s'agit d'un espace sécurisé pour nos élèves de couleur, asiatiques et américains d'origine asiatique, *pas* pour les élèves qui s'identifient uniquement comme blancs ».

Le 14e amendement et le verdict historique de la Cour suprême dans l'affaire *Brown v. Board of Education* ont imposé des limites très strictes à toute institution publique qui souhaiterait instaurer une discrimination fondée sur la couleur de peau. En conséquence, la ségrégation par classes et la présence de *safe spaces* dans les établissements scolaires publics ont été attaquées en justice, jusqu'au niveau fédéral. Cependant, ce qu'il s'est passé à Atlanta, Evanston et Wellesley est devenu depuis une pratique fréquente dans les établissements privés, auxquels ces restrictions sévères ne s'appliquent pas.

Dans les écoles les plus huppées d'Amérique, de Boston à Los Angeles, des professeurs séparent aujourd'hui les élèves par origines ethniques. Dans bien des cas, la participation à ces regroupements est obligatoire de fait. Parfois, les élèves sont si jeunes que c'est aux professeurs de leur indiquer le groupe qui leur convient. Dans l'établissement scolaire Gordon de Rhode Island, les professeurs ont ainsi réparti les enfants dans des groupes d'affinité selon leur origine ethnique, qu'ils réunissent chaque semaine, dès l'école maternelle. « Un programme d'apprentissage par le jeu et l'affirmation explicite de l'identité raciale sont très importants, surtout pour les jeunes apprenants », expliquait Julie Parsons, institutrice à Gordon de longue date et récemment récompensée par l'Association nationale des écoles indépendantes pour ses efforts en faveur de la diversité, de l'égalité et de l'inclusion.

Dalton, une école prestigieuse dans l'Upper East Side de New York, accueille des enfants de l'élite de la ville. Elle n'a pas ménagé ses efforts pour expliquer les objectifs pédagogiques qui fondent ses pratiques. Selon les déclarations de la direction et les ressources externes accessibles sur son site internet, les institutions antiracistes doivent aider les élèves à exprimer l'identité raciale qui leur correspond. Une conversation entre experts, organisée en lien étroit avec l'école par une éminente organisation nommée non sans à propos « EmbraceRace », a ainsi conclu, en particulier pour les enfants les plus jeunes, que « même une personne de couleur ou une personne noire pourrait dire : "Je ne me vois pas comme un être racé. Je suis simplement humain." Le rôle d'une bonne éducation est de changer cette attitude : "Nous sommes des êtres racés." » La première étape consiste ainsi à rejeter le *color-blindness*, l'insensibilité aux couleurs, et à cesser de considérer que nos points communs sont plus importants que nos différences.

Depuis peu, certaines écoles encouragent leurs élèves blancs à se définir par leur couleur de peau. L'école Bank Street, dans l'Upper West Side, par exemple, est l'une des plus renommées de tout le pays pour les premières années d'enseignement. Fière de se trouver à l'avant-garde du progrès pédagogique, elle sert à la fois d'école élémentaire, de collège et de centre de formation des maîtres, pour des centaines de futurs professeurs chaque année. Récemment, Bank Street s'est mise à séparer ses élèves entre un « groupe d'affinité des enfants de couleur » et un groupe (entièrement blanc) de « défenseurs ». L'objectif de ce groupe blanc, tel que l'explique une diapositive de présentation, est « d'alerter sur la prévalence de la blanchité et du privilège blanc » et d'encourager les élèves à « assumer leurs ancêtres européens ».

C'est en suivant cette nouvelle approche pédagogique que Sharyn Briscoe, la directrice de l'école élémentaire Mary-Lin, a créé sa « classe des Noirs ». Elle a grandi dans la banlieue noire de Philadelphie, mais elle était scolarisée dans une école privée à majorité blanche où elle s'est souvent sentie isolée. Une fois obtenu son diplôme de sciences de l'éducation au Spelman College, elle s'est proposé de mettre en application des idées nouvelles qui préserveraient les enfants des tourments qu'elle avait subis. Comme le demande Beverly Daniel Tatum, pédagogue célèbre et ancienne présidente de Spelman, dans un livre qui a connu un grand retentissement, « Si un jeune s'est trouvé une place au sein d'un cercle d'amis blancs, est-il réellement nécessaire de lui former un groupe de camarades noirs ? » Répondant par l'affirmative, Tatum recommande aux écoles de s'assurer que tous les élèves lient des amitiés au sein de leur propre groupe racial « en séparant les élèves noirs » pour au moins une partie de la semaine.

Kila Posey n'est pas du tout d'accord avec cette idée. En tant que pédagogue elle-même, elle estime que « placer [ses] filles dans des classes où tout le monde leur ressemble ne va pas nécessairement leur conférer un sentiment d'appartenance à une communauté ». Sélectionner selon leur couleur de peau les camarades avec lesquels ses deux filles devraient se lier d'amitié, a-t-elle dit à Sharyn Briscoe lors de l'une de leurs premières entrevues, « ce n'est pas votre boulot ».

Quand j'ai interrogé Kila Posey à propos de cette dispute avec le secteur scolaire d'Atlanta qui durait depuis plusieurs années, elle m'a répondu très calmement. Elle se rappelait les faits et les chiffres avec la précision de celle qui s'est lancée à corps perdu dans un juste combat. Ce n'est que quand je lui ai demandé quels espoirs elle entretenait pour l'avenir de ses filles que sa voix a tremblé. « Pour mes filles, il n'y a pas de limites. Elles peuvent faire et devenir ce qu'elles voudront », a-t-elle répondu très émue. Ses filles avaient regardé la cérémonie d'investiture de Kamala Harris à la vice-présidence des États-Unis et elles étaient déterminées à marcher dans ses pas. Quel que sera leur choix, cependant, Kila Posey a précisé qu'elles « trouveront une place à la table, et qu'elles devront s'y entendre avec tout le monde ».

Ce désaccord profond entre Kila Posey et Sharyn Briscoe n'est qu'une escarmouche au sein d'une bataille idéologique plus vaste. Une partie du discours dominant américain est en train de substituer à l'universalisme une forme de séparatisme progressiste. Des écoles et des universités, des fondations, certaines entreprises considèrent qu'il est de leur devoir d'encourager activement la population à se concevoir en tant qu'« êtres racés ». Elles appliquent de plus en plus cette maxime à d'autres formes d'identité, en considérant le genre, l'origine culturelle, l'orientation sexuelle comme ce qui nous définirait le mieux. Depuis peu, bon nombre de ces institutions vont même plus loin : elles sont parvenues à la conclusion que leur responsabilité est de traiter les gens différemment selon leur groupe d'appartenance, même pour des questions de vie ou de mort, telles que leur place sur une liste d'attente pour l'attribution de médicaments indispensables.

L'enjeu est de taille

À la fin du mois de décembre 2021, un médecin de New York établit une prescription urgente pour un patient tout juste testé positif au Covid-19. Il souhaitait le soigner à l'aide d'une nouvelle molécule appelée Paxlovid, qui promettait de faire chuter la mortalité. Il appela donc un pharmacien qui pourrait la lui fournir, mais avant d'accepter de la livrer, ce dernier lui posa une question. Quelle était l'origine ethnique du patient ? Le médecin était estomaqué. « En trente ans d'exercice de la médecine, dit-il, je n'avais jamais entendu cette question dans le cadre d'une prescription. »

Au cours du deuxième automne de la pandémie, les vaccins ont été rendus largement accessibles. Des traitements efficaces étaient envoyés aux hôpitaux et aux officines, pour la première fois. On voyait enfin le bout du tunnel. C'est alors que le variant omicron s'est répandu comme une traînée de poudre, entraînant une hausse brutale des infections. Les médecins ont dû prendre des décisions drastiques en matière d'allocation des ressources et décider à qui attribuer en priorité les molécules vitales telles que le Paxlovid et les anticorps monoclonaux du type Sotrovimab, en attendant qu'elles soient produites en quantité suffisante pour que tout le monde y ait accès.

En pareil cas, selon le principe ancestral du triage, les autorités médicales suivent le plus souvent une stratégie fondée sur un objectif simple : sauver le plus de vies possible. Durant la pandémie, la plupart des pays, les États-Unis exceptés, ont dûment agi en conformité à cette maxime. Afin d'administrer les médicaments aux patients qu'elles avaient le plus de chances de sauver, les autorités de santé ont traqué les facteurs de risque établis, les fameuses comorbidités connues pour rendre le Covid bien plus mortel. Mais, au cours de la décennie qui venait de s'écouler, des médecins influents, des experts, des activistes politiques avaient milité pour que les décisions de triage s'effectuent sur la base d'une considération bien différente : celle de l'équité raciale.

Il existe de bonnes raisons, pour les médecins, de tenir compte des différences entre groupes démographiques. Des dizaines d'études ont montré que les communautés historiquement discriminées, telles que les Afro-Américains aux États-Unis et certains groupes d'origine asiatique en Grande-Bretagne, sont moins bien soignées. Seulement, plutôt que pallier ces injustices profondes en s'assurant que tous les patients bénéficieront de la même qualité de soins quelles que soient leurs origines, une grande proportion des professionnels de la médecine a conclu en toute conscience qu'il lui faudrait traiter différemment les divers groupes ethniques.

Dans une série d'articles célèbres, deux éminents médecins de Brigham and Women's, l'un des meilleurs hôpitaux du monde, décrivent leur mise en pratique de cette idée. Bram Wispelwey et Michelle Morse ont démontré que les patients non blancs avaient été par le passé victimes de discriminations en matière d'admission dans l'unité de cardiologie, où les places sont toujours chères. Mais, plutôt que de remédier à ces inégalités en prenant les mesures nécessaires pour que l'hôpital traite à l'avenir de manière équitable tous les patients, blancs ou noirs, leur « mesure à implémenter pour atteindre l'équité » consistait en l'« admission préférentielle des Noirs et Latinos atteints d'insuffisance cardiaque ».

Certains universitaires de premier plan ont ainsi proposé de faire passer l'équité raciale avant l'impératif de sauver des vies. Comme l'avançait récemment Lori Bruce, directrice adjointe du centre de bioéthique de Yale, dans le *Journal of Medical Ethics*, les protocoles de priorisation en cas de pénurie matérielle « devraient être conçus selon des critères plus larges que le seul indicateur, trop fruste, du nombre de vies sauvées ». Les médecins devraient ainsi tenter de minimiser les disparités entre groupes démographiques par l'implémentation de « protocoles de triage racialement équitables », en prenant tout particulièrement garde aux questions telles que « les familles se rappelleront-elles qu'on leur a refusé le traitement ou, au contraire, qu'on les a correctement accueillies ? ».

Ces idées et pratiques nous aident à comprendre l'angle sous lequel les décisions officielles ont été prises durant la pandémie. Quand les autorités de santé américaines ont décidé qui recevrait en priorité les traitements contre le Covid en situation de pénurie, elles aussi ont rejeté le cadre de « neutralité raciale » qui ne tenait compte que des facteurs de risque tels que l'âge ou autres comorbidités. L'État de New York, par exemple, s'est engagé à adopter des politiques sanitaires qui promouvraient « l'équité raciale et la justice sociale » en 2021, précisant en toutes lettres que « cela ne signifierait pas le même traitement pour tous ». C'est avec ces objectifs en tête que l'administration de la Santé de l'État de New York a demandé de prescrire les médicaments rares, tels que le Paxlovid, aux membres des groupes ethniques minoritaires, même de moins de 65 ans sans comorbidité. En revanche, la directive stipulait que les New-Yorkais blancs dans la même situation ne devaient pas être considérés comme prioritaires.

Cette directive adoptée par l'État de New York est partie d'une tendance plus générale. Plus tôt, en 2021, au début des campagnes de vaccination, le Vermont encouragea les jeunes patients non blancs sans comorbidité à se faire vacciner avant les patients blancs dans le même cas. Alors que leurs propres modélisations montraient que cette stratégie aboutirait à plus de morts, les Centres pour le contrôle et la prévention des maladies (CDC) poussèrent les États à vacciner les travailleurs essentiels avant les personnes âgées, sous prétexte que celles-ci sont, aux États-Unis, blanches en très large proportion. Quand un procès tenta de mettre fin à ces pratiques, une vingtaine d'institutions majeures, dont l'Association américaine de santé publique, le Collège américain des médecins et l'Association américaine de médecine, déposèrent un témoignage en *amicus curiae* pour les défendre.

Le nouveau paradigme s'applique également à d'autres domaines, aussi éloignés des origines ethniques que de la médecine. D'autres administrations ont en effet entamé le virage qui les éloignera de cette neutralité réglementaire visant au traitement égal de tous les citoyens, sans distinction d'appartenance, dans la plupart des contextes. Elles font désormais explicitement dépendre l'accès à certaines aides publiques essentielles de facteurs tels que le genre, l'orientation sexuelle ou les origines ethniques.

Ainsi, quand le gouvernement fédéral créa un fonds d'urgence pour aider les petites entreprises menacées de faillite en raison de la pandémie, il favorisa explicitement celles tenues par des femmes plutôt que par des hommes. De même, la ville de San Francisco annonçait récemment qu'elle mettrait en place un revenu de base grâce auquel les habitants pauvres percevraient 1 200 dollars par mois.

Cependant, n'y seraient éligibles que les membres d'un certain groupe : les personnes s'identifiant comme trans.

Les inquiétudes quant au rôle que joue aujourd'hui l'identité sont souvent tournées en ridicule et ravalées au rang d'obsessions malsaines nées de la guerre culturelle et des réseaux sociaux. Il y a dans ces critiques un fond de vérité. Twitter et Facebook servent bel et bien leur dose d'indignation quotidienne à des publics de plus en plus polarisés. Et certaines personnes qui se sont indéniablement rendues coupables de comportements profondément répréhensibles se prétendent victimes de « *cancel culture* » et d'« attaques en meute ». Si certaines critiques de ces transformations récentes sont hypocrites, le phénomène en question n'en est pourtant pas moins réel.

Cette nouvelle manière de penser l'identité a déjà pris une importance énorme au Canada, au Royaume-Uni et aux États-Unis. Elle se répand à présent en France et en Allemagne, en Suisse et aux Pays-Bas, en Italie et en Espagne, et même jusqu'au Brésil et au Chili. Des hypothèses fondamentales sur la justice, la valeur de l'égalité et la signification de l'identité ont été modifiées en profondeur. Même s'il serait prématuré de déclarer que cette idéologie a remporté la victoire, elle a déjà modifié les comportements d'institutions aussi importantes que l'Associated Press, le Massachusetts Institute of Technology, le Syndicat américain pour les libertés civiques et la Coca-Cola Company, le National Health Service britannique, le Centre national des arts du Canada, les syndicats d'étudiants français et les maisons d'édition espagnoles. L'enjeu n'est ni plus ni moins que les règles de base, les principes fondamentaux et les hypothèses de fond qui structureront nos sociétés dans les décennies à venir. Plutôt que de prétendre que ces changements sont imaginaires ou dépourvus de signification, nous devons les analyser et les critiquer avec le plus grand sérieux.

La synthèse identitaire

Les racines de cette idéologie nouvelle qui vient modifier les règles et les normes essentielles d'institutions de premier plan sont à chercher dans une métamorphose : celle des combats de fond de nombreux progressistes déclarés. La gauche, historiquement, s'est caractérisée par ses aspirations universalistes. Être de gauche signifiait penser que les êtres humains ne sont pas définis par leur religion ni leur couleur de peau, leur culture d'origine ni leur orientation sexuelle. Un objectif clé des politiques de gauche était de créer les conditions d'une prise de conscience collective, selon laquelle ce que nous partageons par-delà les fractures identitaires serait plus important que ce qui nous divise. C'est ce qui nous permettrait de dépasser les nombreuses formes d'oppression qui ont sali la cruelle histoire de l'humanité. Mais, depuis les années 1960, la pensée de gauche sur l'identité s'est transformée, pour des raisons bien compréhensibles à de nombreux égards.

Dans les années 1960 et 1970, un nombre croissant de personnalités de gauche avancèrent que l'engagement théorique en faveur de l'universalisme cohabitait trop souvent avec de graves discriminations raciales ou religieuses. Elles soulignaient aussi que de nombreux mouvements de gauche s'étaient montrés, de longue date, inhospitaliers envers les minorités ethniques et sexuelles. Tandis que les consciences s'ouvraient aux discriminations historiques que subissaient diverses communautés minoritaires, et que s'approfondissait la compréhension de leurs mécanismes, une partie de la gauche jugea que la solution résidait dans de nouvelles formes de militantisme et de fierté identitaires. Si des personnes subissaient de graves préjudices parce qu'elles étaient gays ou noires, il n'était pas idiot d'encourager les gays et les Noirs à s'identifier à ces groupes marginalisés, et ainsi à se battre pour leur libération collective.

Avec le temps, ce redoublement des efforts sur les questions d'identité perçu comme un impératif stratégique se transforma lui aussi, et avec lui les objectifs ultimes que la gauche poursuivait. De larges pans du mouvement progressiste trouvèrent naïves et un peu kitsch ces images d'un futur harmonieux dans lequel « des petites filles et des petits garçons noirs tiendraient la main à des petites filles et des petits garçons blancs », comme l'avait rêvé Martin Luther King à l'acmé de son discours le plus célèbre. Ils proposaient pour les remplacer la vision d'un futur où la société resterait à jamais définie par ses divisions en groupes identitaires distincts. Afin de nous assurer que chaque communauté ethnique, religieuse ou sexuelle jouisse des mêmes revenus et de la même part des richesses nationales, avançaient-ils, les acteurs privés comme les institutions publiques devaient adapter leurs comportements aux groupes concernés. Une nouvelle idéologie était née.

Il y a dix ans, les articles de journaux qui évoquaient la montée de cette nouvelle idéologie parlaient souvent de « politiques identitaires ». Il y a cinq ans à peine, ses adhérents se seraient encore décrits fièrement comme les « *wokes* », les éveillés. Mais l'usage de ces deux termes est depuis devenu très polémique. De nos jours, quiconque parle de politique identitaire ou qualifie un militant de « *woke* » risque d'être instantanément perçu comme un vieux réactionnaire. Aucune expression acceptée de tous n'a pris la place de ces étiquettes depuis.

C'est un problème. Difficile de tenir un débat constructif sur une idéologie quand on n'est même pas d'accord sur son nom ! Il serait ainsi très utile de s'accorder sur une dénomination acceptable à la fois par ses soutiens et ses détracteurs. J'ai une suggestion. C'est un corpus d'idées issues d'une large gamme de traditions intellectuelles et qui s'intéresse, au premier chef, au rôle que jouent dans le monde les catégories identitaires, telles que l'origine ethnique, le genre et l'orientation sexuelle. Je l'appellerai donc la plupart du temps la « synthèse identitaire ».

La synthèse identitaire s'intéresse à de très nombreux groupes, de tous types, dont ceux fondés sur l'origine ethnique, le genre, la religion, l'orientation sexuelle et le handicap (liste non limitative). Elle est le produit d'un ensemble très riche d'influences intellectuelles, parmi lesquelles on compte le postmodernisme, le postcolonialisme et la théorie critique de la race. On peut l'employer au service de causes politiques variées, du rejet radical du capitalisme à une alliance tacite avec le monde des affaires.

Tout cela fait qu'il serait tentant d'accuser la synthèse identitaire de manque de cohérence, voire de la ravaler complètement au rang de « tendance » culturelle qui finira par passer. De fait, tout ce qui a été écrit à son propos jusqu'ici vient se ranger dans l'un de ces deux camps : soit il s'agit de louer sans aucun recul critique les idées principales de la synthèse identitaire, d'y voir le remède nécessaire aux injustices du monde, soit il s'agit de la balayer, sans autre forme de procès, comme un effet de mode qui ne mérite pas d'être pris au sérieux d'un point de vue intellectuel. Cependant, après un examen plus minutieux, il apparaît que cette idéologie qui n'ose dire son nom est tout ce qu'il y a de plus réel. Il est temps de la prendre au sérieux et de l'analyser. Pour ce faire, nous devons d'abord comprendre ce qui fait son attrait.

L'appât

Les défenseurs de la synthèse identitaire sont bien souvent animés d'une noble ambition : remédier aux graves injustices qui caractérisent tous les pays du monde, dont les États-Unis. Ces injustices sont indéniables. Les membres des groupes marginalisés ont souffert, historiquement, de terribles discriminations. Aujourd'hui encore, les femmes sont gravement désavantagées dans le monde du travail. Les personnes handicapées font parfois l'objet de railleries et sont souvent ignorées. Les minorités ethniques subissent une haine ostensible et autres formes plus subtiles d'exclusion. La violence contre les homosexuels et les personnes trans persiste.

Ce sont les groupes qui ont subi par le passé les pires injustices qui sont le plus susceptibles de souffrir encore de nos jours de désavantages durables. La situation des Noirs américains s'est significativement améliorée au cours du dernier siècle. Les restrictions explicites du droit de vote, de la création d'entreprises, de l'usage des services publics, du mariage mixte ont toutes été abolies. Une classe moyenne noire a émergé, les Afro-Américains sont aujourd'hui représentés au plus haut niveau dans tous les domaines. Pourtant, les brumes du passé ne sont pas encore dissipées. En moyenne, les Noirs américains gagnent toujours moins et ont moins de patrimoine que les Blancs. Ils ont plus de chances d'être scolarisés dans un établissement sous-financé, de vivre dans un quartier très défavorisé, de faire un séjour en prison, de devenir la victime d'un meurtre ou de violences policières. La promesse de l'égalité totale s'est avérée difficile à tenir.

Même les mieux dotés au sein des groupes historiquement discriminés peuvent se sentir tels des étrangers en leur propre pays. Les écoles et les universités, les entreprises et les associations sont de nos jours bien plus accueillantes qu'elles ne l'étaient il y a quelques décennies. Mais les membres des groupes qui sont, encore de nos jours, sous-représentés dans les institutions d'élite, les plus grandes universités ou les directions des grandes entreprises du classement Fortune 500 ont souvent de bonnes raisons de penser que l'exclusion persiste, quoique sous des formes plus subtiles. Leurs collègues les plus âgés leur font des compliments douteux, ou des obstacles structurels viennent soudain leur barrer la route, tels que les stages non rémunérés qui compliquent la tâche des étudiants de première génération désireux de se faire une place dans le monde politique, universitaire ou artistique.

Il est possible de reconnaître ces injustices et de les combattre sans souscrire à la synthèse identitaire. Quiconque sait que son pays ne se conforme pas parfaitement aux idéaux universalistes de tolérance et de non-discrimination devrait défendre les changements culturels et les réformes politiques nécessaires pour combler ces manquements. Faire remarquer que les membres des groupes minoritaires sont parfois désavantagés et proposer des moyens de redresser ces injustices ne suffisent pas à faire de vous un « *woke* », quel que soit le sens qu'on donne à ce mot.

Cependant, même si les mouvements sociaux et les réformes législatives peuvent contribuer à réparer ces injustices bien réelles, elles y parviennent rarement aussi vite ou aussi complètement qu'espéré. Les politiques démocratiques sont, selon la célèbre formule de Max Weber, un « effort tenace et énergique pour tarauder des planches de bois dur ». Certains d'entre nous, justement exaspérés de la persistance des injustices, pourraient conclure à la nécessité d'une rupture radicale avec le statu quo.

L'attrait de la synthèse identitaire naît de cette promesse. Elle propose de poser les fondements d'une transformation du monde par la subversion de vieux principes qui, supposément, limitent les possibilités d'aboutir à l'égalité réelle. Elle cherche à y parvenir en allant au-delà des règles et des normes habituelles des démocraties, de l'Espagne à la Suède et de l'Allemagne aux États-Unis, voire en les ignorant parfaitement.

Les défenseurs de la synthèse identitaire rejettent les valeurs universelles et les règles de neutralité, telles que la liberté d'expression et l'égalité d'accès à toute dignité, comme des diversions visant à occulter et à perpétrer la marginalisation des groupes minoritaires. Toujours selon eux, tenter de progresser vers une société plus juste en redoublant d'efforts dans la poursuite de ces idéaux dépassés serait voué à l'échec. C'est pourquoi ils mettent les communautés au centre de la réflexion, à la fois pour comprendre le monde et informer nos actions en son sein.

Afin de surmonter les insuffisances supposées du point de vue universaliste, la première étape, disent-ils, est de reconnaître que le monde ne peut être compris qu'au travers du prisme des catégories identitaires telles que la race, le genre et l'orientation sexuelle. Même des situations sans rapport avec l'identité, par exemple une dispute entre amis, doivent être analysées sous l'angle de leur statut social relatif, fonction des communautés auxquelles ils appartiennent. En raison de cette insistance sur l'identité comme moyen d'interpréter la réalité sociale, une partie de la gauche est à présent plus susceptible d'invoquer ces nouveaux concepts de « microagressions » et de « biais implicites » que celui, plus ancien, de classe sociale.

La seconde étape de leur raisonnement est que le rejet des valeurs universelles et des règles de neutralité implique des moyens très différents des anciens pour réparer les injustices durables. Les règles de neutralité telles que les lois de non-discrimination étant jugées insuffisantes, les défenseurs de la synthèse identitaire poussent à la création de normes sociales et de politiques publiques qui feraient explicitement dépendre les comportements de l'État envers ses citoyens, et nos comportements entre nous, des communautés d'appartenance. Afin de dépasser les longues traditions de discrimination, ils jugent impératif d'accorder une considération particulière aux membres des groupes marginalisés.

La synthèse identitaire attire notre attention sur des injustices réelles. Elle produit à destination de qui se sent marginalisé ou maltraité un langage pour l'exprimer. Enfin, elle confère à ses défenseurs le sentiment d'appartenir au grand mouvement historique qui rendra le monde meilleur. Tout cela explique son attrait, en particulier chez les jeunes idéalistes.

Malheureusement, elle se révélera contre-productive au bout du compte. Malgré les bonnes intentions qui animent ses partisans, elle sape les progrès vers l'égalité authentique des membres de chaque communauté. Au passage, elle mine d'autres objectifs que nous avons tous de bonnes raisons de vouloir préserver, tels que la stabilité des démocraties diverses. En dépit de son attrait, la synthèse identitaire dissimule un piège.

Le piège

Ce serait une erreur de considérer la synthèse identitaire comme incohérente, et une erreur plus grave encore de vilipender ses défenseurs au prétexte de l'immoralité. Cette attention nouvelle aux catégories identitaires, la race, le genre et l'orientation sexuelle, est née de la déception et de la colère face à la persistance d'injustices bien réelles. La plupart de ceux qui l'adoptent cherchent sincèrement à rendre le monde meilleur.

Pourtant, je suis de plus en plus convaincu que la synthèse identitaire se révélera gravement contre-productive. Les raisons de sa montée en puissance sont certes compréhensibles, les mobiles de ses défenseurs irréprochables, mais même les meilleurs d'entre nous causent parfois du tort par mégarde. L'influence réelle de cette idéologie nouvelle a plus de chances de nous éloigner que de nous rapprocher du type de sociétés que nous voulons tous voir advenir pour d'excellentes raisons.

Comme l'ont montré les psychologues sociaux, encore et encore, tracer des frontières entre différents groupes nous vient comme une seconde nature. Nous sommes capables d'un immense altruisme et d'un grand courage quand il s'agit de venir en aide à un membre de notre groupe, mais aussi d'une indifférence et d'une cruauté terrifiantes envers ceux qu'on considère comme étrangers à celui-ci. Toute idéologie vertueuse doit proposer un moyen d'atténuer les effets délétères de tels conflits. L'un des problèmes clés de la synthèse identitaire est d'échouer sur ce point.

Même si les humains conservent cette tendance à établir des distinctions entre « eux » et « nous », les critères d'inclusion et les comportements à adopter face à ceux qu'on exclut sont profondément dépendants du contexte. Quand je croise quelqu'un issu d'un autre groupe ethnique, né dans une autre communauté religieuse, qui vit dans une autre région du pays, je peux considérer que nous n'avons rien en commun. Mais je peux aussi reconnaître un compatriote avec lequel je partage des opinions politiques fondamentales et un frère en humanité. Ce n'est que si nous choisissons cette seconde voie que les sociétés diverses pourront maintenir une solidarité suffisante entre leurs membres et ainsi les traiter tous avec respect et considération.

Si les idéologies d'extrême droite sont si dangereuses, c'est qu'elles n'incitent personne à élargir ainsi le cercle de ceux qui méritent notre sympathie. En plaçant des identités culturelles ou ethniques particulières sur un piédestal, elles encouragent au contraire leurs adhérents à valoriser leur groupe par-dessus tout, en particulier par-dessus les droits des étrangers ou la solidarité humaine universelle. Ce que je reproche à la synthèse identitaire est que, à sa façon, elle aussi rend plus difficile d'élargir nos allégeances au-delà d'une identité particulière et d'ainsi assurer la stabilité, la solidarité et la justice sociale.

Les approches pédagogiques telles que l'exhortation très à la mode de « revendiquer ses origines » encouragent les jeunes à se définir dans les termes raciaux, religieux et sexuels des groupes auxquels ils appartiennent par la naissance. En même temps, les politiques publiques du type des protocoles « adaptés aux origines ethniques » pour le triage médical produisent, chez tous les citoyens, de fortes incitations à se battre pour les intérêts collectifs de leur groupe particulier. Ainsi rassemblées, ces normes et ces politiques ont de bonnes chances d'aboutir à une société composée de tribus en guerre plutôt que de compatriotes solidaires, chaque communauté se trouvant engagée dans une compétition à somme nulle contre toutes les autres.

La synthèse identitaire est un piège politique. Elle compromet l'établissement et la stabilité de sociétés diverses, des sociétés dont les citoyens se respecteraient et s'accorderaient une confiance mutuelle. C'est aussi un piège individuel, formé de promesses trompeuses d'appartenance et de reconnaissance sociale, deux biens que les humains convoitent naturellement. Dans une société composée de communautés ethniques, religieuses ou sexuelles rigides, la pression exercée sur tous les citoyens de se définir à travers le prisme de ces groupes identitaires auxquels ils seront supposés appartenir sera énorme, et la considération promise illusoire pour un grand nombre d'entre eux.

Une société qui nous encourage tous à voir le monde au travers du prisme de l'identité compliquera singulièrement la vie de ceux qui ne rentreront pas complètement dans un groupe ethnique ou culturel bien défini, les empêchant de développer un sentiment d'appartenance. Les métis, par exemple, dont le nombre croît rapidement en France, au Royaume-Uni et aux États-Unis, pourraient bien se rendre compte qu'aucune de leurs communautés d'origine ne les considérera plus comme des membres « réels » ou « authentiques ».

D'autres renâcleront face aux attentes d'une telle société parce qu'ils ne voudront pas faire de leur appartenance à tel ou tel groupe le cœur de leur identité. Ils se définiront plutôt, par exemple, par leurs goûts ou leur tempérament, leurs prédilections artistiques ou un devoir moral envers toute l'humanité. Ceux qui abriteront une très large gamme de croyances personnelles et de convictions religieuses risqueront de se sentir enfermés dans des sociétés qui valoriseront par-dessus tout l'identification consciente au groupe qui les a vus naître.

D'autres encore accueilleront avec enthousiasme cet appel à se concevoir avant tout comme les membres d'un groupe ethnique, genré ou sexuel, dans l'espoir d'être reconnus et appréciés pour ce qu'ils sont vraiment. Cependant, comme nous sommes tous bien plus que la somme de nos identités particulières, beaucoup s'en trouveront déçus, car une culture qui conçoit avant tout ses membres en relation à une forme de collectif ne pourra pas les voir ni les reconnaître dans toute leur glorieuse individualité. Il est certainement nécessaire qu'une société exprime du respect pour tous ceux qui la composent, quelles que soient leurs origines, afin que naissent en eux les sentiments d'appartenance et de reconnaissance sociale. Toutefois, il ne s'ensuit pas que ce sentiment naîtra automatiquement chez la plupart du fait qu'on aura placé la communauté au cœur de la conception de soi.

La synthèse identitaire a gagné une influence extraordinaire en un temps extrêmement bref. Le résultat de cette ascension fulgurante est que la plupart de ses critiques se concentrent sur ses excès. Nombreux sont ceux qui enragent contre une culture de plus en plus prompte à la censure, qui paralyse des débats importants sur l'urgence sociale et les affaires culturelles. Des accusations se répandent sur les réseaux sociaux à des millions de comptes sans que personne n'ait le temps de vérifier leur véracité. En particulier, les « faux pas » envers les communautés (de genres, de handicaps, d'orientation sexuelle, d'origines) entraînent des vindictes ou des licenciements sans beaucoup de considération pour la gravité des actes commis ou des propos tenus, sans égard à leur caractère délibéré ou malencontreux. Par ailleurs, les histoires qui se répercutent dans les médias dominants concernent le plus souvent des célébrités, mais la plupart des victimes réelles sont des gens ordinaires qui n'avaient pas du tout cherché à susciter la controverse.

Je partage ces inquiétudes. Mais, au niveau le plus profond, mes réserves envers la synthèse identitaire ne se préoccupent pas tellement de ses « excès ». Il s'agirait plutôt de dire que, même en la considérant sous l'angle le meilleur, elle a de bonnes chances de nous mener à une société qui piétinera mes valeurs fondamentales et mes plus vibrants espoirs pour le futur. L'appât qui nous attire tant vers la synthèse identitaire est le désir de dépasser les injustices durables et de créer une authentique société d'égaux. Mais le résultat le plus probable de l'implémentation de cette idéologie, c'est une société dans laquelle l'emphase permanente mise sur nos différences dressera des communautés étanches les unes contre les autres dans un jeu à somme nulle pour les ressources et la reconnaissance, une société où chacun de nous sera, que nous le voulions ou non, défini par sa communauté de naissance. C'est ce qui fait de la synthèse identitaire un piège.

Un piège est défini par trois caractéristiques. Il contient le plus souvent un appât. Il est le plus souvent capable de piéger ses victimes, aussi nobles et intelligentes qu'elles soient. Et il parvient le plus souvent à saper les efforts de ses victimes pour s'en échapper ; il les empêche d'accomplir leur but.

Les idées nouvelles sur l'identité présentent ces trois aspects. Elles sont attrayantes, parce qu'elles nous promettent de combattre l'injustice. Elles piègent des gens intelligents et pleins de bonnes intentions. Et elles ont de bonnes chances d'empirer la situation, pour les groupes historiquement dominants comme pour les groupes marginalisés.

Pourquoi le piège de l'identité mérite qu'on s'en inquiète (et qu'on écrive des livres)

Le fait politique le plus marquant de cette dernière décennie a été la montée de la droite illibérale. Comme je l'ai raconté dans mes deux précédents livres, *Le Peuple contre la démocratie* et *La Grande Expérience*, les partis de droite qui, autrefois, avaient prêté serment de défendre les lois et les normes constitutionnelles des démocraties, ont petit à petit adopté une forme de populisme autoritaire qui représente un danger immédiat pour la survie de notre système politique. Aujourd'hui, de dangereux démagogues font encore peser une menace existentielle sur les démocraties, de l'Inde à la Hongrie en passant par les États-Unis.

Pourquoi donc se préoccuper de la propagation d'une idéologie bienveillante comme la synthèse identitaire, dont le but déclaré est de combattre des injustices tout à fait réelles ? Le sujet de ce livre devrait-il pâlir en comparaison du combat nécessaire et urgent contre les démagogues de la trempe de Narendra Modi et Donald Trump ? Est-ce qu'alerter sur les dangers du piège identitaire ne donnerait pas du grain à moudre à des menaces bien plus grandes, d'autant que leurs agents agitent souvent la peur du « militantisme *woke* » ? Ce sont des questions importantes. J'y ai beaucoup réfléchi avant de me lancer dans ce projet. Quatre raisons m'ont convaincu malgré tout d'écrire *Le Piège de l'identité*.

Pendant très longtemps, la montée de l'extrême droite a été largement sous-évaluée. Depuis 2016, elle est au cœur du discours public de toutes les démocraties occidentales. Cette dernière décennie a connu un déluge de travaux universitaires ou journalistiques sur tous les aspects du populisme d'extrême droite. J'ai moi-même consacré un documentaire radiophonique, deux livres, une dizaine d'articles universitaires et de rapports politiques, environ cent épisodes de mon podcast et bien plus de mille éditoriaux, articles, discours et interviews télévisées à ce sujet. Bien qu'il soit loin d'être vaincu, le phénomène est raisonnablement bien compris, à présent. Par opposition, la synthèse identitaire demeure un territoire bizarrement vierge. On se dispute beaucoup à son propos sur les réseaux sociaux et les chaînes de télé. Mais, jusqu'ici, les travaux visant à décrire son ascension, à expliquer son attrait et à déterminer sérieusement ses effets potentiels sont étonnamment peu nombreux. Ma première raison d'écrire ce livre est issue de cet état de fait.

Deuxièmement, les problèmes que soulève la synthèse identitaire méritent par eux-mêmes qu'on s'y intéresse. Il est important de savoir si le cadre conceptuel actuellement dominant éclaire le monde, ou s'il l'obscurcit. De même, ce que l'on enseigne aux enfants d'une catégorie identitaire donnée sur les membres des autres communautés est important. Par ailleurs, qu'au milieu de la pire pandémie du siècle l'État ait préféré se vouer aux saintes écritures d'une idéologie nouvelle et non testée, plutôt que de préserver un maximum de vies, n'a rien d'anodin.

Troisièmement, la synthèse identitaire a de bonnes chances de s'avérer contre-productive dans les domaines qui, précisément et à raison, comptent le plus aux yeux de ses partisans. L'atmosphère de déférence mal placée envers les principes fondamentaux de l'idéologie nouvelle complique la tâche des critiques bienveillantes qui désireraient pointer les cas où ses suggestions provoquent des dégâts bien réels, que ce soit directement, quand les politiques qu'elle encourage empirent la situation des plus démunis, ou indirectement, quand le cadre conflictuel qu'elle impose nous empêche d'adopter des politiques réellement bénéfiques.

Enfin, le populisme de droite et le piège de l'identité se nourrissent l'un de l'autre. Le sentiment d'horreur généralisé lors de l'élection de Donald Trump a accéléré la propagation de la synthèse identitaire dans les institutions d'élite. C'est dans les sociétés polarisées et quand se creusent les différences d'opinions entre citoyens et décideurs que les démagogues s'épanouissent. Les défenseurs de la synthèse identitaire ont beau souligner des problèmes graves qu'il faudrait en effet instamment résoudre, les principes qu'ils promeuvent et les solutions qu'ils proposent ont toutes les chances de pousser de plus en plus de votants dans les bras des extrémistes.

Les démagogues, qui ont gagné beaucoup de pouvoir politique cette dernière décennie, et les défenseurs de la synthèse identitaire, qui ont beaucoup gagné en pouvoir culturel, visent les uns comme les autres la victoire totale. Or, il est bien peu probable que les extrémistes de droite obtiennent jamais le contrôle des universités, des grandes fondations, des studios de cinéma, et tout aussi improbable que les fervents partisans de la synthèse identitaire emportent la majorité du Parlement ou arrivent à la Maison-Blanche. Ainsi, la domination croissante de la synthèse identitaire dans les institutions culturelles des démocraties développées se fera probablement de concert avec la montée en puissance de dangereux démagogues dans la politique électorale.

Les populistes de droite et les partisans de la synthèse identitaire se voient comme des ennemis mortels. En vérité, ils sont l'un pour l'autre comme le yin et le yang. La meilleure façon de vaincre l'un est de s'opposer à l'autre, c'est pourquoi tous ceux qui s'inquiètent de la survie des sociétés libres se doivent de combattre les deux.

La Grande Fuite

Une fois pris dans un piège, il est difficile d'en sortir. Heureusement, le piège de l'identité ne s'est pas encore refermé. Bien que les idées et les hypothèses de la synthèse identitaire aient déjà infusé dans les grandes institutions, beaucoup restent profondément sceptiques à son égard. Il est encore temps d'en sortir. Le but de ce livre est d'éclairer la nature du piège, de préciser pourquoi il est urgent de s'en échapper et de montrer le moyen d'y parvenir.

Dans la première partie du livre, je raconterai l'histoire étrange d'un ensemble d'idées *a priori* disparates qui, autour de l'année 2010, se sont condensées en une idéologie nouvelle qui allait beaucoup gagner en influence dans les universités d'élite. Bien des critiques du « wokisme », comme ils l'appellent souvent, ont avancé qu'il s'agissait d'une forme de « marxisme culturel ». Mais la véritable histoire de la synthèse identitaire est en réalité plus surprenante. Elle vient du rejet des grands récits, à la fois du libéralisme et du marxisme, par les penseurs postmodernes tels que Michel Foucault ; de la nécessité perçue, chez les intellectuels, de parler pour le compte des groupes opprimés, et de l'adoption d'une forme d'« essentialisme stratégique » par les penseurs postcoloniaux tels que Gayatri Chakravorty Spivak ; enfin, du rejet, par les théoriciens critiques de la race tels que Derrick Bell, des valeurs fondamentales du mouvement des droits civiques, dont l'objectif d'intégration.

En 2010, la synthèse identitaire occupait déjà une place significative dans les universités, mais marginale dans la culture populaire. En 2020, elle avait remodelé les principales institutions des États-Unis.

Dans la partie II, je raconterai l'histoire de cette théorie universitaire de niche qui a conquis une influence considérable en une décennie seulement. L'ascension des réseaux sociaux a propulsé sur le devant de la scène une version vulgarisée de la synthèse identitaire, qui avait transformé les idées de penseurs érudits en mèmes simplistes et en slogans. Les incitations inhérentes à ce nouveau mode de diffusion ont transformé les appareils médiatiques traditionnels en porte-voix de cette idéologie naissante. Les diplômés d'université, profondément investis dans ces idéaux, ont répandu la synthèse identitaire dans les plus puissantes institutions du monde, produisant une sorte d'« entrisme éclair ». Enfin, l'élection de Donald Trump a accentué des inquiétudes bien fondées quant aux menaces qui pesaient sur les groupes minoritaires, au point que toute critique progressiste des idées de gauche est devenue synonyme de trahison. Ainsi, la critique de la synthèse identitaire est devenue taboue dans de nombreux milieux.

Tandis que la version vulgarisée de la synthèse a conquis les médias dominants, ses partisans ont commencé de militer pour des changements radicaux dans des domaines fondamentaux de la vie. Ils avancent que les membres de communautés différentes ne pourront jamais totalement se comprendre. Ils se méfient quand les membres d'une communauté s'inspirent de la culture d'une autre, et parlent alors d'« appropriation culturelle », jugée néfaste. Ils doutent fortement de principes bien établis, tels que la liberté d'expression, insinuant que ceux qui défendent son importance abritent en réalité le secret désir de dénigrer les groupes minoritaires. Ils appellent de leurs vœux une forme de séparatisme progressiste, favorisant la création d'espaces où les communautés seraient séparées. Enfin, ils militent pour des politiques publiques qui tiendraient compte, explicitement, des catégories identitaires telles que les origines ethniques, le genre et l'orientation sexuelle, pour déterminer le traitement réservé à chaque citoyen.

Dans la partie III, j'avancerai les arguments qui montrent que la synthèse identitaire risque d'être contre-productive, qu'elle érodera les valeurs qui rendent possible une société où les citoyens sont libres de choisir ce qu'ils sont. En soumettant chacune de ces assertions à un examen philosophique rigoureux, j'avancerai qu'il existe de meilleurs moyens de résoudre les problèmes soulevés. Bien des défenseurs de la synthèse identitaire ressentent une colère sincère face à des injustices réelles. Mais leurs principaux préceptes sont en réalité des attaques radicales contre les principes bien établis qui animent les démocraties partout dans le monde. Heureusement, il existe une alternative qui préserve ces derniers.

Dans la partie IV, je défendrai les principes fondamentaux du libéralisme philosophique. Ceux d'entre nous qui croient aux valeurs universalistes et aux règles de neutralité peuvent formuler une critique sans concession des oppressions historiques et des injustices persistantes sans pour autant changer de cadre conceptuel. De fait, nos convictions ont déjà, ces cinquante dernières années, entraîné des progrès énormes. Elles inspirent aujourd'hui les institutions centrales de nos sociétés qui, malgré des défauts tenaces, parviennent mieux que toutes les autres dans l'histoire à éviter les violences sectaires et l'extrême cruauté. La clé d'une politique d'espoir pour construire un monde authentiquement meilleur réside dans le respect, et non dans l'abandon, de ces valeurs universelles et de ces règles de neutralité.

Le combat qui décidera de l'avenir de la synthèse identitaire comptera parmi les joutes intellectuelles fondamentales des décennies à venir. Heureusement, des individus et des organisations qui ont saisi les risques qu'elle pose pourront réellement peser dans les efforts menés contre elle.

Dans la conclusion, j'évaluerai l'avenir probable du piège de l'identité et montrerai comment les opposants de bonne foi à cette idéologie peuvent lui résister, sans risque pour leur carrière ou leur réputation.

Naturellement, j'espère que vous lirez ce livre dans son intégralité. Prises ensemble, toutes ces parties expliquent à la fois la nature du piège et la manière d'en réchapper. Je reconnais toutefois que vous pourriez être plus intéressé par certaines parties que par d'autres. Pour ceux qui voudraient comprendre l'histoire intellectuelle de la synthèse identitaire, la première partie présentera le plus grand intérêt. À ceux qui aimeraient saisir les raisons politiques, sociologiques et technologiques qui ont permis à cette idéologie de s'échapper des campus et de conquérir le discours dominant, la partie II parlera davantage. Pour ceux qui souhaiteraient comprendre en quoi ces idées appliquées au sujet de la liberté d'expression ou de l'appropriation culturelle pourraient se révéler contre-productives, la partie III devrait concentrer leur attention. Enfin, pour ceux qui sont en quête d'une alternative cohérente au piège de l'identité, la partie IV pourra servir de guide.

De bonnes raisons expliquent l'attrait de ce piège. La bonne réponse à la montée de cette idéologie nouvelle n'est ni de la balayer d'un revers de la main ni d'adopter ses prémisses sans réflexion sérieuse. La bonne réponse est de soumettre la synthèse identitaire à une critique rigoureuse, une critique disposée à assimiler en son sein ses contributions les plus utiles, mais qui au bout du compte persistera à chercher une vision plus ambitieuse et plus optimiste de l'avenir.

PARTIE I

AUX ORIGINES DE LA SYNTHÈSE IDENTITAIRE

Mes quatre grands-parents connurent la prison en raison de leurs convictions communistes dans les années 1920 et 1930. Tous les quatre décidèrent malgré tout de rester en Europe centrale après l'assassinat d'une bonne partie de leur famille durant l'Holocauste, car ils étaient convaincus que de nouveaux gouvernements de gauche transformeraient le monde pour le meilleur. Ils dépassèrent ainsi les préjugés et les haines tribales qui avaient, par deux fois dans leurs vies, embrasé la planète.

J'ai grandi dans les années 1980 et 1990 et, à ce moment, leurs opinions politiques avaient complètement changé. Ils avaient fini par reconnaître, tardivement, la cruauté du communisme soviétique. Passé le marxisme révolutionnaire de leur jeunesse, ils étaient à présent attachés au credo réformiste de la social-démocratie qui tentait d'humaniser le capitalisme en lui adjoignant une bonne dose d'État providence.

Cependant, certaines de leurs opinions ne varièrent pas d'un iota lors de ces décennies tragiques et troublées. Comme dans leur jeunesse, ils croyaient en la mission historique de la gauche d'agrandir le cercle de la fraternité au-delà des frontières de la famille, de la tribu, de la religion et de l'ethnie. Être de gauche signifiait croire que tous les humains sont égaux, quelle que soit leur communauté d'appartenance, chercher les formes de solidarité politique qui transcendent les identités collectives fondées sur l'ethnie ou la religion, et rester persuadé que les idéaux universels de justice et d'égalité sont capables de nous rassembler tous.

Tel est l'universalisme de gauche avec lequel j'ai grandi. C'est cet universalisme de gauche qui me séduit encore aujourd'hui, malgré mes désaccords avec les idées communistes de mes grands-parents. Mais ce n'est plus, à gauche, le courant dominant.

Plutôt que de le suivre, ces cinq dernières décennies, de nombreux mouvements de gauche préfèrent rejeter l'existence de vérités objectives, ainsi que l'espoir d'une société plus harmonieuse qui autrefois les inspirait. Ils répondent à l'appel de l'ethnie et des religions, alors qu'ils se méfiaient autrefois du pouvoir destructeur de ces identités collectives. Ils rejettent jusqu'à la possibilité que des gens de différents pays et de différentes cultures puissent jamais se comprendre totalement.

Dans cette première partie, je vise à mettre au jour l'histoire de cette transformation surprenante. Pourquoi la gauche s'est-elle débarrassée de l'universalisme ? Comment en est-elle venue à embrasser ces nouvelles formes de tribalisme diamétralement opposées aux valeurs de son socle historique ? En chemin, j'essaierai de réfuter certaines des thèses les plus provocatrices aujourd'hui tenues sur la nature de ce virage identitaire de la gauche, telles que l'idée d'un simple « marxisme culturel » à l'œuvre, et de poser les bases d'une critique plus riche.

Chapitre 1

Le Paris de l'après-guerre et le procès de la vérité

La Seconde Guerre mondiale avait laissé l'Europe dans un état de grande instabilité. Il était loin d'être sûr que les anciens pays fascistes tels que l'Italie et l'Allemagne parviendraient à construire des démocraties durables. L'Union soviétique installait des régimes communistes satellites dans les nations d'Europe de l'Est et d'Europe centrale. Les puissances coloniales affaiblies, la Belgique, l'Angleterre, livraient de sanglantes batailles pour conserver le contrôle de leurs territoires d'outre-mer. L'avenir était bien incertain.

Au milieu de ce chaos, les intellectuels les plus influents de l'époque revinrent à la foi ancienne dans les mouvements de gauche. Ils crurent le capitalisme condamné, les démocraties parlementaires un simple écran de fumée destiné à dissimuler aux yeux des pauvres gens l'oppression à laquelle ils se trouvaient soumis. Le prolétariat remplirait bientôt sa fonction historique : organiser des révolutions violentes. Ainsi, la noble mission de tout écrivain politiquement responsable était de hâter l'avènement du communisme. Comme le résume Tony Judt dans son histoire magistrale de l'Europe d'après-guerre, à propos des courants intellectuels qui la traversaient : « Pour ce qui était de changer le monde, il ne restait plus qu'une seule grande théorie cherchant à coordonner une interprétation du monde à un vaste projet de changement global, un seul grand récit qui proposait de donner du sens à tout le reste, tout en préservant une place à l'action humaine : le projet politique du marxisme. »

La séduction qu'exerçait ce grand récit était tout spécialement forte en France. *La Grande Nation** avait terriblement souffert sous l'occupation nazie. La majeure partie de son élite politique avait collaboré avec le Troisième Reich. Bien qu'un petit général de brigade par intérim nommé Charles de Gaulles parvînt à se métamorphoser en chef de la France libre à la force de sa seule volonté, jusqu'à sauver l'honneur de la nation aux yeux du monde, il ne put sauver la légitimité de la classe dirigeante aux yeux des intellectuels. Selon eux, le guide moral qui devrait guider la reconstruction du pays après la Libération, c'était le mouvement héroïque de la Résistance, et les nombreux communistes de ses rangs.

Pratiquement tous les intellectuels influents de la fin des années 1940 et des années 1950, de Simone de Beauvoir à Louis Althusser, entretenaient de fortes sympathies communistes. Jean-Paul Sartre, le plus connu et le plus influent de tous, était un soldat particulièrement enthousiaste au service de cette cause. Le marxisme était selon lui, comme il le précisa en 1960, l'« horizon philosophique indépassable de notre temps ».

Une petite cohorte de philosophes et de sociologues français nourrirent cependant bien vite quelques doutes sérieux. Tandis que le tumulte de l'après-guerre retombait, il devint de plus en plus évident que les révolutions promises avaient une fois de plus manqué leur rendez-vous avec l'histoire en Europe occidentale. À chaque année qui passait, la foi

* En français dans le texte, NdT.

du marxisme scientifique en l'effondrement, supposé inéluctable, du capitalisme sous le poids de ses contradictions internes, paraissait plus anachronique.

La violente oppression par laquelle les dirigeants soviétiques protégeaient leur pouvoir, dans leur pays comme chez leurs proches voisins, devenait aussi de plus en plus difficile à ignorer. Trois ans après la mort de Staline, en 1953, son successeur révéla l'étendue des purges opérées dans le Parti lors d'un discours choc : « Des 139 membres et candidats du Comité central élus lors du 17e Congrès » qui s'était tenu en 1934, annonçait Nikita Khrouchtchev, « 98, c'est-à-dire 70 %, furent arrêtés et fusillés ». Quand des transcriptions de ce discours fuitèrent dans les journaux occidentaux, des dizaines de milliers de membres déchirèrent leur carte du Parti, en France, aux États-Unis et ailleurs.

Au cœur de Paris, un petit groupe d'intellectuels chercha la source de son erreur. Alors que le voile se levait soudain sur les errements de l'Union soviétique, pourquoi tant de leurs amis et de leurs collègues conservaient-ils leur loyauté indéfectible envers le Kremlin ? Comment eux-mêmes avaient-ils pu s'engager si longtemps derrière les promesses enivrantes d'une révolution violente ?

La réponse qu'apporta la génération montante des intellectuels, celle des Michel Foucault et des Jean-François Lyotard, alla bien au-delà d'une vague méfiance envers le marxisme orthodoxe : elle dénonça l'emprise de tous les « grands récits » sur l'imagination humaine. La leçon véritable à tirer des goulags et des procès de Moscou, selon eux, était celle du rejet nécessaire de toute idéologie qui proposerait un cadre global pour expliquer le fonctionnement du monde et les moyens de l'améliorer. Ils se mirent à critiquer tout système de pensée qui supposait l'existence de vérités universelles, la supériorité objective de certaines valeurs et la possibilité d'un progrès authentique vers une société meilleure.

Les fausses promesses du progrès

Michel Foucault était un enfant très malheureux. Né dans une famille bourgeoise de Poitiers en 1926, il était trop jeune pour combattre les nazis mais trop vieux pour ignorer les horreurs de la guerre. Il eut beaucoup de mal à vivre sereinement son homosexualité et se disputait violemment avec son père, très sévère, qui attendait de son fils qu'il suivît la tradition familiale et devînt médecin. À l'école, c'était un garçon solitaire qui souffrait d'un « isolement féroce et hautain ». Dans l'une des rares photographies conservées de son enfance, on voit ses camarades du collège Saint-Stanislas, l'école privée catholique très stricte où son père l'avait envoyé dans l'espoir qu'on lui y enseignât la discipline : « Les élèves posent devant une paroi rocheuse, organisés en deux rangs de camarades au-dessus desquels, le corps tordu comme pour fuir l'objectif, le regard inquisiteur et plaintif sous ses sourcils froncés, complètement étrange et complètement seul, se tient le futur auteur de l'*Histoire de la folie à l'âge classique.* »

Les années d'université de Foucault ne furent pas plus heureuses. Il était inscrit à Henri-IV en classe préparatoire et fut dûment admis à l'École normale supérieure, la plus prestigieuse de France. Il consacra alors ses soirées à explorer le monde homosexuel parisien mais n'eut que peu de contacts sociaux en dehors de ça, semble-t-il. Impopulaire auprès de ses pairs, il poursuivit un soir l'un de ses camarades en dehors du dortoir armé d'un poignard et commit plusieurs tentatives de suicide.

Intellectuellement, Foucault fut d'abord façonné par les grands récits à la mode de l'époque. Pendant les cours de Jean Hyppolite, un disciple de Georg Wilhelm Friedrich Hegel, il s'imprégna de cette idée que l'histoire du monde devait se comprendre comme la réalisation progressive de l'idéal de liberté. Quand il suivit ensuite les cours d'Althusser, partisan d'une lecture très orthodoxe de l'œuvre de Marx et défenseur passionné de l'Union soviétique face à ses détracteurs, il nourrit lui aussi l'espoir que le prolétariat fût enfin à l'aube d'une révolution mondiale. En 1950, Foucault rejoignit le Parti communiste, alors d'une loyauté absolue envers Staline.

À la différence de nombre de ses contemporains, Foucault fut vite rebuté par le degré d'orthodoxie intellectuelle requis pour conserver les bonnes grâces de ses camarades de parti. Quand les journaux soviétiques accusèrent une cabale imaginaire de médecins juifs d'avoir provoqué la maladie de Staline, en 1953, propageant la haine antisémite à la fois en Union soviétique et dans le Parti communiste français, Foucault se vit dans l'impossibilité de les suivre. « À quiconque se disait de gauche », se plaindrait-il plus tard, le Parti « imposait sa loi. On était avec lui ou contre lui, un allié ou un adversaire ». Lui serait un adversaire.

Foucault est resté engagé à gauche jusqu'à sa mort. Ses prises de position, au soir de sa vie, depuis une pétition visant à abolir la notion d'âge de consentement en matière sexuelle jusqu'à des compliments appuyés à destination de l'ayatollah Khomeyni, chef suprême de la République islamique d'Iran, sont effrayantes. Mais la nature de son militantisme a toujours été plus singulière que celle de ses contemporains. Au contraire de la plupart d'entre eux, par exemple, il a soutenu avec enthousiasme les mouvements d'opposition dans le bloc de l'Est, dont les syndicats indépendants qui abattront le régime communiste polonais dans les années 1980.

Ce mélange d'engagement sans faille envers les idéaux de gauche et de méfiance absolue pour le pouvoir sous toutes ses formes est également au cœur de l'œuvre de Foucault, qui a commencé à se constituer dans les années 1960. Dans l'*Histoire de la folie à l'âge classique*, son premier livre remarqué, Foucault débuta sa remise en cause de l'idéal consensuel de progrès moral et scientifique. Si on devait en croire les histoires traditionnelles de la psychiatrie, le mouvement général serait une avancée constante vers une compréhension scientifique de plus en plus approfondie et un traitement de plus en plus humain des maladies mentales. Cependant, Foucault, qui avait été à la fois un patient et, plus tard, un genre de praticien dans les services psychiatriques d'hôpitaux français, se méfiait de ce récit dominant et de sa promesse de progrès moral.

La frontière entre les individus sains et les malades mentaux n'était pas, selon lui, le fruit de critères objectifs de santé. Au contraire, les comportements déviants finirent par être considérés comme une forme de folie à partir du moment où ils perturbaient l'ordre social. L'objectif réel des cliniques psychiatriques n'était pas de guérir, selon lui ; c'était d'exclure ceux qu'on considérait comme des aberrations. Le progrès scientifique apparent était une illusion.

Le traitement que Foucault fit subir à son deuxième grand sujet, le système pénitentiaire, suivait la même logique. Les châtiments passés infligés aux criminels semblaient d'une cruauté extrême à la fin du XXe siècle. Dans certains des passages les plus durs de *Surveiller et Punir*, Foucault décrit les tortures publiques et sanglantes auxquelles on les soumettait, depuis l'écartèlement jusqu'aux décapitations devant des foules en liesse. En comparaison, les pratiques modernes, caractérisées par l'enfermement des criminels plutôt que par des châtiments corporels, semblaient bien plus humaines. Mais Foucault, là encore, se méfiait de ces apparences de progrès. L'objectif du système pénitentiaire moderne était, selon lui, « non pas [de] moins punir, mais [de] punir mieux ».

Foucault illustra ce point en évoquant un modèle pénitentiaire développé par le philosophe utilitariste Jeremy Bentham, le *Panopticon*. Dans cette prison, un garde se tient dans une tour au milieu d'un vaste hall. Les cellules des prisonniers sont organisées en cercle, tout autour de lui. Il ne pourra jamais observer tous les prisonniers à la fois, mais il peut les surveiller à tout moment. Jamais certains de ne pas être observés, les prisonniers modéreront d'eux-mêmes leur comportement par obéissance anticipée. Cette discipline auto-imposée est, selon Foucault, l'essence du système pénitentiaire moderne, son véritable objectif.

L'interprétation du *Panopticon* servit également à Foucault pour illustrer le fonctionnement de nombreuses autres institutions, de l'école à l'entreprise. L'objectif principal des sociétés modernes, avançait-il, est de s'assurer que le plus de citoyens possible se conformeront à leurs normes. Elles atteignent ce but en créant les conditions qui poussent les déviants à l'autodiscipline. Selon Foucault, l'État moderne est là pour « permettre un contrôle intérieur, articulé et détaillé, pour rendre visibles ceux qui s'y trouvent ». Comme dans le *Panopticon*, l'État cherche « la transformation des individus : agir sur ceux qu'[il] abrite, donner prise sur leur conduite, reconduire jusqu'à eux les effets du pouvoir ».

Foucault compléta enfin sa critique des discours dominants sur le progrès avec un troisième grand sujet : le sexe. L'histoire de la sexualité nous enseigne que les sociétés européennes ont fait, de longue date, de vigoureux efforts pour refouler tout ce qui avait trait au sexe. En particulier sous l'ère victorienne, durant laquelle s'adonner à tout ce qui était considéré comme des déviances sexuelles, même se contenter d'en parler, était tabou. Cela impliquait une réponse très populaire dans le milieu de Foucault : si les institutions de la société bourgeoise réprimaient les désirs sexuels de ses membres, le progrès consisterait à briser ces tabous, à abandonner les normes sexuelles bourgeoises et à pratiquer l'amour libre. Selon bien des amis et des camarades de Foucault, il était grand temps qu'advienne la « libération sexuelle ».

Foucault n'était pas d'accord du tout avec cette version de l'histoire. Loin de refuser de parler de sexe, les scientifiques victoriens étaient obsédés par le catalogage de ce qu'ils considéraient comme des déviances sexuelles. Ce sont à eux que nous devons toutes ces étiquettes identitaires que nous employons encore pour structurer la pensée contemporaine sur ce sujet. Le sexe gay a toujours existé, par exemple, mais l'idée de l'« homosexualité » comme déviance définie par un ensemble de prédispositions stables est typiquement moderne, disait Foucault. Dans une de ses conférences, il déclara : « Le plaisir est ce qui se transfère d'un individu à l'autre, ce n'est pas le produit d'une identité. »

Son rejet de l'idée de pudeur comme caractéristique particulière de l'époque victorienne l'avait rendu sceptique face aux appels de ses contemporains à la libération sexuelle. L'idée qu'une pratique plus libre de la sexualité entraînerait notre libération, écrit-il, présuppose l'existence d'un « moi véritable » que la morale conventionnelle opprimerait. Pourtant, il n'existe rien de tel. La manière dont nous pensons et vivons la sexualité a toujours dépendu des discours dominants (de la manière dont les normes et les concepts dominants structurent la société à une époque particulière) et il en ira toujours de même. Par la critique de ces discours, nous pouvons subvertir les pouvoirs répressifs des périodes concernées, mais cela ne nous mènera qu'à des conceptualisations nouvelles de la sexualité, qui pourraient bien se révéler tout aussi oppressives que les anciennes.

Afin de justifier ses conclusions, qui avaient déçu, voire enragé, bon nombre de ses disciples, Foucault avait livré une description de la nature du pouvoir qui passa à la postérité. Les philosophes classiques tels que John Locke, avait-il dit, tendaient à comprendre le pouvoir comme un outil à la disposition de l'État pour s'assurer que les citoyens obéissent à ses règles. Les philosophes radicaux le voyaient comme un système de domination qui opprimait toujours une catégorie particulière d'individus, par exemple le prolétariat dans la pensée marxiste ou les femmes dans la pensée féministe. Mais le pouvoir tel que Foucault en était venu à le concevoir est en réalité bien plus fluide et bigarré que tout ça. Le vrai pouvoir réside, selon lui, dans les étiquettes identitaires que nous employons pour conférer au monde sa signification, et dans les hypothèses normatives sur lesquelles reposent les discours qui structurent notre société. Il est « produit à chaque instant, en tout point [...]. Le pouvoir est partout ; ce n'est pas qu'il englobe tout, c'est qu'il vient de partout ».

La conséquence directe de cette conception du pouvoir était un scepticisme radical quant à la possibilité du progrès social. Foucault estimait que les gens regimberaient toujours contre les formes particulières que prendrait le pouvoir à leur époque : « Là où il y a pouvoir, il y a résistance. » Mais cette résistance finira immédiatement, si elle emporte la victoire, par exercer un pouvoir qui lui sera propre. Parce que la résistance « n'est jamais en position d'extériorité par rapport au pouvoir. [...] Il n'y a donc pas par rapport au pouvoir un lieu du grand Refus ». Foucault prévenait ainsi ses lecteurs : même la plus noble des luttes contre les oppressions des temps présents contiendrait en germe les formes nouvelles et tout aussi contraignantes de l'oppression future.

Le rejet de l'identité

Foucault n'a jamais cherché à fonder une école intellectuelle ni à monter un programme politique complet. Cependant, tandis que s'étendait l'influence de son travail dans les années 1970 puis 1980, d'abord en France puis en Amérique du Nord, ses lecteurs en retirèrent deux résolutions fondamentales.

La première était de transformer la méfiance de Foucault envers le progrès en un genre de manifeste intellectuel. L'époque moderne était définie, comme l'écrit Jean-François Lyotard dans *La Condition postmoderne*, par les grands récits de l'histoire, depuis le progrès vers la rationalité que nous promettaient les Lumières à l'inéluctable inertie de la révolution socialiste, fondement du marxisme. Par contraste, le dilemme intellectuel de la seconde moitié du XXe siècle devait se définir comme la reconnaissance progressive de la fausseté de tels récits. « Pour simplifier à l'extrême, écrirait-il encore dans un passage resté célèbre, on tient pour postmoderne l'incrédulité à l'égard des métarécits ».

Pour de nombreux lecteurs de Foucault et Lyotard, cette incrédulité s'est bien vite étendue aux concepts les plus basiques, ceux grâce auxquels nous bâtissons notre compréhension du monde. Les métarécits nous donnent une idée des objectifs moraux ou politiques plus vastes que nous devrions viser. La méthode scientifique, elle-même un métarécit dont il faudrait se méfier selon Lyotard, nous mène au critère d'objectivité par lequel nous pouvons infirmer ou confirmer une assertion. Ceux qui en viennent à penser que tout cela repose sur une énorme erreur se voient forcés de rejeter les hypothèses les plus fondamentales, les briques de base de nos pratiques et de nos institutions, depuis la véracité des découvertes scientifiques jusqu'à la valeur même de la démocratie.

La deuxième résolution des lecteurs de Foucault fut de nourrir un scepticisme total à l'égard des catégories identitaires. Selon Foucault, les étiquettes comme « maladie mentale » ou « homosexualité » étaient des outils aux mains du pouvoir, pas des descriptions de la réalité. Les années passant, les penseurs postmodernes se saisirent de cette idée pour développer un scepticisme encore plus radical quant à toute assertion qui serait émise pour le compte d'un groupe défini par une identité commune.

Lors d'un dialogue resté célèbre, Michel Foucault et un autre philosophe français bien connu, Gilles Deleuze, avancèrent que les intellectuels de gauche considéraient depuis longtemps comme de leur devoir de se constituer en porte-voix des groupes sociaux opprimés. Les marxistes ont toujours assuré qu'ils représentaient le prolétariat. Les féministes ont toujours assuré que leur combat était celui de toutes les femmes. Mais à l'âge de la postmodernité, « il n'y a plus de représentation », concluait Deleuze.

Foucault avait acquiescé. Les intellectuels conscients de leurs propres limites devraient refuser de parler pour les plus démunis. « Les masses n'ont pas besoin d'eux pour savoir ; elles savent parfaitement, clairement, beaucoup mieux qu'eux ; et elles le disent fort bien. » Il était temps de les laisser parler pour elles-mêmes.

Le refus de la politique

Dans la soirée du 22 octobre 1971, alors que Richard Nixon présidait les États-Unis et que la guerre faisait rage au Vietnam, deux éminences de la gauche se croisèrent à l'université technologique d'Eindhoven, aux Pays-Bas, pour un débat chaudement attendu.

Le premier débatteur, un Américain, était d'apparence plutôt conventionnelle ; costume gris, cravate sombre et grosses lunettes en corne. Il aurait pu s'agir d'un P-DG prêt à témoigner devant le Sénat. Quand on lui demanda le genre de société que nous devrions chercher à bâtir, Noam Chomsky formula une vision optimiste, bien ancrée dans le récit progressiste habituel de ce que signifie être humain. « Le besoin d'activité créative et de réflexion créative », disait-il, est une part fondamentale de la nature humaine. Le rôle des militants est de permettre aux humains de réaliser cette nature « en tentant de dépasser les éléments de répression, d'oppression, de destruction et de coercition » qui caractérisent nos sociétés contemporaines. Le meilleur moyen d'y parvenir serait de construire un « système fédéré, décentralisé, d'associations libres », une forme d'anarcho-syndicalisme, en somme.

L'adversaire de Chomsky venait ostensiblement d'un autre monde. Le crâne rasé, vêtu d'un col roulé beige clair qui inspirerait plus tard les tenues fétiches de Steve Jobs, Michel Foucault commença par réagir aux propositions de Chomsky avec une modestie trompeuse : « J'avoue n'être pas capable de définir ni à plus forte raison de proposer un modèle de fonctionnement social idéal pour notre société. » Puis il passa à l'offensive. Toute tentative de « donner le profil et la formule de la société future [qui n'aurait pas] bien fait la critique de tous les rapports de violence politique qui s'exercent dans notre société [risque] de les laisser se reconstituer, même à travers des formes aussi nobles et apparemment aussi pures que celles du syndicalisme anarchiste ».

Plutôt que d'embrasser ces buts politiques ambitieux qui risquent fort d'aboutir à un autre métarécit oppressif, concluait Foucault, nous devrions limiter nos ambitions : « La tâche politique actuelle dans une société comme la nôtre, c'est de critiquer le jeu des institutions apparemment les plus neutres et les plus indépendantes, de les attaquer de telle manière que la violence politique qui s'exerçait obscurément en elles surgisse. »

Chomsky était visiblement déconcerté par le refus de Foucault de formuler un programme politique concret. Le scepticisme radical par lequel ce militant de gauche autoproclamé balayait la possibilité même du progrès ne cesserait de le troubler dès lors. Quand je l'ai interrogé, à l'automne 2021, un demi-siècle après ce débat, Chomsky était encore abasourdi par Foucault et, plus largement, la position postmoderniste qu'il représentait : « Je n'ai jamais croisé de ma vie quelqu'un d'aussi amoral ; pas immoral : amoral. »

Pour le public d'Eindhoven, il devait sembler probable que Chomsky gagnerait plus d'influence politique que Foucault dans les années à venir. En effet, de ces deux phares de la pensée de gauche qui se trouvaient sur scène, seul Chomsky proposait un cadre clair pour une action politique future. Comme ils se trompaient ! Malgré le refus de Foucault de proposer un meilleur modèle de société, c'est son rejet des vérités universelles, son scepticisme quant à la possibilité du progrès et ses avertissements sur la puissance oppressive des récits qui inspireraient finalement l'idéologie qui allait transformer la gauche et obtenir une position d'influence inattendue dans le discours dominant : la synthèse identitaire.

Points clés

- Pour comprendre la genèse de la synthèse identitaire, il faut remonter à l'étincelle originale dans le Paris des années 1950 et 1960.
- Les penseurs postmodernes tels que Michel Foucault baignaient dans les idées communistes. Mais au cœur de leur philosophie se trouvait le rejet de tous les « grands récits », dont le marxisme.
- Le rejet des grands récits a mené les théoriciens post-modernes à nourrir un grand scepticisme envers toute prétention à la vérité objective, de même qu'envers l'universalité des valeurs. Cela les a même poussés à rejeter les catégories identitaires stables, telles que « femme » ou « prolétaire ».
- Foucault réfutait la notion répandue selon laquelle les sociétés démocratiques seraient devenues plus humaines envers les criminels, les malades mentaux ou les minorités sexuelles. En réalité, il estimait que les sociétés n'avaient fait que trouver des moyens plus raffinés pour contrôler le comportement des déviants.
- Les philosophes ont traditionnellement supposé que les institutions, les États détenaient un pouvoir qui s'exerçait verticalement, du haut vers le bas. Mais Foucault avançait que les sociétés modernes exercent leur contrôle social de façon plus subtile. Selon lui, ce sont les « récits » informels qui déterminent ce que pensent ou font les gens, ce qui remet en question la possibilité qu'une révolution contre les rapports de domination puisse jamais libérer qui que ce soit.

Chapitre 2

La fin de l'empire et l'« essentialisme stratégique »

Pendant des siècles, une poignée de pays européens étendaient leur empire sur les quatre cinquièmes des terres émergées et presque le tiers de la population mondiale. À la veille de la Seconde Guerre mondiale, le Royaume-Uni comptait encore un demi-milliard d'âmes, du Soudan à la Birmanie. Même des nations européennes plus modestes exerçaient sur de vastes territoires lointains un pouvoir cruel et sans merci.

Puis, ces empires s'effondrèrent, en quelques courtes décennies. Affaiblies par la guerre, les puissances coloniales européennes ne disposaient plus des ressources pour imposer leur volonté au reste du monde. Pour la première fois depuis des siècles, le soleil se coucha sur l'Empire britannique.

Pendant la majeure partie de leur vie, les savants et les intellectuels de ces pays libérés avaient consacré toute leur énergie au combat pour l'indépendance, et voilà que s'imposait à eux un nouveau défi de taille. Il leur fallait exhumer une identité nationale, une cohésion sociale, dans des pays traversés de rivalités ethniques ou religieuses depuis des temps immémoriaux. Il leur fallait s'accorder sur les institutions politiques et économiques qui les gouverneraient. Et il leur fallait accomplir ces miracles tout en se débarrassant des vestiges de la tradition intellectuelle occidentale, qu'ils considéraient comme une imposition étrangère.

Ce processus de réinvention était d'autant plus difficile que l'élite de ces pays anciennement colonisés avait été éduquée dans les universités et les écoles occidentales. Les intellectuels d'Afrique du Nord avaient passé leur scolarité dans des lycées français, gérés de Paris (Frantz Fanon), et étudié dans des institutions telles que la Sorbonne (Habib Bourguiba) ou l'École normale supérieure (Assia Djebar). Les intellectuels du sous-continent indien ou des régions anglophones de l'Afrique subsaharienne étaient allés dans des écoles bâties selon le système éducatif britannique avant de finir leurs études à Cambridge (Jawaharlal Nehru), Oxford (Indira Gandhi), l'université de Londres (Jomo Kenyatta) ou les Inns of Court (Mahatma Gandhi et Mohammed Ali Jinnah). Couper franchement avec ces puissances coloniales qui avaient exploité leurs nations sans scrupule n'était pas chose facile pour cette génération politique profondément modelée par les idées de l'envahisseur.

Beaucoup cherchèrent des solutions à ce dilemme dans les textes fondateurs de vieilles idéologies. Certains voulurent fonder leur société nouvelle sur les bases du national-libéralisme vers lequel les pays nouvellement indépendants d'Europe s'étaient tournés au cours du XIXe siècle et au début du XXe. Plus encore puisaient leur inspiration dans les promesses révolutionnaires du marxisme, ou cherchaient à forger une alliance directe avec l'Union soviétique, ouvertement anti-impérialiste. Mais cela n'allait pas sans difficulté non plus. En effet, certains des principaux instigateurs du libéralisme comme du socialisme avaient trouvé des excuses au colonialisme, quand ils ne l'avaient pas tout simplement justifié. Ces deux idéologies étaient également bâties sur la base d'un universalisme moral qui, selon les intellectuels postcoloniaux les plus influents, n'avait pas prêté suffisamment d'attention aux spécificités culturelles des pays hors de l'Occident. Comme le concluait Fanon, « les pays sous-développés au contraire doivent s'efforcer de mettre au jour des valeurs qui leur soient propres, des méthodes, un style qui leur soient spécifiques ». Mais comment ?

Pour une cohorte de penseurs postcoloniaux parvenus sur le devant de la scène dans les années 1970 et 1980, une grande partie de la réponse est venue d'une source inattendue : les idées à la mode de la rue des Écoles et du boulevard Saint-Michel à Paris. L'éthique postmoderne de Foucault et consorts, estimaient-ils, les aiderait à déconstruire les « discours » et les « grands récits » qui avaient justifié la colonisation brutale de leurs pays. Une bonne base pour parvenir à une plus authentique compréhension d'eux-mêmes. Seulement, afin que ces idées conviennent aux buts qu'ils s'étaient fixés, ils devaient les traduire en actions politiques concrètes.

Fight the power (le pouvoir des mots)

Quand Hilda et Wadie Said mirent au monde leur premier enfant, en novembre 1935, ils voulurent lui donner un nom digne de l'héritier d'une famille commerçante et prospère. En bons protestants de la Palestine mandataire, encore sous férule britannique, ils se tournèrent naturellement vers Londres pour y puiser l'inspiration. Ainsi décidèrent-ils de nommer leur fils Edward, comme le prince de Galles.

Édouard VIII était monté sur le trône en janvier 1936. L'enfant palestinien n'avait alors que trois mois. Le règne du monarque fut bref et malheureux. Avant la fin de l'année, il était poussé à l'abdication pour avoir voulu épouser Wallis

Simpson, une Américaine divorcée. Il vécut le reste de sa vie en disgrâce, et en exil.

Les origines étranges du nom d'Edward Said se révélèrent prophétiques, annonciatrices de sa relation ambiguë à l'Occident. Comme tant d'autres penseurs postcoloniaux, il était le produit des écoles et des ambitions occidentales. Enfant, il alla à l'école St. George de Jérusalem et au Victoria College d'Alexandrie, un vrai parcours britannique au cours duquel il développa un goût prononcé pour la musique classique. Expulsé de Victoria à l'adolescence comme fauteur de troubles, il fut envoyé à Northfield Mount Hermon, un pensionnat très strict de Nouvelle-Angleterre fondé par un pasteur évangélique. Ses résultats extraordinaires lui valurent d'être admis à Princeton, où il écrivit un mémoire sur André Gide et Graham Greene, avant de poursuivre ses études doctorales de littérature anglaise à Harvard.

« Toute mon éducation, se souviendrait-il, était anglocentrée, à tel point que j'en savais bien plus sur l'histoire et la géographie anglaises et même indiennes (des matières imposées) que sur celles du monde arabe. » Jeune homme, il resta « la créature d'une éducation américaine et même plutôt WASP et élitaire ». Rien n'indiquait alors qu'il se transformerait en l'un des plus célèbres critiques de la puissance politique occidentale. « Le jour où des étudiants qui protestaient contre la guerre du Vietnam étaient venus perturber un cours auquel il assistait, a durement rappelé un de ses critiques de gauche, Said avait appelé la sécurité. »

Puis, les frustrations et les humiliations commencèrent à s'accumuler pour ce Palestino-Américain à l'identité ambiguë. Il se rappela qu'on lui avait interdit de parler arabe au Victoria College. Il grinçait des dents en lisant la manière dont le Proche-Orient était représenté dans les textes classiques du canon occidental, qu'on lui demandait d'enseigner en tant que jeune professeur à l'université Columbia. Surtout, il sentait que la plupart de ses collègues et de ses connaissances à New York n'accordaient pas un crédit adéquat à la cause palestinienne.

Pour la première fois de sa vie, Said consacrait autant d'énergie à la politique qu'à son parcours universitaire ou à sa vie amoureuse, très mouvementée. Il se rendait fréquemment en Jordanie, d'où il entretenait des relations rapprochées avec les leaders politiques palestiniens, dont Yasser Arafat. Lors d'un séjour sabbatique au Liban, il lut frénétiquement de la littérature arabe et l'histoire de ces pays. De cet intérêt renouvelé pour le Proche-Orient, il tira petit à petit les idées qui, après la publication de *L'Orientalisme*, en 1978, le feraient passer du statut de petit professeur anonyme à celui d'intellectuel de premier plan.

Tirant parti de sa connaissance approfondie du canon occidental et des méthodes postmodernes, Edward Said avançait que les vieilles représentations « occidentales » de l'« Orient » avaient causé de réels dégâts. Reconnaissant explicitement l'héritage de « la notion de discours chez Michel Foucault », il expliqua que la manière dont les auteurs occidentaux avaient décrit l'Orient était une condition préalable indispensable à sa domination : « Faute d'examiner l'orientalisme en tant que discours, il est impossible de comprendre la discipline systématique colossale grâce à laquelle la culture européenne a pu diriger, et même produire, l'Orient, politiquement, sociologiquement, militairement, idéologiquement, scientifiquement et jusque dans son imaginaire. »

Depuis l'Antiquité, disait Edward Said, les penseurs occidentaux avaient tenté de comprendre un ensemble extrêmement varié de pays du Proche-Orient, du sous-continent indien et de l'Extrême-Orient en les désignant tous sous le vocable d'« Orient ». Avec l'apparition des universités modernes et des départements d'études orientales, cette tradition érudite en était venue à clamer pour elle-même un statut de neutralité scientifique. Mais « le consensus libéral selon lequel la connaissance "véritable" serait fondamentalement apolitique dissimule les circonstances politiques, hautement organisées, même obscurément, qui président à la production du savoir ». L'objectif de cette étude des représentations occidentales des cultures orientales était de révéler que « l'impérialisme politique gouverne un champ entier de l'étude, de l'imagination et des institutions universitaires ».

Les représentations occidentales de l'« Est », disait-il encore, ont un effet politique concret. Les visions très réductionnistes de l'Orient d'un John Stuart Mill et d'un Karl Marx les avaient autrefois poussés à admettre les grands récits qui justifiaient en apparence le besoin temporaire de colonialisme. Depuis, un nouvel ensemble d'idées à propos de l'« esprit arabe » était employé en justification des interventions américaines au Moyen-Orient. L'objectif fondamental de *L'Orientalisme* était de libérer ses lecteurs du pouvoir pernicieux et persistant de ces discours.

Retour à la politique

L'Orientalisme rencontra un vif succès. Il s'en est vendu des centaines de milliers d'exemplaires depuis sa parution, il a été cité presque quatre-vingt mille fois, il a influencé des chercheurs dans des champs allant de la littérature à l'anthropologie, il a fait de Said l'un des intellectuels les plus célèbres et les plus à la mode en Occident (ce qui ne va pas sans une certaine ironie). Said dit très clairement dans *L'Orientalisme* que c'est à Michel Foucault qu'il doit le plus sur le plan conceptuel ; toutefois, il s'est retourné contre le postmodernisme dans les années qui suivirent sa publication.

Durant les années 1980, le postmodernisme gagnait rapidement en popularité dans les universités américaines. Les « *French theorists* » et leurs disciples en étaient venus à dominer les départements de littérature dans tout le pays. Cependant, la théorie qu'ils avaient popularisée était terriblement autoréférentielle et obscure pour les non-initiés. Avec le temps, Said se montra de plus en plus inquiet de « l'institutionnalisation et de la professionnalisation des études littéraires ». Il se plaignait que ses collègues fuient la politique pour s'adonner à des jeux de mots nébuleux (il leur reprochait de « battre en retraite dans un labyrinthe de "textualité" »).

Pour Said, le fameux débat entre Foucault et Chomsky était la parfaite illustration de ces défauts. Le rôle du critique, en était-il venu à penser, était de « s'efforcer de fournir des descriptions du pouvoir et de l'oppression dans l'intention de soulager la souffrance humaine, les espoirs déçus ». Chomsky, par sa vision claire de la nature humaine et son adhésion univoque à une théorie de la société idéale, s'était montré à la hauteur de la tâche. Pas Foucault, jugeait Said, déçu. Car il adoptait la « vision extrêmement simpliste » du « pouvoir partout ». Foucault en était venu à considérer comme équivalents les faibles et les puissants, il estimait toute société future condamnée à se révéler tout aussi oppressive que l'actuelle. Finalement, se plaignait Said, la description du pouvoir par Foucault ne servait qu'à « justifier le quiétisme en politique ».

Cette critique de Foucault préparait le terrain à une adaptation du postmodernisme davantage engagée sur le plan politique. Pour de nombreux lecteurs de *L'Orientalisme*, le but de l'analyse culturelle était, de façon très claire, de venir en aide aux opprimés, et la distinction de Said entre Orient et Occident impliquait une distribution limpide des rôles sur le plan moral. Il y avait un oppresseur (l'Occident) et une victime (l'Orient). L'objectif était de modifier le discours dominant pour aider l'opprimé à résister à l'oppresseur. Il s'agissait, en d'autres termes, d'une analyse discursive à des fins explicitement politiques.

Le nombre de chercheurs postcoloniaux croissait rapidement dans les départements de sciences humaines des universités américaines. Ils adoptèrent vite ce style politique de l'analyse de discours. Peu après, les chercheurs qui s'intéressaient au genre, aux médias, aux migrations humaines et aux minorités ethniques y vinrent à leur tour. Ainsi, cette nouvelle forme de critique du discours domina vite les méthodes d'enquête dans plusieurs disciplines universitaires, de la sociologie à l'étude critique des médias.

L'essentialisme stratégique

Said et ses disciples avaient fait le premier pas pour mettre le postmodernisme au service des opprimés, en conférant à l'analyse du discours un versant plus directement politique. Mais les penseurs postcoloniaux, qui voulaient transformer ces idées en armes que brandiraient les « damnés de la terre » contre leurs oppresseurs, faisaient encore face à un sérieux obstacle. En effet, quand Foucault et ses adeptes avaient attaqué les grands récits, ils ne s'étaient pas contentés de rejeter l'idée même de valeurs universelles et de vérités scientifiques, ils avaient également jugé dangereux de désigner les êtres par leurs communautés d'appartenance. Les étiquettes telles que « les femmes », « les prolétaires » ou « les populations du tiers-monde » étaient, selon eux, des déformations essentialistes qui n'aboutiraient qu'à la perpétuation de l'oppression.

Beaucoup de chercheurs postcoloniaux furent particulièrement effarés quand Foucault, au cours de son dialogue avec Deleuze, affirma que les opprimés n'avaient pas besoin d'intellectuels pour parler à leur place. Comme le noterait la chercheuse en littérature indienne Gayatri Chakravorty Spivak, ces philosophes pouvaient se permettre de tenir pour acquis leur statut social. En conséquence, ils ne se rendaient pas compte qu'une certaine population, pour laquelle elle s'inquiétait au premier chef, ne disposait pas des ressources et de la reconnaissance sociale dont jouissaient ces ouvriers mâles blancs qui, de l'avis des deux intellectuels parisiens, étaient parfaitement capables de parler pour eux-mêmes. Dans des pays tels que l'Inde, concluait-elle dans son article le plus célèbre, les subalternes n'ont tout simplement pas la parole.

Gayatri Chakravorty Spivak se trouvait face à un grave dilemme. Née à Calcutta en 1942, elle avait étudié à l'école pour filles de St. John's Diocesan et au Presidency College avant de déménager aux États-Unis pour son doctorat à l'université Cornell. Jeune chercheuse, elle était attirée par les auteurs postmodernes, dont Foucault. Elle s'était fait un nom en écrivant l'introduction de la première édition de *De la grammatologie*, de Jacques Derrida, en langue anglaise, autre ouvrage fondateur de ce courant philosophique. Son engagement dans le projet postmoderne de déconstruction des discours dominants était sincère. Cela impliquait, reconnaissait-elle, d'exercer un scepticisme radical sur les catégories conceptuelles les plus basiques, dont celles de l'identité. Pourtant, en vertu de sa propre expérience de la marginalité en tant que femme indienne, elle se sentait aussi la responsabilité morale de parler au nom de ce groupe auquel elle appartenait. Comment résoudre cette quadrature du cercle ?

Dans une interview accordée à une féministe australienne, Gayatri Chakravorty Spivak offrit une réponse qui allait énormément gagner en influence dans les années suivantes. Le rôle et la situation des intellectuels en Asie, disait-elle, étaient très différents du cas européen. Là où les intellectuels français pouvaient choisir d'« abdiquer » leurs responsabilités, les chercheuses comme Spivak ne bénéficiaient pas de ce luxe. Aussi, afin d'améliorer cette situation, elle proposait d'utiliser ces marqueurs d'identité suspects en théorie, mais bien utiles en pratique. « Je crois que, là encore, il faut faire un choix stratégique, suggérait-elle, pas vers un discours universaliste mais vers un discours essentialiste [...] Je dois bien avouer que je suis essentialiste, de temps en temps. »

Son interlocutrice fut surprise et peut-être légèrement perturbée par cette réponse. Comment était-il possible d'employer des concepts essentialistes sans leur accorder une certaine validité ? « Ma quête n'est pas celle de la cohérence », répondit Spivak. Sur le plan théorique, elle admit qu'il était « absolument nécessaire de s'élever contre les discours essentialistes [...] Mais *stratégiquement*, nous ne pouvons pas nous le permettre ».

Afin de dissiper toute confusion, Gayatri Chakravorty Spivak donna un exemple concret. En théorie, dit-elle, il serait erroné de déclarer que les femmes sont définies par le fait de posséder un clitoris. Mais comme « l'autre camp nous définit par nos parties génitales », il était censé, pour des raisons pratiques, de faire de ce clitoris la base d'une définition commune des femmes par les femmes : « Il s'agit de choisir soi-même l'universel qui vous donnera le pouvoir de combattre l'autre camp. » Bien que cela revienne à abandonner la « pureté théorique », c'était un faible prix à payer pour éviter de se rendre involontairement complice du « discours d'exploitation » occidental.

Ces quelques remarques sibyllines mirent rapidement le feu aux poudres. Afin de pouvoir enfin répondre à la question « Comment parler pour les opprimés ? », de nombreux chercheurs firent leur la démarche de Spivak. Ils continuaient d'employer les outils du postmodernisme pour mettre en doute toute prétention à l'objectivité scientifique, toute invocation de principes universaux. Dans le même temps, ils revendiquaient le droit de parler pour les groupes opprimés, en vertu de ce besoin tactique qu'ils en étaient venus à appeler l'« essentialisme stratégique ». Les traces de cette tentative de quadrature du cercle sont encore visibles aujourd'hui, chaque fois qu'un militant commence par préciser que « la race [ou le genre ou le handicap] est un concept socialement construit » avant de se lancer dans de surprenants développements aux accents essentialistes sur ce que pensent les « personnes de couleur » (ou les femmes ou les personnes handicapées).

Avec le temps, cette concession intellectuelle de Spivak devint un cri de ralliement politique. Quand des personnes sont opprimées en raison d'un caractère partagé, que ce soit leur genre ou leur couleur de peau, deux réponses sont possibles. La première est de se battre pour déconstruire cette catégorie, afin que nulle distinction sociale ne puisse être fondée sur le fait d'être une femme ou d'avoir la peau noire. L'autre réponse consiste à organiser l'action politique autour de ces marqueurs identitaires. Suivant ce mode de pensée, si certaines personnes sont victimes de discrimination en raison de leur appartenance supposée à l'une de ces catégories, elles auront toutes les raisons de se rassembler pour combattre cette injustice. Et plus elles s'identifieront aux femmes, aux Noirs ou autres, plus elles auront de chances de vaincre. C'est ce moyen d'action que l'adhésion de Spivak à une forme d'essentialisme stratégique inspira, avec les années, à une grande partie de la gauche.

Points clés

- Les penseurs postcoloniaux tels qu'Edward Said et Gayatri Chakravorty Spivak cherchaient à répondre aux défis qu'affrontaient les anciennes colonies d'Asie, d'Afrique et d'ailleurs, sans recourir aux vieilles traditions conceptuelles occidentales en lesquelles ils n'avaient plus confiance. Le postmodernisme, par sa critique des vérités supposées universelles, leur fournissait un outil indispensable.
- Edward Said se fondait sur la méthode d'« analyse du discours » inventée par Michel Foucault pour critiquer les récits occidentaux de l'« Orient ». Son objectif était de mettre en lumière les façons dont un ensemble d'assertions censées être objectives sur l'Asie et l'Afrique servaient de justifications à la domination coloniale.
- Said et d'autres chercheurs postcoloniaux finirent par reprocher au postmodernisme sa nature apolitique. Ils résolurent, eux, d'employer l'analyse du discours à des fins explicitement politiques en remodelant le discours dominant d'une manière favorable aux opprimés. C'est ce qui servit de modèles à d'autres formes résolument politiques d'analyse du discours dans d'autres champs universitaires.
- Les théories postmodernes remettaient également en doute la validité des catégories identitaires qui se prétendaient neutres, telles que « les femmes » et « les opprimés ». En réponse, Spivak plaida la cause d'un

« essentialisme stratégique ». Elle recommandait aux militants d'encourager les regroupements par catégories identitaires du moment qu'ils s'avéraient politiquement utiles.

Chapitre 3

Le rejet du mouvement pour les droits civiques et l'apparition de la théorie critique de la race

Pendant ses premiers siècles d'existence, la république américaine n'appliquait ses nobles idéaux qu'à certains de ses résidents. Les Américains natifs étaient chassés de leurs terres, parqués dans des réserves ou tout simplement tués, les Américains noirs maintenus en esclavage, arrachés à leur famille et forcés de travailler au profit de leurs maîtres. Même après leur émancipation, des lois et des coutumes rognaient encore explicitement leurs droits, contraignaient leurs déplacements, les excluaient de la citoyenneté pleine et entière ; un système de ségrégation brutale se perpétuait ainsi dans le sud du pays.

Jusque dans les années 1950, les Afro-Américains étaient exclus des services publics de base, des écoles et des entreprises, dans de vastes régions. Les tests d'alphabétisation, les capitations* et les menaces de violence préservaient les discriminations. Les mariages mixtes étaient largement réprouvés. En 1963, le Congrès américain ne comprenait que cinq élus afro-américains. Le mouvement des droits civiques changea pour toujours le visage des États-Unis.

Sous l'intense pression des militants, les institutions américaines abolirent les discriminations officielles. La Cour

---

* *Poll taxes*, impôts sur la personne non progressifs et sans distinction de revenus, NdT.

suprême jugea inconstitutionnelle la doctrine « séparés mais égaux » qui avait abouti à des écoles pour les Blancs et des écoles pour les Noirs. Le Congrès vota de nouvelles lois interdisant les discriminations à l'embauche en fonction de l'origine et les tests d'alphabétisation destinés à priver du droit de vote les électeurs noirs. Un grand nombre de boycotts et de manifestations parfaitement orchestrés mirent fin aux ségrégations dans les lieux publics, depuis les bus en Alabama jusqu'aux comptoirs des *diners* de Caroline du Nord.

Au pic du mouvement, beaucoup espérèrent que ces changements garantiraient l'égalité pour tous les Afro-Américains. Une fois les nouvelles lois appliquées, la ségrégation géographique s'atténuerait, les différences de revenus et d'éducation entre les divers groupes ethniques s'amenuiseraient, les enfants blancs comme noirs jouiraient d'égales opportunités. Dans son discours « I have a dream », Martin Luther King Jr. n'espérait rien de moins que transformer « les discordes criardes de notre nation en une superbe symphonie de fraternité ».

D'un côté, les progrès que le pays a accomplis depuis le mouvement des droits civiques sont réellement remarquables. Aujourd'hui, les lois de ségrégation appartiennent au passé. Des Afro-Américains ont remporté des élections majeures dans les États sudistes, de la Géorgie à la Virginie. Pratiquement tous les Américains soutiennent aujourd'hui les mariages mixtes. En 2023, le Congrès comptait soixante-trois élus afro-américains. Nier ces authentiques progrès vers l'égalité serait une insulte à la mémoire de millions de gens qui ont souffert de restrictions flagrantes, explicites, à leur liberté d'aller et venir ou d'épouser celui ou celle qu'ils aimaient. Néanmoins, il est impossible de comprendre le moment intellectuel que traverse notre époque sans prendre au sérieux les raisons qui poussent d'innombrables universitaires et intellectuels noirs à se déclarer amèrement déçus. Car relativement aux grandes espérances du mouvement des droits civiques, les États-Unis ont accompli bien peu.

Au début des années 1970, des quartiers autrefois entièrement blancs accueillirent les premières familles noires. Mais, en raison du « *white flight* » (l'« exode blanc »), ceux-ci devinrent bientôt presque exclusivement noirs. Des écoles pour élèves blancs ouvrirent leurs portes aux Noirs. Mais comme, en réaction, de nombreux parents blancs sortirent leurs enfants de ces écoles, voilà qu'une génération supplémentaire d'élèves noirs se languissait dans des classes ségréguées.

Aujourd'hui encore, le bilan est mitigé. Les Noirs américains sont dans une situation économique et scolaire bien meilleure que dans les années 1960, mais, en moyenne, leurs revenus sont inférieurs, et leur patrimoine très inférieur aux Américains blancs. La présence des minorités ethniques aux plus hauts échelons des institutions les plus prestigieuses est significativement supérieure, mais le groupe qui a historiquement dominé la société américaine est toujours surreprésenté dans leurs rangs. Universités et entreprises sont devenues bien plus accueillantes, mais elles demeurent parfois inhospitalières et oppressantes pour ceux qui, de toute leur famille, seront les premiers à y pénétrer. Dans le même temps, certains quartiers à majorité noire souffrent toujours d'un mélange de pauvreté et d'insécurité ; un grand nombre d'Afro-Américains sont derrière les barreaux ; les hommes noirs ont plus de risques que les autres de subir des violences policières ; enfin, les réseaux sociaux fournissent des plateformes d'une ampleur inédite aux discours haineux. Personne ne décrirait l'Amérique d'aujourd'hui comme la « symphonie de fraternité » dont Martin Luther King avait osé rêver.

À mesure que les nobles aspirations du mouvement des droits civiques laissaient place à une réalité décourageante, une génération de jeunes chercheurs tels que Derrick Bell et Kimberlé Crenshaw se mettait en tête de comprendre les raisons de ce déraillement. Pourquoi, se demandaient-ils au cours des années 1970 et 1980, pourquoi toutes ces enivrantes victoires dans les tribunaux et les assemblées se traduisaient-elles si peu en progrès pratiques ? Que fallait-il en déduire quant à la capacité de pays gravement imparfaits, tels que les États-Unis, de s'améliorer politiquement sur la base de valeurs universelles et de règles s'interdisant toute distinction ? Les réponses auxquelles ils aboutirent eurent d'abord beaucoup d'influence dans le monde très fermé des universités de droit. Par la suite, elles modèleraient les principes fondamentaux d'une idéologie nouvelle, celle qui monte, à l'heure actuelle, dans certaines des plus puissantes institutions du monde démocratique.

Le réquisitoire de Derrick Bell contre la déségrégation

Juste après son diplôme de droit, obtenu en 1957, un jeune étudiant noir parvint à obtenir un bref rendez-vous avec son idole : William H. Hastie, pionnier de la lutte pour les droits civiques et premier Afro-Américain nommé juge dans une cour fédérale de toute l'histoire des États-Unis. Nerveux, le jeune étudiant profita de cette occasion unique pour annoncer à Hastie qu'il comptait bien suivre son exemple : lui aussi désirait se battre pour l'égalité et le démantèlement de l'héritage de Jim Crow avec les armes de la loi.

Hastie regarda son visiteur, l'air bienveillant. Il jugea même son ambition « digne d'éloges ». Mais il ajouta que le jeune homme était « né quinze ans trop tard ». Depuis, entre autres, le jugement *Brown v. Board of Education*, qui avait abouti à l'impératif légal de déségréguer les écoles, tout ce qu'il restait à faire, c'était « un peu de nettoyage ».

Cette brève rencontre avec Hastie déçut beaucoup le jeune homme, qui s'appelait Derrick Bell. Elle contribua cependant à orienter sa trajectoire intellectuelle. Bell conservait, bien qu'à contrecœur, une certaine admiration pour les pionniers de la lutte pour les droits civiques dans le genre de Hastie, mais il les soupçonnait d'avoir commis une grave erreur de jugement quant à la nature de la loi et, en conséquence, quant au futur probable de l'Amérique.

Bell était né dans une famille ouvrière de Pittsburgh, le 6 novembre 1930. Aîné de quatre enfants, c'était un prodige dès le plus jeune âge. Il excellait à l'école, décrocha un diplôme de l'université Duquesne et servit en tant qu'officier dans l'armée de l'air en Corée, où il fut déployé un an, durant la guerre. Admis après cela à la faculté de droit de Pittsburgh, il y était le seul étudiant noir de sa classe.

Même après l'avertissement poli de Hastie, Bell restait déterminé à employer la loi comme un outil au service de la justice sociale. Après avoir obtenu son diplôme de droit, il fut embauché au département des droits civiques du ministère de la Justice. Un jour, ses chefs l'appelèrent pour une réunion. Ils avaient entendu dire que Bell était membre de la National Association for the Advancement of Colored People (la NAACP, Association nationale pour la promotion des gens de couleur), la plus influente des organisations de lobbying en faveur des intérêts des Afro-Américains. Ses chefs craignaient que cela ne créât un conflit d'intérêts. S'il voulait garder son emploi, il lui fallait quitter l'association. Bell ne haussait jamais le ton et s'exprimait avec une politesse sans faille. Mais il savait aussi être sans concession et il était plus que disposé à se priver d'une promotion pour une affaire de principe. N'écoutant pas les avis de ses amis, il démissionna de son poste au gouvernement et prit un emploi à la NAACP.

En tant qu'avocat du fonds de défense juridique et d'éducation de la NAACP, Bell avait pour mission de s'assurer que les victoires judiciaires remportées durant le mouvement des droits civiques ne resteraient pas lettre morte. La majorité de son temps de travail était ainsi consacrée à l'intégration dans les écoles. Ville après ville, les autorités locales usaient d'un mélange de subterfuge et d'intimidation pour empêcher les enfants noirs de s'inscrire dans les écoles historiquement blanches. Procès après procès, Bell assaillait ces édiles pour faire de *Brown v. Board* une réalité. En tout, il supervisa 300 procédures de déségrégation d'écoles et de petites entreprises.

Au début, Bell trouvait son travail très excitant. Enfin, il accomplissait son ambition, il changeait vraiment les choses en faisant appliquer la loi. Mais plus le temps passait, plus le soufflé retombait. Souvent, il fallait tellement de temps pour que la procédure aboutisse que les jeunes garçons et les jeunes filles qu'il représentait devant les tribunaux avaient obtenu leur diplôme bien avant le verdict qui aurait dû forcer les écoles concernées à les intégrer. Et même dans ce cas, les progrès apparents pouvaient être en trompe-l'œil. Quand une école noire fermait, les professeurs qui y avaient enseigné durant des dizaines d'années perdaient leur travail. Et quand une école blanche ouvrait enfin ses portes aux Noirs, les parents blancs envoyaient finalement leurs enfants dans des écoles privées ou déménageaient tout simplement. Au bout du compte, certaines de ces écoles nouvellement « inclusives » en théorie devenaient en réalité à grande majorité noire et manquaient encore gravement de ressources ; cerise sur le gâteau empoisonné, les professeurs qui enseignaient dans ces écoles étaient donc des Blancs, qui traitaient souvent leurs élèves noirs avec condescendance, quand ce n'était pas avec une franche hostilité.

Lentement, Bell parvint à une nouvelle résolution : il devait abandonner le front légal et exprimer ce qu'il pensait vraiment des promesses et des périls du mouvement des droits civiques. Il troqua sa carrière d'avocat plaideur pour un poste d'enseignement à l'université de Caroline du Sud, avant d'en obtenir un autre, encore plus prestigieux, à l'université Harvard. Quand son premier grand article de recherche parut, en 1976, il en était venu à rejeter certaines des hypothèses les plus fondamentales de son précédent travail de juriste et nourrissait à présent un profond scepticisme sur l'ensemble du mouvement des droits civiques.

De sa propre expérience, Bell avait observé que la plupart des avocats au service des droits civiques qui supervisaient les affaires d'écoles dans le Sud étaient guidés par leur attachement idéologique en faveur de la déségrégation, alors que leurs clients noirs, ceux pour lesquels ils plaidaient, avaient des objectifs bien différents. Ils voulaient que leurs enfants aient accès à une éducation de qualité, sans aucune considération particulière pour la composition du corps étudiant, ce qui les menait même parfois à s'opposer aux efforts de déségrégation. Comme l'écrivait une association communautaire noire dans une lettre au tribunal de Boston, que Bell reproduisit en épigraphe de son article :

> Toute avancée vers la déségrégation devrait être décidée à la lumière des intérêts de la communauté noire pour l'amélioration des performances des élèves en tant que principale caractéristique d'une éducation équitable [...] Nous estimons qu'il n'est ni nécessaire ni juste de supporter les affres de la déségrégation

> en l'absence d'assurances raisonnables d'un profit pédagogique en faveur de nos enfants.

L'article de Bell était écrit dans cette langue sobre et fastidieuse typique des revues juridiques américaines, avec de longues citations issues des procès pertinents qui occupaient souvent la majeure partie de la page. Et pourtant, tous ses lecteurs durent instantanément comprendre que sa conclusion était une bombe politique. Développant une série d'arguments qui, comme Bell le reconnaissait lui-même, avaient aussi été ceux des opposants racistes à la déségrégation, il concluait que les avocats des droits civiques essayaient de « servir deux maîtres » à la fois. Pris dans un conflit entre les souhaits de leurs clients et leurs propres idéaux, ils mettaient à tort la priorité sur leur conception personnelle de la justice.

« S'étant convaincus eux-mêmes que *Brown* était affaire de déségrégation et non d'éducation, se plaignait Bell, les associations établies pour les droits civiques ont promptement refusé de reconnaître les revers de la campagne de déségrégation des écoles, revers qui étaient, au moins en partie, des conséquences de leur intransigeance. » Il était grand temps que les avocats des droits civiques écoutent leurs clients noirs. Ce qui signifiait aussi, selon Bell, s'ouvrir davantage à des solutions juridiques qui aboutiraient à des écoles séparées, certes, mais véritablement égales.

Bon nombre des collègues progressistes de Bell jugèrent cette conclusion sacrilège. Mais il ne se démonta pas. Dans son esprit, jeter le doute sur les mérites de la déségrégation n'était que le premier coup de feu tiré au sein d'une bataille bien plus vaste, qui viendrait remettre en question la logique et les valeurs du mouvement des droits civiques.

La permanence (supposée) du racisme

Les grands espoirs du mouvement des droits civiques se fondaient sur une interprétation de l'histoire américaine qui, des écrits de Frederick Douglass aux sermons de Martin Luther King, et jusqu'aux discours de Barack Obama, constitue une branche importante de la pensée afro-américaine. Dans le cadre qu'elle pose, les idéaux des pères fondateurs de l'Amérique étaient hypocrites au moment de leur conception. Bien que la Déclaration d'indépendance proclamait que « tous les hommes naissent égaux », des millions de Noirs américains étaient esclaves. Le meilleur remède à cette hypocrisie n'était pas, toutefois, de rejeter ces principes, mais d'exiger qu'ils s'appliquent à tous, même aux Afro-Américains. Même si « l'Amérique n'avait jamais réglé la note de change » que promettait sa Constitution, comme l'avait dit Martin Luther King, les Afro-Américains devraient rester bien déterminés à « encaisser ce chèque ».

Cet espoir sous-jacent de King, que la direction de l'univers moral, bien que sinueuse, aboutisse à la justice, était bien sûr exactement ce que Foucault aurait appelé un « grand récit ». En tant que tel, il prête le flanc à toutes les critiques habituelles des grands récits, celles développées par les penseurs postmodernes dans les années 1950 et 1960. Il n'est donc pas surprenant que Bell, une fois bien déterminé à attaquer de front la vision prudemment optimiste de l'histoire américaine des Hastie et des King, soit allé puiser l'inspiration dans ces idées postmodernes alors très en vogue dans les facultés de droit, de même que dans l'usage postcolonial de l'analyse du discours comme outil politique, qui s'étendait alors dans les départements de littérature.

Durant les années 1970, les universitaires de gauche se mirent à employer Foucault et les autres penseurs postmodernes pour attaquer ce qu'ils considéraient comme des grands récits à propos de la loi, tels que l'idée de l'impartialité des juges dont les seuls guides seraient la jurisprudence et quelques principes abstraits. Selon les adeptes de plus en plus nombreux de la théorie des études critiques du droit, ni les grands principes inscrits dans la Constitution ni les précédents légaux de la jurisprudence n'étaient assez complets pour forcer les juges à statuer dans un sens ou dans l'autre. En réalité, les décisions avaient bien plus de chances d'être le produit de l'humeur, des préférences personnelles ou de l'intérêt égoïste des juges que d'éléments juridiques objectifs.

Inspiré par ces idées, mais déçu du peu d'intérêt qu'elles portaient à la justice raciale, Bell a appliqué le même ensemble de critiques postmodernes à cette question. À présent, il estimait que l'explication standard, idéaliste, des progrès effectués depuis le mouvement des droits civiques était d'une naïveté confondante. Loin d'être le reflet d'un progrès moral graduel ou des principes inscrits dans la Constitution américaine, les affaires les plus célèbres de la période des droits civiques avaient été, depuis le départ, gouvernées par l'intérêt racial égoïste des Blancs.

Selon Bell, la raison véritable pour laquelle les juges cherchaient à déségréguer les écoles publiques, par exemple, était que la ségrégation nuisait aux intérêts des Américains blancs. *Brown v. Board* servait les intérêts des Blancs pour trois raisons principales. Ce jugement avait pour but, tout d'abord, de s'assurer que les Afro-Américains seraient disposés à combattre pour leur pays en cas de futurs conflits armés. Il permettait ensuite au Sud de « passer de cette société rurale de plantations à une *sunbelt** riche de profits potentiels ». Enfin, il servait les intérêts

* Littéralement « ceinture du soleil ». Cette expression désigne les États du sud et de l'ouest des États-Unis, très dynamiques sur le plan économique grâce au tourisme, à ses industries de pointe et à ses ressources naturelles, NdT.

géopolitiques de l'Amérique durant la guerre froide. L'Union soviétique faisait ses choux gras de l'oppression raciale aux États-Unis dans sa propagande, remarquait Bell, au point que les décisions des hautes cours sur les droits civiques étaient alors terriblement nécessaires « pour fournir une crédibilité immédiate à la lutte contre les pays communistes qui, sans cela, gagnerait les cœurs des pays émergents ».

Cette interprétation pessimiste des décisions légales historiques de l'époque des droits civiques mena Bell à formuler un sombre présage : « Les intérêts des Noirs dans la poursuite de l'égalité raciale ne seront pris en compte que quand ils convergeront vers ceux des Blancs. » Vu sous cet angle, les périodes de progrès historiques prennent des allures d'illusion : « Même ces efforts herculéens dont nous louons les succès ne produiront pas plus que des pics de progrès temporaires, des victoires à court terme qui perdront toute signification dès que les schémas raciaux s'y seront adaptés de manière à préserver la domination blanche. »

Bell doutait également d'un quelconque progrès sur le front du racisme en Amérique durant la période des droits civiques. « Le racisme n'est pas une blessure née de l'esclavage que la nation voudrait et pourrait soigner. » C'est « une composante intégrale, permanente, indestructible de cette société ».

La pensée de Bell eut une influence considérable, à la fois pour ses prédictions pessimistes et, en écho à l'appel de Spivak pour un essentialisme stratégique, pour ses implications en matière de politiques publiques. À des générations de chercheurs éminents, il légua ce pessimisme provocateur sur la nature et le futur de l'Amérique. Comme le tourne Bell, « We Shall Overcome* », avec son espoir idéaliste que

* « Nous triompherons », chanson protestataire tirée d'un vieux gospel du révérend Charles Tindley, NdT.

« la vérité nous libérera », était devenu l'« hymne de ralliement du mouvement des droits civiques », mais cet espoir d'une Amérique plus tolérante était bien mal placé. Certes, « la barrière de la couleur est aujourd'hui moins visible » qu'avant le mouvement des droits civiques, écrivait-il au début des années 1990, mais elle n'est « ni moins réelle ni moins oppressive ».

Le scepticisme de Bell quant à la réalité des progrès réalisés depuis le mouvement des droits civiques aurait également une conséquence politique déterminante, qui en viendrait à exercer une influence surprenante au cours de la décennie 2010. Selon Bell, les remèdes universels, tels que la déségrégation, administrés durant le mouvement des droits civiques, ne parviendraient jamais à dépasser l'héritage de l'esclavage. Comme les juges pourraient toujours réinterpréter la jurisprudence en fonction de leurs intérêts racistes, il était grand temps de passer « à la critique et au remplacement de l'idéologie de l'égalité raciale aujourd'hui défunte ». Afin d'aboutir à un progrès durable, il fallait créer des droits propres à certains groupes, qui favoriseraient les communautés historiquement marginalisées, des politiques et des pratiques qui, dans le but de réaliser enfin l'« égalité raciale », feraient explicitement varier le traitement que les citoyens seraient en droit d'attendre des institutions publiques en fonction de la couleur de leur peau.

L'invention de l'intersectionnalité

Alors qu'il enseignait à la faculté de droit de Harvard dans les années 1970, Bell avait exprimé la plupart de ses idées dans un cours intitulé « Race, racisme et loi américaine », qui avait bien vite attiré un public important. Quand il accepta de devenir le doyen de la faculté de droit de l'université d'Oregon, en 1980, aucun de ses collègues ne se trouva en mesure de prendre sa suite. Plutôt que de lui trouver un remplaçant, Harvard embaucha donc un avocat vétéran qui enseignerait un cours plus traditionnel sur les litiges en matière de droits civiques.

De nombreux étudiants adeptes de Bell jugèrent cela inacceptable. À l'instigation d'une étudiante de première année nommée Kimberlé Crenshaw, qui ne mâchait pas ses mots, ils organisèrent des manifestations largement relayées dans la presse nationale. Ils firent même venir par avion des universitaires pour des cours sauvages sur le racisme, dans la plus pure tradition de Bell, gérés par les étudiants.

Dans les années qui suivirent, ces jeunes universitaires, dont Bell, Crenshaw, Richard Delgado et Mari Matsuda, tissèrent des liens puissants au fil de conférences et de débats organisés par les chercheurs de la tradition postmoderniste des études critiques du droit. De plus en plus fâchés envers leurs collègues en raison de leur manque d'intérêt pour la question raciale, ils furent prêts à voler de leurs propres ailes dès la fin de la décennie. Kimberlé Crenshaw organisa ainsi une université d'été dans le Wisconsin, en 1989, qu'elle intitula « Critical Race Theory », théorie critique de la race, sans trop réfléchir. Le nom est resté. Un nouveau mouvement était né.

Kimberlé Crenshaw joua un rôle opérationnel très important dans l'ascension de la théorie critique de la race ; elle contribua également à créer l'un de ses concepts clés. Étudiante, elle avait déjà été frappée de constater que des formes d'oppression d'origines différentes se renforçaient mutuellement. Quand elle entra à Harvard, un camarade qui venait tout juste de devenir le premier membre noir d'un club prestigieux et réservé aux hommes lui proposa, à elle et à un ami, de lui rendre visite dans les locaux du club. Quand ils arrivèrent, ce camarade demanda, très gêné, à Kimberlé Crenshaw de passer par la porte de derrière ; son autre invité, bien que noir également, pouvait entrer par la grande porte, lui. Comme elle le raconterait par la suite, « cela m'a ouvert les yeux sur le fait que, en tant que communauté [...] nous n'exerçons pas la même vigilance sur les injustices qui touchent au genre ».

Dans un article qui ferait date, publié en 1989, elle inventa un terme pour ce renforcement mutuel des formes de discrimination : l'« intersectionnalité ». Elle en donna aussi un excellent exemple. Une nouvelle loi introduite durant le mouvement des droits civiques autorisait les Américains à attaquer leur employeur en justice pour des discriminations subies en raison des « caractères protégés » qu'étaient les origines, le genre ou la couleur de peau. Durant les années 1970 et 1980, beaucoup de femmes et d'Afro-Américains l'avaient invoquée pour se protéger. Cependant, comme Kimberlé Crenshaw le démontra, l'interprétation de cette loi à l'époque ne fournissait pas la protection juridique adéquate aux personnes qui subissaient des désavantages multiples du fait qu'elles combinaient plusieurs de ces caractères protégés.

Ainsi, cinq femmes noires avaient invoqué le Titre VII de la loi pour les droits civiques de 1964 pour démontrer que le système de recrutement à l'ancienneté de General Motors était discriminatoire. Elles établirent la preuve que l'entreprise avait licencié toutes les femmes noires de l'effectif durant une récession parce qu'elles n'avaient pas assez d'ancienneté. Or, quelques années auparavant, General Motors refusait tout simplement d'embaucher des femmes noires, ce qui leur avait interdit d'acquérir cette ancienneté. Mais malgré ces preuves substantielles, le juge leur refusa son soutien, car

« les plaignantes n'avaient pas su porter à l'attention du tribunal des décisions indiquant que les femmes noires étaient une classe nécessitant d'être protégée des discriminations ».

Si on suivait la logique du juge, les plaignantes auraient dû prouver que General Motors discriminait ses employées en fonction d'un caractère protégé explicitement cité dans la loi, tel qu'être noir *ou* être une femme. Comme l'entreprise avait traité équitablement les hommes noirs et les femmes blanches, la discrimination particulière qu'avaient subie les femmes noires n'était pas reconnue par la loi. Kimberlé Crenshaw montrait fort bien que cela constituait un angle mort, d'un point de vue légal. « Si on se fie à cette interprétation, les femmes noires ne sont protégées que dans la mesure où leur expérience coïncide avec celle des [femmes blanches ou des hommes noirs]. Quand celle-ci diverge, les femmes noires ne seront que peu protégées, tant que cette approche qui ignore complètement les problèmes d'intersectionnalité prévaudra. »

L'intersectionnalité sort de sa cage

Comme l'expliquait Kimberlé Crenshaw dans son article initial, l'« intersectionnalité » jouissait d'une plausibilité manifeste. Elle était déjà familière, également : les sociologues avaient remarqué depuis longtemps que les effets conjugués de deux facteurs causaux allaient bien au-delà de leur simple addition. Kimberlé Crenshaw avait démontré que les pratiques légales existantes dans le domaine des lois antidiscrimination avaient échoué à tenir compte de ces « effets d'interaction ». Cependant, à mesure que s'accroissait l'influence de la théorie critique de la race, et que ce terme érudit et autrefois obscur qu'elle avait inventé se changeait en cri de ralliement improbable pour une génération nouvelle de militants, sa signification s'étendait, pour devenir toujours plus large et protéiforme.

À peu près au moment où la jeune femme écrivait sur l'intersectionnalité, des universitaires féministes, dont Donna Haraway, soulignaient l'importance de la constellation d'identités particulières de chacun dans les expériences vécues. Comme le résumait une autre, « la perception d'une situation est toujours le fait d'un sujet incarné et localisé, de sa perspective géographique et historique constamment structurée et restructurée par ses conditions particulières ».

Cette idée devint centrale dans la théorie critique de la race. Selon Bell, par exemple, « une perspective neutre, cela n'existe pas, cela ne peut pas exister ». Charles Lawrence, autre théoricien du droit très influent, est allé encore plus loin : « Nous devons apprendre à nous fier à nos sens, nos sensations et nos expériences, à leur donner toute autorité en la matière, même (surtout) en présence des récits dominants de la réalité sociale qui prétendent à l'universalité. »

Il est évidemment plausible que les membres de groupes marginalisés aient plus de probabilités de subir directement certaines formes d'injustice, telles que les brutalités policières. Mais, dans les travaux de certains universitaires, cette idée de « savoir situé » ne s'arrêtait pas là. Selon eux, le fait que toute personne existe à l'intersection de différentes identités avait pour conséquence que, même en les écoutant avec attention, personne, en dehors de ces groupes précis, ne pourrait jamais comprendre un homosexuel d'origine sud-américaine ou une femme noire. Dans certains de ses usages, l'intersectionnalité était devenue la croyance en l'incommensurabilité de l'expérience humaine.

Une autre utilisation fréquente de l'idée d'intersectionnalité trouve son origine dans le renforcement mutuel des différentes formes de victimisation. Comme Kimberlé Crenshaw l'avait vécu lors de sa visite dans le club très fermé de son ami, avoir surmonté une oppression particulière (par exemple, le règlement qui interdisait autrefois aux Afro-Américains l'accès à ce club) ne signifie pas nécessairement qu'on les surmontera toutes (le règlement exigeait toujours que les femmes passent par la porte de derrière).

De cette analyse de la structure des injustices dérive aisément un récit intersectionnel des luttes politiques à mener pour rendre le monde meilleur. Être intersectionnel, selon cette lecture, revient à reconnaître que toute personne réellement engagée dans l'éradication d'une injustice, par exemple les discriminations dues au genre, doit s'engager également dans l'éradication de toutes les autres, qu'elles soient raciales ou religieuses.

Tandis que le langage de l'intersectionnalité gagnait en popularité dans les cercles militants, certains furent tentés d'élever résolument les barrières à l'entrée de la lutte politique. Si quelqu'un souhaitait rejoindre un mouvement féministe intersectionnel, il lui fallait aussi partager des opinions bien spécifiques sur des sujets aussi variés que la nature des discriminations raciales, les injustices que subissaient les personnes handicapées ou le conflit israélo-palestinien.

*

* *

En 1996, la journaliste Larissa MacFarquhar écrivit l'un des premiers portraits des universitaires fondateurs de la théorie critique de la race. Après des entretiens avec Derrick Bell, Kimberlé Crenshaw et d'autres grandes figures du mouvement, elle résuma leurs préceptes en une série de slogans : « La loi est subjective », « La neutralité est politique », « Les mots sont des actes », « Le racisme est permanent ».

Cette petite liste de slogans ne rend évidemment pas justice à l'étendue et à la profondeur des travaux menés par cette école d'universitaires qui allait gagner en influence avec une rapidité stupéfiante. Mais elle capture un élément important du rôle de la théorie critique de la race dans le rassemblement de ces traditions intellectuelles disparates, du postmodernisme au postcolonialisme. C'est ainsi qu'elle posa les bases de la synthèse identitaire.

Les chercheurs comme Bell et Crenshaw n'étaient pas très regardants sur leurs sources d'inspiration mais très sélectifs sur les sujets auxquels ces idées s'appliqueraient. C'est ainsi qu'ils purent transformer des concepts très vaguement reliés en un ensemble de propositions toutes entremêlées sur la nature de la discrimination raciale de l'Amérique contemporaine. Leur influence serait énorme. Bientôt, des universitaires d'autres domaines tournant autour d'un marqueur identitaire particulier, du genre au handicap, des Latinos aux Asiatiques-Américains, suivraient ce parcours intellectuel que les pionniers de la théorie critique de la race avaient balisé.

Points clés

- Le mouvement des droits civiques a transformé les États-Unis en abolissant la plupart des discriminations légales ou administratives à l'encontre des Afro-Américains. Mais, à la fin des années 1960, de jeunes militants étaient amèrement déçus que ces victoires triomphales sur le plan juridique ne se traduisent pas en changements radicaux dans la vie réelle.
- Des chercheurs en droit ont critiqué les fondements moraux du mouvement des droits civiques et l'accent

qu'il mettait sur l'universalisme afin d'expliquer cette déception. Derrick Bell, le penseur majeur de la nouvelle théorie critique de la race, concluait que les juristes du mouvement s'étaient trompés en faisant de la déségrégation le principal objectif de la réforme des écoles.

- Bell et d'autres disciples de la théorie critique de la race niaient aussi que des principes moraux universels puissent aboutir à un quelconque progrès politique réel. En les examinant de plus près, disaient-ils, les progrès apparents depuis le mouvement des droits civiques allaient en réalité dans le sens de l'intérêt racial bien compris des Blancs. Ils ont jugé que le racisme américain était un état permanent, capable de changer de nature mais pas de s'amenuiser.
- Kimberlé Crenshaw a remarqué que les sources de désavantage pouvaient se combiner. Le concept d'« intersectionnalité » cherchait à expliquer pourquoi les lois anti-discrimination échouaient à reconnaître que les obstacles que rencontraient les femmes noires ne se réduisaient pas à la somme des obstacles des femmes blanches et des hommes noirs.
- Le concept d'intersectionnalité est bien vite sorti de sa cage pour englober deux idées liées mais distinctes. Selon les partisans de ce sens élargi de l'intersectionnalité, les membres de différentes communautés ne peuvent jamais se comprendre totalement. Comme les différentes formes d'oppression se renforcent mutuellement, toute forme d'activisme contre une forme particulière d'injustice doit également combattre toutes les autres oppressions fondées sur l'identité.

Chapitre 4

La synthèse identitaire

En l'espace de quelques années, le mur de Berlin est tombé, l'Union soviétique a été dissoute, de nouvelles nations autonomes d'Europe centrale et d'Europe de l'Est ont abandonné le communisme et la Chine a libéralisé son économie. Les rares pays encore communistes à proprement parler, tels que la Corée du Nord, en sont venus à être considérés comme d'horribles reliques d'un passé révolu, plutôt que comme de brillants modèles d'avenir.

La transformation géopolitique qu'inauguraient les événements de 1989 a rapidement entraîné dans son sillage un changement de mentalité tout aussi déterminant à sa manière. Depuis un siècle et demi, le cœur de l'engagement politique à gauche pouvait se résumer à l'espoir que les prolétaires du monde entier s'uniraient finalement. Jusque dans la seconde moitié du XXe siècle, la lutte des classes était l'idéologie par défaut de toute critique de la démocratie occidentale issue de la gauche. Passé 1989, pour la première fois depuis la révolution russe, il n'était plus possible d'ériger en modèle un État qui tirait sa légitimité de cette lutte. Lentement d'abord, puis d'un coup, le centre de gravité de la gauche avait basculé, des classes et de l'économie à la culture et à l'identité.

Depuis les années 1960, la gauche avait accordé une attention croissante aux questions d'identité. En l'espace de trois ou quatre décennies, le féminisme, l'antiracisme, les droits des homosexuels et des personnes trans se sont taillé une place pour devenir parties intégrantes du discours politique de gauche. Autrefois subordonnés aux problématiques de classe, les mouvements sociaux liés au genre, à l'ethnie et à l'orientation sexuelle avaient acquis depuis la fin des années 1980 leur siège à la grande table. Ainsi, une fois le vocabulaire et l'idéologie de la lutte des classes passés de mode, après la chute de l'Union soviétique, la gauche culturelle était prête à s'imposer.

Sur les campus, la domination de la gauche culturelle transforma des disciplines universitaires. Dans les humanités, en littérature, on prêtait une attention renouvelée aux gens du commun, à la manière dont leurs expériences façonnaient leur identité. Une nouvelle génération d'historiens qui s'intéressaient particulièrement aux identités sociales fit basculer la discipline des sphères de la haute politique (celles qui occupaient le plus les historiens traditionnels) ou des questions de classes (celles que les historiens marxistes développaient) à la vie et au legs des membres de groupes marginalisés. Les sociologues, pendant ce temps, délaissaient les grandes théories sur la nature de la société pour des recherches empiriques sur les discriminations des minorités ethniques et sexuelles aux États-Unis.

Ce changement dans la culture académique s'accéléra à mesure que s'ouvraient de nouveaux départements et de nouveaux centres universitaires, explicitement consacrés aux questions d'identités sociales. Comme la diversité des étudiants admis dans les universités américaines explosait, les mouvements sociaux qui tournaient autour des origines ethniques, du genre et de l'orientation sexuelle gagnèrent en importance. Les militants exigeaient des lieux destinés à ces études qui les passionnaient le plus. En quelques décennies, la plupart des grandes universités de recherche d'Amérique du Nord fondèrent ainsi des départements d'études afro-américaines, d'études de genre, d'études queer, d'études du handicap, d'études latino-américaines ou encore asiatiques-américaines. Les universités d'Europe, d'Amérique du Sud et d'Australie suivirent le mouvement.

Il est important de ne pas exagérer l'étendue du consensus existant au sein de chacune de ces disciplines émergentes, ni d'ailleurs entre elles. De nombreux départements d'études afro-américaines, par exemple, se divisent encore entre des défenseurs d'une vision philosophique libérale des États-Unis, tels que Henry Louis Gate Jr., à Harvard, et des tenants d'une vision plus identitaire, tels qu'Ibram X. Kendi, de l'université de Boston. Cependant, malgré ces différences profondes, un noyau d'opinions dominantes s'est consolidé autour de points essentiels. Et dans chaque paradigme issu de cette convergence se lit encore l'influence triple du postmodernisme, du postcolonialisme et de la théorie critique de la race.

Les principaux thèmes de la synthèse identitaire

La montée en puissance de la « synthèse identitaire » a profondément modifié la vie intellectuelle sur les campus américains en ce dernier demi-siècle. Une nouvelle génération d'universitaires est parvenue à fusionner des influences issues du postmodernisme, du postcolonialisme et de la théorie critique de la race, pour former une idéologie cohérente.

Malgré des variations bien réelles d'une université à l'autre, cette synthèse se caractérise par l'adhésion largement partagée à sept propositions fondamentales : un profond scepticisme envers le concept de vérité objective hérité de Michel Foucault ; l'usage d'une forme d'analyse du discours à des fins explicitement politiques, inspiré d'Edward Said ; un emploi de catégories identitaires essentialistes issues des travaux de Gayatri Chakravorty Spivak ; un pessimisme avoué sur l'état réel de nos sociétés occidentales, de même qu'une préférence marquée pour des politiques publiques qui savent adapter leurs édits aux citoyens selon leur groupe d'appartenance, le tout inspiré de Derrick Bell ; une adhésion à la logique intersectionnelle dans le militantisme politique et, enfin, un scepticisme très marqué sur la capacité des individus issus de différentes communautés à se comprendre, les deux associés à Kimberlé Crenshaw.

1. Les doutes sur la vérité objective

Toute enquête scientifique se fonde (ou devrait se fonder) sur un scepticisme radical. Même les disciplines traditionnelles, celles qui estiment possible de s'approcher de la vérité objective, reconnaissent de longue date que les humains ne sont jamais totalement libérés de leurs biais. Leurs limites cognitives comme leurs intérêts égoïstes ont la sale habitude de s'introduire dans leur système de croyances. Cependant, ces traditions jugent aussi que les mécanismes de l'enquête rigoureuse et du débat public aident à pallier ces défauts. Tant que les débats universitaires seront ouverts aux personnes d'origines et de croyances variées, tant que les scientifiques resteront libres de remettre en question le savoir établi, nous pourrons collectivement progresser vers la connaissance authentique. C'est le but de la recherche scientifique.

La plupart des adhérents de la « synthèse identitaire » rejettent cet objectif. Selon eux, l'influence de nos identités attribuées sur notre perception du monde va plus loin que ne le reconnaîtront jamais les « positivistes ». Leur scepticisme face aux « grands récits » et l'attention qu'ils portent au pouvoir redoutable des « discours », comme avant eux les penseurs postmodernes tels que Michel Foucault, poussent les partisans de la synthèse identitaire à déclarer qu'il n'y a pas de vérité objective, seulement une infinité de points de vue. Ceux qui prétendent le contraire ne sont pas en train de lutter pour mieux pour comprendre le monde : ils s'efforcent de dissimuler le pouvoir qu'ils exercent sur les opprimés et les marginalisés.

Ce doute radical de toute tentative d'approcher la vérité objective a profondément influencé l'opinion des universitaires sur la question du racisme. Mari Matsuda, professeure de droit à UCLA, souligne que la théorie critique de la race « se montre sceptique envers les revendications de neutralité, d'objectivité, d'insensibilité à la couleur ou de méritocratie, qu'on trouve dans le discours juridique dominant ». C'est ce qui fonde le rejet de tout un ensemble d'institutions qui, comme la démocratie libérale, déclareraient se fonder sur des valeurs universelles. Selon Richard Delgado, professeur de premier plan qui enseignait à l'université d'Alabama, « la démocratie libérale et la subordination raciale vont main dans la main ».

Un système d'opinions similaire s'exprime chez les universitaires d'autres traditions intellectuelles au sein de la synthèse identitaire, du postcolonialisme aux études latines. Selon Chela Sandoval, par exemple, la base de la « théorie décoloniale » consiste en le « désaveu de la rationalité occidentale ».

2. L'analyse du discours à des fins politiques

Nombreux sont les chercheurs engagés dans la synthèse identitaire à s'intéresser de très près à la manière dont les « récits » et les « discours » dominants structurent notre société. Inspirés par le travail d'Edward Said dans *L'Orientalisme*, ils visent à employer les outils de l'« analyse du discours » à des fins explicitement politiques. Leur ambition n'est rien de moins que de changer le monde en changeant la manière de le décrire.

Avec le temps, ces utilisations de l'analyse du discours à des fins politiques se sont de plus en plus concentrées autour de phénomènes que les chercheurs des générations précédentes auraient jugés trop triviaux pour mériter leur attention. Dans les départements d'études critiques des médias ou de littérature comparée, les chercheurs analysent aujourd'hui des bouts de culture populaire puisés dans les sitcoms ou sur TikTok. Leur objectif est à la fois la critique des biais implicites et l'action politique directe. En modifiant le cadre de référence des questions sociales et culturelles, disent-ils, nous aiderons les marginalisés face à leurs oppresseurs.

Cette méthode a beaucoup marqué l'action militante. Dans toutes les démocraties développées ou presque, les militants consacrent aujourd'hui des efforts prodigieux à changer les mots, la manière dont les gens s'expriment. Aux États-Unis, par exemple, ce sont des militants qui ont imposé avec succès de nouvelles étiquettes identitaires comme « personne de couleur » ou « BIPOC* ». Des institutions aussi importantes que Stanford ont publié des listes de termes suspects, allant de « gourous » à « santé mentale », que toute personne affiliée à l'université devra éviter afin de ne pas courir le risque de perpétrer par inadvertance une discrimination, ou de commettre une « appropriation culturelle » (expression récente en vogue pour décrire une large

* Acronyme pour *Black, Indigenous and People Of Color*, soit noir, indigène et personne de couleur.

gamme de phénomènes dans lesquels les membres d'une culture utilisent ou détournent des éléments appartenant à une autre, de façon critiquable).

Dans d'autres pays, cette foi en la puissance politique de la redescription verbale est allée jusqu'à proposer des changements fondamentaux de la grammaire de la langue. En Allemagne, par exemple, des militants se plaignent de très longue date de l'emploi générique du genre masculin pour désigner des groupes contenant à la fois des hommes et des femmes (par exemple, en remplaçant *Studenten* par *Studierende*). Plus récemment, certains insistent pour employer ce qu'ils appellent un astérisque de genre à l'écrit, de même qu'ils marquent, à l'oral, une courte pause avant la terminaison en genre des noms, afin de rendre le langage ordinaire plus inclusif envers les personnes non binaires.

3. Le redoublement de l'identité

Imprégnés du pessimisme postmoderne à l'encontre des concepts et des valeurs censément neutres, de nombreux partisans de la synthèse identitaire aiment à rappeler que des aspects essentiels du monde sont des « constructions sociales ». Face à quelqu'un qui affirmerait qu'un concept fondamental, tel que la propriété privée, serait « naturel », ils souligneront qu'il s'agit en réalité d'une construction humaine, le simple produit de normes et de conventions. Il pourrait tout aussi bien être modifié, diront-ils souvent. Sur le plan théorique, il en ira de même des véritables marqueurs d'identité que sont la race, le genre et l'orientation sexuelle. Comme le disent tant de professeurs de sociologie à leurs étudiants de première année, et tant d'influenceurs à leurs abonnés sur Instagram, « la race est une construction sociale ».

Cela cause un sacré dilemme aux partisans de la synthèse identitaire, car ils pensent, en même temps, que le meilleur moyen de dépasser les injustices historiques consiste à élever les consciences individuelles des membres de groupes marginalisés, afin qu'ils puissent enfin se battre pour leur intérêt collectif. Mais comment peut-on à la fois tenir que la race et le genre sont des constructions sociales, et encourager les gens à s'identifier comme Noirs ou comme transgenres ? Pour répondre à cette question, beaucoup se sont tournés vers Spivak et son concept d'« essentialisme stratégique ». Il est certes important de garder en tête que les communautés sont des constructions sociales, mais, en pratique, il est nécessaire de suivre en priorité un impératif stratégique : la formation de communautés autour d'une identité commune, qui deviendront des lieux de résistance contre la domination.

Avec le temps, la pratique l'a emporté sur la théorie. L'accent est passé de cette idée de concepts socialement construits à cette autre, prescriptive, de les traiter comme des faits objectifs. C'est ainsi que les mêmes auteurs pourront à la fois écrire que la race est une construction sociale et louer les qualités inhérentes des « personnes de couleur » ou des « Noirs ».

L'adhésion à l'essentialisme stratégique explique également l'évolution du point de vue féministe sur le genre. Dans ses premiers travaux des années 1980 et 1990, la philosophe féministe Judith Butler, professeure à Berkeley, soulignait bien que les normes de genre étaient des constructions sociales et encourageaient ses lecteurs à en jouer. Aujourd'hui, les partisans de la synthèse identitaire parlent du genre de façon plus naturaliste. Quand ils évoquent les bébés auxquels « on assigne un sexe à la naissance » et qu'ils suggèrent que les enfants devraient pouvoir découvrir « leur sens interne de l'identité de genre », ils laissent entendre que ce genre serait inné et même naturel.

4. Le pessimisme revendiqué

Les écrivains, les orateurs, de Frederick Douglass à Martin Luther King en passant par Barack Obama, ne mâchaient pas leurs mots quand il s'agissait de critiquer les défauts de l'Amérique. Mais ils disaient aussi que les principes fondateurs du pays pouvaient, si on consentait à les appliquer dans leur intégralité, guider ce pays vers un avenir meilleur. Le rejet de cet optimisme forcené est un des thèmes clés de la synthèse identitaire. Pour une nouvelle génération de penseurs, tout progrès apparent est en réalité illusoire ou temporaire. Le racisme, comme Derrick Bell le répétait sans cesse, est une condition permanente. Il peut changer de forme, mais n'a pour l'instant jamais montré de signes bien réels d'atténuation.

Sans surprise peut-être, étant donné l'histoire américaine, les plus célèbres défenseurs de cette thèse fataliste se concentrent encore aujourd'hui sur la question du racisme. Les intellectuels afro-américains qui croyaient en la possibilité du progrès ont toujours croisé le fer rhétorique contre ceux qui estimaient l'Amérique incapable de s'améliorer sans une révolution. Aujourd'hui, l'école la plus pessimiste, associée à Malcolm X, est représentée par des auteurs largement reconnus tels que Ta-Nehisi Coates et Ibram X. Kendi.

Ce pessimisme revendiqué ne se limite pas pour autant à la question du racisme. De plus en plus, les défenseurs de la synthèse identitaire l'appliquent à d'autres groupes, des femmes aux personnes handicapées. Des chercheurs et des organisations militantes pour les droits des minorités sexuelles ont ainsi répété à loisir, malgré des progrès récents tels que la légalisation du mariage pour les couples de même sexe, que toute apparence de progrès en ces domaines n'était qu'illusion. Comme l'a dit Larry Kramer, militant célèbre de la cause gay, dans le *New York Times* en 2018, « pour les gays, le pire est à venir ». La mutabilité du groupe contre lequel le préjudice s'exerce rend d'ailleurs ce pessimisme facile à exporter : en France, par exemple, il se concentre surtout sur la stagnation des conditions de vie des communautés du Maghreb ou d'Afrique subsaharienne. En Allemagne, ce sont les discriminations persistantes contre les juifs ou les descendants des travailleurs immigrés turcs.

5. Les lois identitaires

La plupart des défenseurs de la synthèse identitaire estiment nécessaire de tirer de leur scepticisme quant aux progrès passés d'importantes leçons pour l'action future. Comme il n'y a eu, selon eux, aucun progrès significatif dans les temps récents, ils supposent que les caractères intrinsèques de notre système politique actuel continueront d'empêcher tout progrès réel. En effet, un bon nombre d'entre eux pensent que tout ensemble d'institutions ou de dispositions qui ne distinguerait pas explicitement les citoyens sur la base de leurs identités attribuées ne pourra servir qu'à opprimer les minorités marginalisées. L'« équité » véritable ne sera atteinte qu'après le nécessaire délestage des aspirations universalistes qui voudraient que les gouvernements traitent leurs citoyens sans distinction d'origine ou d'orientation sexuelle.

Dans cette optique, tout principe et toute loi qui échouent à distinguer les dominants des dominés sont suspects. Plutôt que s'accrocher aux aspirations universalistes des mouvements tels que les droits civiques, les gouvernements devraient se décider à traiter différemment leurs administrés, selon leur groupe d'appartenance. Comme l'écrivent Richard Delgado et Jean Stefancic, « seuls des efforts déterminés et sensibles aux couleurs de peau amélioreront vraiment la misère ».

Longtemps, cette rupture radicale avec les pratiques établies n'a pas paru en mesure de séduire beaucoup de fidèles en dehors des campus. Mais, petit à petit, les appels aux institutions pour qu'elles traitent leurs administrés selon leur groupe d'appartenance sont entrés dans le discours majoritaire. On a entendu plus de militants les formuler, plus de fondations de premier plan les soutenir, bourses à la clé. Même des candidats à la présidence s'en sont fait l'écho lors de primaires. Quand Joe Biden se préparait à devenir le 46e président des États-Unis, son administration à venir répétait à loisir qu'elle s'engageait à apporter l'« équité » au travers de politiques publiques « sensibles à la race » et « conscientes du racisme ». Au niveau fédéral comme au niveau régional, ces politiques ont rapidement été mises en application. Des guides gouvernementaux qui proposaient de donner la priorité aux patients non blancs pour l'attribution des rares médicaments contre le Covid aux programmes de revenu minimal réservés aux personnes trans, les institutions ont explicitement distingué les citoyens sur la base de leur appartenance à une identité particulière. Ces lois « sensibles à l'identité » prennent d'autres formes ailleurs, mais elles se répandent rapidement dans le monde démocratique ; des mouvements de gauche dans plusieurs pays européens poussent de plus en plus pour l'adoption de quotas de femmes ou d'immigrants dans les conseils d'administration ou les assemblées d'élus, par exemple.

6. L'impératif de l'intersectionnalité

Tel qu'initialement conçu par Kimberlé Crenshaw, le concept d'intersectionnalité s'était fixé des buts modestes. Il s'agissait de s'assurer que la loi puisse rendre justice à ceux qui souffraient d'une discrimination causée par deux caractères simultanés. (Comme Crenshaw l'a démontré, les défis que rencontrent les femmes noires ne se résument pas nécessairement à la somme des défis qui se posent aux femmes blanches d'un côté et aux hommes noirs de l'autre.) Seulement, le terme qu'elle a inventé s'est déplacé depuis, jusqu'à en devenir méconnaissable.

Quand les penseurs et les militants parlent d'intersectionnalité aujourd'hui, ce qu'ils ont le plus souvent en tête est une forme d'organisation politique. En s'appuyant sur Kimberlé Crenshaw, ils soulignent que les différentes oppressions se renforcent les unes les autres. Ils en tirent ensuite la conclusion que toute action efficace contre une forme d'oppression particulière nécessitera qu'on agisse tout aussi efficacement contre toutes les autres. Aujourd'hui, l'intersectionnalité signifie ainsi le plus souvent que les mouvements militants devraient exiger de leurs membres d'adhérer à tout un catalogue d'opinions et de causes à défendre, la bonne position à adopter étant pour chacune dictée par le groupe le plus directement affecté.

Cette interprétation de l'intersectionnalité a eu beaucoup d'impact sur la nature de l'organisation politique progressiste. Elle a entraîné l'élargissement de la mission de nombreux groupes militants, qui se sentent à présent tenus d'adopter des positions précises sur des questions politiques importantes mais situées parfois très en dehors de leur champ d'activité traditionnel. Cela a entraîné de fréquentes exigences de déférence, les organisations liées à une identité particulière affirmant détenir une forme d'autorité sur la détermination des positions correctes, celles que les autres devraient adopter sur cette question. Cela a entraîné aussi une augmentation du coût d'entrée de bien des mouvements progressistes, puisque les aspirants militants prêts à s'engager dans un domaine de la synthèse identitaire doivent à présent adopter les opinions considérées comme orthodoxes dans tous les autres champs, afin de devenir, et de rester, un membre du mouvement à part entière.

7. La théorie du point de vue

L'idée de l'intersectionnalité est parfois employée également dans le cadre d'un concept qui puise ses racines dans les études féministes menées sur la domination historique des hommes dans les sciences, qui aurait déformé notre compréhension du monde. Comme des féministes l'ont bien montré, la marginalisation des femmes est ce qui a permis à de nombreuses croyances fausses de persister, sur des sujets pourtant importants tels que l'anatomie féminine ou la prévalence du harcèlement sexuel. Avec le temps, certaines thèses sont allées un cran plus loin : elles avancent à présent que les membres de groupes marginalisés seraient incapables de transmettre des connaissances clés, concernant le monde social, et même les politiques nécessaires pour réparer les injustices, aux membres de groupes dominants. Comme l'écrit Donna Haraway dans un texte séminal de cette tradition qu'on appellerait à sa suite l'« épistémologie du point de vue », « l'objectivité féministe entraîne tout simplement le savoir situé ».

Certains partisans de la synthèse identitaire en sont même venus à croire que le rôle de l'expérience subjective dans la production des intuitions du monde social impliquait l'impossibilité, pour des membres de communautés différentes, de se comprendre totalement. Comme l'a avancé Patricia Hill Collins, professeure émérite de l'université du Maryland, « les différences de statut contraignent notre capacité à communiquer, même quand nous nous pensons engagés dans un dialogue par-delà les différences ». Dans cette version populaire, la théorie du point de vue va bien plus loin que la simple exhortation à s'assurer que les savants impliqués dans la recherche scientifique ou les décisionnaires du monde politique soient issus d'origines et de communautés variées. Elle affirme que des connaissances clés seront incommunicables d'une communauté à l'autre.

Avec le temps, cette idée s'est progressivement déplacée pour adopter une forme plus simple encore, aujourd'hui souvent répétée dans les espaces militants. C'est ainsi que l'impulsion légitime de l'épistémologie du point de vue est devenue le noyau de cette idée que « j'ai ma vérité » et que personne n'a le droit de la remettre en question ni de la critiquer sur la base de faits supposés objectifs, surtout hors de ma communauté.

Ce que l'on souhaite, et ce que l'on obtient

Par une nuit froide et venteuse, un vieil homme cherchait du bois dans la forêt. Il ramassait brindilles après brindilles, qu'il attachait aussitôt pour former un ballot sur son dos voûté. Quand il en eut enfin suffisamment pour retourner à sa cabane, il cédait presque sous le poids de sa charge. « Je ne peux plus supporter cette vie, murmura-t-il dans sa barbe. Que la mort vienne et m'enlève ! » Dès qu'il eut prononcé ces mots, le vieil homme sentit une étrange présence à ses côtés. « Que veux-tu, vieil homme ? lui demanda l'ange de la Mort. Je t'ai entendu m'appeler. » Le vieil homme cherchait ses mots désespérément. « S'il vous plaît, dit-il enfin, pourriez-vous m'aider à hisser ce fagot de brindilles sur mon épaule ? »

Si Michel Foucault n'était pas mort du sida en 1984, à l'âge prématuré de 57 ans, il pourrait être encore en vie de nos jours. Il est bien sûr impossible de savoir ce qu'il penserait des transformations actuelles de la gauche, mais je me demande quand même s'il ne se reconnaîtrait pas un peu dans cette célèbre fable du vieil homme et de la mort, tant l'influence qu'il a exercée sur la synthèse identitaire est l'illustration parfaite, dans l'histoire intellectuelle, du proverbe anglais « *Be careful what you wish for* », « Méfiez-vous des vœux que vous formulez ».

La majorité de l'œuvre de Foucault est issue d'un cauchemar. Il se méfiait des récits simplistes sur le bien et le mal. Il rejetait l'idée que quiconque puisse se définir par sa communauté d'appartenance. Il s'inquiétait beaucoup du pouvoir qu'exercent les discours dominants sur tous les individus. Et il détestait que les punitions exemplaires infligées à la moindre déviance puissent nous mener à devenir nos propre contremaîtres, à tout faire pour nous autodiscipliner, en actes et en pensées.

Dans les décennies qui ont suivi sa mort, son œuvre s'est révélée d'une fécondité stupéfiante. Certains des aspects qui ont contribué à former la « synthèse identitaire », tels que son scepticisme face à la possibilité de vérités universelles, lui seraient familiers encore aujourd'hui. Mais je crois que Foucault combattrait cette idéologie qu'il a inspirée sur plusieurs points importants. Il reconnaîtrait que les tentatives de modifier les discours existants à des fins politiques, même conçues comme des actes de libération, aboutiraient probablement à de nouvelles formes de répression. Par ailleurs, il détesterait que les grands réseaux sociaux comme Twitter (devenu X) et Facebook aient transformé le débat public en un gigantesque *Panopticon* moderne, où le moindre faux pas est sévèrement châtié et où tous les usagers doivent suivre un ensemble mouvant de règles implicites qui leur imposent, par effet d'obéissance anticipée, ce qu'il convient de dire et de taire.

S'il émettait des regrets quant à la direction que ses idées ont prise une fois sorties de leur cage, Foucault serait loin d'être le seul. Tous les penseurs dont les travaux ont influencé la synthèse identitaire auraient de bonnes raisons de se réjouir de certaines transformations de la gauche au cours du demi-siècle passé. Cependant, et c'est remarquable, tous ou presque ont à un moment donné exprimé aussi de graves réserves sur les formes nouvelles que leurs propres idées ont adoptées.

Dans les années qui ont précédé sa mort d'une leucémie, en 2003, Edward Said était devenu très critique des transformations de la vie intellectuelle qu'imposait la synthèse identitaire naissante aux États-Unis. L'identité, a-t-il dit un jour, « est un sujet aussi ennuyeux que possible ». Certains à gauche avaient beau croire que les membres des communautés opprimées avaient un accès privilégié à la vertu morale, « le statut de victime, hélas, ne garantit ni ne permet nécessairement d'accéder à un humanisme supérieur ».

L'idée que, pour aller dans le sens du progrès, les membres de groupes ethniques et culturels différents feraient mieux de se définir par ce qui les sépare que par ce qui les rapproche lui paraissait particulièrement perverse. La tendance de ces institutions dites « progressistes » à « se concentrer avant tout sur nos séparatismes, nos identités ethniques, notre culture, nos traditions » suggérait, à tort, que les membres des communautés marginalisées étaient en quelque sorte « incapables de partager les richesses communes de la culture humaine ».

Pour reprendre les mots du critique littéraire Adam Shatz, il s'agissait pour Said d'une forme d'« apartheid pédagogique ». Dans ses dernières années, Said a ainsi adopté une forme d'universalisme en opposition directe avec les principes fondateurs de la synthèse identitaire : « La marginalité et le sans-abrisme ne doivent pas, selon moi, être glorifiés, mais éliminés ; afin que plus, et non moins, profitent de ce dont les victimes de la race, de la classe et du genre ont été privés pendant des siècles. »

Spivak était plus directe encore dans les reproches qu'elle formulait à l'encontre de l'appropriation de ses travaux dans la nouvelle culture des campus. Lors d'un entretien, elle a souligné son admiration pour l'« usage politique de l'humour » dont les Afro-Américains avaient fait preuve de longue date dans leur combat contre l'oppression. Ce genre d'« autodérision vigoureuse », a-t-elle remarqué, manque souvent aujourd'hui aux « ayatollahs de l'identité à l'université ».

À force de constater la fréquence à laquelle penseurs et militants se reposaient sur sa notion d'essentialisme stratégique pour asséner avec assurance les opinions et les préférences supposées de communautés mal définies, Spivak en est venue à détester ce terme qu'elle avait pourtant introduit. L'idée de l'essentialisme stratégique, s'est-elle lamentée, « est tout simplement devenue la voie royale vers l'essentialisme tout court. Quant au côté stratégique de la chose, personne ne s'en soucie plus. Si bien que, en tant que notion, je l'ai abandonnée. »

Kimberlé Crenshaw est moins critique sur la forme qu'adopte aujourd'hui la synthèse identitaire. Néanmoins, elle arbore aussi des sentiments ambivalents sur l'évolution de sa contribution la plus notable, l'idée d'« intersectionnalité », depuis son invention. Comme elle l'a dit à Jane Coaston en 2019 lors d'un entretien à Vox, elle a toujours, à l'occasion, « l'impression de sortir de [son] corps » quand elle entend des journalistes ou des militants parler d'intersectionnalité. « J'ai déjà lu des choses qui disaient "l'intersectionnalité, bla bla bla", et je me suis demandé, "tiens, c'est l'intersectionnalité de qui, ça ?", avant de voir qu'on me citait à la fin, et de me dire "mais je n'ai jamais écrit ça, je n'ai jamais dit ça, ce n'est tout simplement pas comme ça que je conçois l'intersectionnalité". »

Points clés

- Depuis les années 1960, une partie de la gauche américaine accorde une attention grandissante aux questions sociales en relation avec les oppressions liées aux origines ethniques, au genre, à la sexualité. Quand l'Union soviétique s'est effondrée au début des années 1990, la gauche n'avait plus cette ressource de se tourner vers un pays puissant voué à la lutte des classes. Elle s'est de plus en plus concentrée sur les questions de culture et d'identité.
- Dans les dernières décennies du XXe siècle, ce recentrement a transformé la vie intellectuelle des campus et abouti à un intérêt croissant pour les expériences des communautés marginalisées, en histoire et en littérature comme en sciences sociales. Cette transformation a encore été accélérée par l'apparition de nouveaux centres et départements universitaires destinés à l'étude des questions d'identité : études de genre, études critiques des médias, études afro-américaines, latino-américaines, études du handicap.
- Peu à peu, la triple influence du postmodernisme, du postcolonialisme et de la théorie critique de la race

a donné naissance à la « synthèse identitaire ». Cette idéologie nouvelle était définie par sept thèmes principaux : le rejet des vérités objectives ; l'usage d'une forme d'analyse du discours à des fins explicitement politiques ; l'adoption de l'essentialisme stratégique ; un pessimisme profond sur la possibilité de vaincre le racisme et autres préjugés ; une préférence pour les politiques publiques qui varient explicitement d'un citoyen à l'autre selon leurs communautés d'appartenance ; l'adoption de l'intersectionnalité comme stratégie pour l'organisation politique ; un profond scepticisme sur la capacité des membres de communautés distinctes à communiquer entre eux.

- La synthèse identitaire s'inspirait de penseurs majeurs tels que Michel Foucault, Edward Said, Gayatri Chakravorty Spivak, Derrick Bell et Kimberlé Crenshaw. Pourtant, la plupart de ces penseurs ont exprimé de sérieuses réserves sur les transformations de la gauche inspirées de leurs travaux.

PARTIE II

LA VICTOIRE DE LA SYNTHÈSE IDENTITAIRE

En quelques décennies, la synthèse identitaire avait transformé la vie intellectuelle des campus américains. Cependant, même pour ses partisans les plus fervents, il paraissait peu probable que ces idées imprègnent la société américaine au sens large.

Quand Kimberlé Crenshaw publia son article qui célébrait le vingtième anniversaire de la théorie critique de la race, elle était encore plutôt pessimiste sur son avenir au-delà du cercle universitaire. Elle s'autorisait à ressentir une mince satisfaction en évoquant l'élection récente de Barack Obama comme premier président noir des États-Unis. Puis elle avertissait que cela rendrait en réalité le public moins réceptif aux idées clés de la théorie critique de la race. « De larges segments de population semblaient croire que, puisque Barack Obama était à la Maison-Blanche, le chapitre du racisme pourrait enfin se clore. »

C'est en partie parce que, selon Kimberlé Crenshaw, Obama lui-même est passé bien près de nier le rôle de la race dans la société américaine. Dans son célèbre discours de campagne sur le racisme, par exemple, il reconnaît une « blessure raciale » mais milite finalement pour « aller au-delà et s'atteler aux "intérêts universaux" ». Crenshaw assurait que cela mettait Obama « en porte-à-faux avec des éléments clés de la TCR [théorie critique de la race] ». En conséquence, se lamentait elle, « les critiques du racisme perdent du terrain ».

Kimberlé Crenshaw n'aurait pas dû s'en faire. Dans les années 2010, les opinions américaines sur l'identité prirent un virage abrupt. En dix ans à peine, des idées qui semblaient devoir rester confinées dans leur tour d'ivoire se sont métamorphosées sous les traits d'une idéologie populaire exerçant une influence réelle dans les médias dominants. Au début de la décennie, des expressions comme « privilège blanc » et « racisme structurel » auraient eu bien du mal à être correctement comprises hors de cercles intellectuels de moins en moins nombreux. Les organisations militantes comme l'American Civil Liberties Union (ACLU, Syndicat américain pour les libertés civiques) défendaient bec et ongles les principes universaux comme la liberté d'expression. Les campagnes politiques des candidats démocrates évitaient soigneusement de proposer des aides sociales spécifiquement réservées à des communautés ethniques ou sexuelles particulières.

Mais l'Amérique subit une transformation étonnante au cours de cette décennie 2010. En 2020, le *New York Times* et le *Washington Post* utilisaient régulièrement les concepts principaux de la synthèse identitaire, dont le « privilège blanc » et le « racisme structurel ». L'ACLU avait abandonné des pans entiers de sa mission historique et refusait de défendre les accusés aux discours trop offensants. Les vulgarisateurs de la synthèse identitaire, tels que Robin DiAngelo et Ibram X. Kendi, étaient devenus des auteurs à succès et apparaissaient régulièrement en prime time à la télévision. Lors des campagnes présidentielles de 2016 et de 2020, les candidats démocrates employèrent le vocabulaire de la synthèse identitaire et promirent des vagues de politiques publiques qui conditionneraient les aides à la communauté d'appartenance de leurs bénéficiaires potentiels.

Si beaucoup de ces changements avaient les États-Unis pour origine, ils n'en ont pas moins exercé une influence significative sur d'autres pays. Les concepts de « microagression », d'« appropriation culturelle » et de « privilège blanc » ont certes incubé dans les campus américains, mais ils ont rapidement conquis de nouveaux marchés. À la fin des années 2010, ces idées étaient devenues extrêmement puissantes dans tous les pays anglo-saxons, de la Grande-Bretagne à l'Australie, et commençaient même à pénétrer le discours dominant de démocraties moins directement sensibles à l'influence culturelle américaine, de la France à l'Allemagne, du Brésil au Chili.

Comme je le montrerai dans les trois prochains chapitres, ces bouleversements de la conception identitaire chez les classes supérieures des pays démocratiques étaient le produit de forces politiques, sociologiques et technologiques plus larges. La montée des réseaux sociaux a poussé les jeunes à se concentrer sur leurs identités ethnique et sexuelle, leur identité de genre, elle les a même poussés à créer encore plus de nouvelles étiquettes auxquelles s'identifier. Les médias historiques sont fortement incités à appuyer la version vulgarisée de la synthèse identitaire, car ils reposent de plus en plus sur la viralité de Twitter et Facebook, ce qui transforme radicalement le genre de contenus qu'ils publient. Les étudiants baignés de synthèse identitaire dans les universités d'élite s'élèvent dans les échelons des entreprises, des ONG et des assemblées électives en une « courte marche dans les institutions » qui entraîne des changements durables dans leur mode de gouvernance. La dernière étape, l'apparition d'une menace réelle sous la forme de l'ascension de

Donald Trump, a augmenté la pression du conformisme dans bien des institutions de gauche, permettant à une minorité de partisans de la ligne dure d'imposer leurs opinions à tout le monde.

Chapitre 5

La synthèse identitaire se popularise

Au cours du printemps 2014, je donnais un séminaire intitulé « La démocratie à l'ère du numérique » à Harvard. Mes étudiants venaient de tout le pays et de nombreuses régions du monde. Ils étudiaient toutes les matières, de l'histoire à la physique. Mais ils avaient aussi quelques points communs : ils étaient intelligents, ambitieux, d'une politesse sans faille. Surtout, tous étaient convaincus qu'Internet rendrait le monde meilleur.

Il est difficile, aujourd'hui, de se rappeler à quel point la conviction qu'Internet et les réseaux sociaux œuvraient pour le bien de l'humanité leur avait été inculquée, par absolument tout ce qu'ils avaient lu depuis le collège et le lycée. Cette opinion positive avait pris forme dans les années 1990 en premier lieu, avec quelques auteurs qui s'étaient rendus célèbres en chantant les louanges d'Internet. *The Lexus and the Olive Tree* (*La Lexus et l'Olivier*), de Thomas Friedman, publié en 1999, est un classique du genre. « Un appel téléphonique de trois minutes entre New York et Londres coûtait 300 dollars en 1930. Aujourd'hui, c'est presque gratuit grâce à Internet », rappelait Friedman. Grâce à ces technologies, qui réduisaient le coût des communications à grande distance et encourageaient ainsi des gens très éloignés à mieux se connaître et à échanger leurs points de vue, « le monde resserrerait ses liens ».

Ces premiers prophètes d'Internet supposaient que la réduction drastique des coûts aboutirait à un accroissement des contacts par-delà les barrières traditionnelles. La vieille mère de Friedman pouvait jouer au bridge avec des partenaires français. Les militants pour la démocratie au Tchad pouvaient s'entretenir avec leurs homologues croates. Ainsi, des gens qui n'entretenaient guère de contacts auparavant se rendraient compte de tout ce qu'ils partageaient et s'uniraient dans des luttes communes. Avec la communication gratuite s'ouvrait une nouvelle ère de dialogue, de tolérance et de résistance de la base face aux régimes dictatoriaux.

Mais, dans les années qui suivirent mes premiers cours sur la démocratie et Internet, ces espoirs que nourrissaient mes étudiants furent sévèrement douchés. L'idée que les réseaux sociaux serviraient à combler d'anciens fossés de séparation paraît naïve à notre époque de polarisation et de montée des populismes d'extrême droite, après l'échec sanglant des printemps arabes et la consolidation de régimes de plus en plus répressifs en Russie et en Chine. Malgré la liberté de communiquer avec n'importe qui n'importe où, les gens ont choisi en masse de ne s'adresser qu'à leur communauté identitaire.

Internet devait contribuer à amoindrir les différences. À la place, il a créé un monde où les identités prolifèrent et entrent en concurrence, un monde où de plus en plus se définissent par leur appartenance à une communauté ethnique ou sexuelle. La vraie histoire des réseaux sociaux de la décennie 2010 est celle d'un changement dans le fonctionnement de nos sociétés, pour le meilleur et pour le pire, à mesure que se modifiait la conception que des millions de personnes se faisaient d'elles-mêmes et que s'accentuait démesurément l'accent que nous placions collectivement sur la notion d'« identité » sous toutes ses formes. Il se trouve que c'est aussi un élément clé dans l'histoire fascinante de la propagation de la synthèse identitaire hors des campus et jusque dans le discours dominant.

Comment une nouvelle culture politique est née d'une plateforme oubliée

Les commentateurs et les politologues qui étudient les effets des réseaux sociaux tendent à se concentrer sur Twitter et Facebook, ou peut-être Instagram et TikTok. Toutes ces plateformes ont joué un rôle important dans la culture internet nouvelle. Mais quand, dans cinquante ou dans cent ans, paraîtra l'histoire de la mue culturelle de l'Occident sous l'effet des nouvelles technologies, elle comprendra un chapitre essentiel et très enrichissant sur une plateforme de « microblogging » pourtant pratiquement disparue de l'espace public aujourd'hui : Tumblr.

Fondé en 2007 par David Karp, ce service permettait à ces utilisateurs presque totalement anonymes de produire ou de collationner tout type de contenus, messages écrits, mèmes visuels, vidéos courtes. Des fonctionnalités nouvelles pour l'époque, comme l'étiquetage des sujets et la possibilité de republier un contenu d'un simple clic, rendaient très facile le contact avec ceux qui partageaient nos intérêts et nos opinions, aussi spécifiques soient-ils. Le service s'agrandit très rapidement pour héberger jusqu'à cinq cents millions de blogs. Yahoo le racheta en 2013 pour 1,1 milliard de dollars.

En raison de son architecture, Tumblr devint rapidement un endroit où ses utilisateurs, adolescents en très grande majorité, expérimentaient des identités nouvelles, constituées pour la plupart, du moins à l'origine, autour de communautés de fans d'un groupe de musique ou d'une série télé. (*Sherlock Holmes* et *Doctor Who* rassemblaient alors énormément de monde.) Puis, Tumblr devint le lieu pour explorer son genre et son orientation sexuelle. Bientôt, son pouvoir sans égal pour trouver et construire des communautés prit un tour plus sombre : au début des années 2010, des utilisateurs parmi les plus populaires de la plateforme partagèrent des « minspiration* » à destination de leurs abonnés anorexiques.

La culture de Tumblr poussait ses utilisateurs à s'identifier comme membre de l'un de ces groupes, qu'il s'agisse d'une identité choisie ou attribuée, du reflet d'une réalité sociale ou de l'expression d'un vœu. Comme le note Katherine Dee, une autrice culturelle qui s'est entretenue avec plus de cent primo-utilisateurs de Tumblr pour discuter du rôle de la plateforme dans leur vie, « Tumblr est devenu un lieu de fantasme et de conceptualisation d'identités réelles [...] La plupart n'avaient pas vraiment d'expérience vécue de ces identités. » À mesure que cette culture se développait, Tumblr fit preuve de fantastiques propriétés d'évolution : un manifeste sincère ou une blague sans conséquence pouvaient l'un comme l'autre devenir le noyau d'une identité nouvelle. Tumblr a été le lieu où les nouvelles descriptions de son orientation sexuelle (« demi-sexuel »), les nouvelles manières de désigner son origine ethnique (« latinx ») et de penser son genre (« libragenre ») ont d'abord été popularisées.

En même temps, cette confédération anarchique et proliférante de communautés fondées sur l'identité donna naissance à une culture globale. Comme la plateforme s'organisait

* *Thinspiration* en anglais, mot-valise formé de *thin*, maigre, et *inspiration*, NdT.

surtout autour de communautés ethniques, sexuelles ou d'identités de genre, cette culture en vint à être dominée par un ensemble de préceptes politiques tirés de la synthèse identitaire. « Tumblr a été le premier endroit pour beaucoup de Blancs où entrer en contact avec les idées sur la critique de la race et le privilège », notait un article enthousiaste dans le *Pacific Standard* en 2018. « Pour de nombreux adolescents au début de cette décennie, quels que soient leurs intérêts propres, leurs pages de profil affichaient des messages sur le féminisme, l'antiracisme et la justice sociale. »

Selon Kenny Lu, l'un de ces utilisateurs prolifiques de Tumblr que citait l'article, les membres « cherchaient à s'informer sur ces questions ; nous la voyions comme une plateforme pour être plus *woke*, plus éveillé ». Katherine Dee est arrivée à une conclusion très proche. « Pour chaque proclamation étrange (ou simplement inhabituelle) sur l'identité » âprement débattue aujourd'hui dans l'arène culturelle et politique américaine, l'autrice note « la présence d'un message Tumblr du début de la décennie 2010 qui introduisait le concept ».

En tant que produit des réseaux sociaux plutôt que des salles de séminaire, l'idéologie née sur Tumblr ne pouvait prétendre à la sophistication qui caractérise les travaux des penseurs du calibre de Foucault, Said ou Crenshaw. Pour la même raison, elle ne fut jamais monolithique, et même parfois plus proche d'un mélange chaotique formé des milliers de pensées, propositions et suggestions contradictoires aussi diverses que les communautés où elles se répandaient. Pourtant, les thèmes principaux de l'idéologie de Tumblr étaient d'une cohérence surprenante, et immédiatement reconnaissables par quiconque avait étudié l'histoire intellectuelle récente de la gauche : c'était une version vulgarisée, ou « mémifiée » si l'on peut dire, de la synthèse identitaire.

Deux thèmes centraux issus de la synthèse identitaire acquirent une importance particulière sur Tumblr : l'épistémologie du point de vue et l'intersectionnalité. Les philosophes antiracistes ou qui s'intéressent au genre ont pensé en détail la manière dont notre identité façonne notre perception du monde, nous donnant des moyens d'accès plus directs à certaines connaissances ou, au contraire, nous en barrant la voie. Sur Tumblr, mèmes et messages transformèrent cette intuition de départ en une position beaucoup plus extrême : elle devint rapidement un article de foi, selon lequel les membres des groupes dominants, les Blancs, les hétérosexuels, étaient incapables de comprendre en profondeur les expériences des communautés défavorisées, les « personnes de couleur » et les minorités sexuelles. En conséquence, il est devenu très délicat de critiquer toute position sur laquelle un membre d'une communauté défavorisée pouvait revendiquer une autorité particulière née de son « expérience vécue », même sans aucun moyen de savoir si la plupart des membres de ladite communauté la partageaient.

Mais c'est l'exigence souvent répétée d'intersectionnalité qui fit le plus gros du travail de cohésion pour l'idéologie Tumblr. Comme le définissait Kimberlé Crenshaw, le concept d'intersectionnalité se contentait d'attirer l'attention sur le fait que certaines personnes souffraient de discrimination en vertu de l'interaction entre deux éléments distincts de leur identité. Cependant, telle que partagée et valorisée sur Tumblr, l'intersectionnalité devint un système d'exploitation tout-terrain pour le militantisme en ligne. Elle permit à chaque groupe de définir l'ensemble des opinions correctes de son domaine de compétences présumé et d'exiger de tous les autres une soumission totale et sans condition à cette orthodoxie nouvelle. Tandis que se répandaient les appels à l'intersectionnalité, quiconque militait pour une cause sans défendre aussi toutes les autres alors en vogue s'exposait à des critiques sévères pour s'être ainsi arrêté au milieu du gué. « Si ton féminisme n'est pas intersectionnel, c'est de la merde », disait un slogan devenu un refrain pour la plateforme en son temps.

Ainsi naquit un mécanisme puissant de coercition idéologique. Comme divers utilisateurs joutaient pour détenir le sceptre de porte-parole légitime de leurs communautés respectives, l'orthodoxie dominante de Tumblr évoluait en permanence. Mais dès que quelqu'un brisait le consensus intersectionnel établi à un instant T., il s'attirait rapidement la colère de très nombreux utilisateurs. De cette manière aussi, Tumblr était une avant-garde d'Internet : c'était l'un des premiers espaces en ligne où l'on observait régulièrement des chutes de popularité soudaines et dramatiques déclenchées par des violations mineures de normes communautaires en perpétuelle évolution.

Les nouvelles plateformes adoptent l'idéologie Tumblr

Ce qui avait commencé sur Tumblr n'est pas resté sur Tumblr. Les réseaux sociaux tels que Reddit, Twitter, Instagram puis TikTok sont devenus des lieux importants pour les jeunes, où ils construisaient leur identité et exprimaient leurs opinions, et bien des mèmes et des thèmes formés sur Tumblr se sont adaptés à ces nouveaux environnements. L'influence de l'idéologie de Tumblr ne s'est pas non plus réduite aux réseaux sociaux. Bientôt, cette forme vulgarisée de la synthèse identitaire a imposé son ton à un nombre grandissant de jeunes publications, et même à des journaux ou des magazines traditionnels.

À peu près en même temps que la montée en popularité de la plateforme de microblogging, une autre entreprise connaissait une ascension brutale. En 2010, Chris Lavergne, qui avait délaissé le Hampshire College car il estimait primordial de « cataloguer toutes les pensées », fonda un site internet qui publiait un amas d'articles sans le moindre effort d'édition et souvent très autocentrés écrits par des bénévoles. « Notre philosophie est que la qualité, c'est très subjectif », expliqua un employé de Thought Catalog. « Pour nous, si c'est ton opinion, alors c'est de la qualité. » En 2014, la visibilité du site avait explosé pour en faire l'un des cinquante sites les plus visités des États-Unis.

L'absence presque totale d'exigences éditoriales entraînait que les articles de Thought Catalog balayaient tout le spectre, de l'extrême droite à l'extrême gauche. Mais l'impact du site se fit ressentir sur un point bien particulier : il servit à recycler les mèmes si populaires de Tumblr sous une forme écrite. Certains des articles les plus partagés du début des années 2010 étaient pourvus de titres comme « 18 trucs que les Blancs ne comprennent pas (parce que privilège blanc) ».

Comme ces articles gagnaient en popularité, les blogs et les magazines en ligne qui poussaient un peu partout sur Internet imitèrent vite leur ton et leur contenu. Des sites comme Jezebel, xoJane, Rookie Mag et le Daily Dot devinrent rapidement des promoteurs actifs de cette forme vulgarisée de la synthèse identitaire. Même des publications plus installées, telles que *Salon*, suivirent le mouvement. L'idéologie Tumblr avait franchi une étape importante : ses rejetons étaient devenus si visibles et si influents que même les ringards dans mon genre commençaient à tomber dessus.

Depuis que j'étais arrivé aux États-Unis pour mes études, j'avais souvent rencontré les ingrédients de base de la synthèse identitaire lors de conférences ou au détour de pages de journaux universitaires. Des chercheurs érudits parlaient d'intersectionnalité et d'appropriation culturelle, de l'épistémologie du point de vue et du privilège blanc. Je trouvais certaines de ces idées fascinantes. D'autres manifestement absurdes. Mais je supposais que la plupart, comme tant de ces idées qui naissent dans la langue souvent impénétrable du monde universitaire, échoueraient à conquérir le monde au-delà des campus.

Et puis je suis tombé sur everydayfeminism.com, un site qui exprimait une version simpliste et très accessible de ces idées et de ces idiomes nouveaux. Ces concepts que j'avais croisés dans des contextes universitaires tirés à quatre épingles s'y trouvaient remodelés sous la forme de slogans faciles à comprendre et prêts à partager. Je me suis vite rendu compte qu'il s'agissait d'une authentique nouveauté : une nouvelle façon d'interpréter le monde sous le spectre réduit de l'identité et de l'expérience vécue, susceptible de plaire au grand public.

Les articles qui remplissaient la page d'accueil d'everydayfeminism.com en mars 2015 donnent une idée de cette vision du monde qui se solidifiait. Les titres : « 4 pensées pour votre prof de yoga qui se moque de l'appropriation culturelle », « Les personnes de couleur ne peuvent pas soigner votre racisme, voici 5 choses à faire à la place », « Vous trouvez que c'est du professionnalisme, moi je trouve que c'est de l'oppression en costume trois-pièces ». Dès que j'ai découvert ce site, je n'ai plus pu m'empêcher de le consulter. Dans les mois qui ont suivi, j'ai lu « 6 manières de répondre aux microagressions sexistes dans la conversation de tous les jours », « Le privilège blanc expliqué en BD » et « Vous aimez les seins ? Voici 3 raisons pour lesquelles c'est peut-être sexiste ».

Vers le milieu de la décennie, la synthèse identitaire avait déjà fait du chemin. Apparue comme un ensemble d'idées sophistiquées et provocantes, à raison, elle s'était transformée grâce au pouvoir des mèmes et du buzz en une série de slogans capables de gagner le cœur du grand public. La forme vulgarisée de la synthèse identitaire était née. Son influence restait alors limitée aux plateformes de réseaux sociaux et aux sites de jeunes pousses branchées.

Tout allait changer quand Twitter et surtout Facebook sont devenus des modes de distribution essentiels pour les publications traditionnelles. À mesure que les médias historiques tels que *Newsweek* et le *New York Times* s'engageaient dans la chasse au clic et s'apercevaient que les articles à la première personne avait bien plus de chances de faire le buzz sur les réseaux sociaux, leur contenu s'adaptait à cette donne nouvelle. Cette transformation pourrait s'analyser au travers de l'histoire de tous les journaux, de tous les magazines. Mais elle était particulièrement flagrante chez un nouveau média, fondé dans la noble ambition d'expliquer le monde sur un ton dépassionné, et qui s'est pourtant métamorphosé pour devenir un acteur clé dans la vulgarisation de la synthèse identitaire : Vox.

La transformation du mainstream

En avril 2014, Ezra Klein, Matthew Yglesias et Melissa Bell lancèrent Vox, magazine numérique riche d'une haute ambition : changer la nature du journalisme. Selon Klein à l'époque, les médias politiques américains se concentraient sur les mauvaises choses. Ils couvraient sans relâche des microphénomènes qui ne touchaient qu'une fraction du pays, ils étaient obsédés par les sondages et la course aux élections.

Mais ils échouaient dans ce qui était leur rôle le plus basique, le plus fondamental : expliquer ce qui se passait et pourquoi il fallait s'y intéresser. Vox, selon la promesse de ses fondateurs, enrichirait le discours politique national en proposant un « journalisme d'explication » honnête et équilibré.

De bien des manières, cette entreprise fut un grand succès. Vox s'imposa vite comme un acteur majeur de l'écosystème des médias politiques progressistes. Le site attirait des lecteurs nombreux et fidèles, jusqu'à atteindre presque cent millions de visites trimestrielles en 2015. Cependant, l'expérience ne réalisa pas les promesses fondatrices sur d'autres points, plutôt intéressants et éclairants.

En raison de la polarisation politique grandissante de l'Amérique, le public du site s'avéra idéologiquement bien plus homogène que prévu. Comme ces lecteurs exigeaient des contenus qui ne bousculaient pas leurs valeurs, les tentatives d'expliquer l'actualité sans préférence partisane furent jugées moins essentielles. De nombreux articles atteignirent la viralité alors qu'ils se dispensaient allègrement de toute ambition explicative ; les « paquets de fiches » (« *card stacks* »), une fonctionnalité fortement mise en avant aux débuts du site qui servait à procurer le contexte de l'actualité et les informations afférentes, furent bien vite abandonnés, en partie parce qu'ils obtenaient de mauvais résultats sur les réseaux sociaux comme Twitter et Facebook.

À la place, Vox lança en juin 2015 une initiative « à la première personne » qui encourageait les contributions personnelles, portant en général sur les expériences de discrimination ou de préjugés subis en raison de la communauté d'appartenance. Dans les mois et les années qui suivirent, le site subit une transformation remarquable. Les articles à la première personne sur l'« expérience vécue » de l'auteur occupèrent le centre d'un magazine qui promettait autrefois d'expliquer le monde à ses lecteurs sur un ton frisant le technocratique.

Ce changement de format s'accompagnait d'un changement de valeurs. Écrits par de jeunes auteurs tout droit sortis de l'université et très présents sur les réseaux sociaux, ces articles à la première personne servaient le plus souvent à exprimer les principes fondamentaux de la version vulgarisée de la synthèse identitaire. Ils mélangeaient le plus souvent le récit d'une injustice subie en raison de l'identité de l'auteur et la proposition d'un remède qui « déconstruirait » certains aspects du racisme, du sexisme, de la suprématie blanche ou de l'hétéronormativité à l'œuvre. Le gauchisme modéré des fondateurs du site laissait place, petit à petit, à une idéologie fièrement progressiste, dominante chez les plus jeunes employés.

À la fin de la décennie, la plupart des fondateurs avaient quitté ce magazine qui ne leur convenait plus vraiment. Lors de l'été 2020, Yglesias a signé une lettre ouverte publiée dans le magazine *Harper's* qui critiquait les normes de plus en plus illibérales de nombreuses institutions américaines. Un grand nombre d'employés de Vox l'ont critiqué pour cela ; dans une tribune largement relayée, Emily VanDerWerff, une employée transgenre, a laissé entendre que la présence du nom d'Yglesias aux côtés de celui d'autres signataires tels que J. K. Rowling rendait les bureaux de Vox « moins sûrs » pour elle. Quatre mois plus tard, Yglesias a quitté Vox pour lancer sa propre newsletter sur Substack. À la fin de l'année, Klein lui a emboîté le pas pour rejoindre le *New York Times*.

Il existe de nombreuses raisons qui expliquent cette transformation frappante de Vox. Un mécanisme tout spécialement important réside dans la manière dont les réseaux sociaux ont créé un nouveau canal de distribution pour les contenus journalistiques. Aux débuts de Vox, la majorité des vues résultait d'une visite du site en direct. Les articles devaient donc attirer une large part des lecteurs réguliers du magazine s'ils voulaient être largement consultés. L'ascension des réseaux sociaux a complètement bouleversé cette manière dont les articles parvenaient jusqu'à leurs lecteurs, et pas seulement ceux de Vox, mais ceux de toute l'industrie. Dès la seconde moitié de la décennie, les mécanismes de distribution principaux étaient Twitter et, surtout, Facebook. C'est ce qui a fondamentalement modifié le genre de contenu qui générait de l'attention. Afin qu'un article soit beaucoup lu, il n'avait plus besoin de séduire un gros pourcentage du lectorat habituel et de le pousser à cliquer sur son titre, il lui suffisait d'atteindre quelques lecteurs qui le partageraient sur les réseaux sociaux à destination d'autres membres qui auraient de bonnes chances de le partager à leur tour.

Quel genre d'articles avaient le plus de chances d'être partagés et repartagés sur Facebook et Twitter ? Certains visaient des communautés idéologiques particulières très engagées sur une question précise, par exemple les partisans de la légalisation du cannabis. D'autres cherchaient plutôt à jouer avec les émotions du lecteur, souvent en vilipendant un groupe idéologique tiers. Mais, comme les utilisateurs des réseaux sociaux tendent à « s'abonner » ou à demander en « amis » ceux qui leur ressemblent, surtout en matière culturelle ou d'orientation sexuelle, un gros pourcentage des articles les plus lus s'adressait directement aux intérêts particuliers et aux expériences de communautés d'identité bien définies. Depuis que Facebook et Twitter sont devenus le mécanisme de distribution principal des contenus numériques, les articles sur les expériences de Coréens-Américains ou sur les préjugés qu'affrontent les bisexuels ont beaucoup plus de chances d'atteindre la viralité, ce qui a modifié à la fois ce que publiaient les sites d'actualité et les contenus que le grand public consommait.

Comme l'observe Yglesias dans un article récent, les tendances de fond des médias de cette époque, au milieu de la décennie 2010, étaient « une conséquence directe de l'influence de Facebook sur le journalisme [...] Objectivement, les idées radicales en matière de politique identitaire et le socialisme simplifié à outrance décrochaient des résultats incroyables sur Facebook à cette époque ». Cela poussait les journalistes vétérans à s'intéresser à ces sujets et permettait aux jeunes auteurs, authentiquement partisans de la synthèse identitaire, de tenir la dragée haute à leurs collègues. « C'est ainsi qu'on tombait sur tout ce fatras d'articles structurés autour de la question “Est-ce que Bernie Sanders est parfait à tous points de vue ou est-ce problématique de voter pour un homme blanc ?” comme seul prisme de lecture possible de la politique américaine. »

Ces incitations mercantiles ont entraîné une explosion fascinante des contenus à la première personne dans les médias dominants. Elles permettent aussi d'expliquer l'accent grandissant placé sur des contenus qui, de l'aveu des dirigeants de ces entreprises de média, ont le plus de chances de plaire aux membres de communautés d'identité particulières. Et comme les entreprises traditionnelles étaient elles-mêmes sous pression pour s'adapter à cette époque volatile et pour se transformer elles-mêmes en publications principalement numériques, tout aussi obsédées de clics et de likes que leurs concurrents moins anciens, ces changements ont rapidement entraîné le bouleversement de toute la sphère publique.

Le grand éveil

L'histoire de la transformation du discours ambiant par la dynamique des réseaux sociaux commence au début de la décennie par l'ascension de plateformes de niche telles que Tumblr et Thought Catalog. Elle culmine, à la fin des années 2010, avec les changements tectoniques des médias les plus influents, de la BBC à NPR en passant par MSNBC.

Quiconque comparera un exemplaire du *New York Times* ou du *Guardian* de 2010 avec un autre de 2020 sera frappé des différences de ton et de contenu. Une petite indication nous est donnée par les articles et les éditoriaux qui n'auraient jamais été publiés dix ans plus tôt parce que jugés trop extrêmes. « Mon enfant peut-il être ami avec des Blancs ? » demande un article du *New York Times* de novembre 2017 écrit par un professeur de droit afro-américain. Sa conclusion semble exclure toute possibilité d'amitié authentique entre membres de différents groupes ethniques : « J'enseignerai à mes enfants de douter profondément d'une amitié possible avec des Blancs. »

Une autre différence importante se remarque à la manière dont les journaux traditionnels rédigent aujourd'hui les faits divers. Des preuves quantitatives claires soutiennent la rapidité et l'étendue des changements de contenu dans les journaux les plus prestigieux du monde anglophone. La proportion d'articles du *New York Times* qui emploie le terme « raciste », par exemple, a augmenté de 700 % entre 2011 et 2019, selon l'analyste Zach Goldberg, élève doctorant en sciences politiques à l'université d'État de Géorgie. Au cours de la même période, les utilisations du mot « raciste » ont augmenté encore plus rapidement dans le *Washington Post*, une augmentation de 1 000 %*.

* Il serait tentant de penser que l'attention grandissante portée au racisme serait simplement la conséquence d'événements politiques, depuis les vidéos de meurtres d'hommes noirs désarmés commis par des policiers aux rassemblements de suprémacistes blancs à Charlottesville, en Virginie. Mais Goldberg montre que la croissance exponentielle de l'emploi du terme « raciste » remonte au début de la décennie, avant les manifestations populaires en réaction au meurtre de Michael Brown à Ferguson, en 2014, et avant l'entrée en politique de Donald Trump, survenue en 2015.

Néanmoins, pour les médias traditionnels, le changement principal ne se situe pas dans la fréquence des articles sur le racisme, mais dans l'incorporation toujours plus poussée du vocabulaire de la synthèse identitaire. Dans le *Washington Post* comme dans le *New York Times*, le nombre d'articles évoquant le « racisme systémique » ou le « racisme institutionnel » a été multiplié par dix entre 2013 et 2019. La proportion d'articles qui associent le mot « blanc » à l'idée de « privilège racial » a augmenté encore plus rapidement : une multiplication par douze dans le *New York Times*, par quinze dans le *Washington Post*.

Goldberg en tire une conclusion sans ambiguïté. Lors de la présidence de Barack Obama, les concepts clés de la synthèse identitaire que sont les microagressions et le privilège blanc « sont passés d'obscurs fragments de jargon universitaire à éléments standards du vocabulaire journalistique », écrit-il. « Avec ce nouveau langage sont venues des idées et des croyances nouvelles qui ont donné corps à un nouveau cadre moral et politique qu'il s'agissait d'appliquer à la vie publique et à la société américaine. »

Ces changements rapides dans la description du monde qu'offraient les médias dominants ont eu une influence énorme au sein d'une frange restreinte mais très influente de la société américaine. Comme le démontre Goldberg, la focalisation renforcée sur le racisme et les inégalités raciales dans le *Washington Post* et le *New York Times* a été suivie, et non précédée, d'un basculement significatif des opinions progressistes sur ces questions, par exemple le pourcentage de gens en faveur de politiques publiques « conscientes de la race », dans l'électorat. Comme le public des médias traditionnels dominants est très largement blanc et diplômé, les opinions sur ces questions ont changé bien plus radicalement au sein de ce groupe d'Américains « privilégiés » que dans la population au sens large.

Cela aboutit à plusieurs paradoxes. Dans une enquête au long cours qui emploie l'analogie visuelle du thermomètre, par exemple, des sociologues demandent à leurs sujets d'étude leur impression générale sur les membres d'un groupe ethnique ou religieux particulier. Jusqu'à une date récente, les personnes blanches et de gauche avaient plus de probabilités de manifester un sentiment positif envers les Blancs qu'envers les Afro-Américains. En 2016, les choses avaient changé : les Blancs de gauche avaient, par rapport aux Afro-Américains, plus de chances de manifester un sentiment négatif envers les Blancs, un groupe qui incluait pourtant leurs parents et leur famille.

En 2019, Matthew Yglesias a inventé une nouvelle expression pour désigner ces bouleversements sociopolitiques à l'œuvre dans toute une partie de la population américaine : « *the Great Awokening** », « le grand éveil ». Comme il le dit : « Les progressistes blancs se sont déplacés tellement à gauche du spectre sur les questions de race et de racisme qu'ils sont aujourd'hui, en ce domaine, plus à gauche que l'électeur noir moyen. »

*
* *

La vulgarisation de la synthèse identitaire a joué un rôle clé dans ces événements. Ce n'est qu'une fois cette théorie universitaire ésotérique traduite en mèmes et en messages de blog qu'elle accéda au *prime time*. Et il fallut attendre que cette version « mémifiée » de la synthèse identitaire migrât des réseaux sociaux et des blogs branchés vers les pages du

---

* Jeu de mots entre *awakening*, l'éveil, et *woke*, participe passé construit sur la même racine et signifiant donc, au sens propre, « éveillé », mais qui a pris plus récemment les connotations que l'on sait, NdT.

Guardian, du *Washington Post* et du *New York Times* pour constater son influence sur le discours dominant.

Cette partie de l'histoire est fondamentale pour poser l'arrière-plan culturel des événements de la décennie passée. Néanmoins, il lui manque encore un élément clé. En effet, quand les médias traditionnels les plus prestigieux commencèrent à donner une plateforme à ces idées, elles ne conquirent d'abord qu'une petite minorité du public. La plupart des gens, quelles que soient leur couleur ou leur foi, n'étaient toujours pas d'accord avec cette idée qui voudrait que Blancs et Noirs ne puissent devenir amis. Ils rejetaient la suggestion de politiques publiques qui distingueraient explicitement leurs administrés sur la base de leur groupe d'appartenance. Et pourtant, certains principes fondamentaux de la synthèse identitaire en vinrent à exercer une influence gigantesque dans des institutions de premier plan. Comment ?

Pour répondre à cette question, nous devons suivre un autre développement, parallèle au précédent. Si la version vulgarisée de la synthèse identitaire a gagné tant d'influence, c'est en partie parce qu'une nouvelle génération de travailleurs est entrée dans le monde du travail et s'est battue pour sanctuariser ces idées, croisées à l'université ou sur les réseaux sociaux, dans le système d'exploitation de ces grandes institutions. C'est vers leur « courte marche au travers des institutions » que nous nous tournons à présent.

Points clés

- L'ascension des réseaux sociaux a fondamentalement transformé le rôle des communautés d'identité dans la vie des jeunes. En rendant bien plus facile d'expérimenter de nouvelles étiquettes pour se décrire, les réseaux sociaux ont encouragé l'émergence d'une version vulgarisée de la synthèse identitaire, d'abord sur Tumblr et autres, puis, sous forme écrite, dans des articles du type de ceux de Thought Catalog.

- Les réseaux sociaux sont devenus le mécanisme de distribution principal à la fois des nouveaux médias en ligne et des organes de presse traditionnels, en augmentant la visibilité des contenus qui attiraient des communautés particulières. Les thèmes et les concepts principaux de la synthèse identitaire se sont ainsi rapidement répandus dans des institutions prestigieuses comme Vox ou le *New York Times*.
- Vers la fin de la décennie 2010, ces concepts avaient modifié le cadre de pensée d'un large segment de la population américaine. Ce changement d'opinion était le plus prononcé chez les Américains blancs très diplômés.

Chapitre 6

La courte marche au travers des institutions

Au pic de son influence, dans les années 1960, le mouvement étudiant débattait d'une question hautement stratégique. Devait-il se présenter aux élections démocratiques ou plutôt se concentrer sur les manifestations non violentes et autres formes de résistance « extra-parlementaire » ? À moins qu'il ne lui faille organiser une révolution par les armes ? La meilleure stratégie fut certainement celle de Rudi Dutschke, leader allemand du mouvement dont la popularité grimpa en flèche après qu'il reçut une balle dans la tête en pleine rue, à Berlin, tirée par un fanatique d'extrême droite.

En 1967, Dutschke expliqua que les révolutionnaires devaient tenter de retourner le système politique par une « longue marche au travers des institutions ». Dans sa formulation originale, le principe de cette infiltration était la subversion et le sabotage. Mais, dès 1972, quand le philosophe germano-américain Herbert Marcuse récupéra cette idée dans son très influent *Contre-révolution et révolte*, elle en était venue à définir des moyens d'influence plus subtils. Quand « ils travailleront contre les institutions établies en travaillant en leur sein », Marcus conseillait aux militants de « faire leur travail » en apprenant « à programmer et à lire les ordinateurs, à enseigner à tous les niveaux d'éducation, à employer les médias de masse et à organiser la production ».

Bien des gens qui, consciemment ou inconsciemment, s'embarquèrent dans cette « longue marche » finirent cooptés par les institutions qu'ils voulaient transformer avant d'avoir eu le temps d'exercer une influence significative. Cela n'a pas empêché historiens et sociologues d'évoquer la longue marche pour expliquer quelques-uns des bouleversements socioculturels intervenus depuis que les membres du mouvement étudiant avaient intégré le monde du travail, les conseils d'administration et les Parlements au cours des années 1970, 1980 et 1990. Même si leur zèle révolutionnaire s'était souvent rabattu et que la plupart étaient alors embarqués dans des vies plus conventionnelles que celles autrefois prévues, leur influence collective a modifié la vie culturelle de pays entiers, de la France à l'Allemagne en passant par les États-Unis.

L'influence durable de la longue marche est le fruit de la puissance de son mécanisme d'action. Les étudiants qui baignent dans une idéologie nouvelle et radicale sont à la meilleure place possible pour exercer un impact disproportionné sur le monde hors de la tour d'ivoire. En effet, dès que ces étudiants rejoindront les institutions traditionnelles, ils pourront saisir de nombreuses opportunités de militer pour le changement et s'élèveront dans les hiérarchies. C'est tout particulièrement vrai quand les adeptes de l'idéologie nouvelle se concentrent dans les universités d'élite : vivier de recrutement traditionnel de toutes les institutions influentes du pays, elles sont surreprésentées parmi leurs employés.

Il existe une autre marche au travers des institutions, très importante pour expliquer les événements de la décennie passée dans le monde anglo-saxon et dont l'impact commence à se faire sentir en France, en Allemagne et dans d'autres démocraties d'Europe occidentale. Ce que j'ai appelé la « courte marche » est en effet un élément clé pour expliquer comment la synthèse identitaire, idéologie cantonnée à quelques campus en 2010, a pu exercer dès 2020 une solide influence dans les fondations et les entreprises les plus puissantes du monde.

Il ne s'agit pas de dire que les participants à cette courte marche considéraient leurs actions comme les éléments d'une grande stratégie globale. La plupart ne savaient probablement pas qui était Rudi Dutschke. Ils n'en avaient pas besoin. Ils ont simplement quitté leur université encore tout imprégnés des principes de la synthèse identitaire puis répandu sa version vulgarisée sur les réseaux sociaux. Conformément à leurs ambitions de départ, ils ont accepté des postes dans des journaux prestigieux et des fondations bien dotées, dans des entreprises géantes et des ministères puissants. Une fois que leur présence dans ces institutions avait atteint une masse critique, ils en ont transformé les règles, les normes et les hypothèses qui les régissaient.

Si cette marche a pu être si courte, c'est en partie parce qu'elle s'est tenue sur fond de changements culturels et technologiques plus grands encore, évoqués dans le chapitre précédent. Par le passé, les employés insatisfaits auraient râlé entre eux ou transmis en privé leurs revendications à leurs chefs ; aujourd'hui, ils passent de plus en plus par les réseaux sociaux, ils tirent à la sulfateuse sur leur propre entreprise dans des fils Twitter et des messages Instagram qui deviennent viraux et augmentent la visibilité de leur profil professionnel. Par le passé, ces luttes seraient restées connues des seuls intéressés, laissant intactes la réputation des entreprises et les perspectives de financement des ONG ; aujourd'hui, les médias traditionnels fournissent rapidement des porte-voix aux histoires d'identité et aux accusations de discrimination, qu'elles soient graves et bien documentées ou triviales et mal renseignées. En résumé, si l'arrivée d'une nouvelle cohorte de jeunes employés profondément imprégnés de synthèse identitaire a eu un impact disproportionné sur quelques institutions importantes en Amérique, c'est en partie parce que les transformations technologiques et idéologiques plus larges de la décennie écoulée ont donné aux dirigeants de celles-ci de bonnes raisons de craindre la nouvelle génération.

Le terrain d'entraînement

La courte marche a commencé sur les campus. En quelques décennies, les inscriptions dans les départements où dominaient les chercheurs conquis par la synthèse identitaire, tels que les études de genre ou l'étude critique des médias, se sont multipliées. Dans le même laps de temps, l'influence du postmodernisme, du postcolonialisme et de la théorie critique de la race s'est accrue dans les départements plus traditionnels de sciences sociales, d'histoire, de philosophie ou de littérature. Dès 2010, les partisans de la synthèse identitaire enseignaient à des centaines de milliers d'étudiants dans tout le pays, chaque année. Même les étudiants de sciences, de commerce ou en écoles d'ingénieur avaient alors de bonnes chances d'entendre parler de ces idées dans leurs matières mineures.

Mais les étudiants avaient encore plus le loisir de croiser une version de la synthèse identitaire hors des amphis. De 1976 à 2011, le nombre d'étudiants inscrits a presque doublé aux États-Unis. Les universités ont grandi elles aussi mais sans parvenir à suivre le rythme : le nombre de professeurs engagés n'a augmenté que de 76 %. En revanche, le nombre de salariés non enseignants a grimpé en flèche au cours de la même période : le personnel administratif de 139 %, les autres professionnels, parmi lesquels les préposés à la vie étudiante et les conseillers psychologues, d'un incroyable 366 %. Autrefois, les professeurs dépassaient confortablement, en nombre, le personnel administratif et les autres employés. À la fin des années 2010, ils étaient tombés en minorité.

Les fonctions et les opinions politiques de ces agents administratifs sont bien sûr très variables. Cependant, une partie significative d'entre eux promeut la synthèse identitaire. Le Bureau de la vie étudiante de Sarah-Lawrence, par exemple, propose des séminaires sur des thèmes tels que « Comprendre le privilège blanc » et « Restez sains, restez *woke* ». Dans le même temps, le personnel administratif de l'université de Californie a demandé aux étudiants de s'abstenir d'employer des expressions ou des tournures de phrase « offensantes » telles que « melting-pot » ou « Il n'y a qu'une seule race, la race humaine ». Un nombre grandissant d'universités accordent même à leurs agents administratifs le pouvoir d'intervenir en cas de « microagressions » et encouragent leurs étudiants à dénoncer ces infractions *via* une hot-line anonyme.

L'influence de la synthèse identitaire est tout spécialement prononcée dans les plus prestigieuses institutions américaines. Les plus grandes universités de recherche sont devenues le fer de lance de nouvelles disciplines universitaires centrées sur l'étude d'une forme ou une autre d'identité. Elles sont plus susceptibles d'embaucher de jeunes chercheurs à la pointe de leur discipline. Et elles disposent de budgets bien plus importants pour payer leur armée d'agents administratifs qui propageront les principes de la synthèse identitaire et pousseront les étudiants à participer à des sessions de sensibilisation ou d'orientation de plus en plus nombreuses. (Yale, par exemple, emploie aujourd'hui plus d'agents administratifs qu'elle n'accepte d'étudiants de premier cycle.)

Tout cela concourt à ce que les institutions d'élite du pays développent une monoculture politique sur leur campus. La composition politique du personnel en est l'indication. Dans les *colleges**, les nouveaux étudiants se déclarant progressistes (*liberal*) sont deux fois plus nombreux que ceux qui se disent conservateurs, et les enseignants penchent encore plus à gauche que les étudiants : ils sont six fois plus nombreux à se décrire comme progressistes. Les agents administratifs, enfin, ont le biais politique le plus prononcé : douze fois plus de ces agents se déclarent progressistes plutôt que conservateurs.

Les sondages qui posent ce genre de questions (« Êtes-vous libéral ou conservateur ? », libéral étant, dans le discours politique américain, une désignation vague qui équivaut plus ou moins à « de gauche ») montrent à quel point les universités penchent à gauche. Mais ils sont trop vagues pour décrire correctement les opinions qui prédominent actuellement sur les campus. En particulier, ils ne permettent pas d'établir la distinction entre les professeurs qui se considèrent libéraux à la fois sur les plans politique et philosophique (c'est mon cas) et ceux qui penchent à gauche sur le plan politique mais rejettent les préceptes du libéralisme philosophique (ce n'est pas mon cas).

Les sondages qui s'attachent à des propositions spécifiques et contraires aux principes du libéralisme philosophique (par exemple, à la liberté universitaire) lèvent cette ambiguïté. Or, ils dépeignent un tableau bien sombre. Selon une étude portant sur un échantillon de vingt mille étudiants dans tout le pays, par exemple, un sur trois « juge acceptable d'interdire à certaines personnes d'assister à une conférence ou de s'y

* Plus petits et plus spécialisés que les *universities*, les *colleges* se concentrent par ailleurs sur les quatre premières années du cycle universitaire, jusqu'au *bachelor degree*, NdT.

exprimer ». Cette proportion est encore plus élevée parmi les étudiants des dix plus grandes universités des États-Unis, où la moitié des étudiants soutiennent ce genre de tactiques illibérales.

À mesure que ces étudiants quittent les universités d'élite pour continuer leur carrière, leur influence s'étend sur tous les pans de la vie américaine, mais tout particulièrement dans les institutions qui recrutent principalement leurs employés au sein de ces mêmes universités, qui leur donnent un pouvoir significatif tôt dans leur carrière et sont particulièrement sensibles à leurs demandes et à leurs critiques sur les réseaux sociaux. Les start-up, les médias, les bureaux parlementaires et les grands cabinets professionnels, tous remplissent ces trois critères. Cependant, ce sont les grosses organisations non gouvernementales et les fondations qui délivrent des bourses qui y correspondent le mieux. Comme le démontre la transformation rapide de l'ACLU, ce sont ces organisations à but non lucratif qui se sont montrées les plus réactives quand une nouvelle génération de diplômés baignée de synthèse identitaire est venue frapper à leur porte.

La synthèse identitaire noyaute les organisations à but non lucratif

À l'automne 1977, le Parti national-socialiste d'Amérique déposa une demande d'autorisation pour un meeting dans la ville de Skokie, une ville à forte minorité juive, lieu de résidence de nombreux survivants de l'Holocauste. Dans une tentative évidente de dissuader ce rassemblement, la ville plaça toutes sortes de conditions très coûteuses comme prix de son autorisation, si bien que Francis Joseph Collin, le chef du parti, déposa plainte pour un procès qui ferait date, avec l'aide d'un allié incongru : l'ACLU, une ONG qui, depuis des décennies, combattait pour les libertés civiques des pacifistes, des communistes et des anti-ségrégationnistes.

David Goldberger, juif progressiste, fut chargé du dossier *National Socialist Party of America v. Village of Skokie*. Il profita de ce procès pour défendre un droit constitutionnel fondamental, car, s'il savait qu'établir des exceptions au premier amendement de la Constitution, qui garantit la liberté d'expression et le droit de réunion, rendrait la vie difficile à certaines organisations nocives qu'il méprisait, il reconnaissait également que cela empêcherait tout aussi bien certaines personnes qu'il admirait, telles que les virulents pourfendeurs du racisme ou de l'autoritarisme, de toucher leur public. « Les garanties constitutionnelles de liberté d'expression et de liberté de la presse perdraient toute signification si le gouvernement pouvait choisir à qui elles s'appliquent », expliqua Goldberger.

L'ACLU gagna le procès. Pendant les quatre décennies suivantes, sa défense de la liberté d'expression sur la base de principes généraux définit son image aux yeux du public. Aujourd'hui encore, elle met fièrement en avant cette partie de son histoire sur son site et proclame que le procès Skokie en est venu « à représenter notre engagement sans faille en défense de ces principes ». Ces dix dernières années, l'organisation a pourtant discrètement abandonné cet engagement. « Autrefois bastion de la liberté d'expression et d'idéaux supérieurs, commente la professeure de droit féministe Lara Bazelon dans *The Atlantic*, l'ACLU est devenue par bien des aspects une caricature d'elle-même. »

La transformation de l'ACLU s'explique en partie par une extension hors de contrôle de ses missions. Les jeunes employés qui l'ont rejointe ces derniers temps veulent qu'elle combatte en faveur d'un large spectre de valeurs de gauche, plus seulement celles directement liées à sa mission historique de défense des libertés civiques. Ils sont soutenus en cela par une armée de petits donateurs ayant rejoint l'ACLU dans les mois qui ont suivi l'élection de Donald Trump, dans l'espoir de lui imposer toutes sortes de priorités progressistes. En conséquence, l'ACLU prend aujourd'hui position régulièrement sur tout un méli-mélo de questions de société, certaines importantes, d'autre beaucoup moins, qui entretiennent au mieux un rapport ténu avec sa mission historique.

Au cours de la décennie passée, l'ACLU a ainsi demandé au gouvernement fédéral d'assurer une connexion internet rapide à toute la population et d'annuler toutes les dettes étudiantes, aux villes de réduire les budgets de tous leurs commissariats et aux universités de construire des dortoirs réservés aux étudiants noirs ou hispaniques. Les justifications données sont souvent imprégnées du langage de la synthèse identitaire. « Les populations sans accès internet rapide sont disproportionnellement noires, *latinx*, indigènes, rurales ou à faible revenus », souligne ainsi une publication récente de l'ACLU.

Ces nouveaux domaines d'activité militante ont été conquis aux dépens des forces traditionnelles de l'ACLU. Depuis 2016, « le budget annuel de l'organisation a été multiplié par trois et l'effectif de juristes y a doublé », selon un rapport récent du *New York Times*. Pourtant, « seuls quatre de ses avocats sont spécialisés dans les questions de liberté d'expression, un nombre inchangé depuis dix ans ».

L'ACLU hésite aussi bien plus qu'auparavant à défendre les droits de clients devenus, à raison, impopulaires. En août 2017, elle avait contribué à résoudre le litige du tristement célèbre meeting « *Unite the Right* » (« Pour l'union de la droite »), qui avait attiré un large effectif d'extrémistes de droite et de suprémacistes blancs. L'ACLU s'était ainsi opposée, avec succès, à la ville de Charlottesville, qui avait cherché à le déplacer dans un lieu moins central. Mais les rassemblements de protestation avaient violemment dégénéré et de jeunes employés de l'ACLU avaient accusé celle-ci d'en être responsable. Ils demandèrent logiquement qu'elle arrête de défendre cette version maximaliste de la liberté d'expression.

Des centaines de salariés publièrent ainsi une lettre ouverte. Celle-ci avançait que la « position inflexible » de l'ACLU sur la liberté d'expression minait sa « mission globale ». Waldo Jaquith, membre du conseil d'administration de l'ACLU de Virginie, sous-entendait que l'organisation était devenue la « feuille de vigne des nazis » dans un fil Twitter rapidement devenu viral. Quand Claire Guthrie Gastañaga, directrice de l'ACLU locale, tenta d'expliquer les principes sur lesquels s'appuyait l'association depuis toujours, lors d'un événement à l'université William & Mary, les étudiants, armés de pancartes « ACLU, la liberté d'expression pour qui ? » et « Les opprimés sont déprimés », la chassèrent de l'estrade avant qu'elle n'ait pu parler.

Au début, l'ACLU tint bon. Alors même que sa porte-parole au niveau national reconnaissait « que les donateurs pliaient bagage », elle affirmait malgré tout que l'association camperait sur ses positions historiques. Mais le ton ne tarda pas à changer. Dix mois après le meeting de Charlottesville, un comité de cadres conçut de nouveaux critères que les juristes de l'ACLU devraient prendre en compte avant d'accepter de défendre la liberté d'expression d'un client. Ces facteurs à considérer incluaient « les inégalités structurelles et les inégalités de pouvoir dans la communauté où se tiendrait l'expression en question ». Selon des anciens cadres de l'ACLU, ce changement de politique signait l'arrêt de mort de son engagement historique en faveur de la liberté d'expression pour tous, quelles que soient les opinions exprimées et l'identité de ceux qui les expriment.

Une fois qu'il était devenu clair que l'ACLU se plierait aux exigences de ses plus jeunes employés et aux souhaits de ces donateurs progressistes, d'autres changements s'enchaînèrent. Depuis Charlottesville, l'organisation adopta de plus en plus de positions en conflit avec sa mission historique. Quand Abigail Shrier, dans un livre controversé, avança que des formes de « contagion sociale » pouvaient être à l'œuvre derrière la hausse du nombre de jeunes filles exprimant une dysphorie de genre, un cadre de l'ACLU appela à sa censure. « Stopper la circulation de ce livre et de ces idées est un combat que je choisis, à 100 % », écrivit ainsi sur Twitter Chase Strangio, directeur adjoint du projet LGBT & HIV de l'ACLU. Quand le ministère de l'Éducation chercha à modifier les règles des enquêtes pour harcèlement sexuel sur les campus afin que les universités garantissent aux accusés une procédure équitable, par exemple en leur autorisant l'accès aux preuves rassemblées contre eux, l'ACLU publia un tweet énonçant que ces modifications « entraîneraient des enquêtes injustes qui favoriseraient indûment l'accusé ». (Comme l'ont alors rappelé de nombreuses critiques, l'organisation avait pourtant une longue tradition de lutte pour un droit de la défense maximaliste, pour tous les suspects, dont les accusés de crimes terribles, de meurtres ou de terrorisme.)

Goldberger, l'avocat qui avait plaidé l'affaire de Skokie, ne ménage pas ses attaques contre l'ACLU nouvelle formule. Il paraît à présent « plus important aux employés de l'ACLU de s'identifier aux clients et aux causes progressistes que de défendre des principes, s'est-il récemment lamenté. Les libéraux abandonnent le premier amendement sur le bas-côté ». Certains cadres seniors restés dans l'association partagent ce point de vue selon lequel les transformations idéologiques globales de l'élite progressiste américaine et l'arrivée de jeunes employés imprégnés de synthèse identitaire sont les causes de ce revirement. Sentant bien que de nombreux postulants étaient à présent à l'opposé de la mission historique de l'association, un employé plus âgé s'est mis à mentionner les procès emblématiques tels que *Skokie* lors des entretiens d'embauche, demandant « Êtes-vous à l'aise avec cette histoire ? ». Notons qu'il a demandé au *New York Times* « de ne pas être nommé par crainte de s'attirer les foudres de ses collègues ».

L'ACLU n'est pas seule dans ce cas. Lors de la décennie passée, beaucoup d'autres organisations non gouvernementales se sont transformées pour les mêmes raisons, de la même façon. Sous la pression d'employés jeunes immergés dans la synthèse identitaire, inquiètes de messages viraux sur les réseaux sociaux et de l'attention qu'elles attireraient dans les médias traditionnels, paniquées à l'idée de perdre des donateurs, elles aussi ont embrassé un fatras de causes progressistes ou abandonné des éléments clés de leurs missions historiques.

À mesure que les employés du secteur philanthropique défendaient la nécessité de l'« intersectionnalité », ces organisations élargissaient leur domaine et diluaient ainsi leur identité. Sous l'influence de l'idée selon laquelle toutes les formes d'oppression seraient liées, les jeunes employés d'organisations qui, historiquement, s'étaient consacrées à des problèmes bien circonscrits réclamaient qu'elles s'expriment à présent dans tous les domaines progressistes. En conséquence, la distinction entre les différentes associations militantes est devenue de plus en plus trouble et leur coût idéologique d'admission de plus en plus élevé.

Le Sierra Club, par exemple, est une association écologique dont la mission historique était de « promouvoir un usage responsable des ressources et des écosystèmes terrestres ». Pourtant, l'association publie de nos jours des déclarations sur une ahurissante variété de sujets, allant d'une demande à l'administration Biden de « détruire le mur » élevé sur la frontière sud du pays, jusqu'aux appels conjoints à « couper les budgets de la police ».

La transformation idéologique du secteur non lucratif a peu de chances de s'inverser de sitôt. En effet, poussées par les mêmes tendances idéologiques et générationnelles, les fondations qui servent de sources de financement à la plupart des associations militantes, des think tanks et des organisations de mécénat soutiennent de plus en plus les principes clés de la synthèse identitaire. Sous la pression de leurs propres employés, les dirigeants de la fondation Ford ou de la fondation MacArthur ont accordé leur soutien à des causes de plus en plus radicales et explicitement affirmé qu'ils préféreraient accorder leurs bourses à des personnes « noires ou basanées ».

Comme l'a conclu une enquête de *The Economist* en 2021, « la philanthropie vire à gauche ». Les fondations les plus riches visent de plus en plus l'équité, « définie non comme l'égalité des chances, mais l'égalité des résultats ». Ce glissement des principes idéologiques des plus grandes fondations du pays a entraîné un afflux massif de fonds destinés aux organisations luttant pour les idées et les problématiques inspirées de la synthèse identitaire. Selon Candid, une organisation qui compile les informations du secteur non lucratif, les fonds philanthropiques ont attribué ou promis d'attribuer un total de 28 milliards de dollars en faveur de l'« équité raciale » entre 2011 et 2021.

La majeure partie de cet argent finance un travail admirable contre le racisme et les autres formes de discrimination. Mais une partie va aussi à des organisations qui militent en faveur de politiques de ségrégation des groupes ethniques dans l'éducation, ou de l'adoption de politiques publiques à géométrie variable en fonction de l'origine ; à des militants controversés qui ont utilisé l'argent des dons à des fins avant tout personnelles, pour financer leur dispendieux mode de vie et leurs villas gigantesques ; ou encore à des causes politiques extrémistes, comme l'abolition de la police.

Au cours de la décennie passée, les fondations les plus importantes comme les principaux groupes militants ont subi des changements majeurs, embrassé les principes fondateurs de la synthèse identitaire et révisé leur engagement en faveur des principes philosophiques du libéralisme. Il n'est peut-être pas très surprenant que le secteur non lucratif, dont l'objectif explicite est de rendre le monde meilleur, se soit montré tout spécialement réceptif aux exigences de ces jeunes employés en faveur d'un radicalisme de plus en plus virulent. Ce qui est plus surprenant, c'est que certains de ces mécanismes ont aussi joué dans d'autres domaines de la vie en Amérique, dont le secteur privé.

La synthèse identitaire arrive chez les cadres

Si on devait choisir une entreprise emblématique qui vendrait ses produits partout dans le monde et se trouverait donc fortement incitée à éviter les positions politiques radicales avec lesquelles beaucoup de ses clients se trouveraient en désaccord, ce serait sûrement Coca-Cola. Que cette entreprise ait été conduite, dans les années passées, à s'exprimer bien plus souvent sur des questions politiques, est donc d'autant plus notable.

En 2020, Coca-Cola annonça son plan de changement radical de sa culture d'entreprise. « Afin d'engager la conversation et promouvoir la compréhension mutuelle dans le cadre de notre plan holistique pour l'Équité raciale, nous lançons une plateforme immersive d'enrichissement sur les questions de diversité, d'équité et d'inclusion pour nos employés. » Bien sûr, cela fait chaud au cœur de voir des entreprises s'engager à recruter des employés très divers, à lutter contre le racisme et à encourager l'entente. Seulement, les programmes et les engagements de Coca-Cola ne s'inspirent pas des principes universaux de tolérance ou d'inclusivité authentique, mais des concepts et des convictions de la synthèse identitaire.

La formation « Confronter le racisme », par exemple, l'une des sessions que Coca-Cola proposait à ses employés sur ce portail, comportait une diapositive qui demandait à ses employés d'essayer d'« être moins blanc ». Pour ceux qui seraient perplexes quant à ce que cette exhortation viserait à accomplir exactement, ou comment diable les salariés devraient s'y prendre pour lui obéir, la formation précise heureusement qu'être moins blanc signifie être « moins oppressif », « moins arrogant », « moins assuré », « moins sur la défensive » et « moins ignorant ». Dans la vidéo qui accompagnait la diapositive, l'autrice de best-sellers Robin DiAngelo, elle-même blanche, expliquait qu'être moins blanc exigeait un engagement sans faille : « l'effort de toute une vie ».

Quand il a été demandé comment Coca-Cola en était venu à apposer son emblématique logo sur un contenu aussi provocateur, un porte-parole de l'entreprise a précisé que cette formation faisait partie d'un programme global conçu par LinkedIn, que de nombreuses grandes entreprises suivaient. Cela ne fait que renforcer un constat : de tels contenus sont à présent habituels dans le monde de l'entreprise américaine. De fait, la présence de Robin DiAngelo voulait tout dire : l'autrice est devenue célèbre pour avoir facilité des ateliers de promotion de la diversité, de l'équité et de l'inclusion ; elle a travaillé en ce sens pour des dizaines de corporations, dont Amazon, Facebook, Goldman Sachs, American Express et CVS.

Depuis leur généralisation dans les années 1960, la nature des formations pour la promotion de la diversité dans les entreprises américaines a radicalement changé. Elles s'étaient longtemps consacrées à enseigner l'importance du respect mutuel et les bénéfices d'une entreprise diverse. Depuis peu, elles ont choisi d'inculquer les convictions fondamentales de Robin DiAngelo, qui voudraient que même les employés de bonne volonté soient sexistes ou racistes, inéluctablement. Quand il a cherché à évaluer les transformations de ces sessions de formation au cours de la décennie passée, en janvier 2020, Raafi-Karim Alidina, consultant en ressources humaines spécialisé dans la diversité, l'équité et l'inclusion, s'est réjoui de la propagation rapide de ces éléments centraux de la synthèse identitaire. « Le terme de "sécurité psychologique" n'apparaissait que dans les journaux universitaires en 2010, écrit-il en tant qu'exemple, aujourd'hui, les cadres de direction discutent de son importance. »

Qu'est-ce qui explique ces changements dans la nature des formations pour la diversité ? Comment les entreprises, si longtemps réticentes à adopter des positions controversées, se sont-elles décidées à fournir une plateforme aux formes vulgarisées de la synthèse identitaire ? La réponse est, une fois de plus, à trouver dans la courte marche au travers des institutions.

Les entreprises technologiques comme Google et Amazon, les sociétés de consultants tels que McKinsey et le Boston Consulting Group, les banques d'investissement comme J. P. Morgan et Goldman Sachs ont recruté un nombre disproportionné d'étudiants issus des institutions d'élite. (Google, par exemple, recrute ses employés en majorité à Stanford et Berkeley. Chez McKinsey, les diplômés des universités d'élite comme Harvard sont surreprésentés. Goldman Sachs se diversifie plus puisqu'elle recrute aussi beaucoup à l'université de New York et dans la London School of Economics.) Étant donné les changements survenus dans les principales universités américaines ces dernières années, cette fournée de jeunes employés était tout particulièrement susceptible d'avoir été imprégnée de synthèse identitaire.

Une fois que ces jeunes recrues ont enfilé leur costume neuf (ou leur t-shirt) et qu'ils sont arrivés dans le monde étincelant des salles de conférences de Midtown Manhattan (ou des campus tentaculaires de la Silicon Valley), beaucoup se sont consacrés à gagner de l'argent et mériter des promotions. Mais une partie significative d'entre eux s'est lancée dans ce que les sociologues appellent le « militantisme des *insiders* ». Qu'ils aient été victimes d'injustices réelles, par exemple de harcèlement sexuel, ou de problèmes moins graves, comme les microagressions perçues, ils ont employé un mélange de canaux internes et de menaces externes, mauvaise publicité sur Twitter ou dans le *New York Times*, pour pousser leurs employeurs à changer leurs pratiques.

Parmi les sociologues qui étudient le monde des entreprises existe un consensus remarquable sur l'accroissement rapide de cette forme de militantisme au cours de la décennie 2010. Selon un rapport, « la voix des employés insiste plus que jamais pour être entendue. Si les canaux internes traditionnels échouent à satisfaire leurs besoins, des moyens externes pour placer le problème sur le devant de la scène viendront s'y substituer ». En effet, selon un sondage mené en 2019 auprès de quatre cents cadres de direction de grandes entreprises partout dans le monde, « 81 % des entreprises anticipent une hausse du militantisme de leurs employés dans le futur ».

Cette prédiction s'est réalisée plus tôt que prévue. Comme l'a découvert l'année suivante Mae McDonnell, professeure associée de management à Wharton, « dans la première moitié de 2015, six cas de militantisme d'employés de la tech ont été rapportés dans la presse. Dans la première moitié de 2020, c'était soixante. » Comme je l'ai appris après de nombreuses conversations avec des chefs d'entreprise, les cadres de direction sont à présent très inquiets de ce genre de pressions internes. Un sondage le résume bien : « Tout ce qu'il faut, c'est un individu à la langue bien pendue et au caractère bien trempé pour gagner de l'attention sur les réseaux sociaux ; que la plainte soit fondée ou pas, il est souvent impossible de se défendre publiquement. »

Une fois que des entreprises de premier plan accèdent aux demandes de tels militants de l'intérieur, la plupart des autres du même secteur suivent. Ce mécanisme de « diffusion isomorphique » (la tendance d'organisations semblables à s'émuler les unes les autres) était, en partie, né de la concurrence pour acquérir les meilleurs talents et du désir de faire comme son voisin. Dans les industries qui reposent sur le recrutement des meilleurs diplômés des universités prestigieuses, aucun employeur ne pensait pouvoir se priver de ce que leurs concurrents proposaient aux recrues potentielles. Apoorva Ghoosh, sociologue à l'université Emory, écrit que les militants *insiders* « soulignent souvent les politiques et les pratiques semblables mises en place dans les entreprises proches et posent directement la question à leurs employeurs : "Ne voulons-nous pas être aussi bons que nos concurrents ?" » Comme aucune entreprise ne veut décrocher face aux leaders de l'industrie, même les moins convoitées adoptent rapidement les mêmes pratiques.

La propagation rapide de ces nouvelles normes et de ces nouvelles pratiques a aussi une dimension légale. Lorsque des entreprises sont attaquées en justice pour harcèlement sexuel ou discrimination raciale, la cour cherchera à déterminer si des mesures suffisantes avaient été mises en place pour protéger les employés. Une partie centrale de l'analyse consiste alors à savoir si l'entreprise avait institué les pratiques et proposé les formations qu'on trouve chez ses concurrentes. Dès que quelques entreprises adoptent de nouvelles normes et de nouvelles pratiques, leurs concurrentes sont ainsi soumises à la forte incitation légale de marcher dans leurs pas. Qu'il existe ou non des preuves de l'efficacité de ces méthodes pour réaliser les objectifs qu'elles se fixent, cela n'entre pas en ligne de compte.

Par le passé, des managers auraient pu résister aux demandes de leurs jeunes recrues s'ils les avaient jugées trop chères, inefficaces ou potentiellement controversées. Mais, lors de la décennie passée, un mélange de militantisme d'*insiders*, de concurrence, de pression des réseaux sociaux et de risque juridique leur a donné de bonnes raisons de ne plus tenir compte de ces critères. Gabriel Rossman, professeur de sociologie à UCLA, illustre ce point par une expérience de pensée très éclairante :

> Supposez que vous êtes manager, que vous lisez la littérature universitaire, que vous notez que le style de formations proposées contre le harcèlement sexuel et pour la diversité, fondé sur une autocritique sans aucune nuance, a une efficacité qui se situe quelque part entre l'inutile et le contre-productif, et qu'en conséquence vous proposez d'annuler la session de formation de l'année suivante. Le département juridique vous dira que ça ne fera pas bon effet en cas de procès pour licenciement abusif… Beaucoup d'employés se plaindront, ils diront qu'ils attendent de leur entreprise qu'elle reflète leurs valeurs, ce qui

implique des séminaires constitués de « marche honteuse des privilèges » pour réaffirmer l'engagement de la compagnie à combattre le suprémacisme blanc et toute forme de discrimination. Les actionnaires, eux, noteront que tous vos principaux concurrents organisent encore ces séminaires, que c'est une « bonne pratique ».

Que ferez-vous ? demande Rossman. Lui suggère que, comme les managers des plus grandes et des plus prestigieuses entreprises américaines, de Google à Coca-Cola, il est probable que vous taisiez en public toute inquiétude que vous pourriez nourrir en privé sur l'efficacité de ces pratiques, que vous engagiez des formateurs en diversité même si vous pensez qu'ils ne servent à rien, que vous acquiesciez aux demandes minoritaires de vos employés et que vous passiez à la suite.

Points clés

- Les militants du mouvement étudiant des années 1960 ont transformé la culture de nombreux pays grâce à une « longue marche au travers des institutions ». À mesure qu'ils entraient dans le monde du travail, des affaires, du spectacle et de la politique, les normes et les pratiques évoluaient. Sans toutefois chercher consciemment à reproduire cette stratégie, une nouvelle génération d'étudiants profondément immergés dans la synthèse identitaire à l'université comme sur les réseaux sociaux a accompli une « courte marche au travers des institutions » similaire, au cours des années 2010.
- La pression des jeunes employés a été tout spécialement efficace dans la transformation des fondations et

des ONG. Les associations militantes comme l'ACLU sont devenues moins susceptibles de défendre les valeurs libérales telles que la liberté d'expression quand elles entraient en conflit avec d'autres priorités progressistes. Des changements semblables dans les fondations les plus généreuses ont assuré que la synthèse identitaire gagnerait durablement en influence dans le monde non lucratif.

- Même les grandes entreprises comme Coca-Cola sont devenues plus susceptibles d'adopter des aspects clés de la synthèse identitaire et de former leurs employés à des concepts du type « privilège blanc ». La courte marche au travers des institutions a commencé dans les entreprises de la tech et les firmes recrutant en priorité dans les universités d'élite, en compétition pour le recrutement des talents et très soucieuses d'éviter toute publicité négative. D'autres grandes entreprises ont vite suivi le mouvement en raison du militantisme interne de leurs employés et d'incitations juridiques à émuler les actions de leurs concurrentes.

Chapitre 7

La dissidence découragée

Ce qu'un millier de politologues et de stratèges avaient déclaré impossible est advenu le 8 novembre 2016. Dans une élection serrée, Donald J. Trump a battu Hillary Rodham Clinton pour devenir le 45e président des États-Unis. Les partisans de Trump se sont délectés du choc produit chez ces élites politiques qu'ils méprisaient tant. Mais tout autant d'Américains s'effrayaient de ce que Trump ferait subir au pays et aux plus vulnérables de ses habitants.

Les raisons de cette inquiétude étaient bien réelles. Durant sa campagne, Trump avait promis de barrer l'entrée du pays aux musulmans. Il avait sous-entendu que les policiers feraient mieux de tabasser les suspects dès leur arrestation. Il avait exigé qu'on mette son adversaire en prison. Il avait hésité à prendre ses distances avec ses soutiens d'extrême droite, tels que David Duke. Il avait semé le doute sur sa capacité à accepter une défaite électorale.

Nombre de ces craintes se sont réalisées. Dans les premiers mois de sa présidence, Trump a interdit à des millions de gens liés de près ou de loin à sept pays musulmans de pénétrer aux États-Unis. Il a banni les transgenres de l'armée américaine. Il a limogé le directeur du FBI dans des circonstances troubles. Et lorsqu'il a échoué à se faire réélire, quatre ans plus tard, il a refusé de concéder la défaite et instillé chez une foule en colère l'envie d'assaillir le Capitole.

Au début, la menace que représentait Trump a généré une vague de protestations intense. Le jour d'après son investiture, un demi-million de personnes ont convergé vers Washington D.C. pour une « marche des femmes » ; ailleurs, des millions d'autres se sont jointes à des manifestations dans tout le pays. Quand le décret de l'exécutif sur l'immigration a été publié une semaine plus tard, laissant désemparées des cohortes entières de voyageurs venus de pays musulmans, des milliers d'Américains ont spontanément rallié les aéroports du pays pour protester encore.

Les Américains ont aussi insufflé une énergie nouvelle aux organisations opposées à Trump. Les associations militantes comme l'ACLU et la NAACP ont enregistré des millions de dollars en petites donations et ainsi augmenté significativement leurs ressources financières. Indivisible, un mouvement issu de la base, dont les fondateurs cherchaient explicitement à émuler le Tea Party, a mobilisé ses membres pour qu'ils s'opposent aux confirmations de tous les fonctionnaires que Trump voudrait nommer. Dans tout le pays, des milliers de citoyens qui n'avaient jamais participé à la vie publique ont décidé de se présenter aux élections des conseils municipaux, des assemblées d'État et même du Congrès.

Dans les premières semaines et les premiers mois du mandat de Trump, les militants ont entretenu l'espoir que leurs efforts finiraient par le pousser hors de la Maison-Blanche. Peut-être que de « grands électeurs sans parole* », au collège

---

* *Faithless electors*. Dans le système électoral américain, le président est élu non par les citoyens mais par les États, qui envoient chacun un nombre déterminé de « grands électeurs » se réunissant pour former le collège électoral qui élira le président. Ces électeurs sont censés voter conformément au vote majoritaire dans leurs États respectifs, mais, en théorie, rien ne leur interdit de voter différemment : on parle alors de *faithless electors*, des grands électeurs

électoral, conspireraient pour sauver la république de ce président désigné. Peut-être que des révélations de dernière minute concernant ses liens avec le Kremlin persuaderaient les chefs du Parti républicain de le pousser à la démission. Peut-être que Robert Mueller, le procureur spécial désigné pour enquêter sur les interférences russes des élections de 2016, porterait des accusations suffisamment graves contre Trump. Peut-être que le Congrès parviendrait à le démettre. Encouragée par les prédictions fantaisistes des commentateurs politiques sur les chaînes du câble, une large portion de la population en est venue à penser qu'à un moment, d'une manière ou d'une autre, pour une raison peut-être inconnue encore, toute cette masse de protestations populaires finirait par aboutir à l'éviction de Donald Trump.

Le salut promis n'est jamais venu. Le collège électoral a bel et bien élu Trump. La bande vidéo supposément accablante de Trump en compagnie d'une escort-girl du Kremlin ne s'est jamais matérialisée. Mueller n'a pas mis le président en examen. Une (première) tentative d'*impeachment* du président a été repoussée par un vote largement conforme aux lignes des partis. Aucun *deus ex machina* n'a fait disparaître Trump.

Nombre de ses opposants réagirent à cette déception comme le font le plus souvent les participants de mouvements de masse une fois passée la phase d'excitation initiale. Ils se concentrent de nouveau sur leur travail, leurs enfants et leurs passions. Les organisations progressistes n'ont plus jamais connu l'afflux de donations de novembre 2016. La participation aux manifestations s'est érodée. Pour la dernière marche des femmes avant la pandémie, en janvier 2020,

---

qui ne tiendraient pas parole. En pratique, malgré des cas isolés et toujours sans conséquence, ces « grands électeurs sans parole » n'ont jamais modifié le résultat d'une élection. NdT.

l'affluence n'atteignait qu'une fraction minuscule de ce qu'elle avait été pour la première : environ un quarantième.

Cependant, tandis que les grands espoirs de la « résistance » étaient douchés, certains de ses membres réagissaient très différemment : plutôt que de continuer à protester, plutôt que de se désintéresser de la politique, ils ont redirigé leur colère vers le mouvement lui-même. Les institutions de gauche, des universités aux associations en passant par les fondations artistiques, se sont embrasées en guerres intestines. Les campagnes poussant à licencier ou à écarter les personnes « problématiques » pour une gamme très variée d'infractions morales, graves comme triviales, réelles comme imaginaires, ont accaparé une énergie considérable. Dans certains milieux, la version vulgarisée de la synthèse identitaire s'est rigidifiée jusqu'à l'orthodoxie. Le désaccord était de moins en moins toléré. Pendant la majorité de l'ère Trump, de larges segments de l'Amérique progressiste ont redirigé leur colère vers les membres dissidents de leur propre tribu plutôt que leur ennemi juré, celui qui occupait la Maison-Blanche.

Une orthodoxie identitaire s'abat sur les institutions progressistes

Quand les manifestations massives de la fin 2016 s'amenuisèrent, que les différents subterfuges visant à pousser le président élu à la démission s'éventèrent, un sentiment d'impuissance paralysante s'imposa. Les militants de gauche reconnaissaient ne pas pouvoir grand-chose contre un président qui, pour des raisons parfaitement rationnelles, les effrayait. Aussi certains concentrèrent-ils leur attention vers ce qui demeurait sous leur contrôle. « Peut-être que je ne peux pas vaincre le racisme à moi seul, mais je peux faire licencier mon chef ou tel ou tel, ou forcer encore un autre à assumer ses responsabilités », expliqua le vétéran d'un mouvement progressiste qui travaillait comme directeur exécutif d'une grosse organisation de gauche durant cette période. « Les gens trouvaient le pouvoir où ils pouvaient, souvent c'était sur leur lieu de travail, parfois leur lieu de vie, ou leur lieu d'études, en tout cas près de chez eux. »

Cela explique en grande partie pourquoi, de 2016 à 2020, une énergie folle a été consacrée à gauche à se débarrasser de quiconque menaçait de souiller la pureté morale de la communauté. Les professeurs des universités, les poètes, les peintres et les photographes des grands instituts artistiques, même les employés des organisations progressistes ne pouvaient que bien peu pour défendre leur nation face à Donald Trump. En revanche, ils pouvaient identifier ceux qui, à dessein ou par inadvertance, en réalité ou dans leur imagination, bafouaient les nouvelles vérités auxquelles les communautés les plus à gauche du pays s'étaient vouées.

Voilà qui explique en partie l'essor extraordinaire des tentatives de licencier ou d'ostraciser tant de monde pour des violations présumées des normes communes. Donald McNeil, le premier journaliste de presse écrite à avoir prévenu la population américaine de l'arrivée du Covid dans un journal à grand tirage, fut écarté du *New York Times* pour avoir, dit-on, répété à plusieurs reprises le mot « nègre » dans des questions visant à établir le contexte dans lequel une autre personne l'avait prononcé. David Shor, un autre journaliste appartenant, lui, à une entreprise d'analyse de données pour les campagnes démocrates, perdit son emploi pour avoir partagé l'article d'un éminent professeur de science politique afro-américain qui évoquait les conséquences négatives des mouvements de protestation violents. Emmanuel Cafferty, électricien apolitique d'origine sud-américaine, fut licencié de son entreprise de San Diego après que des militants sur Twitter avaient interprété à tort comme un symbole suprémaciste un geste de la main effectué au volant de son camion.

Autour de la fin des années 2010, une orthodoxie étouffante s'était constituée, non seulement dans les grandes institutions dont les coups de balai furent dûment rapportés dans la presse, mais dans un nombre incalculable d'écoles, d'associations et d'entreprises, partout dans le pays. Quiconque avait blessé la sensibilité de ses pairs risquait de se voir traité de sexiste, de raciste ou de secret partisan de Donald Trump. Et comme tous ceux qui se révélaient coupables de tels péchés politiques ternissaient irrémédiablement la pureté de la communauté, un contingent petit mais puissant de militants avait revêtu le costume des justiciers masqués, chargés de garantir que ces traîtres, ces arnaqueurs et ces saboteurs seraient châtiés vite, et bien.

Comme le chroniqua le journaliste Ryan Grim dans *The Intercepted*, les institutions de gauche se montrèrent particulièrement vulnérables à cette dynamique autodestructrice. « À Washington, il est devenu difficile de trouver une organisation progressiste qui n'a pas traversé de tempête ni n'en traverse en ce moment même, écrivait-il en juin 2022. Le Sierra Club, Demos, l'ACLU, Color of Change, le Movement for Black Lives, Human Rights Campaign, Time's Up, le Mouvement Sunrise et tant d'autres ont connu des tumultes qui les ont épuisés et paralysés ces deux dernières années. » (De nombreux employés de ces mouvements, par exemple le dirigeant du Working Family Party, le Parti des familles de travailleurs, ont depuis déclaré publiquement qu'ils partageaient le constat de Ryan Grim.)

Les mots du directeur exécutif d'une organisation progressiste importante qu'il avait dû quitter décrivaient très bien cette atmosphère pesante et le tribut qu'elle prélevait : « Tant d'énergie était consacrée aux luttes internes et à ces conneries que ça a fini par avoir un réel impact sur la capacité des groupes, a-t-il raconté à Grim. Dans mes neuf derniers mois, je dépensais de 90 à 95 % de mon temps à ces histoires. » Un autre dirigeant qui, lui, n'a pas encore jeté l'éponge, était encore plus inquiet : « Hier on voulait rendre le monde meilleur, dit-il, aujourd'hui on se contente de rendre invivables nos lieux de travail. »

Il y a quelque chose d'étrange dans tout cela. Durant les années Trump, nous ne manquions pas de causes urgentes et précieuses à défendre, sur lesquelles les militants et les organisations progressistes auraient pu concentrer leur attention. Pourtant, ces querelles intestines les ont tous dévorés. Pourquoi ? Pour citer l'anthropologue Roy D'Andrade : « N'est-ce pas curieux que l'ennemi véritable se trouve être ce type, là, dans le bureau au fond du couloir ? » Fournir la réponse à ces questions exige un petit détour par la science de la psychologie des groupes, dans ce qui leur plaît, les manières dont les dissidents les préservent et ces moments où, en leur sein, la pression de se conformer devient telle que les extrêmes gagnent le pouvoir de leur imposer leurs opinions.

Pression des pairs et radicalisation des groupes

Au printemps 1915, au cœur de la Pologne, un petit garçon fêtait la Pâque en famille. Comme le voulait la tradition, la grand-mère servit un verre de vin de plus qu'il y avait de convives. Une offrande au prophète Elie, expliqua-t-elle. « Viendra-t-il vraiment en boire une gorgée ? » demanda le garçonnet surpris. « Oh, oui, répondit son oncle. Regarde et tu verras, quand il sera temps. » Le petit garçon observa le verre attentivement. D'un naturel sceptique, il n'imaginait pas qu'un tel miracle pût se produire sous ses yeux. Mais quand son cousin cria que le niveau du verre baissait, le petit garçon acquiesça : il lui sembla vraiment qu'il y avait un peu moins de vin !

Quelques années après ce repas de Pâque mémorable, le petit garçon, qui s'appelait Solomon Asch, émigra aux États-Unis. Il apprit seul l'anglais en lisant les romans de Charles Dickens, gagna son entrée au City College de New York et devint professeur de psychologie à Swarthmore. Après la Seconde Guerre mondiale, choqué de ses horreurs, il fut dévoré d'une obsession. Il voulait comprendre pourquoi les membres d'un groupe acceptaient si souvent de suivre des croyances extrêmes et de commettre des actes immoraux. Faute de trouver la moindre réponse dans la littérature, il revenait sans cesse à ce qu'il avait vécu petit. À quel point, se demandait-il, les humains sont-ils influençables ?

Pour répondre à cette question, Asch recruta des étudiants pour une étude d'une simplicité désarmante. Il leur montra deux cartes. Une dotée d'une simple ligne, l'autre de trois. Puis, il leur demanda de choisir laquelle des trois lignes de la deuxième carte était de longueur égale à l'unique ligne de la première. Une tâche facile, que les étudiants maîtrisèrent pleins d'aplomb. Presque tous fournirent la bonne réponse.

Mais Asch décida ensuite de pimenter l'expérience. Il plaça ses sujets au sein de groupes composés principalement d'acteurs rémunérés. Lors des deux premiers tours, les acteurs comme les étudiants qui ne se doutaient de rien donnèrent la bonne réponse, la réponse évidente. Mais, pour le troisième, tous les acteurs fournirent la même mauvaise réponse. Comment se comporteraient les véritables sujets de l'expérience ? Croiraient-ils leurs yeux ou, tel Solomon enfant, se montreraient-ils influençables ?

Les résultats furent déconcertants. Trois étudiants sur quatre adoptèrent cette réponse évidemment fausse au moins à quelques reprises. Peut-être croyaient-ils vraiment en cette erreur. Ou peut-être mentaient-ils afin de ne pas dépareiller. Quoi qu'il en soit, ils s'étaient montrés victimes de conformisme à un point effrayant, au sein d'un groupe qui commettait pourtant une erreur manifeste. La découverte d'Asch, reproduite de nombreuses fois après lui dans un grand nombre de contextes différents, illustre comment des groupes entiers en viennent à adopter des idées fausses, extrêmes ou même dangereuses. Si quelques membres influents proclament à grands cris quelque croyance, les autres se sentiront poussés à affirmer leur accord, même si la plupart d'entre eux nourrissent en réalité des doutes justifiés.

Dans l'expérience d'Asch, les enjeux apparents ne volaient pas bien haut. Mais lors des décennies suivantes, des chercheurs qui s'intéressaient à ce conformisme des groupes en tout lieu, du monde du droit à celui des affaires, se sont appuyés sur ce constat central pour démontrer que des effets semblables provoquaient des comportements irrationnels dans des situations aux enjeux bien plus cruciaux. Prenez par exemple un groupe de gens chargés de décider le montant d'une amende adressée à une entreprise dont la négligence a entraîné un accident grave impliquant un enfant. Dans cette expérience, chaque membre du groupe a noté en secret la somme qu'il jugeait appropriée. Les suggestions s'étalaient de 500 000 à 2 millions de dollars. Sur quel montant se sont-ils mis d'accord ensuite, une fois le groupe réuni pour en parler ? Intuitivement, on pourrait croire à un genre de compromis. Étant donné l'intervalle initial, celui-ci pourrait être trouvé autour de 1,5 million. Mais l'intuition se trompe. Dans la plupart des cas, les groupes qui délibéraient sur ces amendes se sont accordés sur des sommes bien plus élevées, jusqu'à 5 ou 10 millions de dollars.

Les expériences qui ont proposé à des groupes de débattre de questions plus classiques de politique publique, par exemple l'avortement ou le port d'armes, ont abouti aux mêmes résultats. Quand un groupe de gens débattent d'une question morale ou politique importante sur laquelle tous sont plus ou moins d'accord au départ, ils n'ont pas tendance à se modérer, à se rejoindre sur une position médiane ; au contraire, ils tendent à s'aiguillonner mutuellement. Dans un nombre surprenant de cas, ils aboutissent à une conclusion plus radicale que l'opinion individuelle de chacun. C'est ce que le brillant économiste et philosophe Cass Sunstein, de Harvard, a nommé la « loi de polarisation des groupes » : quand un groupe d'individus d'accord sur l'essentiel a l'occasion de parler morale ou politique, les conclusions collectives seront plus radicales que les opinions personnelles.

La polarisation de groupe n'est pas nécessairement mauvaise. Parfois, il est nécessaire de délibérer entre personnes globalement d'accord pour s'apercevoir que la réponse radicale est la meilleure. (Peut-être serions-nous, par exemple, plus en sécurité si les entreprises devaient systématiquement payer des amendes énormes en cas de négligence criminelle.) Mais étant donné que le consensus final sur ces positions radicales est souvent établi par la pression sociale et peut très bien aller à l'encontre de preuves claires et objectives, il est essentiel que les groupes disposent d'un mécanisme de correction interne.

C'est pourquoi les chercheurs ont, depuis peu, concentré leur attention sur le rôle fondamental que jouent les dissidents dans la modération des effets de la loi de polarisation des groupes. « La critique interne et les dissensions sont indispensables au succès des groupes sociaux, disent les psychologues Levi Adelman et Nilanjana Dasgupta dans un récent article. Elles empêchent leurs membres de se couper de points de vue peut-être cruciaux dans la prise de décision collective. Elles empêchent aussi que s'installe une pensée de groupe, mécanisme dans lequel les membres d'un groupe renforcent les opinions semblables aux leurs et font taire les dissidences. »

La plupart du temps, cela marche étonnamment bien. Les groupes sont le plus souvent très tolérants envers la dissension interne. Ils reconnaissent l'importance de discussions ouvertes et récompensent même les critiques qui osent exprimer leur pensée. C'est tout spécialement vrai quand ceux qui s'expriment sont perçus comme des fidèles, soucieux de rendre le groupe meilleur, plutôt que comme des étrangers qui ne partageraient pas ses objectifs. Mais souvent ne veut pas dire toujours. Les recherches soulignent aussi que, parfois, les normes saines qui encouragent la dissidence et réduisent l'effet de polarisation cèdent et laissent place au conformisme et aux « cascades de popularité » qui renforcent les opinions de petites minorités, même quand la majorité est en réalité en désaccord avec celles-ci.

Dans ce cas, peut-on prédire le moment où la pression du conformisme devient si écrasante que quiconque formulant un désaccord se trouverait instantanément vilipendé ? Ce seuil au-delà duquel le besoin est le plus fort d'adopter ouvertement les opinions les plus bruyantes ? Il semblerait que oui. Ces vingt dernières années, les chercheurs ont su dégager un ensemble de circonstances qui pousseraient les groupes à moins tolérer la dissidence, et les critiques internes à se taire plutôt que de risquer des atteintes graves à leur réputation.

La pression du conformisme, selon les socio-psychologues, devient bien plus forte quand un groupe est pris dans un conflit aux enjeux si élevés que ses membres se sentent menacés. Là où les critiques internes sont normalement considérées comme sincères, tous ceux qui, en de telles circonstances, osent rompre avec le discours ou les actions des meneurs risquent d'être jugés moralement déviants et soupçonnés de sabotage.

« Les conflits entre groupes distincts renforcent leur contrôle interne des normes et sont corrélés à l'intolérance envers les membres dissidents, écrivent Adelman et Dasgupta pour résumer l'état de la science. Ainsi, quand les menaces contre le groupe se font plus pressantes, les membres se ferment à la critique et répondent négativement même aux critiques exprimées en interne. » En de telles conditions, « les critiques exprimées de l'intérieur peuvent être perçues comme des trahisons, et leurs motifs comme malveillants ». Parfois, ces mécanismes sont si puissants qu'il n'est plus nécessaire d'exprimer ouvertement son désaccord ni même d'en être conscient pour encourir la colère du groupe ; toute violation des normes du groupe, même hésitante, même non intentionnelle, fera de qui la commet une cible.

Le sentiment d'impuissance explique en grande partie cette disparition de la tolérance envers les dissidents dès lors qu'on se sent menacé. Quand la cible réelle de la colère est hors de portée et que les enjeux moraux sont au plus haut, l'incapacité de se montrer utile est source d'une intense frustration. Certains feraient tout et n'importe quoi pour éloigner la menace, et c'est ainsi qu'ils redirigent leur colère vers ceux sous leur contrôle.

Cela nous aide à comprendre ce qu'il s'est passé à gauche quand les mouvements populistes, les démocrates de Suède, le Rassemblement national en France ou encore Donald Trump aux États-Unis, ont commencé à monter en puissance partout dans le monde. Le collègue au bout du couloir n'est peut-être pas l'ennemi public numéro un, mais c'est celui sur lequel on a un tant soit peu de pouvoir. Quand les militants ont senti qu'ils ne disposaient pas des outils pour protéger le pays contre la menace populiste, une portion faible mais significative d'entre eux n'a plus toléré les dissidences internes et a redirigé sa colère contre quiconque osait violer les édits non écrits de la synthèse identitaire.

Les intellectuels gardiens de l'orthodoxie identitaire

Au début, ces tendances ont émergé plus ou moins naturellement. Tandis que les désaccords exprimés contre la version vulgarisée de la synthèse identitaire couraient le risque grandissant d'être accusés de « diversions profitant à Trump », aux États-Unis de plus en plus de membres des institutions progressistes, malgré leur réserve quant au consensus qui s'établissait, ont préféré garder le silence. Et comme ils étaient de plus en plus nombreux à rester ainsi silencieux, le coût du désaccord s'élevait de plus en plus. Un cercle vicieux s'est installé. Puis ont paru deux best-sellers qui allaient un cran plus loin et conféraient à l'orthodoxie identitaire une superstructure intellectuelle qui sanctifiait l'intolérance face au désaccord comme une forme de résistance nécessaire, contre les préjugés de toute sorte.

Deux affirmations sont devenues des gardiennes redoutables de cette nouvelle orthodoxie. Les lecteurs de la littérature psychologique sur la répression de la dissidence au sein des groupes qui se sentent menacés ne les jugeront pas très surprenantes. Selon la première, il n'y a que deux côtés dans le combat qui oppose les racistes aux antiracistes. Sera donc déclaré raciste quiconque refuserait de rejoindre le camp des antiracistes supposés. C'est une excellente façon de classer parmi les déviances morales le moindre écart à la norme communautaire. Selon la seconde, toute résistance à cette orthodoxie cache le refus intéressé de reconnaître sa propre complicité dans l'histoire du racisme. C'est là encore un moyen très efficace de prêter à tous les dissidents de mauvaises intentions.

Au tout début du XXIe siècle, une bonne partie de la gauche résistait pour d'excellentes raisons à la philosophie manichéenne de George W. Bush, « soit vous êtes de notre côté, soit vous êtes du côté des terroristes ». Un sentiment étrangement semblable en est pourtant venu à être partagé *via* des mèmes, à être enseigné dans d'innombrables formations à la diversité, et même placardé sur les sites de grandes entreprises. Tout acte, toute personne, toute institution, toute politique publique est soit raciste, soit antiraciste, a affirmé Ibram X. Kendi dans son best-seller de 2019. Il n'y a pas d'acte neutre :

> J'ai écrit *How To Be an Antiracist* dans un but bien précis. Si j'en avais eu le pouvoir, ce que j'aurais aimé parvenir à faire avec ce livre aurait tout simplement été d'éradiquer l'expression « pas raciste » du vocabulaire américain. Cela aurait forcé tout le monde à reconnaître quoi ? Qu'ils sont soit racistes, soit antiracistes.

Il est parfaitement raisonnable de soutenir que, pour tout être humain, s'opposer au racisme est un devoir moral. Je suis moi-même parfaitement d'accord avec ça. Mais la manière dont Kendi définit les concepts clés, dont la nature de l'antiracisme, rend sa théorie bien plus radicale qu'il n'y paraît au premier abord. Selon Kendi, une action, une personne, une institution ou une politique est antiraciste, ou raciste, uniquement si elle contribue, ou non, à combler l'écart de revenus (ou de richesse, ou autre métrique désirable) entre les Blancs et les Noirs. En conséquence, il a déclaré « racistes » un nombre extraordinaire d'entités qui, selon son évaluation, ne réduisent pas les disparités raciales, du capitalisme au baccalauréat en passant par l'obstruction parlementaire et la Constitution américaine.

Kendi n'a pas non plus mâché ses mots quand il s'est agi de porter un jugement moral sur ceux qui ne valident pas le programme antiraciste tel qu'il l'entend. Selon lui, affirmer n'être « pas raciste », c'est se placer de fait du côté des ségrégationnistes, des eugénistes et des marchands d'esclaves : « Les Américains qui s'identifient comme "pas racistes", qu'ils soient conservateurs, modérés, libéraux, radicaux ou progressistes, ne se rendent pas compte [...] qu'ils s'associent à toute une histoire de marchands d'esclaves qui s'identifiaient comme "pas racistes". »

La seconde affirmation a joué un rôle plus grand encore pour décourager les écarts avec la nouvelle orthodoxie. En avançant qu'aucune personne blanche n'était capable de dépasser les schémas de pensée et d'action racistes qu'on lui a inculqués dès le plus jeune âge, Robin DiAngelo (la formatrice en diversité dont les sessions ont été proposées aux salariés de Coca-Cola et de bien d'autres grandes entreprises) admet volontiers l'idée d'être elle-même, comme tous les Blancs, raciste. Comme le résume un article sur ses travaux, « Si vous êtes une personne blanche en Amérique, la formatrice en justice sociale Robin DiAngelo a un message à vous faire passer : vous êtes raciste, un point c'est tout. »

Ce message de DiAngelo était destiné à tous ceux qui osaient refuser de s'identifier en tant que raciste, comme elle le prescrivait. Comme le soulignait le titre de son ouvrage le plus célèbre, tout désaccord avec sa position et autres tentatives de la réfuter étaient une preuve de « fragilité blanche ». John McWhorter a ainsi résumé cette opinion : « Formuler une objection contre ces “retours” dont DiAngelo vous fait part sur votre racisme, c'est s'engager dans une forme de harcèlement moral “dont la fonction est d'occulter le racisme, de protéger la domination blanche et de revenir à l'équilibre racial antérieur”. » Le livre de Robin DiAngelo a fait entrer dans le courant majoritaire une théorie non falsifiable : tous les Blancs sont racistes. Exprimer leur désaccord ne fera que montrer à quel point ils le sont.

Quand trois policiers assassinèrent George Floyd dans les rues de Minneapolis, le 25 mai 2020, déclenchant des manifestations qui rassemblèrent des millions d'Américains contre les injustices raciales, Kendi et DiAngelo atteignirent la célébrité du jour au lendemain et purent ainsi poser les termes du discours ambiant. Publié en 2018, *White Fragility* devint l'un des best-sellers de 2020. Il occupa la liste des meilleures ventes du *New York Times* pendant plus d'un an. *How To Be an Antiracist*, de Kendi, s'est légèrement moins vendu, mais il entraîna une kyrielle de livres dans son sillage, comme *Antiracist Baby*. (« On apprend aux bébés à être racistes ou antiracistes, il n'y a pas de position neutre », nous explique ce livre illustré « pour les enfants entre 1 et 6 ans », avant de les encourager à « avouer quand ils ont été racistes ».)

Kendi et DiAngelo firent des apparitions dans les émissions de télé les plus célèbres, de *The View* au *Late Show* de Stephen Colbert. Leurs livres furent acclamés dans les publications les plus prestigieuses, jusqu'à se retrouver dans les listes de lectures antiracistes partagées par les plus grandes entreprises du pays. À la lumière de l'adulation sans recul dont leurs idées bénéficièrent, il n'est guère surprenant que beaucoup, qui nourrissaient pourtant de sérieux doutes sur la version vulgarisée de la synthèse identitaire, en soient venus à considérer que mieux valait garder le silence. Le piège de l'identité avait achevé sa conquête du courant majoritaire.

*

* *

Jusqu'ici, ce livre a résumé l'histoire de deux transformations notables. Dans la première partie, j'ai pointé les changements opérés dans la pensée de gauche au cours du demi-siècle écoulé, la montée de la « synthèse identitaire », qui avait établi sa tête de pont dans les universités dès 2010. Dans la partie II, j'ai expliqué comment la version vulgarisée de ces idées s'est échappée de sa tour d'ivoire pour en venir à exercer une influence notable sur les normes qui régissent la vie quotidienne au Royaume-Uni et, surtout, aux États-Unis aujourd'hui.

Dans la partie suivante, je m'attellerai à une tâche bien différente : évaluer les assertions les plus répandues chez les défenseurs et les vulgarisateurs de la synthèse identitaire. L'application des préceptes de la synthèse identitaire à une gamme très large de sujets, de la liberté d'expression à l'appropriation culturelle, peut-elle contribuer à rendre le monde plus juste ? Ne risque-t-elle pas plutôt, comme je le pense, de se révéler dangereuse et contre-productive ?

Points clés

- Après l'élection de Donald Trump, des millions de personnes se sont mobilisées pour protester contre son gouvernement. Mais une fois douchés les espoirs de démission rapide, un petit nombre de ces militants ont redirigé leur colère vers l'intérieur pour cibler quiconque, dans leur environnement immédiat, avait outragé les nouvelles sensibilités progressistes.

- Les individus sont très sensibles à la pression de se conformer. Ainsi, les groupes qui partagent des idées semblables adoptent souvent des positions collectives plus radicales que celles que tiendraient leurs membres pris individuellement. Les critiques internes jouent donc un rôle essentiel pour éviter que l'ensemble du groupe déraille. Cependant, même si les groupes sont souvent très ouverts aux dissensions internes, ils se mettent à s'en méfier, voire à les punir, dès qu'ils craignent des menaces venues de l'extérieur.
- Ces dynamiques de groupe contribuent à expliquer pourquoi de nombreuses institutions sont devenues très intolérantes envers ceux qui critiquaient les idées clés de la synthèse identitaire après l'élection de Trump. Se sentant à raison menacées par ce gouvernement, elles en sont venues à considérer les critiques internes comme émanant de saboteurs ou de traîtres. Une orthodoxie identitaire s'est mise en place dans ces institutions.
- Deux auteurs à succès ont donné la superstructure intellectuelle qui protégerait cette orthodoxie. Selon Ibram X. Kendi, tout le monde est soit raciste, soit antiraciste ; c'est ce qui a permis d'accuser de racisme quiconque se trouvait en désaccord avec ses prescriptions pour un monde plus juste. Et, selon Robin DiAngelo, nier que tous les Blancs sont racistes ne peut être motivé que par le refus égoïste de reconnaître la réalité des faits. C'est ce qui a contribué à transformer la version vulgarisée de la synthèse identitaire en théorie

non falsifiable : dans de nombreux milieux, l'expression d'un quelconque désaccord ne serait vue, dès lors, que comme une forme d'aveu. La synthèse identitaire a gagné le courant majoritaire.

PARTIE III

LES DÉFAUTS DE LA SYNTHÈSE IDENTITAIRE

Au printemps 2019, un lycée public de Floride organisa un spectacle culturel. Les élèves étaient encouragés à apporter un vêtement, un plat ou tout autre symbole de leur culture d'origine, auquel ils accordaient une signification particulière.

L'un des professeurs, immigré du Nigeria, avait eu pour sa part une idée. Pour présenter sa culture, il avait demandé à quelques élèves, dont deux Blancs, de porter la tenue de cérémonie de sa tribu ancestrale, ce qu'ils avaient accepté pleins d'enthousiasme.

Quand les deux élèves blancs arrivèrent au lycée dans la tenue que leur professeur leur avait remise, l'hostilité fut immédiate. Leurs camarades leur signalèrent qu'ils commettaient une « appropriation culturelle ». Certains professeurs les accusèrent de se moquer de la culture africaine. Ils furent traînés dans le bureau de la proviseure.

Leur professeur fit de son mieux pour intercéder en leur faveur. C'était son idée, assura-t-il à la proviseure. Les tenues faisaient partie de sa culture. Si lui se sentait honoré qu'ils les portent, quelle raison y avait-il, pour quelqu'un qui n'appartenait même pas à sa tribu, de s'offenser pour son compte ?

La proviseure n'était pas d'accord. Elle déclara que ces élèves blancs vêtus de tenues traditionnelles africaines s'étaient rendus coupables d'appropriation culturelle. Certes, c'était à l'initiative de leur professeur, mais ils auraient dû refuser. Elle prononça leur exclusion temporaire.

Cet incident n'est qu'un des nombreux exemples disponibles pour illustrer la façon dont, dans une bonne partie du monde démocratique et la société au sens large, depuis les écoles de quartier jusqu'aux cabinets ministériels, la forme vulgarisée de la synthèse identitaire subvertit les normes et les valeurs. Dans cette partie, je porte un regard critique sur cinq de ces aspects, concepts, normes et cadres politiques. J'aurais pu parler de beaucoup d'autres, mais ces cinq-là pris ensemble donnent une idée claire de ce que serait un monde entièrement réorganisé selon les conclusions que de nombreux progressistes tirent de la synthèse identitaire.

Ces cinq applications qu'elle inspire directement bouleversent le fonctionnement de grandes organisations. Intuitivement, toutes exercent un attrait certain, car elles répondent à des inquiétudes fondées que motivent des injustices authentiques. Cependant, toutes cinq échoueraient à résoudre le problème qui les a fait naître. Pire, elles pourraient nuire au but qu'elles sont censées servir. Tout comme l'idéologie dont elles dérivent, elles constituent un piège. Ces cinq applications, les voici :

1. *La théorie du point de vue.* Les citoyens de groupes différents ne pourront jamais totalement se comprendre. Ceux qui se trouvent être les privilégiés, comparativement, devraient s'en remettre aux qualifications factuelles et aux exigences politiques des marginalisés.
2. *L'appropriation culturelle.* Les groupes doivent (ou devraient) jouir d'une forme de propriété collective de

leurs produits et autres artefacts culturels, des modes vestimentaires aux plats traditionnels. Leur usage légitime est soumis à des restrictions d'usage pour qui n'appartient pas à ces groupes.

3. *Les limites de la liberté d'expression.* L'État devrait imposer des lois qui restreignent la désinformation et protègent les groupes minoritaires contre les propos insultants, racistes, sexistes ou homophobes. Même dans les cas autorisés par la loi, la société devrait entretenir une « culture des conséquences » qui dissuaderait d'exprimer des propos jugés offensants.
4. *Le séparatisme progressiste.* Les institutions sociales ou éducatives devraient encourager les gens à s'identifier à leurs groupes ethniques, religieux et sexuels d'appartenance. Les espaces réservés aux membres de tels groupes peuvent jouer un rôle important dans la prise de conscience politique nécessaire pour s'attaquer aux injustices persistantes.
5. *Les politiques publiques sensibles à l'identité.* Afin de redresser les inégalités socio-économiques durables entre communautés, l'État doit favoriser les groupes historiquement discriminés. Nous devons donc adopter des politiques « sensibles à l'identité », par exemple donner la priorité aux membres des minorités ethniques marginalisées dans l'allocation de médicaments limités en nombre. L'État doit traiter différemment ses administrés en fonction de leur groupe d'appartenance.

Ces opinions répondent à des inquiétudes rationnelles et à des besoins légitimes. Les membres de groupes marginalisés, par exemple, font en effet face à des injustices que les membres des groupes dominants peuvent facilement ignorer. Pourtant, il serait faux de croire que la justice pour les opprimés requiert le rejet de principes aussi essentiels que la liberté d'expression et le désir de se comprendre par-delà les barrières ethniques ou culturelles. Comme je le soulignerai par la suite, le meilleur moyen de pallier les injustices consiste en un engagement renouvelé en faveur de principes universels fondamentaux. Ce sont ces principes qui nous permettront d'approcher les questions telles que l'appropriation culturelle et les politiques publiques sensibles à l'identité d'une manière plus vertueuse et plus productive.

J'avancerai dans les six chapitres suivants que, si nous nous y efforçons, nous pourrons comprendre les sentiments de nos compatriotes et construire une forme plus authentique de solidarité politique. Plutôt que de contrôler qui serait autorisé à faire usage de telle ou telle tradition, nous devrions nous réjouir des influences culturelles mutuelles. Plutôt que de vivre dans la crainte des extrémistes qui expriment leurs sentiments haineux, nous devrions être convaincus de pouvoir les vaincre sans renoncer à la liberté d'expression. Loin d'encourager la création d'identités et d'institutions séparées, nous devrions œuvrer à une intégration véritable et à la reconnaissance partagée de ce qui nous rassemble. Et plutôt que de faire dépendre les subsides de l'État de l'orientation sexuelle ou de la couleur de peau, nous devrions adopter des politiques qui bénéficient à tous ceux dans le besoin, quelle que soit leur communauté d'appartenance, tout en contribuant à effacer les effets persistants des dominations passées.

Construire une société juste exige une grande volonté et un effort considérable. Pourtant, l'ensemble de solutions aujourd'hui le plus populaire ne ferait qu'aggraver les problèmes existants dans ces domaines qui vont de la liberté d'expression à l'appropriation culturelle. Plutôt que de contribuer à construire une société où les membres de communautés différentes se comprendraient mieux et se soutiendraient mutuellement, ces solutions agrandiraient les fossés actuels et renforceraient les hostilités présentes.

Chapitre 8

Comment se comprendre

En 1967, les producteurs d'un spectacle de Broadway qui avait connu un succès surprenant partirent en tournée pour la première fois, dans un pays lointain. Ils s'inquiétaient beaucoup de sa réception là-bas. *Un violon sur le toit* racontait la vie d'une famille juive dans un shtetl d'Europe centrale au début du XXe siècle. Le public de Tokyo parviendrait-il à s'intéresser aux combats intérieurs du protagoniste, un juif dévot dont les trois filles ont choisi chacune un mari « qui ne convient pas » ?

Ils n'auraient pas dû se faire du souci. Comme se rappelle Joseph Stein, l'auteur du livret, « je suis arrivé durant les répétitions et le producteur japonais m'a demandé : "Ils comprennent ce spectacle, aux États-Unis ?" J'ai répondu : "Oui, bien sûr, nous l'avons écrit à destination du public américain. Pourquoi demandez-vous ça ?" Il a répondu : "Parce que c'est tellement japonais !" »

Stein interprétait cette histoire comme une preuve de la faculté de l'art et de la littérature à franchir les barrières des langues, des religions et des cultures. Le spectacle qu'il avait écrit était parvenu, on ne sait trop comment, à puiser dans « quelque chose d'universel : la fin des traditions, les différences entre générations, l'envie de se raccrocher au religieux. Ce sont des composantes de l'expérience humaine ».

En interprétant ainsi cette histoire, Stein, homme de gauche depuis toujours, s'inscrit dans une longue tradition qui juge les différences entre les individus moins essentielles que leurs points communs. *Homo sum, humani nihil a me alienum puto*, dit ainsi la célèbre réplique d'un personnage de Térence : « Je suis humain, rien de ce qui est humain ne m'est étranger. » Pendant des siècles, cette tradition humaniste était particulièrement vivace à gauche. Mais, ces derniers temps, une grande partie de la gauche – et, de plus en plus, du courant majoritaire – s'est détournée de l'universalisme. Les slogans, certes kitsch, du type « We are the World », nous sommes tous les « enfants d'une même grande famille divine », ont laissé la place aux affirmations répétées selon lesquelles les membres des groupes dominants, les hommes blancs hétérosexuels, seraient incapables de comprendre les expériences des opprimés.

Dans les formations à la diversité en entreprise, l'attention s'est déplacée, de la célébration des différences culturelles à l'impossible dépassement du racisme congénital et des biais implicites. Dans les ateliers de création les plus prestigieux du pays, les professeurs conseillent aux aspirants romanciers « d'écrire sur ce qu'ils connaissent ». À Hollywood, actrices et acteurs, de Tom Hanks à Eddie Redmayne en passant par Kristen Bell, ont présenté des excuses pour avoir incarné des personnages dont l'orientation sexuelle, l'identité de genre ou les origines ethniques n'étaient pas les leurs. Alison Brie s'est flagellée en public pour avoir prêté sa voix à un personnage asiatique-américain dans *BoJack Horseman*, série animée où la plupart des protagonistes sont des animaux qui parlent.

Dans les milieux politisés à gauche et profondément empreints de synthèse identitaire sous sa forme vulgarisée, l'accent mis sur la compréhension mutuelle impossible est encore plus flagrant. L'assertion centrale est que les membres des groupes privilégiés ne comprendront jamais les opprimés, même en essayant de toutes leurs forces. Comme l'a dit Janetta Johnson, militante de la cause noire à San Francisco, lors d'un débat sur le rôle des « alliés blancs » dans le combat pour la justice raciale : « Ne vous fatiguez pas, vous ne comprendrez jamais mon point de vue. » Un nombre important d'articles devenus viraux et de livres à succès vont jusqu'à juger parfaitement inutiles les tentatives des membres des minorités de partager leurs expériences avec la majorité. « Même s'ils vous entendent, ils ne vous écouteront pas », écrit l'autrice nigerio-britannique Reni Eddo-Lodge dans *Why I'm No Longer Talking to White People About Race* (*Pourquoi je ne parle plus de race avec les Blancs*). « C'est comme si entre notre bouche et leurs oreilles les mots se transformaient. »

Cette lamentation nouvelle sur l'impossibilité de la compréhension mutuelle n'est pas cantonnée à la sphère culturelle ; de plus en plus, elle justifie une revendication explicitement politique. Comme il est supposément impossible à des membres de communautés différentes de se comprendre, les « plus privilégiés » doivent s'en remettre à ceux qui le sont moins. Le rôle de l'allié fidèle est d'« écouter », de « soutenir les opinions des moins privilégiés » et d'« amplifier leurs demandes ». En pratique, l'accent placé sur l'« expérience vécue » implique donc à la fois la compréhension mutuelle impossible et la déférence des communautés privilégiées envers les communautés marginalisées.

Il y a un fond de vérité dans l'exigence d'« expérience vécue ». Notre expérience du monde passe au filtre de notre identité. C'est ce qui nous donne, à tous, l'obligation d'écouter attentivement les membres des autres communautés quand ils réclament justice. Il y a cependant deux gros problèmes dans la façon dont beaucoup d'auteurs et de militants invoquent aujourd'hui l'expérience vécue pour atteindre des conclusions plus lointaines. Le premier, c'est que les hypothèses fondamentales de la « théorie du point de vue » ne sont pas très convaincantes. À quelques exceptions près, même les philosophes féministes persuadés que notre identité sociale informe nos connaissances rejettent la théorie du point de vue, du moins sous cette forme qui, ces dix dernières années, a rapidement gagné en influence. Ressentir de l'empathie pour la détresse d'autrui est peut-être difficile, mais cela reste possible et d'ailleurs indispensable, politiquement. Le second problème est que la théorie du point de vue échoue quand il s'agit d'aboutir en pratique à des actions politiques, efficaces et concrètes. En particulier, son influence grandissante a peu de chances d'améliorer la situation des marginalisés ; elle pourrait même rendre plus difficile l'accès à la solidarité politique véritable, sans laquelle nous ne pourrons jamais défaire les injustices réelles. Cependant, avant d'envisager les arguments en sa défaveur, nous devons comprendre les idées de la théorie du point de vue, d'où elles viennent et ce qu'elles renferment.

Les origines de la théorie du point de vue

Les philosophes qui s'intéressent à l'épistémologie, la théorie de la connaissance, se sont surtout concentrés, historiquement, sur les questions fondamentales, celles des sources de notre savoir sur le monde. Dans la France du XVIIe siècle, René Descartes s'est demandé comment écarter l'hypothèse du malin génie qui nous aurait joué un vilain tour et fait de nos perceptions des hallucinations. Aujourd'hui, les philosophes débattent de questions telles que la différence entre la « croyance vraie » (une opinion vraie par hasard) et l'authentique « connaissance » (une opinion à la fois vraie et correctement justifiée).

Dans leurs réflexions, ils supposent souvent que, sous ce rapport, nous serions tous globalement dans le même bateau. Ils ne se sont pas intéressés spécialement à ce que cela impliquerait pour vous, plutôt que pour moi, d'entretenir des opinions correctement justifiées. Mais, dans les années 1970, les philosophes féministes telles que Donna Haraway ont avancé que notre faculté d'aboutir à d'importantes intuitions sociales ou politiques dépendait de notre communauté d'appartenance. Les femmes, par exemple, partageraient un ensemble d'expériences communes qui leur donnerait accès à des intuitions inaccessibles aux hommes.

Un des arguments à l'appui de cette théorie consiste à remarquer que, dans la plupart des sociétés, ce sont les femmes qui s'occupent principalement des enfants et qu'elles prennent ainsi la mesure des vertus du soin et des injustices des rôles traditionnels associés aux genres, qui échappent aux hommes. Afin de souligner que notre capacité de compréhension dépend ainsi de notre position sociale particulière, de notre « point de vue », les théoriciennes féministes ont appelé ce champ d'études qu'elles venaient de fonder l'« épistémologie du point de vue ».

Sandra Harding formule cet argument intuitif dans son introduction à *The Feminist Standpoint Theory Reader* : « Le statut social des femmes ou d'autres catégories opprimées peut être la source de savoirs très éclairants, non seulement sur elles-mêmes, mais sur tout le reste de la nature et des relations sociales. » Théoriciens et militants qui écrivaient depuis leur propre tradition identitaire se sont rapidement approprié cette intuition. Aujourd'hui, écrit Sandra Harding, « les mouvements de justice sociale antiracistes, ethniques, anti-impérialistes et queer produisent quotidiennement des thèmes pour lesquels la théorie du point de vue est très appropriée ».

L'intuition de base est séduisante. Prenez trois exemples très simples : un homme noir se rend au travail, la police l'arrête pour une fouille. Une jeune femme est harcelée sexuellement dans le métro. Un immigrant qui parle mal la langue du pays est ridiculisé par un fonctionnaire.

De manière évidente, nos identités sociales modèlent les expériences que nous vivrons. Qui n'a jamais été arbitrairement arrêté par la police aura moins de chances de ressentir de l'empathie pour cette appréhension que provoque l'uniforme chez certains hommes noirs. Qui n'a jamais particulièrement craint pour sa sécurité physique aura moins de chances de comprendre la peur qu'on peut ressentir quand quelqu'un nous approche dans le métro. Et qui parle parfaitement la langue du pays aura moins de chances de prendre conscience de l'angoisse qui étreint certains immigrants dans les interactions sociales les plus banales.

Dans sa version la plus modeste, l'épistémologie du point de vue nous rappelle un point important et conforme à l'intuition. Il est vraiment facile au relativement privilégié de se montrer aveugle aux défis que doivent affronter les moins fortunés que lui. De même, il est vraiment frustrant de partager des inquiétudes intimes, fondées sur l'expérience, pour que des gens qui n'ont pas même fait l'effort de vous écouter l'esprit ouvert les balaient d'un revers de la main. Et pourtant, les philosophes et les sociologues qui se sont le plus penchés sur cette épistémologie du point de vue tendent à rejeter les hypothèses fondamentales de sa version vulgarisée, qui vont bien au-delà de cette intuition plausible.

Sandra Harding note ainsi qu'auteurs et militants ont de plus en plus adopté ce qu'elle appelle une version « populaire » de l'épistémologie du point de vue : un ensemble d'idées simplifiées et souvent bien plus radicales quant à cette impossibilité de la compréhension mutuelle, qui a rapidement gagné en influence loin des cercles universitaires. Comme le dit Lidal Dror, philosophe afro-américain de Princeton, « dans la conversation de tous les jours, les débats politiques, les cercles militants et même philosophiques, les discoureurs recourent souvent à leur position sociale en soutien épistémologique à leurs assertions. Nous avons tous déjà entendu quelqu'un dire quelque chose comme "en tant que Noir, je sais que…", "en tant que femme, je sais que…", "en tant que membre [d'une minorité quelconque], je sais que", avant de se lancer dans un discours sur la société, les relations entre communautés ou la justice ».

Il existe des variations significatives dans la nature exacte de ces opinions. Toutefois, quatre assertions entremêlées sont particulièrement centrales dans les formes de la théorie du point de vue* qui pèsent de nos jours quotidiennement sur le débat public :

1. Il existe un ensemble d'expériences que (pratiquement) tous les membres d'un groupe opprimé (particulier) partagent.
2. Ces expériences confèrent aux membres de ce groupe des intuitions particulières sur la nature de l'oppression et autres faits sociaux importants.
3. Les membres de ce groupe ne peuvent pas communiquer pleinement ni de manière adéquate ces expériences aux étrangers, même si leurs implications politiques sont importantes.

* Dans ce chapitre, je désigne par « épistémologie du point de vue » les hypothèses les plus couramment adoptées par les philosophes féministes. Je désignerai en revanche la version vulgarisée et souvent bien plus radicale de ces hypothèses, plus influente dans les cercles militants et les institutions dominantes, et qui constitue le principal objet de ce chapitre, comme constituant la « théorie du point de vue ».

4. Quand un groupe opprimé formule des demandes politiques fondées sur l'identité de ses membres, les étrangers devraient déférer à leurs opinions sur la question.

Ces hypothèses tiennent-elles la route ?

Pourquoi la théorie du point de vue est de la mauvaise philosophie

La première hypothèse forte de la théorie du point de vue pose problème, car il est extrêmement difficile d'identifier des expériences significatives partagées par tous les groupes d'un groupe social précis. Les philosophes féministes avaient tenté, par exemple, d'asseoir la perspective particulière des femmes sur le fait qu'elles se trouvaient chargées, historiquement, d'élever les enfants. Mais certaines, à l'image d'Elizabeth Spelman, ont bien vite fait remarquer qu'il a toujours existé des femmes sans enfant. De même, il y a moins de probabilités que les hommes aient à élever seuls des enfants, mais il ne serait pas évident de déterminer pourquoi un père célibataire devrait se voir coupé des intuitions relatives au soin des enfants, à la différence des mères célibataires. Comme me l'a dit Rachel Fraser, une professeure associée de philosophie à Oxford qui défend une forme plus modérée d'épistémologie du point de vue, « il va falloir abandonner l'idée simpliste d'un noyau expérientiel partagé par toutes les femmes et seulement elles ».

La deuxième hypothèse de la théorie du point de vue a également été mise en doute. Même en admettant que la plupart des membres d'un groupe précis partagent en effet des expériences communes, il n'est pas certain que cela leur confère un avantage particulier pour comprendre le monde. Surtout dans les sociétés très hiérarchisées, où les membres des groupes privilégiés pourront accéder, de manière injuste et perverse, à des connaissances inaccessibles aux membres des communautés marginalisées. Ils auront, par exemple, de meilleures opportunités en matière d'éducation, puisque les minorités opprimées seront exclues des écoles et des universités d'élite. Ils auront également davantage accès aux lieux dans lesquels les décisions injustes sont prises et les oppressions perpétuées. « Bien qu'un ouvrier d'usine engrange une expérience éclairante sur l'oppression de classe, dit Lidal Dror, le propriétaire de l'usine, qui emploie sa richesse et sa position avantageuse pour réduire les acquis sociaux et les salaires, bénéficiera lui aussi d'une expérience éclairante du fonctionnement de cette oppression. » Les marginalisés auront bien un avantage épistémique sur certains aspects importants de l'oppression qu'ils subissent, mais les privilégiés en auront un autre de leur côté, concernant d'autres aspects très pertinents du monde social ; des mesures efficaces contre l'injustice tireraient parti, idéalement, de ces deux angles.

La troisième hypothèse de la théorie du point de vue est plus subtilement trompeuse. Il est en effet impossible de savoir exactement ce qu'on ressent en cas de harcèlement sexuel, de profilage policier, tant qu'on ne l'a pas vécu soi-même. Cela confère une plausibilité indéniable à cette intuition très partagée selon laquelle l'expérience de l'oppression ou de la marginalisation ne pourrait être pleinement communiquée. Pour la traduire en langage philosophique, nous dirions qu'il existe, même dans des cas relativement simples, des limites à la communicabilité de la connaissance « expérientielle ». Pour savoir ce que l'on ressent en mangeant une myrtille, il faut avoir goûté une myrtille.

Cependant, on ne peut pas dire la même chose de ce que les philosophes appellent la « connaissance propositionnelle », constituée de phrases qu'on pourra dire vraies ou fausses ; savoir que la myrtille est du genre *Vaccinium*, par exemple, ne nécessite pas d'en avoir mangé, pas même d'en avoir vu. La question clé devient donc : les intuitions fondamentales que nous tirons de la connaissance expérientielle, dans la mesure où elles concernent les débats politiques et sociaux, peuvent-elles être partagées sous la forme de connaissances propositionnelles ? Il y a de bonnes raisons de penser que la réponse, heureusement, est oui.

Rachel Fraser donne un exemple frappant de l'importance de cette distinction entre connaissance expérientielle et propositionnelle dans les débats de politique publique. De nombreuses féministes sont en faveur de restrictions accrues sur la marchandisation des services sexuels, mais elles s'inquiètent dans le même temps de la criminalisation qui frapperait les travailleuses du sexe avec de telles lois, et de la stigmatisation qui en résulterait. Pour cette raison, elles militent pour l'adoption du « modèle nordique », qui légalise l'offre de services sexuels et criminalise leur achat. La solution paraît élégante, car elle décourage la prostitution sans marginaliser les femmes vulnérables qui s'y livrent.

Toutefois, récemment, Juno Mac et Molly Smith ont avancé de puissants arguments contre le modèle nordique. En se fondant sur leur propre expérience de travailleuses du sexe, elles estiment en effet que ces lois feraient plus de mal que de bien. Là où la prostitution est prohibée, les clients potentiels sont fortement incités à solliciter les travailleuses dans des lieux secrets ou isolés. Ils sont aussi en position de force dans les négociations, puisque la crainte de la punition fait baisser le nombre de clients. En raison de ces mécanismes, que la plupart des féministes ont négligés, le modèle nordique placerait selon elles les travailleuses du sexe dans une position plus précaire.

Rachel Fraser reconnaît que Juno Mac et Molly Smith n'auraient certainement pas abouti à ces conclusions si elles n'avaient jamais été des travailleuses du sexe, mais elle souligne aussi que ceux qui ne partageront pas leur expérience saisiront pourtant sans peine les implications politiquement pertinentes de leurs intuitions. Vous et moi ne partageons peut-être pas cette connaissance expérientielle de la prostitution, mais nous sommes capables de comprendre la connaissance propositionnelle qui en dérive et d'agir en fonction. « Nous ne devrions pas exagérer le rôle de l'expérience en politique », conclut Rachel Fraser. Ce que nous sommes informe ce que nous apprenons, mais cela ne limite pas notre faculté de communiquer à autrui ces intuitions.

Tout cela nous donne de bonnes raisons de douter des trois premières hypothèses de la théorie du point de vue. Lidal Dror conclut ainsi ses réflexions sur le sujet : « Même si les opprimés ont souvent un avantage épistémique *contingent*, dérivé de leur tendance à vivre des expériences plus informatives sur le fonctionnement de la marginalisation sociale, les raisons de penser qu'ils disposeraient d'un avantage épistémique dérivé *par principe* du fait d'être opprimé sont très limitées. » Rachel Fraser est même plus sceptique encore en raison de la fréquence à laquelle les affirmations qui fleurent bon la théorie du point de vue sont publiquement assénées. Les gens, dit-elle, « veulent souvent signifier que les fruits de l'oppression seraient un genre de vertu, une espèce de maladie admirable. Je crois que les intellectuels n'ont rien trouvé de tout ça. Il y a un genre de naïveté dans cette idée, qu'il est bien difficile de retrouver dans le travail universitaire ».

Il existe de solides raisons philosophiques de douter des trois premières hypothèses de la théorie du point de vue. Il nous faut encore considérer la quatrième : les relativement privilégiés devraient déférer aux opinions des relativement marginalisés. Cette hypothèse exige une analyse d'un autre ordre, car elle est de nature politique, plutôt que philosophique. Or, il se trouve que les raisons politiques de s'opposer à la théorie du point de vue sont encore plus profondes que les raisons philosophiques : pour le dire simplement, la théorie du point de vue n'est pas un cadre réaliste pour que des communautés différentes puissent s'entendre.

Pourquoi la théorie du point de vue est de la mauvaise politique

Lors de la convention Netroots, Ayanna Pressley, élue députée du Massachusetts à l'occasion de la « vague bleue » des élections de 2018, livra un discours à destination des militants progressistes. Elle les encourageait à parler au nom de leur communauté :

> Si vous n'êtes pas prêt à porter cette parole, ne venez pas, nous n'avons pas besoin d'un autre visage basané qui n'a pas envie d'être une voix pour les basanés. Nous n'avons pas besoin de visages noirs qui ne veulent pas être une voix pour les Noirs. Nous n'avons pas besoin de musulmans qui ne veulent pas être une voix pour les musulmans. Nous n'avons pas besoin de queers qui ne veulent pas être une voix pour les queers.

Ce discours traduisait une vision de la politique qui place les communautés d'identité au cœur de la démocratie représentative. Selon elle, ce serait aux Afro-Américains de décider des questions importantes qui concernent leur communauté, aux Asiatiques-Américains de trancher celles qui les touchent particulièrement, etc. Quant à ceux qui n'appartiennent pas à ces communautés, ils devraient, conformément à la théorie du point de vue, accepter le plus souvent ces différentes demandes.

Cependant, alors même qu'elle défendait cette vision des choses, Ayanna Pressley reconnaissait implicitement les énormes problèmes qu'elle pose. Elle admettait clairement que certains Noirs, basanés, queers ou musulmans ne représentent pas les intérêts de leur communauté de manière adéquate. Pour reprendre ses mots, ces politiciens refusent d'être des voix pour les Noirs (ou les basanés ou les queers ou les musulmans). Évidemment, cela entraîne une question immédiate : qui décide si un politicien noir est ou n'est pas une « voix pour les Noirs » légitime ?

Ayanna Pressley, membre de ce groupe informel de parlementaires d'extrême gauche qu'on appelle le « *Squad* », (l'« Équipe »), a son avis sur ce que doit être un politicien pour représenter l'expérience authentique des Noirs. Les parlementaires démocrates tels que Jim Clyburn et feu John Lewis, bien plus modérés, en ont un autre. Les parlementaires conservateurs noirs, tels que Byron Daniels et le sénateur Tim Scott, encore un autre, très différent celui-ci. Le problème central de la position de la députée du Massachusetts réside dans la difficulté de décider qui peut légitimement se déclarer porte-parole d'une communauté particulière. (Le même problème existe de façon plus criante encore au Royaume-Uni, car le Parti conservateur a su diversifier ses leaders avec bien plus de succès que le Parti républicain aux États-Unis, attirant ainsi un plus grand nombre d'électeurs issus des minorités ethniques.)

Le problème peut sembler abstrait, mais, en pratique, la détermination des représentants légitimes, et donc des mesures et des normes que la communauté favorise, se fait presque toujours au sein d'un cercle de personnes relativement privilégiées. L'adoption rapide du terme « latinx » est l'exemple canonique de ce phénomène aux États-Unis. La plupart des groupes militants qui prétendent représenter les Hispaniques l'ont adopté très vite. Tout comme les dirigeants (bien rarement hispaniques) de grandes institutions, du doyen de la Harvard Kennedy School au président des États-Unis. Mais selon les sondages, seuls 2 % des « latinx » préfèrent cette nouvelle locution aux désignations plus anciennes comme « hispaniques ».

Dans les sociétés parcourues d'importantes disparités de pouvoir et de statut, ce sont toujours les plus riches et les mieux connectés qui seront en position de déterminer qui parlera au nom des communautés diverses. Ainsi, la « voix noire » ou la « voix basanée » a de grandes chances d'être finalement choisie par une combinaison quelconque de puissants dans et hors de cette communauté d'identité particulière. Comme l'avait écrit le très célèbre militant des droits civiques Bayard Rustin, « la notion d'une communauté noire indifférenciée est la création intellectuelle à la fois des Blancs et d'un petit groupe de Noirs sans légitimité particulière qui prétendent parler pour la majorité ».

Tout cela est lié à un autre problème grave, relatif aux effets potentiels de la théorie du point de vue dans le monde réel : sa vision de l'action collective ne laisse guère de place à la solidarité politique véritable. Quand les membres d'une autre communauté que la vôtre vous demandent d'être leur allié, vous devriez, selon la théorie du point de vue, répondre quelque chose comme : « Je ne comprends pas votre expérience et je ne suis pas en position d'évaluer votre demande. Mais comme je reconnais que vous êtes plus opprimés que je ne le suis, je m'efforcerai d'être un bon allié en soutien à vos demandes. »

Un modèle de solidarité politique aussi fragile n'a que peu de chances d'être efficace. La plupart n'accepteront tout simplement pas de déléguer ainsi leur jugement sur telles actions ou telles mesures au représentant d'une autre communauté que la leur. Et ils l'accepteront encore moins s'ils ne comprennent pas les raisons de la demande ou s'ils la réprouvent en raison de leurs propres opinions morales ou religieuses. Dans la majorité des cas, cette exigence de déférence aux opinions des opprimés a de fortes probabilités d'être ignorée.

Il peut y avoir quelques exceptions. Un petit groupe de personnes, très imprégné de synthèse identitaire, pourrait déclarer parvenir à déférer ainsi aux opinions d'autres communautés. Cependant, elles se trouveraient toujours face au problème de la représentation. Qui considèrent-elles comme une voix noire, basanée ou queer authentique ? Elles finiront ainsi certainement par adouber un porte-parole dont les prescriptions politiques s'accordent aux leurs. En pratique, les exigences de déférence aux opinions des oppressés n'aboutissent, au mieux, qu'à encourager les militants à désigner quelqu'un qui partage déjà leur avis et à prétendre clore ainsi le débat.

Seule une empathie chèrement acquise peut fonder une solidarité réelle

La théorie du point de vue est attrayante. Elle porte un projet de société où nous ferions de notre mieux pour écouter les opprimés, où leurs revendications seraient constamment mises en avant. En première analyse, il pourrait s'agir d'une recette prometteuse pour une société plus juste.

Pourtant, la version de la théorie du point de vue qu'on entend le plus souvent dans le discours populaire d'aujourd'hui a de grandes chances de s'avérer contre-productive. Elle affirme, à tort, que les membres de différentes communautés seraient incapables d'éprouver de l'empathie les uns pour les autres face aux injustices subies, qu'ils feraient même mieux de ne pas essayer. En adoptant une vision de la solidarité politique fondée sur la déférence réflexe plutôt que l'empathie chèrement acquise, elle rend le progrès politique réel plus difficile. Heureusement, nous pouvons faire mieux. Loin de nous résigner à cette idée que nous ne pourrions ni ne devrions nous mettre à la place des membres d'autres communautés que la nôtre, il nous faut viser une forme de solidarité politique plus ambitieuse, jusqu'à la considérer comme l'une des valeurs fondatrices d'une démocratie épanouie.

Construire cette solidarité politique requiert de l'humilité, c'est même cette intuition mal interprétée qui donne à la théorie du point de vue tout son attrait. Nous ne percevons ni ne connaissons, dans le cas le plus général, les obstacles que rencontrent nos concitoyens. Notre expérience du monde passe réellement par le filtre de notre identité, sur des points fondamentaux. Cela nous impose à tous l'obligation morale de nous écouter les uns les autres, avec attention, l'esprit ouvert. Mais la finalité de cette tâche ardue, c'est la communication, pas la déférence. Tant que nous nous y efforcerons, nous pourrons comprendre les expériences d'autrui, surtout les plus politiquement pertinentes.

La compréhension mutuelle est la première étape. Agir conformément aux intuitions dérivées de notre empathie est la suivante. Dans une société pluraliste, vous et moi avons de bonnes chances de nourrir des aspirations politiques et des convictions religieuses différentes. Ce n'est pas nécessairement un problème. Après tout, toutes les traditions morales et religieuses expriment à leur façon ce qui est désirable et ce qui est injuste. C'est particulièrement vrai en ce qui concerne les discriminations raciales, sexuelles ou religieuses, que les adeptes de la plupart de ces traditions morales devraient juger odieuses. Quand nos concitoyens évoquent les injustices bien réelles qu'ils subissent, nous sommes entièrement capables de leur accorder de l'empathie, comme nous sommes capables de reconnaître qu'elles bafouent l'idéal de société que nous désirerions voir advenir.

Points clés

- À partir des années 1970, les philosophes féministes ont critiqué les approches traditionnelles de la théorie de la connaissance. Selon ce courant, qui nous sommes joue sur ce que nous pouvons savoir. Par exemple, comme les femmes sont le plus souvent chargées de prendre soin des enfants, elles en savent plus long sur l'injustice des normes de genre.
- Cette idée a vite été vulgarisée sous la forme de la théorie du point de vue. Comme l'affirment aujourd'hui souvent les militants, les membres des groupes dominants sont incapables de comprendre les expériences des membres des groupes marginalisés. Afin d'être de bons alliés, les premiers doivent donc déférer aux seconds, surtout quand il s'agit de décrire les injustices sociales ou de formuler des demandes politiques.
- La théorie du point de vue consiste en trois hypothèses philosophiques : les membres des groupes opprimés partagent certaines expériences essentielles ; ces expériences leur donnent accès à une sagesse particulière sur la nature de l'oppression et sur d'autres faits importants sur le plan politique ; enfin, ces expériences ne sont pas complètement communicables hors du groupe.
- Même la plupart des philosophes féministes qui militent en faveur d'une forme d'épistémologie du point de vue rejettent les hypothèses centrales de sa version vulgarisée. Il n'y a pas, disent-elles, d'expériences essentielles que partageraient tous les membres d'une communauté

particulière, par exemple les femmes. Les membres des communautés marginalisées n'ont pas nécessairement les meilleures intuitions sur la structure véritable de la société, en partie parce qu'ils sont exclus des lieux de pouvoir. Enfin, bien qu'il y ait des limites à la communicabilité de la connaissance « expérientielle » (par exemple, ce qu'on ressent en tant que victime de discriminations), il est toujours possible de communiquer son contenu « propositionnel », dérivé de ces expériences (par exemple, le fait que ces discriminations sont injustes).

- La théorie du point de vue admet aussi une quatrième hypothèse, de nature plus politique : les membres des groupes dominants doivent déférer aux opinions des marginalisés au nom du progrès politique. Mais, dans une société diverse, il n'est pas évident de savoir qui pourrait légitimement s'exprimer au nom des communautés d'identité en question. En pratique, la plupart des membres des groupes dominants ignoreront les exigences de déférence, à moins qu'ils n'adoubent quelqu'un dont ils partagent déjà l'opinion comme « véritable » porte-parole du groupe marginalisé considéré.
- Nous devons en conséquence aspirer à une solidarité politique plus ambitieuse et insister sur le rôle qu'y jouera l'empathie. La solidarité véritable comporte deux éléments : d'abord, chacun de nous doit écouter les membres des autres communautés avec l'esprit ouvert et montrer de l'empathie pour les formes d'oppression qu'ils subissent. Ensuite, chacun de nous devrait s'efforcer de remédier aux injustices réelles, non pas par déférence mal placée, mais parce qu'elles bafouent notre conception d'une société désirable.

Chapitre 9

Les joies de l'influence réciproque

À l'été 2020, je discutais du concept d'« appropriation culturelle » avec un groupe d'étudiants de premier cycle intelligents et curieux. Après avoir lu trois textes philosophiques soulignant les mauvais aspects de l'appropriation culturelle, ces étudiants étaient plus convaincus que jamais d'une intuition acquise dès avant leur arrivée en classe : l'utilisation de chants, de symboles, de tissus ou de parfums caractéristiques d'une culture par une personne qui lui est étrangère est profondément pernicieuse, surtout quand cette personne appartient à une communauté relativement « privilégiée ».

Ce jour-là, Selena, étudiante en deuxième année, réfléchie et discrète, mais toujours pertinente, leva la main : « Je crois que j'ai une histoire personnelle à raconter sur l'appropriation culturelle », dit-elle doucement. Intrigué, je l'encourageai à la partager avec nous.

Durant ce semestre, Selena avait travaillé comme stagiaire dans le musée des Beaux-Arts de l'université. Dans le cadre d'un projet pour rendre ses collections plus vivantes, l'équipe marketing du musée avait demandé aux visiteurs de recréer certaines de ses œuvres. Mais il n'y avait pas eu assez de participations, si bien que le chef de Selena l'avait incitée à contribuer. Il était même allé jusqu'à lui envoyer une liste de suggestions. Selena avait accepté gaiement, elle avait choisi une photographie qui lui parlait tout spécialement : *Plant Contest*, de Cao Fei, l'autoportrait d'une artiste chinoise et sa mère allongées sur le sol au milieu de pétales de rose et de produits de beauté.

Comme elle vivait depuis la pandémie chez ses parents, plutôt que sur le campus, Selena put demander à sa mère, une immigrante chinoise, de reproduire la photo avec elle. Quelques heures après l'envoi de sa participation, le directeur du musée la félicitait dans un e-mail où il vantait la beauté de sa photographie et lui promettait qu'elle serait bien vite ajoutée au site du musée. Selena était aux anges. Puis elle reçut l'e-mail d'un conservateur asiatique-américain du musée, qui trouvait scandaleux que Selena s'approprie ainsi l'œuvre d'une artiste chinoise. Elle aurait dû avoir honte.

Selena, qui est métisse et ethniquement pas facile à situer, était perplexe. Elle précisa avec prudence que sa mère était une immigrée chinoise et qu'elle s'identifiait elle-même comme asiatique-américaine. Le conservateur ne voulait rien entendre. Comme le père de Selena n'était pas chinois, insistait-il, elle n'avait aucun droit de reproduire cette image.

À mesure que Selena racontait son histoire, l'humeur de la classe changeait. Quelques minutes auparavant, les étudiants jugeaient avec certitude l'appropriation culturelle comme répréhensible. À présent, des inquiétudes naissaient quant aux abus possibles. « Si nous ne sommes pas autorisés à nous inspirer de la culture d'un groupe "tiers", a demandé l'un d'entre eux dont les parents avaient émigré du Mexique, qui décide qui appartient à quel groupe ? » Un autre, qui avait grandi en Europe et en Amérique latine mais dont les origines étaient africaines, était encore plus perturbé : « Je suis franchement très dérangé à l'idée que mon université puisse appliquer une sorte de test de pureté raciale pour décider si Selena a le droit de reproduire cette image. »

Depuis que les humains ont développé des cultures distinctes, ils s'inquiètent qu'on puisse en souiller la pureté. Dans la Grèce antique, Terpandre avait causé un scandale en ajoutant une quatrième corde à sa lyre. Dans la Chine du XVIe siècle, l'empereur avait ordonné qu'on détruise tous les navires par peur des échanges culturels qu'auraient introduits les missions commerciales étrangères. Dans l'Allemagne du XIXe siècle, Richard Wagner s'inquiétait que les juifs puissent pervertir la culture allemande.

Une nouvelle version de cette vieille angoisse de l'influence culturelle occupe de nouveau le devant de la scène politique. Les populistes d'extrême droite adorent dénoncer l'érosion des normes sociales et l'effacement de la langue ou de la cuisine traditionnelle sous l'effet de l'immigration et de la croissance des populations minoritaires. Le plus grand danger pour l'heure, disent-ils, c'est la « mondialisation ». Même les politiciens modérés se décrivent de plus en plus comme les braves défenseurs des traditions : dans l'un de ses premiers gestes officiels en tant que présidente de l'Union européenne, Ursula von der Leyen a chargé un membre de son cabinet de la « protection du mode de vie européen ».

Historiquement, la droite s'opposait aux influences culturelles, la gauche les défendait. Dans les années récentes, de nombreux progressistes se sont inquiétés de cette pollinisation croisée des cultures. Bien qu'ils louent encore la grande variété des cultures traditionnelles et cherchent à améliorer la représentation des minorités ethniques et religieuses, les dangers de l'« appropriation culturelle » sont entrés dans leur discours. Comme l'exprime une enseignante, la culture d'autrui devrait être considérée comme « intouchable ». Comment cette peur a-t-elle gagné la gauche ?

Comment la gauche en est venue à se méfier de l'appropriation culturelle

Après la Seconde Guerre mondiale, les socialistes eurent la lourde charge d'expliquer pourquoi les révolutions prolétariennes qu'avait prédites Karl Marx échouaient à se matérialiser. D'Antonio Gramsci à l'école de Francfort, de nombreux penseurs en quête d'explication se tournèrent vers les institutions culturelles dominantes et leur capacité à coopter les travailleurs et à les détourner de leurs intérêts de classe véritables. L'un des principaux efforts en ce sens fut lancé à Birmingham par Stuart Hall, sociologue britannique d'origine jamaïquaine. Mais, là où ses prédécesseurs s'étaient tous concentrés sur la grande culture, « l'école d'études culturelles de Birmingham » s'intéressa de bien plus près à la culture populaire.

Au départ, l'école de Birmingham était résolument marxiste. Mais une fois que le postmodernisme et le postcolonialisme eurent déclenché la métamorphose des préoccupations principales de la gauche dans les années 1970 et 1980, les disciples de Hall parmi les théoriciens de la culture se montrèrent plus attentifs à l'hégémonie culturelle que les membres des groupes dominants exerçaient sur ceux des communautés d'identité marginalisées. Comme le souligne le professeur Vinay Lal, d'UCLA, l'une des questions centrales de *L'Orientalisme*, d'Edward Said, était « Qui représente qui, avec quelle autorité, de quel droit et pour quelles conséquences ? ». De là, il n'y avait qu'un petit pas pour dire, à l'image de Robert S. Nelson, professeur d'architecture et d'histoire de l'art à Yale, que « dans toute appropriation culturelle, il y a ceux qui agissent et ceux sur lesquels on agit, et pour ceux dont la mémoire et les identités culturelles sont ainsi manipulées par l'esthétique, l'académie, l'économie ou l'appropriation politique, les conséquences peuvent être gênantes ou douloureuses ».

En 2010, ces thèmes étaient déjà devenus très influents dans une grande variété de départements universitaires, en particulier la littérature comparative, les études afro-américaines et les études critiques des médias. Après que ces nouvelles idées autour du concept d'identité se sont à leur tour échappées de leur tour d'ivoire pour se vulgariser, au cours de la décennie suivante, l'accusation d'appropriation culturelle s'est multipliée dans les petites communautés en ligne. Tout comme la synthèse identitaire dans son ensemble, l'appropriation culturelle est devenue populaire.

Aujourd'hui, les débats qui tournent autour de l'appropriation culturelle ont atteint les médias dominants et couvrent une large gamme de fautes supposées. Ces deux dernières années, des musiciens ont été accablés pour avoir copié le style de groupes d'identité minoritaires, des chefs ont subi un boycott pour avoir émulé la cuisine de différentes nations et des romanciers ont vu leur contrat d'édition annulé pour avoir présenté des personnages dont l'« identité » ne correspondait pas à la leur. Au cours de son projet de « réparation des archives », le magazine culinaire américain *Bon appétit* a présenté ses excuses pour avoir permis à un auteur goy de publier une recette d'oreilles d'Aman, un dessert traditionnel juif. En Allemagne, *Der Spiegel* s'est inquiété de savoir si des goys qui avaient porté la kippa en signe de solidarité, après qu'un homme avait été agressé pour avoir exhibé ce signe distinctif de la tradition juive, s'étaient eux-mêmes rendus coupables d'appropriation culturelle. Au Royaume-Uni, le *Guardian* s'est demandé si oui ou non Jamie Oliver, chef et star de la télé, pouvait cuisiner un riz wolof, si Gordon Ramsay, autre chef star, devait être autorisé à ouvrir un restaurant chinois, et si Adele, chanteuse célèbre, avait commis une faute en se coiffant à la jamaïquaine pour le carnaval de Notting Hill. Dans bien des milieux, il est aujourd'hui entendu que les gens bien intentionnés devraient éviter de commettre toute forme d'« appropriation culturelle ».

Certains cas d'appropriation culturelle constituent sans aucun doute de réelles injustices. Il était par exemple immoral que les musiciens blancs des États-Unis volent les chansons d'artistes noirs dont la discrimination raciale rendait le succès impossible, ou pour les collectionneurs du Royaume-Uni de piller les richesses des anciennes colonies du pays. Cependant, le concept d'appropriation culturelle aide-t-il à mieux formuler les torts ? Les sociétés devraient-elles pour toujours se garder de la possibilité qu'un membre du groupe majoritaire tire inspiration des cultures de minorités ethniques ou religieuses ?

La réponse est non, aux deux questions. Face aux angoisses que déclenchent les influences culturelles, il est grand temps de s'élever pour la défense du mélange des cultures. Loin d'éclairer la nature d'authentiques injustices, le concept d'appropriation culturelle brouille nos raisonnements et rend bien plus difficile de comprendre où gît l'injustice dans les cas de ce genre. L'inspiration mutuelle, toujours réelle et présente, ne doit pas être un objet de méfiance ; c'est au contraire l'un des aspects les plus attrayants des sociétés diverses.

Les problèmes de l'« appropriation culturelle »

La vigilance envers l'appropriation culturelle trouve souvent son origine dans la colère face à de réelles injustices ou à des comportements indubitablement injurieux. Au printemps 2017, par exemple, des membres de la fraternité

Kappa Sigma de l'université Baylor ont organisé une fête « Cinco de Drinko* », parodie malveillante d'une fête (à l'authenticité douteuse par ailleurs) qui célèbre l'héritage culturel des Mexicains-Américains. De nombreux étudiants sont venus assister à la fête vêtus de ponchos et de sombreros. Certaines filles s'étaient déguisées en bonnes à tout faire. Deux garçons dansaient sur une table en tenue d'ouvriers du bâtiment.

Beaucoup d'autres ont senti qu'on se moquait ouvertement d'eux. « Mon père est peintre et ma mère nettoie les bureaux, a commenté Grace Rodriguez, en deuxième année dans la même école. Pas parce qu'elle adore nettoyer. Parce qu'elle veut que je m'en sorte mieux qu'elle. » Grace a raison. Ce « Cinco de Drinko » était insultant et de mauvais goût. Cependant, le concept d'« appropriation culturelle » nous aide-t-il à comprendre en quoi ?

Dans la littérature naissante sur ce concept, les philosophes ont tenté d'expliquer la nature du mal. Certains affirment que c'est une forme d'exploitation, un vol de la propriété intellectuelle légitime d'une communauté marginalisée au profit d'individus privilégiés. Pour d'autres, c'est une forme d'oppression capable de « réduire au silence, de parler à la place et de déformer la représentation » de différentes communautés. D'autres encore avancent que cela porterait atteinte à l'« intimité » des groupes concernés.

Afin d'être cohérentes, ces explications variées défendent la même hypothèse centrale : certaines communautés devraient jouir de la propriété, formelle ou informelle, de certaines pratiques et artefacts culturels, et du pouvoir d'en désigner les utilisateurs légitimes. Ainsi, afin d'en distinguer

* Jeu de mots douteux construit sur « Cinco de Mayo », le 5 mai, et *Drink*, « boire », « boisson », NdT.

les usages appropriés, il nous faut savoir qui peut participer à une pratique culturelle, et dans quelles circonstances ses propriétaires jugeraient que des étrangers puissent y participer aussi. Or, cela soulève une cohorte de questions complexes auxquelles aucune réponse satisfaisante n'a été apportée, et à mon avis ne le sera jamais. En voici certaines : comment une communauté en vient-elle à devenir propriétaire d'un ensemble de produits culturels ? Qui compte parmi les membres de cette communauté ? Quelle est la procédure de décision pour déterminer les utilisateurs légitimes de ces produits culturels ? Quelles seront les punitions quand ces règles seront enfreintes ? Pour illustrer à quel point apporter une réponse satisfaisante à ces questions est difficile, je vais me concentrer sur deux d'entre elles : le problème du propriétaire originel et celui de l'appartenance à la communauté.

Le problème du propriétaire originel

Les philosophes conçoivent depuis longtemps des théories sur la propriété et sur son fonctionnement avant la création des États modernes et des lois explicites qu'ils appliquent. Selon une célèbre formule de John Locke, par exemple, quelqu'un devient propriétaire quand il « mélange son labeur » à un objet physique, tel qu'un lopin de terre, et gagne ainsi la jouissance légitime de ses fruits. Aujourd'hui encore, des avocats passent un temps fou sur les subtilités de la loi des contrats, réglant tous les détails de qui possède quoi en quelles circonstances. Si nous voulons obtenir un concept d'appropriation culturelle fonctionnel, il nous faudra un équivalent de ces régimes formels et informels de droits de la propriété : une reconstitution crédible des raisons pour lesquelles, même en l'absence de lois explicites, un groupe disposerait à bon droit d'une forme collective de propriété sur certaines pratiques ou artefacts culturels.

À première vue, cela ne paraît pas trop compliqué. Ainsi, même en l'absence de droits de propriété formels, nous pourrions estimer qu'un groupe se les arroge dès lors qu'il consacre des efforts à créer ces pratiques et artefacts. Si les Vietnamiens ont inventé le *banh mi*, ils devraient jouir de certains droits quant à ses utilisations et ses utilisateurs.

Seulement, aussi plausible qu'elle paraisse au premier abord, cette reconstitution des origines de la propriété collective se révèle incohérente dans la plupart des cas. Si nous accordons l'existence de ces droits de propriété collectifs sur des artefacts culturels, il reste ainsi impossible d'expliquer ce qu'il y aurait d'inapproprié pour des Nord-Américains d'origine européenne, africaine ou sud-américaine, à réaliser des profits en vendant ce sandwich. Pourtant, de nombreux chefs et propriétaires ont récemment été signalés à la vindicte populaire pour cette raison, surtout quand leurs efforts n'étaient pas jugés suffisamment « authentiques ». Mais, le *banh mi* étant servi sur un pain qui rappelle curieusement la baguette, pourquoi ses inventeurs auraient-ils eu le droit de le créer ?

Depuis l'aube des temps, la culture humaine a évolué par brassage et réappropriation d'une gamme très riche d'influences. De fait, si nous appliquons ces lois aux inventeurs originels de l'artefact dont le concept d'appropriation culturel cherche à limiter l'usage, nous découvrirons bien vite que les supposées victimes avaient auparavant commis exactement le même délit.

Cela souligne un élément aussi simple qu'essentiel : presque tous les plats, les modes et les inventions fantastiques dont l'humanité peut se targuer ont puisé à la source de multiples cultures. Tenter d'assigner tel ou tel fait culturel particulier à une communauté unique est une entreprise délirante. Pour la même raison, notre créativité humaine se trouverait fondamentalement bridée si nous ne pouvions plus à l'avenir puiser l'inspiration dans toutes les cultures et toutes les communautés.

Voici ce qu'en a dit le philosophe britannico-américano-ghanéen Kwame Anthony Appiah, dont les ancêtres paternels étaient les chefs de la tribu Ashanti, les inventeurs du tissu kente :

> Tenter de trouver une culture d'une authenticité primordiale revient à peler un oignon. Ces tissus que la plupart d'entre nous relient à la tradition de l'Afrique de l'Ouest sont appelés les teintures de Java, ils sont arrivés au XIXe siècle avec les batiks javanais que les Hollandais vendaient, et bien souvent tissaient. La tenue traditionnelle des femmes hereros en Namibie dérive des habits des missionnaires allemands du XIXe siècle, même si elles sont encore distinctement hereros, ne serait-ce que grâce à leur gamme de couleurs qui n'a rien de très luthérien. Il en va de même de nos tissus kente : la soie a toujours été importée, vendue par les Européens, produite en Asie. Cette tradition était autrefois une innovation. Devrait-on la rejeter pour cette raison ? La juger hors de la tradition ? Jusqu'à quelle époque doit-on remonter ? Devrait-on condamner les jeunes femmes et les jeunes hommes de l'université de sciences et de technologie, à quelques kilomètres de Kumasi, qui portent des tenues européennes pour leur remise de diplôme, doublées de bandes en kente (comme ils le font également aujourd'hui à Howard et Morehouse) ? Les cultures sont composées de continuités et de changements et l'identité d'une société peut survivre à ces changements. Les sociétés qui ne changent pas ne sont pas authentiques, elles sont mortes.

Le problème de l'appartenance

Comprendre qu'un artisan local ou un innovateur culturel devrait, faute d'outils légaux pour le faire respecter, disposer d'un droit moral sur les fruits de sa création, c'est très simple. Si une pauvre paysanne crée un motif de tissu ou découvre les bienfaits d'une plante endémique, que cette découverte bénéficie à des millions de gens, elle mérite les honneurs et les fruits de son labeur. Cependant, il est loin d'être certain que l'acte créatif d'un individu, ou même d'un petit collectif, devrait transférer ce genre de droits à une large catégorie de population fondée sur l'identité – cette catégorie que le concept d'appropriation culturelle cherche à désigner comme détentrice d'un droit de propriété informel.

Les humains ont une tendance innée à distinguer l'endogroupe de l'exogroupe. Mais leur manière de tracer cette distinction entre ceux qui appartiennent à la communauté et ceux qui lui sont étrangers dépend toujours des contextes locaux. Ainsi, les artisans ayant créé la majeure partie de l'héritage culturel de l'humanité ne s'identifiaient probablement pas aux genres de groupes très larges qui nous paraissent pertinents à nous, membres de sociétés mondialisées et bien plus interconnectées. Plutôt que de se penser comme parties des grandes catégories ethniques ou raciales telles que les codifient le Bureau du recensement américain, le Bureau des statistiques nationales britannique ou l'Insee, ces artisans se considéraient certainement comme les membres d'une tribu indigène bien spécifique, ou comme résidents d'un village en particulier.

Ceux qui nous mettent en garde contre l'appropriation culturelle pensent que la paysanne inconnue qui a créé le rebozo, ce châle que portent beaucoup de femmes au Mexique, aurait en quelque sorte transféré les droits de sa création à ces gens qu'on appelle aujourd'hui des Hispaniques, ce qui interdirait aux femmes blanches d'en faire bon usage. Mais par quelle alchimie étrange son invention aurait-elle pu conférer ainsi, à un groupe auquel elle ignorait appartenir, une forme de propriété collective sur les fruits de sa création ? C'est loin d'être clair.

Cela soulève par ailleurs un autre problème, qui peut sembler théorique ou abstrait, mais qui a de grandes chances d'aboutir à des dilemmes très concrets et souvent absurdes dans la vie réelle : qui compte parmi les « propriétaires » en nom collectif de la pratique ou de l'artefact considéré ? Est-ce que les Américains d'origine mexicaine dont les ancêtres sont venus d'Europe disposent du droit aux pratiques culturelles héritées des Mayas ? Les brahmanes peuvent-ils pratiquer les danses inventées par les membres des castes inférieures (et vice-versa) ? Les membres de la tribu africaine des Chewas ont-ils le droit de vendre les plats concoctés à l'origine par leurs voisins les Tumbukas ? Est-ce qu'une métisse comme Selena peut reproduire l'œuvre d'une artiste « entièrement » asiatique ?

En philosophie, quand le principe moral qu'on défend nous pousse à réévaluer le monde au filtre de critères toujours plus absurdes, c'est généralement qu'on s'égare. C'est le cas ici. Quiconque prend au sérieux l'idée d'appropriation culturelle se voit forcé de trancher des questions telles que « Selena est-elle suffisamment asiatique pour recréer l'œuvre de Cao Fei ? » ou « Est-ce approprié, pour des immigrés mexicains dont les ancêtres venaient d'Espagne, de vendre des *cochinita pibil*, plat populaire inspiré de la cuisine maya ? ». C'est à mon avis une excellente raison de chercher un meilleur moyen d'articuler les blessures bien réelles infligées dans nombre de ces situations qu'on a labellisées, à tort selon moi, comme des cas d'« appropriation culturelle ».

Un meilleur moyen de désigner le mal

Appliquer le langage de l'appropriation culturelle avec cohérence nous pousse à poser des questions absurdes et à tirer de mauvaises conclusions. Si ce concept est néanmoins devenu si présent dans les discours, c'est parce que certains cas qualifiés d'« appropriation culturelle » renferment de véritables injustices. Existe-t-il un moyen de les exprimer qui ne nous mènerait pas dans une impasse ?

Revenons à cette fête du Cinco de Drinko. Les étudiants qui y ont participé ont effectivement mal agi et l'idée d'appropriation culturelle s'est répandue si vite en bonne partie parce qu'elle promet d'expliquer ce qui rend leur comportement blessant. Mais, à y regarder de plus près, d'une part l'idée de l'appropriation culturelle échoue à saisir ce qu'il y a de plus grave dans cette situation, d'autre part il existe un meilleur moyen d'exprimer ce que les philosophes appellent ses « caractères malveillants ».

Dans le langage de l'appropriation culturelle, le problème était que les étudiants non latinos s'appropriaient certains des éléments les plus caractéristiques de la culture mexicaine pour leur propre usage. Mais les implications d'une telle affirmation ne tiennent pas debout. Les ponchos et les sombreros sont en effet une partie de la culture traditionnelle mexicaine, mais les costumes de bonne et d'ouvrier du bâtiment ne le sont pas. Ainsi, toujours selon la perspective de l'appropriation culturelle, les étudiants qui avaient revêtu des ponchos et des sombreros avaient tort de le faire, mais ceux déguisés en bonne et en ouvrier n'avaient rien fait de mal. Est-ce bien vrai ?

Évidemment que non. Porter un sombrero ou un poncho peut certainement être jugé indélicat et de mauvais goût, mais pas nécessairement ridicule ni irrespectueux. Par contraste, porter un costume de bonne ou d'ouvrier pour une fête à thématique mexicaine est bien plus insultant et bien plus cruel. Comme l'a reconnu Grace Rodriguez, l'intention était clairement de suggérer que les Latinos sont (ou, pire, devraient être) des femmes de ménage et des travailleurs manuels exclusivement, pas des étudiants ou d'autres professionnels.

Comme les comportements les plus insultants de cette fête n'avaient rien à voir avec de l'appropriation culturelle, il nous faut une autre explication de ce qui les rend malveillants. Celle qui paraît bien mieux correspondre est tout simplement que le choix des déguisements exprimait des stéréotypes profonds et blessants sur les Latinos. Le problème n'était pas qu'ils aient porté un sombrero ou un costume de bonne, c'est qu'ils l'ont fait en cherchant à dépeindre les Latinos comme un groupe peu éduqué dont il serait loisible de se moquer.

La même dynamique est présente dans quasiment tous les cas où les médias évoquent le spectre de l'appropriation culturelle. Quand une critique du *Toronto Star* a obtenu la fermeture d'une petite entreprise au beau milieu de la pandémie parce qu'elle servait une soupe phô (soupe populaire du Vietnam) insuffisamment authentique, elle a justifié sa colère en rappelant qu'à l'école, ses camarades de classe se moquaient du contenu de sa boîte à pique-nique. C'était bien sûr une mauvaise action de leur part, de se moquer parce qu'elle ne mangeait pas la même chose qu'eux au déjeuner, mais obtenir la fermeture d'un restaurant qui servait une soupe phô inauthentique ne préservera aucun enfant de telles injustices. (Si cela avait le moindre effet de cet ordre, ce serait même plutôt l'inverse : plus une cuisine pénètre le courant dominant d'un pays, même sous une forme abâtardie, moins les enfants qui mangent ces plats-là subiront de moqueries.)

Parmi les exemples les plus célèbres d'appropriation culturelle, la plupart commettent la même erreur d'identification des caractères malveillants. Les musiciens de rock comme Pat Boone, par exemple, ont été blâmés pour avoir acquis leur célébrité en s'appropriant des styles musicaux populaires chez les Afro-Américains, ou même en pillant des musiciens noirs dont la couleur de peau leur barrait l'accès à la célébrité. Là encore, il est à la fois hors de doute que ces musiciens noirs ont été lésés, et plus que douteux que le concept d'appropriation culturelle soit le mieux à même de décrire la nature du préjudice subi. La justice n'aurait pas consisté ici à empêcher Boone de populariser cette musique et de permettre à des millions de gens d'en partager les joies, mais plutôt à abattre les barrières sociales et légales qui empêchaient les artistes afro-américains comme Little Richard, Big Mama Thornton et Muddy Waters de jouir à bon droit des fruits de leurs efforts créatifs.

*

* *

Dans toute l'histoire de l'humanité, différents groupes se sont influencés, différentes cultures se sont émulées. C'est tout particulièrement vrai aux États-Unis et au Canada, mélanges des influences que leurs résidents avaient importées de leur pays d'origine. Mais c'est aussi le cas de pays dont les gouvernants prétendent la culture « pure ». La tradition culturelle polonaise, par exemple, puise à foison dans une religion dont les origines remontent au Proche-Orient, un système de numération indien qui a transité par le monde arabe, une écriture née dans le sud de l'Europe et une cuisine où domine un certain tubercule amidonné natif du Nouveau Monde.

Il ne devrait pas être surprenant que les époques les plus révérées de notre histoire soient issues de temps et de lieux qui autorisaient différentes cultures à s'inspirer les unes les autres. De la Bagdad du IXe siècle à la Vienne du XIXe, en passant par Paris, Amsterdam et New York au XXIe siècle, c'est l'hybridation culturelle qui a permis aux sociétés multiethniques de s'épanouir et de rayonner.

Pour toutes ces raisons, le plaisir de l'influence réciproque n'est pas un péché contre lequel les sociétés diverses devraient se garder, c'est leur promesse centrale, qu'elles tiendront si nous nous y prenons correctement. Plutôt que condamner l'appropriation culturelle, nous devrions chercher à construire une société dont les membres seraient tous également valorisés quelle que soit leur communauté d'appartenance, et libres de puiser leur inspiration dans les cultures de tous leurs compatriotes.

Points clés

- La gauche a traditionnellement loué la faculté de l'art de parler aux individus par-delà les barrières d'ethnie et de religion. Mais dernièrement, beaucoup de milieux de gauche, en particulier les milieux artistiques, ont soutenu l'idée que, pour les membres des groupes dominants, participer, utiliser ou jouir de la culture des communautés marginalisées constituait une dangereuse forme d'« appropriation culturelle ».
- Le concept d'appropriation culturelle profite d'une plausibilité de surface du fait que les artistes des groupes marginalisés ont bien souvent été lésés du fruit de leur création. Mais tel qu'appliqué aujourd'hui, ce concept échoue à décrire correctement les

problèmes rencontrés et inhibe des formes précieuses d'échange culturel.

- Le concept d'appropriation culturelle est fondé sur la notion implicite de la propriété collective de certains produits et idées. Mais comment des individus particuliers ayant vécu en d'autres lieux, à d'autres époques (telles que les artisanes indigènes d'Amérique centrale) transmettent-ils la propriété de leur invention aux catégories identitaires très larges (telles que « les Latinos ») que nous connaissons aujourd'hui ? Cela n'est pas très clair. Et comme tous les artefacts, toutes les idées sont elles-mêmes inspirées d'une large gamme de cultures préexistantes, la raison pour laquelle une innovation particulière devrait atteindre le statut de propriété collective ne l'est pas beaucoup plus.
- En termes philosophiques, l'appropriation culturelle identifie mal les « caractères malveillants » des situations d'injustice. Dans les exemples d'appropriation vraiment injustes, les injustices à l'œuvre s'expliquent plus simplement, par exemple par la discrimination à l'encontre des artistes noirs ou l'intention de se moquer des Latinos. Même quand il est impossible d'exprimer les torts causés aussi simplement que ça, ostraciser les échanges culturels sains n'est pas la solution.
- La faculté de gens issus de cultures différentes de s'inspirer les uns les autres est l'un des principaux attraits des sociétés diverses. C'est bien le désir de lutter contre les injustices qu'on voit à l'œuvre dans ce combat contre l'appropriation culturelle, mais nous devrions plutôt défendre fièrement les joies de l'influence culturelle réciproque.

Chapitre 10

Parlez librement

Lors de ma première visite à Sopron, petite ville de l'ouest de la Hongrie qui connut une croissance fulgurante après la chute du Mur, je m'étais d'abord émerveillé de la beauté de ses églises et de ses rues pavées. La ville fraîchement rénovée illustrait brillamment la transition réussie du communisme à la démocratie. Puis j'avais approché quelques passants pour savoir ce qu'ils pensaient de leur gouvernement. Notant le logo de la BBC sur mon micro (je travaillais dans quatre pays d'Europe centrale pour un documentaire radiophonique), la plupart avaient refusé de me parler.

Enfin, je trouvai un ouvrier d'âge moyen qui accepta d'échanger quelques mots une fois mon micro coupé. « On a peur, m'a-t-il dit. Si je critique le gouvernement au micro de la BBC, je pourrai me retrouver au chômage demain. » Ce n'était pas un employé de l'État, mais son entreprise travaillait souvent pour des projets publics. Si les politiciens locaux entendaient dire qu'un employé de cette entreprise avait critiqué le gouvernement, ils pourraient exiger son licenciement. Un risque qu'il ne pouvait courir.

Partout dans le monde, les populistes autoritaires de la trempe de Viktor Orbán s'en prennent à la liberté d'expression. Leurs premières victimes ont souvent été les journalistes d'investigation ou les leaders d'opposition les plus en vue.

Mais, comme Orbán, beaucoup s'en sont pris ensuite à la parole des gens ordinaires. À Sopron comme à Bangkok et à Manille, à Bombay et à Istanbul, il faut prendre garde à ce qu'on dit.

Même aux États-Unis, on constate des tentatives de plus en plus fréquentes d'employer la loi pour réguler la parole. Au niveau des États, de nombreuses assemblées républicaines ont par exemple encadré légalement ce que les fonctionnaires sont autorisés à dire en matière de racisme ou de sexualité. Au premier abord, il s'agit surtout de déterminer le contenu des cours des professeurs des écoles publiques, domaine où l'État dispose d'un intérêt légitime à réguler. Cependant, ce que ces lois interdisent est défini d'une manière si large qu'elles en deviennent inquiétantes.

Au Tennessee, par exemple, une loi de 2022 interdit tout matériel pédagogique qui promouvrait « la division ou le ressentiment entre les races, les sexes, les religions, les croyances, les affiliations politiques non violentes, les classes sociales ou les classes de personnes ». Dans le même genre, en Floride, une loi de 2022 interdit « l'instruction scolaire, par le personnel de l'école ou par des tiers, relative à l'orientation sexuelle ou l'identité de genre » de la maternelle au CE2 ; même dans les niveaux plus élevés, cela reste illégal quand c'est effectué « d'une manière inadaptée à l'âge des élèves ». Ces lois sont si floues qu'elles risquent de brider des formes d'expression légitimes, par exemple des enseignants qui mentionneraient des conjoints de même sexe, ou qui évoqueraient des injustices historiques telles que l'esclavage.

Heureusement, des protections constitutionnelles fondamentales fixent aux États-Unis des limites à l'action coercitive des autorités contre la libre expression des citoyens. Le premier amendement de la Constitution interdit au Congrès de passer des lois « restreignant la liberté d'expression ou la liberté de la presse ». Les Constitutions des cinquante États incluent des interdictions semblables. (Bien que les lois du Tennessee et de Floride régulent ce qu'un fonctionnaire en service peut dire, il serait inconstitutionnel qu'elles leur imposent des restrictions du même ordre hors de leur service.) Même avec un Donald Trump au pic de sa puissance, les Américains n'avaient rien à craindre du gouvernement en la matière, ils pouvaient exprimer librement leurs opinions.

Mais dans d'autres pays, des lois très strictes encadrant les discours de haine et les injures publiques contraignent l'expression de leurs citoyens jusqu'à un point troublant. En février 2021, par exemple, trois agents de police de Merseyside, dans le nord de l'Angleterre, sont descendus dans la rue avec un message d'intérêt public. Vêtus de leurs uniformes, le visage couvert du masque censé les protéger de la pandémie, ils ont posé devant un énorme panneau d'affichage qui annonçait « Offenser est un délit ». (Le panneau ne précisait pas ce qu'il considérait comme offensant, ni qui en serait le juge.)

En Allemagne, les lois sont encore plus contraignantes et encore plus sujettes aux dérives. À Stuttgart, des militants de gauche ont été attaqués en justice pour avoir vendu des produits antifascistes où figurait un bonhomme bâton lançant une croix gammée à la poubelle, car ce symbole est interdit en Allemagne. À Berlin, la police a enquêté sur les éditeurs d'un magazine gay où le pape Benoît XVI était décrit comme homophobe. À Hambourg, elle s'est présentée au domicile d'un résident avec un mandat de perquisition. Son crime ? Il avait répondu *via* Twitter au message d'un fonctionnaire du gouvernement très critique envers ceux qui, durant la pandémie, avaient organisé des soirées. Sa réponse : « T'es tellement con. »

Pendant ce temps, la censure s'est vite institutionnalisée dans certains des domaines les plus importants du débat public, où les réseaux sociaux comme Twitter et Facebook sont devenus indispensables. Ceux-ci, quand ils bannissent des opinions, leur rendent très difficile l'accès à de vastes segments de population. Pourtant, les P-DG des grandes entreprises de la tech ont juré qu'ils banniraient un ensemble très large et mal défini d'idées qu'ils considèrent comme de la « désinformation ». Ainsi, ils ont artificiellement limité les discussions sur l'origine du Covid-19, sans justification, et sur les scandales autour du fils d'un candidat à l'élection présidentielle américaine.

C'est surtout aux États-Unis que cet esprit de censure a gagné le discours dominant. Des chaînes de télévision et des plateformes de streaming ont supprimé des épisodes de série qu'elles considéraient comme offensants. Des maisons d'édition ont annulé les sorties de romans très attendus parce qu'une poignée de critiques en ligne les avaient jugés irrespectueux. Des salles ont annulé des spectacles comiques parce que leurs employés les avaient prévenus qu'ils risquaient de s'y tenir des propos « dangereux ». Des universités ont annulé les invitations de conférenciers en raison de leurs opinions, pourtant largement partagées, sur la discrimination positive, exprimées dans les pages d'un magazine de tirage national. Un grand nombre de personnes ont perdu leur emploi du jour au lendemain pour des offenses triviales ou imaginaires.

Ces exemples de censure ou d'opprobre sont très médiatisés quand ils impliquent une célébrité. Mais, au quotidien, ils affectent beaucoup ceux qui ne font jamais la une. Plus de trois Américains sur cinq disent aujourd'hui s'abstenir d'exprimer leurs opinions politiques par peur des conséquences. Une majorité d'étudiants du pays admet s'être autocensurée par le passé, seulement un sur quatre affirme être à l'aise quand il s'agit de discuter de sujets controversés avec ses camarades. Au *New York Times*, environ une moitié des salariés du journal estiment que leurs collègues ont « peur d'exprimer ce qu'ils pensent vraiment ».

C'est un problème. Afin de se sentir le pouvoir d'entrer dans le débat politique, il n'est pas suffisant de se savoir préservé du risque de la prison, comme l'ont reconnu de longue date les politologues. Il nous faut également ne pas craindre que l'expression d'une opinion un tant soit peu éloignée du capricieux consensus de l'heure nous vaille l'opprobre, ou le licenciement. Comme l'a remarqué John Stuart Mill sous l'ère victorienne :

> [La société] exerce une tyrannie sociale plus formidable que mainte oppression légale : en effet, si cette tyrannie n'a pas à son service d'aussi fortes peines, elle laisse moins de moyens de lui échapper ; car elle pénètre bien plus avant dans les détails de la vie, et enchaîne l'âme elle-même. C'est pourquoi la protection contre la tyrannie du magistrat ne suffit pas : il faut aussi la protection contre la tyrannie des opinions et des sentiments dominants ; contre la tendance de la société à imposer comme règles de conduite, par d'autres moyens que les peines civiles, ses idées et ses coutumes à ceux qui s'en écartent.

C'est pourquoi une société libre réclame une *culture* de la liberté d'expression authentique. C'est en ce domaine que les habitants des démocraties affrontent aujourd'hui un grave danger.

Cet état de fait déplorable admet beaucoup d'explications, dont cette manière qu'ont les réseaux sociaux de faciliter la tâche des extrémistes quand il s'agit d'attiser la colère collective contre toute voix qui s'écarterait du consensus établi. Pour cette raison, le coût du désaccord a encore augmenté pour ceux qui osent aller à contre-courant de leur propre camp, et ce des deux côtés d'une ligne de démarcation partisane toujours plus profonde, du moins aux États-Unis. De mon côté, en tant que membre de la gauche depuis longtemps, et très attaché à la liberté d'expression, une des causes de cette transformation me paraît particulièrement notable : de grandes parties de la gauche américaine sont à présent ouvertement contre l'idéal de la liberté d'expression.

Des abolitionnistes luttant pour leur droit de dénoncer l'esclavage dans les années 1850 aux manifestations étudiantes contre la guerre du Vietnam cent ans plus tard, la gauche américaine a longtemps été la championne de la liberté d'expression. « La liberté est sans valeur quand le droit d'exprimer ses pensées et ses opinions n'existe plus », déclara un jour Frederick Douglass. Surnommant la liberté d'expression la « terreur des tyrans », il considérait qu'elle était « aux yeux de tous les hommes attentifs la grande rénovatrice de la société et du gouvernement ».

Pourtant, ces dix dernières années, la défense de la liberté d'expression s'est teintée, dans l'imagination des gens de gauche, de nombreuses nuances de droite. Alexandria Ocasio-Cortez, certainement la plus en vue des jeunes progressistes des États-Unis, a placé à plusieurs reprises la liberté d'expression entre d'ironiques guillemets, et insinué que le premier amendement n'était qu'un « service rendu aux puissants ». Owen Jones, éditorialiste du *Guardian* et un des auteurs de gauche les plus influents du Royaume-Uni, a affirmé que les « soldats de la liberté d'expression » ne se préoccupaient que du « droit de conserver leurs préjugés et de stigmatiser les minorités ». Ellen K. Pao, ancienne P-DG de Reddit, très engagée à gauche, a de son côté exprimé ce dédain de la liberté d'expression de façon plus lapidaire encore : « Au bout du compte, écrit-elle sur Twitter, tout ce que veulent les petits soldats de la liberté d'expression, c'est de pouvoir continuer d'employer des injures racistes. »

Ces arguments comportent de graves erreurs. Comme l'ont depuis longtemps reconnu les philosophes, une véritable culture de la liberté d'expression apporte d'importants bénéfices, elle permet d'identifier nos erreurs et d'accéder à un degré d'analyse profond de nos croyances. Mais les bénéfices de la liberté d'expression ne sont rien face aux problèmes que nous causerait son abandon. Là où la censure règne, ce sont les puissants qui décident de qui parle, les enjeux des élections s'élèvent considérablement et les progrès sociaux deviennent hors d'atteinte. Toutefois, avant de pouvoir répondre à ces critiques de la liberté d'expression, nous devons comprendre leurs arguments. D'où vient cette hostilité grandissante des progressistes à l'égard des « petits soldats de la liberté d'expression », comme nous appelle Pao par dérision ?

Les racines du rejet progressiste de la liberté d'expression

La plus célèbre critique de la liberté d'expression venue de la gauche fut formulée par Herbert Marcuse. Quand Adolf Hitler arriva au pouvoir, Marcuse, juif allemand, allait être nommé au sein du prestigieux Institut de recherches sociales, plus connu sous le nom d'« école de Francfort ». Mais plutôt que d'accepter ce poste, il dut s'enfuir aux États-Unis, s'installer en Californie et se réinventer intégralement. Il devint l'apôtre intellectuel de la Nouvelle Gauche. Selon Marcuse, les principes tels que la liberté d'expression sont certainement très appropriés pour une société réellement libre, mais, juge-t-il dans *Tolérance répressive*, les démocraties occidentales de son époque étaient entièrement définies par la domination de classe et la propagande médiatique. En de telles circonstances, « la liberté (d'opinion, d'association, d'expression) est l'instrument qui absout la servitude ». La liberté d'expression, conclut-il, ne sert qu'à renforcer les défenses de l'oppression.

La solution, selon Marcuse encore, était l'arrivée au pouvoir d'une « majorité subversive », par des moyens violents si nécessaire, et la fin de « la tolérance envers les discours et les rassemblements des groupes et des mouvements qui promeuvent les politiques agressives, l'armement, le chauvinisme, la discrimination fondée sur la religion ou la race, ou qui s'opposent à l'extension des services publics, de la Sécurité sociale, de l'aide médicale, etc. ». Charge ensuite à l'avant-garde intellectuelle d'« identifier les mesures, les opinions, les mouvements qui promeuvent » la tolérance véritable. (En effet, selon Marcuse toujours, certains grands mouvements de l'époque, les révolutions « chinoise et cubaine », avaient déjà réussi à établir la « dictature éducative et démocratique des hommes libres ».)

Un quart de siècle plus tard, un célèbre théoricien de la littérature formula un autre rejet de la liberté d'expression, qui eut beaucoup d'écho. Selon Stanley Fish, la simple idée de liberté d'expression est incohérente par elle-même. Comme « les concepts abstraits tels que la liberté d'expression n'ont pas de contenu “naturel” », dit-il après Foucault, ils sont toujours « remplis du contenu et de la direction » que les vainqueurs des luttes politiques leur confèrent. En s'appuyant sur la tradition de l'étude critique du droit, il estime impossible de tracer une frontière de principe entre l'expression que protègent absolument des dispositions juridiques du type du premier amendement, et celle qui pourrait légitimement se voir régulée.

Ainsi, selon une opinion largement partagée, le premier amendement ne protège pas les « injures publiques » ni les formes d'expression « susceptibles de susciter des représailles ». Le problème, selon Fish, c'est que juger des discours risquant de déclencher une réaction violente chez l'auditeur moyen sera inévitablement très subjectif. Ce n'est pas un cas isolé, ajoute-t-il : la frontière entre ce qui doit être permis et ce qui peut être interdit est toujours une question politique. Ainsi la liberté d'expression est-elle supposément dénuée de signification, simple formule incantatoire vide de sens qui occulte intelligemment les dynamiques de pouvoir à l'œuvre. Il conclut : « La liberté d'expression est simplement le nom que l'on donne au comportement verbal qui sert le mieux les objectifs de fond que l'on s'est fixés. »

L'influence durable de ces deux branches de la critique est très reconnaissable dans les attaques contemporaines contre la liberté d'expression. L'idée de Marcuse selon laquelle la tolérance « véritable » exige de ne pas tolérer les opinions offensantes, par exemple, a aujourd'hui acquis une importance culturelle indéniable. Comme l'a récemment écrit sur Twitter la députée du Labour Nadia Whittome, « N'idéalisons pas le "débat" comme si c'était un acte parfaitement neutre, inoffensif. Le simple fait de débattre dans ces cas-là est une régression effective de l'égalité supposée, un pied que le doute et la haine mettent dans la porte ». La dette envers Marcuse est encore plus flagrante dans les travaux d'Ibram X. Kendi, par exemple quand il affirme que « les idées racistes sont à la fois fausses et dangereuses. Je ne considère pas les idées racistes comme une forme d'expression libre. Je les considère comme des formes d'expression asservie ».

De la même manière, l'idée de Fish a rapidement gagné le discours ambiant : la seule différence entre les partisans de la liberté d'expression et les autres, c'est que chacun trace sa propre frontière entre ce qui est permis et ce qui ne l'est pas, et cette indétermination sert toujours les intérêts des puissants. « Quand la liberté d'expression protège-t-elle les discours des opprimés ? » a demandé un groupe d'étudiants venu perturber un événement auquel devait participer un membre de l'ACLU. Les mêmes répondaient à leur propre question : « Nous savons d'expérience que les droits accordés aux riches, aux Blancs, aux mâles, aux cis, aux hétérosexuels ne ruissellent pas jusqu'aux communautés marginalisées. »

Prises ensemble, ces idées dressent un portrait très sombre de la liberté d'expression, qui a gagné une influence ahurissante ces dernières années. Dans celui-ci, quiconque s'inquiète de restrictions formelles ou informelles de la liberté d'expression est un réactionnaire de droite qui espère secrètement préserver les hiérarchies d'oppression existantes. Certains nient que les cas de punitions personnelles ou professionnelles provoquées par des offenses imaginaires ou négligeables forment une quelconque « *cancel culture* », une « culture de l'annulation ». D'autres célèbrent au contraire ces exemples comme les traces d'une saine « culture des conséquences ». (Voir par exemple ce qu'a dit Denise Branch, une « consultante antiraciste » très en vue, au magazine *Forbes* : « La culture des conséquences est nécessaire pour construire des lieux de travail plus sécurisés, plus inclusifs, plus équitables et plus responsables. ») Les deux nient que les instances constatées de ce phénomène, réseaux sociaux qui censurent des contenus, entreprises qui licencient leurs employés, éditeurs qui abandonnent des auteurs parce que certains les jugent controversés, feraient planer la moindre menace sur la liberté d'expression, au prétexte que l'exercice formel du pouvoir de l'État n'y joue aucun rôle.

Les défenseurs d'une conception large de la liberté d'expression peuvent-ils répondre à ces critiques ? Oui. Les arguments traditionnels en sa faveur, qui se concentrent sur ses bénéfices, conservent une grand part de leur acuité aujourd'hui. Mais il y a, je crois, des arguments plus convaincants encore pour la liberté d'expression : ils se concentrent quant à eux sur les conséquences désastreuses que pourrait avoir son abandon, plutôt que sur les bienfaits de sa protection. Il se trouve que ces arguments sont tout spécialement pertinents pour des sociétés polarisées aux enjeux politiques dangereusement hauts…

Pourquoi réprimer la parole est dangereux

Pour défendre la liberté d'expression, les philosophes ont généralement éclairé sa valeur en énumérant les bénéfices qui en découlent. Deux arguments sont particulièrement fréquents. Le premier souligne le nombre de sociétés qui ont emprisonné, torturé ou assassiné des personnes qui, de Socrate à Galilée, n'avaient fait qu'exprimer ce que les générations futures considéreraient comme la vérité. Voudrions-nous porter l'arrogance au point d'estimer être la première à avoir absolument raison sur tout ? La réponse est évidemment non. Si de grandes avancées scientifiques et morales ont été ralenties par le passé parce qu'une majorité obstinée restreignait la liberté d'expression, de telles limites imposées aujourd'hui nous feraient courir le même risque*.

* En effet, comme le signale John Stuart Mill dans *De la liberté* (trad. Charles Brook Dupont White), la conséquence la plus néfaste de la persécution des hétérodoxes ne concerne pas ceux qui meurent ou sont humiliés aux mains d'une foule hargneuse, elle concerne tous les autres. « Qui peut calculer tout ce que le monde perd dans cette quantité de belles intelligences alliées à des caractères timides, lesquelles n'osent se laisser aller à une façon de penser hardie, vigoureuse, indépendante, de peur d'arriver à une conclusion irréligieuse ou immorale aux yeux de quelques-uns ? »

Le deuxième argument évoque les bénéfices à tirer de l'expression des opinions même fausses. Cela paraît paradoxal. Que pourrions-nous bien perdre à faire taire les opinions qui se révéleront erronées ? La réponse, c'est que même les opinions vraies peuvent, si rien ne vient les défier, se transformer en dogmes inertes. « La vérité ainsi professée n'est qu'une superstition de plus, s'attachant par hasard aux mots qui énoncent une vérité », dit encore Mill. Ses fondations sont alors si fragiles qu'elle en sera balayée très facilement quand, à l'avenir, elle se verra finalement défiée.

Ces deux arguments classiques pour la liberté d'expression conservent leur pertinence aujourd'hui. Durant les vingt ans écoulés depuis mon entrée à l'université, j'ai vu la société changer d'avis sur de très graves questions, de la respectabilité morale de l'homosexualité aux dangers des émissions de dioxyde de carbone. Il ne fait aucun doute que, d'ici trente ou quarante ans, quand nous examinerons nos croyances actuelles, il nous arrivera de nous émerveiller d'avoir pu nous tromper à ce point sur des questions fondamentales. De même, la tentation de consentir au point de vue le plus socialement désirable, sans réfléchir une seconde à ce qu'on dit vraiment, est toujours très présente. Comme Mill, je m'inquiète que cet état d'esprit favorise la récitation publique de slogans à la mode plutôt que les efforts sincères en vue de changements véritables ; il est plus difficile de résister aux idées pernicieuses quand elles revêtent les atours de la justice.

Mais je reconnais aussi que ces arguments peuvent sembler emphatiques à notre époque où les enjeux politiques sont si hauts. Ne faudrait-il pas, comme le propose Fish, sacrifier un peu de ces beaux idéaux pour combattre le racisme, renverser la démagogie et contenir la montée du populisme autoritaire ? Ne serait-il pas naïf, comme le penserait Marcuse, de croire à l'existence d'un authentique « marché des idées » alors que de puissants conglomérats médiatiques font de leur mieux pour influencer l'opinion de leurs spectateurs et de leurs lecteurs ?

Ce sont de bonnes questions. Les démocraties ont des buts essentiels parfois opposés à l'idée de liberté d'expression. Et, en tous les cas, poser l'hypothèse que le débat aboutirait toujours à la victoire du vrai serait incroyablement naïf. Ces objections sensées expliquent pourquoi les nobles défenses des philosophes classiques en sa faveur sont insuffisantes. Mais il se trouve que le meilleur angle ne se concentre pas, en réalité, sur les bienfaits qui dérivent le plus souvent de sa sauvegarde, mais sur les méfaits susceptibles de naître de son absence.

Trois conséquences négatives de l'abandon de la liberté d'expression sont tout particulièrement importantes à notre époque de polarisation politique historique. Les trois sont intimement liées au fait que toute restriction de la liberté d'expression finit par renforcer la domination des puissants. En effet, si le pouvoir est capable de censurer ce qu'il considère comme des opinions nocives, alors :

1. les idées des puissants seront systématiquement préférées à celles des plus faibles, ce qui perpétuera une injustice que les opposants progressistes à la liberté d'expression abhorrent, à raison ;
2. l'enjeu du pouvoir augmentera considérablement, ce qui incitera les militants à refuser les résultats des élections, voire à se tourner vers la violence ;
3. la société perdra cette soupape de sécurité précieuse qui permet aux victimes de mauvaises politiques publiques de protester contre le statu quo, ce qui rendra les changements sociaux nécessaires plus difficiles à réaliser.

Plus de pouvoir aux puissants

Sur Twitter et Facebook, sur YouTube et TikTok, on lit ou on entend beaucoup de « déchets », pour reprendre un mot populaire sur ces réseaux sociaux. Le monde irait bien mieux si certains étaient à peine assez futés pour se taire. S'il existait un moyen inoffensif pour que personne n'ait à supporter leurs opinions, je serais tout à fait pour.

Il y a juste un petit problème. Afin de nous assurer que ces propos sans valeur ne touchent aucun public, il nous faudrait désigner un ensemble de personnes ou d'institutions chargé de déterminer les messages (articles, livres, etc.) si dénués d'intérêt ou si dangereux qu'ils mériteraient la censure. Or, bien que j'aie ma propre opinion sur la frontière qui sépare le beau du dégoûtant et la provocation stimulante du trollage pur et simple, je ne fais tout simplement confiance à personne pour la tracer à ma place. Cette impossibilité de nommer des censeurs intelligents et désintéressés est la meilleure raison, la plus convaincante, contre les restrictions de la liberté d'expression.

Qu'elles travaillent dans un minuscule bureau beigeasse à Washington D.C. ou dans un *open space* rutilant de la Silicon Valley, les personnes assez puissantes pour servir de censeurs ne tarderont pas à faire passer leurs propres intérêts devant ceux de la société. Comme l'ont montré encore et encore les politologues et les sociologues des organisations, ceux qui dirigent les institutions sociales d'influence ont tendance à préserver jalousement leur pouvoir. Ainsi, les bureaucrates qui dirigeraient notre Bureau de la censure fédérale (fictif), comme les cadres en charge du Comité de facilitation des discours chez Facebook (tout aussi fictif), chercheraient probablement à assurer la pérennité de leur emploi. Ils seraient alors fortement tentés de censurer toutes les critiques de leur droit à la censure.

Pour ne rien arranger, étant donné le pouvoir et l'influence dont ils jouiraient, les comités qui détermineraient les justes frontières de la liberté d'expression feraient l'objet de luttes politiques intenses. Même si les premiers nommés au Bureau de la censure fédérale ou au Comité de facilitation des discours avaient un sens du service public exceptionnel, chacun des camps toujours plus retranchés de notre monde politique placerait bien vite ses propres fidèles dans ces institutions. Plutôt que de protéger la société des guerres de clans et des rivalités partisanes acrimonieuses, ces institutions en deviendraient elles-mêmes les objets.

Paradoxalement, ce problème devrait être le plus présent à l'esprit des gens de gauche très pessimistes quant à la situation actuelle des démocraties occidentales. Les défenseurs de la version vulgarisée de la synthèse identitaire insistent beaucoup pour dire que des pays comme les États-Unis ou le Royaume-Uni seraient fondamentalement définis par le racisme, formés autour de lui. Même des institutions qui penchent à gauche, comme l'université Harvard, le *New York Times* ou la BBC, perpétuent selon eux la domination blanche. Pourtant, les mêmes penseurs, les mêmes militants semblent penser que des censeurs chargés de déterminer les limites du discours acceptable seraient libérés comme par miracle de ces vices. C'est bien naïf. Les progressistes seraient probablement capables de censurer les idées qui leur déplaisent au sein des institutions et des professions de gauche, mais une société qui a pour habitude d'étouffer les opinions impopulaires aura tout autant de chances de faire disparaître leurs propres points de vue.

Plus d'enjeux aux élections

La promesse centrale de la démocratie électorale, c'est qu'une défaite n'est jamais définitive. On peut penser, comme le veut le cliché, que « la prochaine élection sera la plus importante de l'histoire ». Que les décisions politiques des cinq prochaines années enrichiront ou appauvriront des millions de gens. On peut même tout faire pour s'assurer la victoire : faire campagne, donner de l'argent, salir son opposant. Mais irait-on jusqu'à s'affranchir des règles du jeu démocratique et barrer l'accès au pouvoir de notre adversaire s'il remportait l'élection à la loyale ?

Comme nous le rappellent les événements du 6 janvier 2021, la réponse à cette question, au cours de la longue et tumultueuse histoire de nos démocraties, a été bien trop souvent oui. Une fois la polarisation politique tellement intense que beaucoup jugeraient intolérable une victoire de l'opposition, les risques de (tentatives de) coups d'État ou même de guerres civiles augmentent considérablement. Quand les enjeux politiques sont suffisamment hauts, les citoyens sont bien moins enclins à se plier aux règles.

Heureusement, les démocraties ont conçu quelques mécanismes simples pour réduire l'éventualité d'une telle tragédie. Elles y sont parvenues pour une bonne part en se dotant d'institutions qui réduisent les enjeux de la compétition politique et rendent ainsi plus tolérable la victoire de l'autre camp. Tant que les citoyens feront confiance au système de contre-pouvoirs pour limiter celui des gouvernements, ils ne croiront pas au vainqueur ultime. Même s'ils perdent des élections, ils auront, quelques années plus tard, une autre occasion de défendre leurs valeurs et de persuader leurs compatriotes de la justesse de leur cause.

C'est une raison, rarement évoquée, à l'appui du caractère contre-productif de limites imposées à la liberté d'expression. Dans un pays fortement polarisé, elle permet à des irresponsables de salir leurs opposants et vilipender les communautés qui leur inspirent une haine irrationnelle. C'est pourquoi il nous est souvent difficile de tolérer que certains de nos compatriotes abusent ainsi du droit que leur accorde la protection de leur liberté d'expression. Mais c'est précisément parce qu'il est si important de ne pas laisser s'envoler les enjeux de la compétition politique que l'absence de liberté d'expression aggraverait terriblement les choses. Si j'ai de bonnes raisons de croire que la victoire de mon opposant lui donnera le pouvoir de m'obliger à taire mes convictions, je serai bien plus enclin à recourir à tous les moyens, dont la violence, pour l'empêcher d'y accéder.

Sans soupape de sécurité

Les gouvernements imposent des régulations strictes dans une grande variété de nos activités, des logements que nous sommes autorisés à construire aux médicaments que les laboratoires pharmaceutiques nous vendent. Quand ces régulations sont mal conçues, le prix à payer est élevé. Par exemple, les gouvernements interdisent parfois la construction de nouveaux logements qui auraient rendu plus abordable la vie dans les grands centres d'activité économique, ou bien ils échouent à autoriser à temps un médicament vital, craignant à tort des effets secondaires délétères. Malgré la gravité de telles conséquences fortuites, nous estimons pour la plupart que les gouvernements conservent leur légitimité à réguler dans bien des domaines. Dans ce cas, pourquoi ne pas les autoriser de la même manière à limiter la liberté d'expression quand il s'agit de discours nocifs ?

Une façon de répondre à cette question consiste à établir la distinction entre les maux qu'on commet en s'exprimant mal, d'une part, et en agissant mal d'autre part. À la différence d'un médicament dangereux, un tweet insultant ne tue pas. C'est vrai. Une autre raison, moins souvent évoquée, est pourtant plus pertinente : limiter la liberté d'expression causerait plus de dégâts que d'autres mesures parce que cela entraverait notre possibilité de corriger le tir.

La liberté d'expression agit comme une soupape de sécurité qui se déclenche en cas de graves dérives. Si certaines positions ou certaines mesures sont mises complètement hors d'atteinte de la critique, les perspectives de progrès social se rétrécissent. Ceux qui estiment que la construction de nouveaux logements entraînerait une baisse des loyers et une hausse des opportunités économiques ne peuvent plus faire parvenir cet argument à l'oreille de leurs concitoyens. Ceux qui ont accumulé les preuves de l'innocuité d'un médicament interdit ne peuvent plus les présenter au régulateur. C'est ainsi que les limites à la liberté d'expression nous font courir le risque de bloquer toute une société dans une position dangereuse, et ce dans un grand nombre de domaines.

Des principes de libre expression pour une société libre

Par une matinée de printemps de l'année de mes 15 ans, j'ai passé des heures à la fenêtre de ma chambre pour regarder s'assembler dans la rue dix mille manifestants. Venus de tout le pays, ils s'étaient rendus à Munich, la « capitale » historique du parti nazi, pour protester contre une exposition sur les crimes qu'avait commis l'armée allemande durant la Seconde Guerre mondiale.

Les hommes avaient le crâne rasé et des rangers noires. Ils agitaient le drapeau du Reich allemand. Leurs banderoles criaient des messages comme « Nos grands-pères étaient des héros » et « Gloire et honneur à la Wehrmacht ». L'Holocauste, dans lequel la majorité de ma famille avait péri, n'avait pris fin que cinquante ans plus tôt.

De ce jour, j'ai compris, dans ma chair, ce qu'ont d'intimidantes les manifestations publiques de haine raciale. C'est pourquoi je conserve une sympathie réelle pour certains des arguments centraux contre la liberté d'expression : je comprends le fardeau émotionnel qui pèse sur les étudiants quand un conférencier ayant attisé la haine envers eux vient visiter leur campus. Et je n'ai moi aussi que du dégoût pour ces trolls d'extrême droite qui invoquent la liberté d'expression pour se protéger des critiques envers leurs choix odieux.

Pourtant, je continue à croire qu'une solide culture de la liberté d'expression demeure le soubassement essentiel d'une démocratie épanouie. En surface, les lois plutôt vagues contre les discours de haine qui ont été adoptées dans de vieilles démocraties ces dernières décennies, de l'Allemagne au Royaume-Uni, ne sont censées bannir de la sphère publique que les discours réellement toxiques. Cependant, toute restriction que l'État impose s'appuie, ultimement, sur la menace de l'emprisonnement forcé. Or, si nous commençons à punir des gens pour avoir exprimé leur opinion, nous ne nous contentons pas d'élever les enjeux jusqu'à des degrés périlleux : nous renforçons aussi des personnes et des institutions qui ont peu de chances d'avoir à cœur nos meilleurs intérêts.

Pour cette raison, une société qui accorde de la valeur à la liberté d'expression doit protéger la capacité de ses citoyens à exprimer des opinions impopulaires. Elle doit s'assurer que l'État ne pourra pas les envoyer en prison. Elle doit limiter la faculté des entreprises privées et des institutions, de Twitter à Mastercard, de s'arroger un pouvoir hors de toute proportion sur ce qu'il est loisible ou non d'exprimer dans les lieux de débat aujourd'hui au cœur de nos démocraties. Et elle doit soutenir une vraie culture de la liberté d'expression où personne ne se verrait obligé de donner raison à ses compatriotes par l'intimidation et l'emploi de tactiques illibérales, telles que les campagnes d'annulation.

Abolir les peines en lien avec la liberté d'expression

Dans de nombreux pays européens, l'introduction de lois extensives autant que mal définies contre les discours de haine fait peser aujourd'hui des menaces sérieuses sur la liberté d'expression. Même au Royaume-Uni, où la tradition de libre expression est très forte, la police enquête régulièrement sur des citoyens soupçonnés de discours « offensants », qui tombent sous le coup de règles extrêmement vagues limitant ce qu'il est permis d'exprimer. Pourtant les penseurs, de Voltaire à James Baldwin, ont reconnu le droit d'offenser comme une pièce maîtresse de la liberté d'expression véritable. Ceux qui occupent le pouvoir considéreront toujours comme offensants ceux qui les défient, si bien que les interdictions portant sur des catégories aussi vagues que l'insulte et le blasphème ont tout autant de chances d'être employées contre des justes que contre des trolls. Même quand elles ne concernent que des contenus profondément nauséabonds, d'authentiques discours de haine, il est loin d'être certain qu'elles nous aident à résoudre le problème de fond ; les études suggèrent d'ailleurs que les extrémistes trouvent dans ce cas des moyens plus intelligents d'exprimer leurs opinions odieuses et ne se voient que plus disposés à employer la violence.

Les États modernes disposent d'une puissance considérable. Ils emploient des armées de métier et des forces de police conséquentes, ils définissent des lois coercitives qui imposent leur comportement à leurs citoyens, ils punissent d'amende ou d'emprisonnement ceux qui lui désobéissent. Un État libre de punir une opinion est donc tout particulièrement dangereux. Dans de nombreux domaines, le pouvoir de s'exprimer librement doit être absolu. Pour cette raison, les démocraties, du Royaume-Uni à l'Allemagne, devraient prendre modèle sur le premier amendement de la Constitution des États-Unis et adopter des protections bien plus solides contre la censure d'État. Aucun État ne devrait être en mesure d'emprisonner ses citoyens pour un délit d'opinion.

Les institutions non gouvernementales, qui ne sont pas tenues par le premier amendement, devraient elles aussi s'engager à garantir la protection totale de la liberté d'expression. Le principe fondamental des universités, par exemple, est de produire de la connaissance. Étant donné la facilité avec laquelle cet objectif est détourné par la pression sociale ou la peur du licenciement, elles devraient se doter elles-mêmes de protections très rigoureuses en matière de « liberté académique » (beaucoup l'ont fait, au moins sur le papier). Si les universités veulent être fidèles à leur mission centrale, mieux vaut quelques professeurs répandant des faussetés ou commettant des outrages qu'une situation où personne ne pourrait plus contester un consensus populaire, qui pourrait être parfaitement erroné.

Limiter le pouvoir de censure des acteurs privés

Quand l'État punit ses citoyens pour avoir exprimé une opinion impopulaire, aussi nauséabonde soit-elle, la liberté d'expression court de sérieux risques. Mais, dans de nombreux pays, les punitions les plus dangereuses infligées en cas de discours qui déplaît passent par des mécanismes plus informels. La plupart du temps, elles prennent la forme d'une suspension de compte sur les réseaux sociaux, ou d'une lettre de licenciement, plutôt que celle d'un policier qui viendrait frapper à la porte.

Le pouvoir des acteurs privés, tels que les réseaux sociaux ou les banques, est plus limité que celui des gouvernements. Mais il est plus pernicieux, d'une certaine façon. Après tout, tous les citoyens du monde démocratique accusés d'avoir outrepassé une restriction imposée à leur liberté d'expression auront au moins le droit de se défendre au tribunal. Mais ceux qui se retrouvent licenciés de leur travail ou bannis des réseaux sociaux, ceux qui ne peuvent plus accéder à des services bancaires indispensables tels que la possession d'une carte de crédit, ceux-là n'ont que peu ou pas de recours. Leur destin dépend entièrement de quelques anonymes qui prennent les décisions conformément à des règles et des procédures qui ne sont peut-être même pas publiques. Quiconque tient à garantir une culture forte de liberté d'expression doit donc se préoccuper de contrôler cette faculté des acteurs privés de punir l'expression d'opinions impopulaires ou de fixer les limites du débat légitime. Heureusement, les gouvernements peuvent contraindre les acteurs privés sans franchir les limites très strictes qui leur sont imposées dans ce domaine.

La première étape devrait être d'interdire aux entreprises de licencier leurs employés pour avoir exprimé une opinion impopulaire. Les administrations pourraient y parvenir en incluant les opinions politiques dans la liste des droits protégés du salarié, comme l'ont déjà fait certaines (par exemple, les villes de Seattle et Washington). Évidemment, certains employeurs auront besoin de restreindre ce que leurs employés font ou disent sur leur lieu de travail. Mais, à moins que le travail en question soit de nature explicitement politique, par exemple pour l'organisation d'une campagne électorale, aucune entreprise ne devrait pouvoir licencier quelqu'un pour des opinions exprimées à titre privé. Cela aiderait beaucoup les citoyens à s'exprimer en confiance, sans crainte de s'exposer à la ruine financière.

Ensuite, les institutions financières essentielles, telles que Mastercard, une compagnie de cartes de crédit, et Stripe, un service de paiement électronique, remplissent de fait des services d'utilité publique. Les transactions commerciales les plus basiques, louer une voiture, réserver un billet d'avion, passent toutes par une carte de crédit. Tous ceux qui ont besoin d'engranger des revenus en ligne doivent utiliser un service de paiement électronique. Les citoyens qui n'ont plus accès à ces services ne peuvent plus vivre normalement, voyager librement ni faire fonctionner une entreprise. Ces compagnies devraient donc, comme n'importe quel service public indispensable, par exemple la fourniture de gaz et d'électricité, se voir imposer des restrictions quant à leur possibilité de refuser certains clients. Elles devraient bien sûr être autorisées à le faire pour raisons commerciales, par exemple des refus de paiement répétés, pas parce qu'elles désapprouvent les opinions du client.

Il nous reste encore à envisager la plus grande source de pouvoir privé sur la liberté d'expression : les réseaux sociaux. Facebook et Twitter sont aujourd'hui des endroits clés pour le débat politique. Pourtant, ils bannissent souvent des utilisateurs pour des raisons arbitraires. Ils ont interdit l'expression d'opinions controversées sur des sujets de première importance aux yeux du public. Ils ont beau justifier ces mesures au nom du noble objectif de « lutte contre la désinformation », ce concept est si nébuleux qu'il a fini par consister, en pratique, à rejoindre un camp précis au sein de débats publics complexes et intenses. En 2020 et 2021, par exemple, Facebook et YouTube ont banni les utilisateurs qui suggéraient qu'une fuite non intentionnelle au sein d'un laboratoire de recherches biologiques ait pu provoquer la pandémie de Covid-19. Il n'est toujours pas certain que cette théorie soit la bonne, mais elle est aujourd'hui considérée comme sérieuse aux plus hauts échelons de la communauté du renseignement.

Pour ne rien arranger, presque tout le débat autour du pouvoir des réseaux sociaux échappe évidemment à tout principe. Tant que la censure de Twitter était perçue comme favorisant les sensibilités de gauche, les conservateurs se plaignaient de cet abus de pouvoir privé tandis que les progressistes soulignaient qu'une entreprise peut parfaitement décider du contenu qu'elle héberge sans jamais violer le premier amendement. Dès qu'Elon Musk racheta Twitter, les positions s'inversèrent. Les conservateurs affirmaient qu'il faisait bien ce qu'il voulait et les progressistes remarquaient qu'il était dangereux de laisser un acteur privé disposer d'un tel pouvoir sur le débat public.

Je n'ai pas varié sur ce point : je crois que laisser aux mains d'entreprises privées le pouvoir de décider de ce qui peut ou ne peut pas être dit, dans tous les domaines, de la santé publique aux droits des personnes trans, est une menace évidente contre la culture de liberté d'expression. C'est pourquoi j'estime que les réseaux sociaux devraient d'eux-mêmes se doter de limites drastiques à leur capacité de censure. Ces règles devraient les laisser libres de bannir les utilisateurs coupables de comportements illégaux ou extrêmes, comme la propagation de pédopornographie, la diffamation ou le *doxing* (la divulgation de données personnelles sans consentement). Ils seraient tout aussi libres d'employer des algorithmes qui amplifient les contenus sur des critères tels qu'être moins source de division, par exemple en mettant en avant les messages qui suscitent peu de réponses négatives. Mais ils ne seraient plus à même de bannir les utilisateurs ou d'effacer les messages en raison des opinions politiques exprimées.

Si les entreprises refusent de s'autoréguler de façon claire et transparente, le législateur serait fondé à intervenir. Aux États-Unis, la Section 230 permet aux plateformes comme Twitter et Facebook de n'être pas légalement responsables du contenu qu'y publient leurs utilisateurs. De nombreuses juridictions ont établi des règles semblables. Si les grandes plateformes persistent à censurer leurs utilisateurs de manière opaque ou capricieuse, les gouvernements démocratiques devraient (même si cela n'irait pas sans conséquences négatives) réfléchir sérieusement à lier cette immunité à des conditions très précises. En choisissant les messages qu'ils autorisent ou qu'ils promeuvent en fonction de l'opinion qu'ils expriment, plutôt qu'en appliquant des critères neutres comme l'engagement qu'ils suscitent, Twitter et Facebook agissent en réalité comme des maisons d'édition : il paraîtrait donc plutôt pertinent de les rendre responsables du contenu qu'ils répandent, comme le sont toutes les maisons d'édition.

•

Construire une culture de la libre expression

Les gouvernements ne doivent pas pouvoir jeter leurs citoyens en prison pour avoir exprimé une opinion. Les acteurs privés, les corporations géantes doivent voir leur capacité à définir les contours du débat public limitée. Mais produire une culture de libre expression authentique nécessite également la mise en place de protections contre la « tyrannie de l'opinion dominante » que Mill avait déjà identifiée comme une menace il y a plus de cent cinquante ans.

Pour y parvenir, nous devons penser à cette ligne qui sépare deux engagements fondamentaux de la philosophie libérale : la liberté d'expression et la liberté d'association. D'un côté, une culture de libre expression n'est possible que si les citoyens ne craignent pas qu'une remarque déplacée ne leur vaille l'opprobre de leurs amis et de leurs collègues. Pour reprendre les mots de Mill, nous devons nous garder « contre la tendance de la société à imposer comme règles de conduite [...] ses idées et ses coutumes à ceux qui s'en écartent ». D'un autre côté, tout citoyen doit avoir le droit de décider pour lui-même avec qui il veut se lier d'amitié, et avec qui il ne le souhaite pas. Si vous dites quelque chose que je trouve abject, je pourrai à bon droit vous dénoncer sur les réseaux sociaux et cesser de vous inviter à dîner chez moi. Dans ce cas, est-il possible de maintenir une culture solide de la libre expression sans empiéter sur la liberté d'association ?

Oui. Une culture solide de la liberté d'expression doit absolument autoriser l'expression d'opinions tranchées, dont les critiques sans concession des défauts qu'on perçoit chez les autres. Se faire dénoncer par des milliers d'étrangers pour votre message sur Twitter ou Instagram est certainement douloureux, néanmoins, se faire critiquer sur Internet n'est pas une attaque contre la liberté d'expression, bien au contraire : c'en est un effet.

Il existe bien, toutefois, des formes extrêmes de pression sociale et des punitions collectives qui, cumulées, finissent par constituer une attaque contre la liberté d'expression. C'est souvent le cas quand les gens ne sont pas seulement critiqués pour ce qu'ils ont dit, mais qu'on en vient à les « annuler ». Selon Jonathan Rauch, chercheur de l'institut Brookings, quatre signes avant-coureurs peuvent nous permettre de distinguer d'un côté les instances saines de ce qu'il appelle la « culture critique », et de l'autre les « annulations » inquiétantes pour des questions d'opinion :

- *Sévérité* : les annulations consistent souvent en punitions très sévères, telles que la révocation de titres ou le licenciement.
- *Éviction des plateformes* : les annulations vont souvent jusqu'à exiger qu'on interdise l'accès des plateformes aux individus visés, afin qu'ils ne puissent plus s'y exprimer.
- *Organisation* : les annulations impliquent le plus souvent un effort collectif pour punir l'outrage *via* des pétitions coordonnées et des campagnes sur les réseaux sociaux.
- *Boycotts secondaires* : les annulations cherchent à exercer une pression sur les institutions ou les publications auxquelles est affiliée la personne critiquée, afin de la rendre « radioactive ».

Rauch souligne qu'aucun de ces critères ne suffit en lui-même à distinguer la juste critique de la tentative d'annulation. Pris ensemble, en revanche, ces indicateurs aident bien à faire la différence, dans l'esprit comme dans les effets produits. À la différence d'une saine culture de la critique, l'annulation, selon Rauch, « ne cherche pas la vérité mais vise à modeler le champ de bataille de l'information ; ses intentions, ou du moins ses effets prévisibles, sont de pousser à la conformité. »

Ce n'est pas le rôle de l'État de combattre ces formes illibérales de culture de l'annulation. Il serait inapproprié que la loi rende impossible d'exprimer une critique des opinions des autres ou de leurs associations, et ce même quand l'incident déclencheur est idiot ou trivial. Néanmoins, nous n'avons pas non plus à nous résigner à vivre dans un futur où ce genre de chasse aux sorcières modèlerait le débat public.

Nous avons tous la responsabilité de préserver de notre mieux la culture de la libre expression. Même quand nous sommes irrités par les propos de quelqu'un, nous devrions nous dispenser des tactiques que décrit Rauch et s'élever contre ceux (même ceux de notre camp) qui y auraient recours. S'opposer aux instigateurs des campagnes d'annulation n'est jamais facile, mais, collectivement, ceux qui parmi nous reconnaissent l'urgence présente de restaurer une authentique culture de libre expression en ont le pouvoir.

Points clés

- La culture de libre expression est menacée partout dans le monde. Dans les démocraties occidentales, la menace vient en partie d'une source surprenante : tandis que la gauche était depuis longtemps le héraut de la liberté d'expression, qu'elle reconnaissait le rôle central que celle-ci avait joué dans les luttes historiques contre l'oppression, de nombreux progressistes se sont mis à tourner en dérision les « petits soldats de la liberté d'expression » et à défendre une « culture des conséquences » qui place les gens face à leurs responsabilités en cas de déclarations impopulaires.

- Les arguments traditionnels en faveur de la liberté d'expression se concentrent sur les bénéfices de sa présence, par exemple la capacité d'aboutir à des progrès scientifiques. Ils conservent leur justesse, mais la meilleure raison de s'accrocher à la liberté d'expression aujourd'hui, en notre époque de polarisation intense, ce sont les effets néfastes que produirait son absence.
- Comme ceux qui décident ce qu'il est interdit de dire ont par définition du pouvoir, les limites à la liberté d'expression servent le plus souvent à renforcer leur mainmise sur la société ; il serait naïf de penser qu'une pratique sociale de censure généralisée serait systématiquement au service des « bonnes » causes. Les limites à la liberté d'expression font également monter les enjeux des élections. Si les membres d'un mouvement politique pensent qu'une défaite aux élections les empêchera de défendre leur cause par la suite, ils seront bien moins enclins à accepter le résultat des urnes. Enfin, la liberté d'expression fonctionne comme une soupape de sécurité cruciale qui permet de s'organiser contre toutes sortes d'injustices ; les limites imposées à la liberté d'expression rendent ainsi le progrès social plus difficile.
- Il est possible de prendre des mesures actives pour une culture de libre expression authentique. Les États ne devraient pas pouvoir punir leurs citoyens pour ce qu'ils disent, même les propos haineux. Le pouvoir des acteurs privés, tels que les grandes entreprises, d'entraver la culture de libre expression doit être limité, par exemple au moyen de règles qui rendraient illégal de licencier un employé en raison de ses opinions politiques ou qui interdiraient aux fournisseurs de services indispensables

de refuser un client pour des raisons idéologiques ; de même, les réseaux sociaux devraient volontairement restreindre leur capacité à favoriser telle ou telle cause politique aux dépens des autres. Enfin, chacun d'entre nous peut aider à établir cette culture de libre expression en se gardant des tactiques qui font toute la différence entre une saine culture de la critique et une culture de l'annulation bien plus néfaste.

Chapitre 11

Apologie de l'intégration

Les pédagogues progressistes ont longtemps pensé qu'il allait de leur devoir d'insister sur ce qui nous rassemble. Le philosophe John Dewey, longtemps l'un des auteurs américains les plus influents dans le domaine, avait écrit que « le mélange au sein des écoles d'élèves de différentes races, différentes religions, de coutumes dissemblables, crée pour tous un environnement plus vaste ». Un siècle plus tard, Barack Obama fit écho, à plusieurs reprises, aux sentiments de Dewey, affirmant que « notre objectif est d'aboutir à un pays qui ne serait plus divisé par la race », et en une autre occasion : « Quand les enfants apprennent et jouent ensemble, ils grandissent, se construisent et s'épanouissent ensemble. »

Cet universalisme est aujourd'hui battu en brèche. Bien des progressistes en sont venus à considérer cette insistance traditionnelle sur notre humanité commune comme un moyen d'occulter les injustices que subissent les communautés opprimées. Ils s'inquiètent des risques psychologiques graves et permanents qu'encourraient les membres de ces communautés qui travaillent ou étudient dans des institutions où les membres de la majorité culturelle ou ethnique dominent. Ces préceptes politiques et psychologiques aboutissent souvent à des propositions de changements organisationnels : plutôt que se préoccuper d'intégration, les progressistes militent de plus en plus pour la création d'espaces et d'institutions où les membres des groupes minoritaires pourraient rester entre eux.

Cette tendance est particulièrement frappante dans l'éducation. Ces dix dernières années, beaucoup d'écoles ont introduit des groupes d'affinité ethniques, certaines dès la maternelle. Dans les cas les plus extrêmes comme celui de Kila Posey, à Atlanta, les directeurs, affirmant défendre la justice sociale, ont placé tous les enfants noirs dans la même classe. Un ensemble de tendances semblables est à l'œuvre actuellement dans l'éducation supérieure. Des universités de renommée mondiale construisent des dortoirs réservés aux étudiants noirs ou latinos, organisent des cérémonies de remise de diplômes séparées pour les « étudiants de couleur » et vont jusqu'à en exclure certains des cours d'éducation physique, en raison de leurs origines ethniques. En lieu et place de l'universalisme libéral, le courant dominant aux États-Unis adopte çà et là ce qu'on pourrait appeler un « séparatisme progressiste ».

Ces pratiques sont heureusement moins fréquentes en dehors des États-Unis, mais elles commencent à se répandre. Le Centre national des arts du Canada, à Ottawa, par exemple, propose depuis peu des spectacles ségrégués. Comme l'annonce fièrement sur son site cette institution financée par des fonds publics, une séance du spectacle d'Aleshea Harris *Is God Is* sera réservée à « un public intégralement constitué de spectateurs qui s'identifient comme Noirs ». Pendant ce temps, en Europe, ce nouveau séparatisme progressiste se concentre plutôt sur la culture que sur les origines ethniques. Ainsi, le dernier gouvernement du Labour a créé dans le cadre de sa nouvelle vision « multiculturelle » de la Grande-Bretagne des écoles confessionnelles financées par l'État et réservées (respectivement) aux juifs, aux hindous, aux sikhs ou aux musulmans.

Depuis peu, ce séparatisme progressiste est allé un cran plus loin. Au début, les pédagogues se contentaient de juger bénéfique que les membres des communautés historiquement marginalisées revendiquent leur identité ethnique. En revanche, encourager les membres des groupes dominants, tels que les Blancs, à se définir par leur couleur de peau aurait paru hautement suspect. Mais, récemment, les pédagogues progressistes et les formateurs en diversité ont franchi ce pas et insisté pour que les Blancs, aussi, « revendiquent leur appartenance ». Comme l'ont écrit les universitaires Cheryl Matias et Janiece Mackey, les professeurs blancs devraient, comme leurs collègues non blancs, « s'engager dans un travail sur l'identité raciale » et apprendre « à accepter la responsabilité de leur blanchité ».

Certains aspects du séparatisme progressiste sont peut-être inévitables. Tout le monde a le droit de décider avec qui passer son temps, de choisir d'approfondir ce qui le relie à ses coreligionnaires, à ceux qui partagent sa culture ou ses origines ethniques. Dans une société plurielle, la liberté d'association entraînera toujours une certaine « homophilie », cette tendance bien documentée à rechercher ceux qui nous ressemblent. Mais les pratiques actuellement en vogue vont plus loin que ça. En particulier, de nombreux pédagogues progressistes pensent devoir encourager activement leurs élèves à se définir en fonction de la communauté d'identité qui les a vus naître.

Cette montée du séparatisme progressiste trouve sa source dans deux transformations intellectuelles complémentaires : d'une part l'essentialisme stratégique, d'autre part les inquiétudes nouvelles face aux dangers omniprésents qui menacent la sécurité psychologique des communautés marginalisées.

Cependant, les découvertes fondamentales de politique comparée et de psychologie sociale nous indiquent que ce genre de séparatisme a de bonnes chances de se révéler dangereusement contre-productif. Ainsi, à long terme, il n'aboutira qu'à encourager une compétition à somme nulle entre les différents blocs ethniques. La seule alternative réaliste est de s'accrocher plus que jamais au vieux rêve de l'intégration : encourager les étudiants et les citoyens à se concevoir eux-mêmes comme les parties d'un groupe plus large, qui inclut des membres issus de milieux très différents.

La montée du séparatisme progressiste

Le séparatisme progressiste a une histoire intellectuelle curieuse. À l'image de quasiment toute la gauche, ses principaux défenseurs et vulgarisateurs ont longtemps insisté sur le caractère dangereux et erroné de l'idée de race biologique. Comme le dit succinctement Ta-Nehisi dans *Between the World and Me*, « la race est l'enfant du racisme et non son père ». Selon ces critiques, la notion populaire de race a été créée au cours de processus historiques longs et injustes qui ont fait des catégories « Hispaniques » et « Afro-Américains », par exemple, les produits d'une interaction complexe entre forces sociales et intérêts politiques. Dans l'un des articles fondateurs de la théorie critique de la race, Kimberlé Crenshaw écrit ainsi que les catégories de race et de genre que « nous considérons comme naturelles ou simplement représentatives sont en réalité des constructions sociales ».

Il y a deux manières d'envisager les implications politiques de cette idée. Selon une certaine partie de la gauche, le manque de fondations biologiques à l'appui du concept de race est suffisant pour arrêter d'employer de telles catégories.

Comme la race est socialement construite et qu'elle a longtemps servi d'instrument de domination injuste, il s'agirait de la dépasser. Dans leurs travaux sur ce qu'elles appellent la « construction de la race », par exemple, Barbara et Karen Fields se lamentent de la prévalence d'hypothèses pré- ou pseudo-scientifiques à propos de la race et pointent « l'étrangeté de ces croyances et de ces pratiques sociales que les Américains continuent de tenir pour acquises ». Leur objectif explicite est que « nos concitoyens américains se rendent compte à quel point les erreurs de cette construction se sont immiscées dans la vie quotidienne, afin de déterminer comment les déconstruire ».

Sous sa forme la plus radicale, le désir d'atténuer l'importance de la race peut aller jusqu'à l'« abolitionnisme », la volonté de construire une société où la race aurait perdu toute l'importance qu'elle conserve encore aujourd'hui. « Je n'entrerai plus dans ce jeu purement américain qui exige qu'on choisisse une case qui nous définira entièrement », a déclaré Thomas Chatterton Williams, un écrivain dont le père afro-américain a grandi au Texas sous la ségrégation. « Il n'y a pas de vie essentiellement, fondamentalement noire, ou blanche. Il y a la vie humaine et nos différentes traditions culturelles et origines ethniques. Hors de ça, l'idée de race doit être abolie, point final. Sans quoi persistera toujours le résidu du racisme. »

Mais, dans le même temps, un autre ensemble de penseurs tirent des mêmes prémisses, l'absence de fondation biologique au concept de race, des conclusions opposées. Tant de personnes ont internalisé la notion de race qu'il s'agirait à présent d'enrôler ces identités artificielles dans le combat contre le statu quo. À l'image de Gayatri Chakravorty Spivak, ils militent pour l'adoption d'une forme d'essentialisme stratégique. Bien qu'ils considèrent les récits identitaires essentialistes, ceux qui s'appuient sur un fondement biologique supposé de la race, comme erronés, ils font le pari que le renforcement de ces catégories aidera les groupes opprimés dans leur combat pour la justice. « Les asservis devraient adhérer aux catégories socialement construites telles que la race et le genre », insiste Kimberlé Crenshaw.

Au début, ces partisans de l'essentialisme stratégique admettaient du bout des lèvres leur préférence pour un futur où, petit à petit, l'importance de ces catégories s'atténuerait. Mais, avec le temps, beaucoup ont fini par se passer de la dimension stratégique de l'argument. Ils reconnaissent toujours que les identités sont socialement construites, mais traitent tout de même la race comme une catégorie naturelle. Ils ont abandonné tout espoir qu'une société de justice véritable la rende plus accessoire. Selon eux, nous ne devrions pas chercher à bâtir une société dans laquelle, faute de leur conférer une structure fondamentale, les identités ethniques passeraient à l'arrière-plan, mais plutôt une société où les citoyens seraient pour toujours très sensibles aux différences ethniques, aux différences de genre, aux différences d'orientation sexuelle.

Dans le même temps, tandis qu'ils adoptaient l'essentialisme stratégique, les militants de la synthèse identitaire élargissaient leur conception de la souffrance et du préjugé. Selon de vieilles hypothèses, un préjugé consiste en une croyance ou un mode de comportement bornés, par exemple affirmer que les membres d'une culture ou d'une ethnie quelconques sont inférieurs. Les souffrances, de leur côté, résultent d'une blessure physique, d'un traumatisme psychologique ou de l'accumulation de désavantages socio-économiques évidents (par exemple, ne pas être engagé à un poste pour des raisons racistes). Mais, avec le temps, des sociologues et des psychologues, inspirés par la synthèse identitaire, ont fini par avancer que cette façon de concevoir les souffrances et les préjugés passait à côté d'injustices plus subtiles.

Selon eux, un préjugé peut émerger de biais implicites qui se dissimulent même à ceux qui les abritent, ou bien de l'expression d'attitudes politiques apparemment inoffensives et soutenues par la majorité de la population. Des articles abondamment relayés citent le doute sur l'efficacité de la discrimination positive et l'idée que l'Amérique serait un pays d'opportunités parmi ces exemples de « microagressions ». Aussi, quiconque serait exposé à de telles formes de préjugés ou d'injustices serait susceptible d'en souffrir, ce qui étend considérablement le domaine de la souffrance, autrement dit de ce qui constitue des menaces à sa « sécurité ». Petit à petit, les institutions qui penchaient à gauche ont considéré qu'il était de leur devoir de protéger de ces dangers omniprésents les personnes dont elles avaient la charge. Elles ont donc commencé à craindre les interactions entre membres de communautés différentes, jugées tout spécialement susceptibles de provoquer des souffrances de ce genre. Comme l'ont formulé Greg Lukianoff et Jonathan Haidt, elles ont adopté une forme nouvelle et toujours plus répandue de « sécuritarisme ».

L'idée de l'essentialisme stratégique et l'extension de la notion de souffrance ont pesé ensemble sur la réponse des dirigeants d'organisation face aux demandes émanant de lieux de travail toujours plus diversifiés. Ces cinquante dernières années, des institutions qui avaient été en grande majorité la chasse gardée d'hommes blancs ont ouvert leurs portes à un spectre bien plus large de membres. Les campus des universités d'élite, quasiment monochromes auparavant, sont devenus extrêmement bariolés. Les plus hauts échelons du monde des affaires, où prédominaient nettement les WASP, les Anglo-Saxons blancs et protestants, en sont venus à compter des cadres venus des quatre coins du monde.

Ces changements sont une excellente raison de nous réjouir. Cependant, l'ascension de ces gens issus de milieux extrêmement divers n'a pas résolu la question des inégalités. En particulier, les femmes et les membres des minorités ethniques ont senti, souvent à bon droit, que la culture dominante de ces institutions leur demeurait inhospitalière.

En réponse, les recteurs d'université, les dirigeants de fondation, les chefs d'entreprise auraient pu s'évertuer à réduire le rôle des origines dans leurs organisations, à les rendre plus accueillantes pour les membres des minorités ; c'est d'ailleurs la voie que beaucoup ont choisie, au début. Mais l'influence conjointe de l'essentialisme stratégique et du sécuritarisme s'est fait sentir, et bon nombre d'entre eux ont changé de cap. Ils cherchent maintenant à créer des espaces où les groupes minoritaires pourront s'adonner à la « conscientisation » (comme l'exigent les défenseurs de l'essentialisme stratégique) et seront protégés de la menace que représentent les membres des groupes dominants (comme le préconise le sécuritarisme). Un groupe militant du Williams College a résumé ce raisonnement d'une manière parfaitement claire : les dortoirs réservés aux Noirs sont nécessaires pour que l'université remplisse « ses obligations pour le bien-être et la sécurité de ses étudiants ».

Le séparatisme progressiste se comprend aussi comme le produit d'une union entre l'essentialisme stratégique et le sécuritarisme. Une transformation rapide s'est ensuivie, dans les normes d'institutions très influentes, y compris des administrations. À Seattle, par exemple, le bureau du maire a récemment défendu les formations séparées par race pour ses employés, et autres formes de « regroupements en fonction de la race », en argumentant que ces pratiques faisaient désormais partie de la « culture d'entreprise de la ville de Seattle ».

Les progressistes qui applaudissent l'identité blanche

Les préceptes fondamentaux du séparatisme progressiste ne sont plus si neufs. Sous une forme ou une autre, les progressistes ont adopté des tendances séparatistes depuis au moins trente ans. Ainsi, le sénateur Daniel Patrick Moynihan les discutait déjà et les critiquait abondamment dans un livre publié en 1966. Ces dernières années toutefois, l'opposition à l'universalisme s'est étendue à une partie cruciale du champ progressiste.

Les premiers militants de l'essentialisme stratégique croyaient que la conscientisation permettrait aux communautés marginalisées de combattre les discriminations dont elles souffraient. Pour cette raison, ils n'ont encouragé la célébration de l'identité ethnique que dans les communautés historiquement opprimées. L'accent explicite placé sur l'identité blanche demeurait un marqueur d'extrême droite.

Ces vingt ou trente dernières années, par contraste, les séparatistes progressistes se sont mis à encourager aussi les Blancs à s'identifier à leurs origines ethniques. Selon eux, les Blancs qui estiment que leur couleur de peau ne les définit pas font fi du fait qu'ils profitent de l'asservissement des « gens de couleur ». L'accent placé sur leur blanchité est ainsi le premier pas d'un long chemin vers la dénonciation du « privilège blanc ». Charley Flint, parmi les pionniers de ce nouveau champ académique des « études blanches », le résume ainsi : « Nous voulons racialiser les Blancs. Comment construire une société multiraciale si l'une des communautés est blanche et qu'elle ne s'identifie pas comme une race ? »

L'appel aux Blancs à « assumer leur race » a vite été défendu par les militants et les auteurs les plus en vue des États-Unis. Robin DiAngelo, par exemple, souligne en permanence l'importance d'une plus forte identification des Blancs à leur couleur de peau. Comme elle l'écrit dans *White Fragility*, « on demande rarement aux Blancs de se penser, nous ou nos amis blancs, en termes raciaux [...] Mais, plutôt que de battre en retraite par crainte de nous trouver dans une position inconfortable », les Blancs devraient adopter cette étiquette racée. « Être vu comme racisé est un déclencheur fréquent de la fragilité blanche. Aussi, pour construire leur endurance, les Blancs doivent affronter leur premier défi : nommer notre race. » (Comme je l'ai mentionné en introduction, cette tendance a déjà fait ressentir ses effets dans le monde de la pédagogie progressiste, puisque de prestigieuses institutions privées, comme la Bank Street School for Children dans l'Upper West Side de Manhattan, organisent des « groupes militants » entièrement blancs où les élèves sont encouragés à « assumer leurs racines européennes ».)

Une telle emphase sur les différences entre groupes ethniques ou une adoption généralisée de la « blanchité » encourageront-elles les membres de la majorité à se battre pour un monde plus juste ? À moins que l'étendue du séparatisme progressiste ne les incite au contraire à protéger leur statut de dominants du mieux qu'ils le pourront ? Ces questions fondamentales sont aussi empiriques que normatives. Afin d'y répondre, nous ne pouvons pas nous contenter de débattre de la société que nous voudrions, il nous faut aussi comprendre comment les humains se regroupent, dans quelles circonstances ils se comportent mal envers les étrangers (et dans lesquelles ils se comportent bien), et quel genre d'institutions sont le plus susceptibles de cultiver les solidarités mutuelles ? Heureusement, les sociopsychologues et les politologues ont apporté des réponses éclairantes à ces questions (que j'ai reproduites dans mon dernier livre, *La Grande Expérience*), des réponses qui nous aideront à démontrer que l'adoption du séparatisme progressiste est un piège dangereux.

Ce que nous enseignent les sciences sociales sur l'empathie et la cohésion

Les étudiants de l'université Johns-Hopkins, où j'enseigne, sont très divers. Ils viennent de tous les États des États-Unis et de soixante-quatre pays différents. À eux tous, ils pratiquent toutes les grandes religions et sont issus d'une variété ahurissante de groupes ethniques. En 2019, seulement 41 % des étudiants de licence étaient blancs. Aussi n'est-il pas surprenant que ces étudiants se considèrent parmi les gens les plus tolérants du monde. Et peut-être le sont-ils, après tout.

Quand je donne un cours ayant trait à la démocratie et à la diversité, je leur demande souvent de débattre entre eux d'une question apparemment triviale : est-ce qu'un hot-dog est un sandwich ? Au début, la question les surprend toujours. Puis ils y répondent, avec beaucoup d'éclat. Généralement, l'un d'eux produit un plaidoyer passionné pour expliquer que, en effet, un hot-dog est un sandwich. (« Un hot-dog, c'est deux morceaux de pain avec de la viande entre les deux. C'est exactement la définition d'un sandwich ! ») Et bien sûr, un autre répondra le contraire, avec la même verve. (« Le pain du hot-dog est coupé dans l'autre sens*, et ce n'est qu'un seul bout de pain, pas deux. Rien à voir avec un sandwich ! »)

---

* Il faut ici savoir qu'aux États-Unis, un sandwich est constitué de deux tranches de pain de mie, qui sont donc coupées à l'horizontale dans le pain, tandis que le pain du hot-dog est plus proche de la forme d'une baguette et se coupe comme elle, à la verticale. La question « Le hot-dog est-il un sandwich ? » recevrait ainsi des réponses bien différentes en France, ce qui, probablement, créerait des groupes intéressants... NdT.

Après cinq ou dix minutes de débats de ce genre, je les fais jouer à un jeu de distribution très simple. Ils peuvent donner soit 8 dollars aux camarades d'accord avec eux sur cette histoire de hot-dog et 10 dollars aux dissidents ; soit 7 dollars à ceux qui partagent leur avis et 5 dollars aux autres. Une majorité choisira cette seconde option. Mes étudiants, en théorie si tolérants, sont disposés à gagner moins d'argent pour s'assurer que ceux de leurs camarades qui avaient eu le malheur de se trouver de l'autre côté de la barrière du hot-dog s'en tireront moins bien qu'eux.

Les humains sont grégaires

Le principe de cet exercice est d'introduire un ensemble de découvertes très importantes en psychologie sociale. Les êtres humains sont « grégaires ». Ils sont programmés pour former des liens forts avec leur propre groupe, même quand le critère d'appartenance à celui-ci est trivial (par exemple, une conviction partagée sur l'épineuse question de la sandwichité du hot-dog). Pour des membres de leur groupe, ils font preuve d'une ingéniosité ahurissante et d'un altruisme qui force l'admiration. Mais pour ceux qu'ils considèrent comme les membres d'un autre groupe, les voilà capables d'une effrayante cruauté et d'une insensibilité totale. Cette tendance à favoriser l'endogroupe par rapport à l'exogroupe contribue à expliquer beaucoup de ce qui est noble et presque tout ce qui est vil dans l'histoire humaine.

Ce jeu très simple auquel nous jouons en classe illustre une autre caractéristique des groupes. Dans bien des contextes, les groupes qui génèrent notre loyauté la plus fervente sont les plus durables, ceux d'une importance évidente. Ils sont constitués de membres ayant des ancêtres communs, partageant des convictions religieuses, ayant combattu côte à côte dans de grandes batailles ou subi les mêmes formes d'oppression. Toutefois, souvent, les circonstances les plus récentes acquièrent la même importance pour déterminer la nature et l'importance des groupes. Les incitations politiques, les intérêts économiques et les récits médiatiques décident parfois des lignes entre les groupes, et même des aspects de notre identité qui soudain compteront le plus. En conséquence, les groupes qui, dans un lieu et en un moment donnés, se considèrent comme des alliés, pourront devenir des ennemis jurés quelques années plus tard ou 10 kilomètres plus loin.

Voilà pourquoi il est très important de se demander comment les membres de groupes différents en viennent à concevoir des préjugés les uns sur les autres, et en quelles circonstances ils seront capables de regarder les ennemis d'hier comme les alliés de demain. Quel ensemble de mesures et de pratiques devrions-nous adopter pour nous assurer du mieux possible que les citoyens des sociétés les plus diverses, de l'Allemagne à l'Australie, se traiteront mutuellement avec empathie et respect ?

Les promesses du contact entre communautés

Dans les années 1940, quand le psychologue Gordon Allport s'engagea comme bénévole dans le centre d'aide aux réfugiés de sa ville, il entra en contact avec une communauté envers laquelle il nourrissait d'importants préjugés. Mais, à mesure qu'il passait du temps en leur compagnie, il s'aperçut que ses opinions négatives étaient dénuées de fondement. Allport se demanda alors si un mécanisme similaire pourrait nous aider à dépasser tous nos préjugés irrationnels.

Dans les cinquante années qui suivirent, les sociopsychologues démontrèrent minutieusement que c'était bien le cas. Les soldats américains qui avaient fréquenté des civils allemands après la Seconde Guerre mondiale finirent par former à leur propos des opinions bien plus positives que leurs camarades cantonnés dans les baraquements. Les résidents blancs des cités HLM de New York avaient bien plus d'estime pour les Afro-Américains que ceux des cités ségréguées de Newark. Les catholiques et les protestants d'Irlande du Nord qui travaillaient ensemble sur un projet même modeste avaient de bien meilleures opinions les uns des autres que leurs compatriotes n'ayant pas bénéficié de ce genre de rencontres coopératives. Les preuves issues de centaines d'études partout dans le monde sont sans ambiguïté : ceux qui nourrissent des préjugés à l'égard d'étrangers puis les rencontrent dans les bonnes circonstances changent leur opinion pour le meilleur.

Cependant, les mêmes études soulignent d'importantes nuances. En effet, dans certaines circonstances, cette amélioration des relations entre communautés historiquement hostiles a échoué à se matérialiser. Quand des employés blancs travaillaient avec des collègues noirs de même niveau de compétence, l'effet sur leur opinion était positif, mais quand ces collègues noirs étaient exclusivement leurs subordonnés, les préjugés ne s'atténuaient pas.

Quand le contact fonctionne (et quand il ne fonctionne pas)

À partir de l'intuition initiale de Gordon Allport puis de l'analyse de centaines d'études, les psychologues confirmèrent petit à petit les quatre conditions qui assuraient qu'un contact intercommunautaire aurait des effets positifs. Chacune doit s'appliquer à la situation particulière de la rencontre, même quand elle n'est pas (encore) vraie au sein de la relation entre les deux communautés au sens large :

- *Statut égal.* Les membres des différents groupes doivent bénéficier d'un statut égal, comme des collègues ou des équipiers jouissant des mêmes responsabilités.
- *Objectifs communs.* Les membres des différents groupes doivent avoir des objectifs communs, comme gagner le match ou achever le projet collectif.
- *Coopération intergroupe.* Les membres doivent coopérer activement à l'accomplissement de leur objectif commun, comme des équipiers qui se passent la balle entre eux ou des collègues qui collaborent pour une présentation.
- *Soutien des autorités et des coutumes.* Les membres doivent être encouragés à bien s'entendre par les autorités compétentes, comme un entraîneur ou un cadre de direction.

Quiconque compte réellement améliorer les relations entre les communautés se doit de prendre ces recherches très au sérieux. Malheureusement, les pratiques qu'encouragent les défenseurs du séparatisme progressiste les contredisent en tout point. Plutôt qu'encourager les citoyens des démocraties diverses à se redéfinir comme les parties d'un tout plus grand, le séparatisme progressiste les pousse à se voir comme les membres de communautés irréconciliables. Et plutôt que de créer plus de situations de coopération à statut égal, il les encourage à s'autoségréguer et à se concentrer sur les inégalités. Les préceptes fondamentaux du séparatisme progressiste ne tiennent aucun compte du résultat de cinquante années de recherche sur la construction de la solidarité interethnique et interculturelle.

Pourquoi les pratiques du séparatisme progressiste sont contre-productives

La vie américaine est depuis longtemps durement ségréguée, de ses quartiers résidentiels à ses bancs d'église. Mais depuis les années 1960, les institutions qui présentent une belle diversité parmi leurs membres ont généralement essayé de préserver ces pratiques que les psychologues familiers de la littérature sur les contacts intergroupes pourraient recommander. Les chefs militaires ou les entraîneurs d'équipe sportive, par exemple, encouragent les joueurs ou les soldats à se voir d'abord et avant tout comme des *Yankees* ou des *marines*, ils mettent l'accent sur la mission qu'ils partagent.

Certains psychologues ont même cherché à appliquer ces découvertes pour l'harmonie dans les salles de classe. Elliot Aronson, par exemple, s'est rendu compte que les élèves étaient moins enclins à harceler leurs camarades quand chacun d'entre eux était indispensable à la réussite et à l'épanouissement de tout le monde. Il a ainsi défendu une forme de « pédagogie du puzzle » dans laquelle les élèves doivent résoudre des énigmes qui exigent que tous contribuent, car chacun aura accès à une information unique et nécessaire. Tous ceux qui comptent gagner des points doivent ainsi s'assurer que tous les élèves seront correctement inclus dans l'activité.

Par contraste, les normes sociales et les règles institutionnelles que le séparatisme progressiste met à la mode contredisent les conditions établies pour le fonctionnement du contact intergroupe. Non seulement parce que certains changements, comme les espaces sécurisés et les dortoirs séparés, réduisent la fréquence des contacts sociaux entre communautés, mais aussi parce que le genre de règles et de rituels que les institutions d'élite établissent auraient pu tout aussi bien être conçus pour minimiser à dessein la compréhension mutuelle née du contact entre communautés, tant ils enfreignent directement les conditions établies par Gordon Allport et ses disciples. Prenons quatre exemples :

1. *Inégalité de statut.* Afin que s'effectue une rencontre significative entre membres de groupes différents, susceptible de réduire leurs préjugés, il est nécessaire que tous soient de statut égal dans la situation concernée (même si ce n'est pas le cas dans la société au sens large). Cependant, bien des séparatistes progressistes s'opposent aujourd'hui activement à créer ce genre de circonstances. Selon eux, toute interaction entre le membre d'une communauté historiquement dominante et le membre d'une communauté historiquement marginalisée devrait mettre un accent tout particulier sur leur différence de statut. Dans cet esprit, les Blancs doivent « reconnaître leur privilège ». Il est ainsi plus difficile, dans ces situations, de produire même temporairement une égalité de statut entre membres de différentes communautés, condition pourtant nécessaire à ce que ce contact intergroupe aboutisse à plus de compréhension et de solidarité mutuelle.

2. *Objectifs différents.* Les environnements les plus susceptibles d'encourager la sympathie mutuelle sont ceux où des personnes de milieux différents se redéfinissent comme des parties de la même équipe, au service de buts communs. Plutôt que de se penser comme Blanc ou Noir, gay ou hétéro, elles doivent, au moins dans cette situation, se sentir de la même classe d'école, de la même équipe de sport. Les défenseurs du séparatisme progressiste jugent cette accentuation des points communs hautement suspecte. Proclamer « Nous sommes tous Américains » ou « Nous allons tous à Harvard », disent-ils, revient à amoindrir l'importance de la race et à glisser les conflits sociaux sous le tapis. À la place, les dirigeants de grandes institutions devraient encourager leurs membres

à se concevoir au travers de leur identité raciale et accentuer les façons dont les intérêts et les préférences des différentes communautés s'opposent. Il est ainsi plus difficile de se voir (même temporairement) comme partageant une identité ou poursuivant des objectifs communs.

3. *Compétition intergroupe*. Les bénéfices du contact intergroupe ont le plus de chances de se matérialiser quand des personnes de milieux différents collaborent. C'est ce qui a permis le succès de la pédagogie du puzzle d'Elliot Aronson, dans laquelle tous les élèves doivent intervenir pour résoudre le problème. Les nouvelles formes de séparatisme progressiste réduisent le nombre d'occasions dans lesquelles les membres de communautés différentes auront à coopérer de la sorte. Plus important, elles envoient un message : créer une atmosphère inclusive n'est pas un but à atteindre en commun par la coopération de tout un chacun, mais l'objectif de chaque communauté prise isolément. Toute collaboration s'effectue avant tout au sein d'une même communauté.

4. *Manque de soutien des autorités et des coutumes*. Enfin, pour que les contacts intergroupes soient bénéfiques, il est crucial que les personnes qui s'exposent ainsi à l'altérité sachent que cette entente est ce qu'on attend d'elles. Quand une institution dit clairement à ses membres que la coopération harmonieuse est une de ses valeurs, qu'un chef dit à ses employés qu'ils feraient bien de trouver le moyen de travailler ensemble efficacement, cela crée des incitations saines qui aident à établir la confiance. Pourtant, à l'ère du séparatisme progressiste, les institutions créent des procédures qui invitent au conflit et vont même jusqu'à le récompenser. Sur les campus des universités, par exemple, on enseigne aux étudiants des minorités que les préjugés qui les visent sont le plus souvent inoffensifs ou invisibles, on les encourage ainsi à être constamment sur leurs gardes, à l'affût

de ces signes subtils de « culture de la suprématie blanche ». Certaines universités ont même été jusqu'à créer des lignes téléphoniques où les étudiants pouvaient dénoncer anonymement leurs camarades coupables de microagression. Cela érode la confiance pourtant nécessaire à la résolution collaborative des conflits. Puisque les institutions signifient maintenant à leurs membres qu'ils auront bien peu de chances de s'entendre, il n'est guère surprenant que, bien souvent, ils ne s'entendent pas.

Dans une proportion frappante, ces dernières années, ce sont les institutions les plus privilégiées et les plus progressistes, du Smith College au musée Guggenheim, qui ont connu les plus grandes difficultés sur le plan de la tolérance et de la compréhension mutuelles. Cela pourrait surprendre, à première vue. Pourquoi les étudiants, sur des campus ethniquement très divers tels que Yale et Oxford, ont des difficultés à s'entendre, tandis que les employés tout aussi divers de McDonald's ou Burger King n'en ont aucune ? La théorie du contact intergroupe de Gordon Allport nous aide à apporter un début de réponse à cette question : parce que les entreprises ordinaires continuent de favoriser les conditions de la compréhension mutuelle, tandis que les institutions d'élite se sont mises à les abolir systématiquement.

Pourquoi encourager les Blancs à célébrer l'identité risque de mal tourner

Dans ces environnements d'élite, les conflits sont exacerbés par l'adoption rapide d'une idée erronée qui consiste à dire que, si les Blancs mettaient davantage l'accent sur leur identité ethnique, le débat racial progresserait. La distinction entre Blancs et non-Blancs est une partie fondamentale de l'histoire américaine (même si certains commentateurs ont avancé, non sans pertinence, que la distinction fondamentale serait en réalité plutôt celle qui sépare les Noirs des non-Noirs). Pendant des siècles, c'est elle qui a déterminé les opportunités de chacun, ses droits civiques, même les plus basiques de ses libertés, comme le droit d'élever ses propres enfants. Il est certainement vrai que, pour le meilleur ou pour le pire, les Américains blancs ont toujours été très au courant de leur statut racial.

Mais l'histoire ne s'arrête pas là. Depuis la création des États-Unis, les Blancs y sont une très large majorité. En 1860, 86 % des Américains étaient blancs. En 1960, 85 % le demeuraient. Comparée à toutes les autres sociétés occidentales, cette population majoritaire se caractérisait néanmoins par son extraordinaire diversité d'origines ethniques, de traditions culturelles et de convictions religieuses. Même si les Américains étaient bien conscients de leur blanchité, les marqueurs d'auto-identification les plus forts étaient « catholique » ou « protestant », « juif » ou « athée », « Anglais » ou « Allemand », « Italien » ou « Irlandais ». C'est ce qui fait douter que pousser ces Américains blancs à « assumer leur race », à se penser d'abord et avant tout comme Blancs ainsi que les y encouragent aujourd'hui nombre de communautés racialement ségréguées et autres formations d'entreprise en diversité, puisse se révéler politiquement profitable.

Les recherches pertinentes sur la question nous suggèrent fortement que ce ne sera pas le cas, en effet. Rien, dans la nature humaine, n'imposerait que les personnes nées blanches soient toujours poussées par solidarité raciale vers celles qui partagent ce caractère. Il est parfaitement possible, au contraire, qu'elles définissent leur appartenance à une communauté particulière en fonction de critères qui n'auront rien à voir avec la couleur de peau. Elles pourront se considérer comme avant tout new-yorkaises, ou catholiques ferventes, ou américaines et fières de l'être, par exemple. Bien sûr, chacune de ces identités exclut un bon nombre de gens, mais toutes en accueillent des millions qui appartiennent à toutes les communautés raciales (et sexuelles et de genre) concevables.

Dans le même temps, la psychologie sociale indique aussi qu'il est bien rare que des personnes agissent contre les intérêts de ce qu'elles considèrent comme leur principale communauté d'appartenance. S'ils se définissent avant tout selon les critères d'une identité collective dont les marqueurs n'ont rien d'ethnique, bien des Américains blancs ressentiront un sentiment de solidarité sincère pour des personnes qui ne le sont pas. Seulement, les chances que cela se produise seront considérablement réduites si les Blancs considèrent la blanchité comme leur attribut le plus important. Mes étudiants se sont mis à discriminer les « étrangers » dès qu'ils se sont sentis appartenir à un groupe défini par une conviction commune quant à la sandwichité du hot-dog ; de la même manière, les Américains blancs seront davantage (et non pas moins) poussés à discriminer les exogroupes de « gens de couleur » s'ils sont poussés à se sentir appartenir à une groupe défini par la couleur de leur peau comme critère principal d'identité.

C'est pourquoi cette tendance à pousser les Américains (ou d'ailleurs les Britanniques, les Allemands, les Suédois…) à s'identifier comme Blancs a de bonnes chances de se révéler contre-productive. Les enseignants de Bank Street qui placent de jeunes enfants dans des « groupes de défenseurs » intégralement blancs espèrent que cette identification accrue en tant que Blancs, couplée à la conscience des injustices que subissent les non-Blancs, transformera ces enfants en courageux militants pour le progrès social. Il se pourrait bien que cela fonctionne dans quelques cas isolés, mais pas à grande échelle. Pour chaque enfant qui redoublera d'efforts pour le progrès social après qu'on lui aura exposé sa blanchité comme son trait le plus saillant, il y en aura deux ou trois qui, en grandissant, défendront avant tout les intérêts du groupe racial ainsi défini.

« Je ne suis pas certain que l'autoflagellation puisse avoir un effet bénéfique sur le pécheur (et même j'en doute), mais je suis absolument sûr que cela n'aboutira jamais à rien de créatif, politiquement, a écrit Bayard Rustin, militant des droits civiques célèbre. Cela n'améliorera pas le sort des chômeurs et des mal-logés. D'un autre côté, il se pourrait bien que le parti coupable, afin d'alléger cet inconfortable fardeau moral, se mette finalement à rationaliser ses péchés pour en faire des vertus. C'est par ce mécanisme que les alliés d'aujourd'hui pourraient devenir les ennemis de demain. »

Le séparatisme progressiste est un triste cul-de-sac. Sa vision de l'avenir n'est ni réaliste ni séduisante. Même un succès partiel, un monde dans lequel les Blancs en viendraient à se définir avant tout par leur identité ethnique mais sans parvenir à démanteler pour autant les avantages historiques de leur situation, risquerait de faire advenir le pire avenir possible. Une société que ses membres les plus influents conçoivent comme l'opposition fondamentale entre deux blocs, Blancs d'un côté, gens de couleur de l'autre, a bien plus de chances de se déchirer autour d'une compétition interethnique destructrice que de dépasser les injustices du passé. Heureusement, il y a une alternative : une société qui s'évertue à abolir les ségrégations qui l'ont définie historiquement, qui encourage ses membres à ressentir plus de compassion les uns pour les autres, et qui les pousse à accorder plus d'importance aux marqueurs d'identité qu'ils partagent plutôt qu'à ceux qui les divisent.

Apologie de l'intégration

Dans tout le monde occidental, les démocraties sont devenues bien plus diverses qu'elles ne l'étaient il y a cinquante ans. En Europe, la proportion de la population d'origine immigrée a changé d'ordre de grandeur. Au Canada et aux États-Unis, la population majoritairement européenne des siècles passés trouve aujourd'hui ses origines tout aussi bien en Asie, en Afrique qu'en Amérique latine. Cependant, même si ce mélange a été très rapide, cela ne s'est traduit dans la vie quotidienne que beaucoup plus lentement.

Aux États-Unis, l'héritage de la ségrégation est toujours sensible dans la réalité sociale, de millions de façons. De Boston à Saint Louis, certains quartiers sont à très forte majorité blanche, ou noire, ou latino. Dans tout le pays, les pasteurs prêchent la réconciliation raciale à leur congrégation presque complètement homogène. Lors des dîners, des fêtes de vacances d'universités huppées ou d'entreprises géantes, les gens s'assemblent par groupes d'identité avec une régularité déprimante.

La situation est meilleure en Europe sur certains aspects, mais pire dans d'autres. La ségrégation résidentielle est moins prononcée. Mais, sur tout sur le continent, les élites sont bien plus homogènes qu'en Amérique du Nord. En moyenne, les enfants et petits-enfants d'immigrés se sentent plus exclus de leur pays de naissance.

Ces ségrégations tenaces sont très inquiétantes. Les enfants qui grandissent sans aller à l'école ou jouer avec des camarades appartenant à d'autres communautés ethniques ont bien plus de risques de développer des préjugés nocifs. De même, les communautés coupées de la culture dominante ont de fortes chances de manquer de ressources et d'opportunités économiques, surtout si elles ont été historiquement marginalisées. « Si le personnel d'une entreprise est en grande majorité blanc et qu'elle recrute par cooptation, écrit la philosophe Elizabeth Anderson dans *Imperative of Integration*, la ségrégation au travail, à l'école et à l'église et dans les quartiers garantit que bien peu de Noirs seront au courant de l'offre d'emploi. »

Il est compréhensible que ces injustices aient inspiré une bonne dose de colère et même un brin de fatalisme, d'autant que les premiers membres de groupes minoritaires à avoir accédé aux institutions d'élite, aux meilleures universités, ont tout de même dû affronter à la fois une franche hostilité et une condescendance plus insidieuse. Il était peut-être inévitable que certains d'entre eux appellent à une forme de séparatisme, et qu'un groupe très influent de Blancs de gauche, profondément honteux des échecs de leur pays, amplifient et institutionnalisent cet appel. Mais, comme s'en rendent compte la plupart des gens tous groupes ethniques confondus, le moyen le plus efficace de combattre cette ségrégation qui s'accroche est le redoublement de nos efforts pour une meilleure intégration, pas une tentative bornée de court-circuiter les difficultés inévitables de ce processus. En quoi consisteraient donc ces efforts ?

Dans une société libre, les citoyens ont la liberté de s'associer comme ils le veulent et de s'identifier à ce qu'ils veulent. Il n'y a rien de mal à ce que des adultes passent du temps principalement avec ceux qui partagent leurs caractères attribués les plus importants. Pour ce qui est de la culture, la fierté que nombre de gens ressentent envers leur héritage fait beaucoup pour rendre nos démocraties diverses si vivantes. Étant donné la longue histoire de l'oppression raciale, les espoirs d'une abolition complète de la race sont probablement irréalistes à court terme, surtout pour des communautés victimes de siècles entiers de souffrances et d'injustices, dont on comprend bien qu'elles veuillent garder un peu de cette fierté en leurs racines communes.

Pour toutes ces raisons, la société devrait célébrer sa diversité ethnique et religieuse, et même voir d'un bon œil certaines formes d'homophilie. Ce serait néanmoins une grave erreur de laisser cette célébration de la diversité ou ce respect exprimé envers les droits de chacun à exercer sa liberté d'association se transformer en un séparatisme progressiste. Le but des institutions les plus influentes d'un pays, des entreprises aux organisations philanthropiques, devrait être de générer de l'intégration et de nous pousser à accentuer ces identités que partagent des citoyens de milieux différents (ethniques, religieux, sexuels).

C'est particulièrement important dans le cas des institutions pédagogiques. Les universités américaines, par exemple, assignaient autrefois la même chambre à des étudiants de milieux très différents la première année. Aujourd'hui, la plupart autorisent les nouveaux à exiger un colocataire proche d'eux et le plus souvent du même milieu, croisé au préalable sur les réseaux sociaux ou lors de rencontres organisées pour cela. Il est temps que les universités abandonnent ces changements contre-productifs et reviennent à des pratiques qui auront plus de probabilités d'intégrer que de séparer.

De même, un objectif essentiel de l'école élémentaire puis du collège et du lycée devrait être de créer le plus d'opportunités possible pour des contacts significatifs entre élèves de milieux différents. Les enseignants devraient aussi, bien sûr, souligner les contributions passées et présentes de chaque culture aux démocraties diverses, de l'Allemagne à l'Australie, mais, plutôt que d'orienter leur principale allégeance vers leur « bonne » étiquette ethnique, ils devraient insister sur les identités que les étudiants partagent avec leurs camarades et leurs compatriotes. Cela signifie qu'il leur faudrait rejeter résolument les pratiques à la mode, telles que les ségrégations par groupes d'affinité raciale, en faveur d'activités inclusives et collaboratives bien plus à même de construire un respect et une affection mutuels. (Oui, bien comprise, cette pédagogie véritablement inclusive est entièrement compatible avec l'enseignement d'un récit honnête du passé d'un pays, qui comprendra à la fois ses plus grands accomplissements et ses graves injustices.)

*

* *

La forme finale d'une société libre dépendra toujours du choix de ses citoyens. Ces dernières décennies, des institutions parmi les plus riches et les plus influentes ont complètement adopté la forme radicale du séparatisme progressiste. Elles font ce qui est en leur pouvoir pour que les jeunes se définissent par leur identité ethnique, même les Blancs. C'est une grave erreur.

Une société libre sera toujours respectueuse des différences religieuses et culturelles de ses citoyens. Le penchant très humain de l'homophilie garantit par ailleurs que nous nous organiserons toujours naturellement en communautés. Afin d'assurer la tolérance mutuelle et de bâtir une solidarité entre les citoyens issus de différents groupes ethniques, ces puissantes institutions doivent se voir comme les contrepoids du grégarisme. Leur objectif doit être de pousser à l'intégration, pas d'encourager les gens à creuser le plus possible les fossés qui les séparent. Afin que les sociétés diverses s'épanouissent, il faut que leurs citoyens soient moins conscients de leurs différences ethniques qu'aujourd'hui et non le contraire.

Points clés

- D'importantes institutions ont récemment adopté des pratiques (groupes d'affinité, dortoir réservé aux Noirs) qui séparent les gens selon leur couleur de peau ou leur identité sexuelle. Elles pensent qu'il est de leur devoir de les encourager à se définir selon le groupe d'identité qui les a vus naître, et de les protéger du danger omniprésent que représentent les membres des groupes dominants. Historiquement, ce nouveau « séparatisme progressiste » est le résultat de l'union entre deux courants intellectuels majeurs : l'essentialisme stratégique et le sécuritarisme.
- Les humains sont grégaires : ils favorisent naturellement les membres de l'endogroupe et discriminent ceux de l'exogroupe. Mais les manières dont ils composent ces groupes et dont ils considèrent les étrangers dépendent de circonstances cruciales. En particulier, les contacts entre groupes tendent à diminuer les préjugés tenaces en présence de quatre conditions clés : un statut égal dans cette situation particulière ; des objectifs communs ; la nécessité de travailler ensemble à les réaliser ; l'attitude des autorités, qui doivent les pousser à s'entendre.
- Les normes et les pratiques qu'encouragent les séparatistes progressistes violent systématiquement les quatre conditions qui permettent à des membres de communautés différentes de forger des liens. Elles encouragent les membres de différentes communautés à se pencher sur leurs inégalités, elles évitent de mettre l'accent sur les identités partagées et donc susceptibles d'aboutir à des buts communs ; elles réduisent les opportunités de collaboration et elles créent des incitations au conflit.

- Certains séparatistes progressistes ne se contentent pas d'encourager les membres des communautés historiquement marginalisées à se définir selon leur ethnicité ; ils y encouragent aussi les Blancs. C'est hautement contre-productif. Ces pratiques trouvent leur origine dans l'espoir que les Blancs profondément conscients de leur identité raciale deviendront des militants antiracistes. En pratique, cette identification accrue à leur couleur de peau est plutôt susceptible de les pousser à se battre pour leurs intérêts collectifs et ainsi d'encourager un conflit à somme nulle entre les différents groupes démographiques.
- Une meilleure solution aux problèmes tenaces de la ségrégation est de redoubler d'efforts d'intégration. L'objectif doit être de créer davantage de contextes et d'opportunités d'interaction et de coopération entre les membres des différentes communautés.

Chapitre 12

La voie de l'égalité

Après un grave tremblement de terre, les médecins doivent choisir qui soigner en premier. Aux premiers temps de la pandémie de coronavirus, les hôpitaux d'Italie et des États-Unis furent poussés à des choix déchirants quand il fallut attribuer des respirateurs artificiels aux patients. Quand le vaccin tant attendu promit enfin de libérer tout le monde de cette épreuve, les autorités de santé durent déterminer qui seraient les premiers patients à en bénéficier, les doses étant encore rares.

Du Canada à l'Italie, les pays aboutirent à des plans remarquablement semblables. Pour commencer, ils rendirent le vaccin disponible à tout le personnel soignant. Les soins intensifs étaient au bord du gouffre, le personnel qualifié devenu rare. Pour le bénéfice de tous, il était essentiel de minimiser le nombre de médecins et d'infirmiers cloués chez eux pour avoir été exposés au virus. Lors de la phase suivante, le vaccin fut administré aux personnes âgées. La probabilité de mourir du Covid-19 s'élevant exponentiellement avec l'âge, la majorité des victimes se trouvait parmi les retraités. Protéger les personnes les plus à risque le plus vite possible permettait de sauver un maximum de vies.

Un seul pays dévia radicalement de cette ligne : les États-Unis. Dans leurs recommandations préliminaires, les principaux comités consultatifs des Centers for Disease Control (CDC, Centres de contrôle des maladies) proposèrent de faire passer les 87 millions de « travailleurs essentiels », une catégorie tellement large qu'elle inclut des banquiers et des équipes de tournage, avant les personnes âgées.

Les considérations éthiques liées à ce genre de triage médical sont complexes. J'ai eu beau étudier la philosophie morale et politique dans la majeure partie de ma carrière universitaire, je détesterais devoir prendre ce genre de décisions. Par ailleurs, si les modèles scientifiques avaient indiqué que la vaccination des travailleurs essentiels avant celle des personnes âgées ferait tomber plus rapidement le nombre des infections, j'aurais été moi-même disposé à dévier de l'exemple de si nombreux pays. Cependant, ce qui était particulièrement frappant dans les recommandations américaines au départ, ce n'était pas seulement leur substance, c'était le fait que, de l'avis même du CDC, elles entraîneraient des milliers de morts supplémentaires.

Dans une présentation à l'Advisory Committee on Immunization Practices (ACIP, Comité consultatif sur les pratiques de vaccination), Kathleen Dooling, experte en santé publique du CDC, avait émis deux considérations importantes en faveur de la priorité aux personnes âgées que pratiquement tous les pays industrialisés avaient donnée. Elle avait reconnu que faire passer d'abord les plus de 65 ans était bien plus facile à mettre en place. Il est difficile de savoir qui compter parmi les travailleurs essentiels et plus difficile encore de les contacter tous. Il est bien plus facile d'informer le public que toutes les personnes au-delà d'un certain âge seront éligibles à la vaccination à telle date, puis de vérifier leur âge lors du rendez-vous. Dans la partie « Implémentation », la présentation de Kathleen Dooling accordait trois points à la priorité donnée aux aînés, et deux points généreux pour la priorité aux travailleurs essentiels.

L'experte admettait également que donner la priorité aux personnes âgées sauverait selon toute probabilité des milliers de vie. Selon les différents scénarios envisagés, la présentation montrait que le nombre d'Américains qui mourraient du Covid-19 dans les mois suivants serait réduit d'une valeur oscillant entre 0,5 et 6,5 %. C'était évidemment une excellente raison de faire passer les aînés les premiers, mais ce n'était pas ce que disait la présentation. Qualifiant de « minimale » une perte équivalant aux morts des attentats du 11 Septembre, Kathleen Dooling maintenait que, d'un point de vue scientifique, les deux choix possibles n'étaient pas très différents. Dans sa partie « Science », la présentation accordait trois points aux deux.

Enfin, elle considéra sa dernière métrique : l'« éthique ». Le problème central, indiquait la présentation en caractères rouges, était que « les groupes raciaux et ethniques minoritaires sont sous-représentés chez les adultes de plus de 65 ans ». Les retraités étant un groupe moins diversifié que le groupe plus jeune des travailleurs essentiels, il serait immoral de les faire passer d'abord. Sur le plan de l'« éthique », elle accordait trois points aux travailleurs essentiels, et seulement un point aux personnes âgées. (Le fait que le plan d'action proposé entraînerait une surmortalité nette n'apparaissait pas dans la partie « Éthique » de la présentation.)

Sur la base de ce raisonnement tortueux, les travailleurs essentiels récoltèrent huit points, un de plus que les personnes âgées. Kathleen Dooling militait ainsi pour que les premiers soient vaccinés avant les seconds. L'ACIP accepta à l'unanimité sa recommandation.

Quand ce compte rendu de l'ACIP parvint aux oreilles du public, quelques journalistes intrépides le critiquèrent. Ce plan, disaient-ils, plaçait la discrimination raciale au cœur des politiques publiques américaines. Il revenait à entériner des milliers de morts inutiles. Il avait beau être vêtu des oripeaux de la synthèse identitaire, il aurait probablement et non sans ironie des conséquences délétères pour les communautés historiquement marginalisées.

Les personnes âgées risquent beaucoup plus de mourir du Covid que les jeunes. Le taux de mortalité global des Noirs aurait donc été plus élevé même si deux milles livreurs noirs avaient reçu leur vaccin avant un millier de retraités tout aussi noirs qu'eux. Les plans de l'ACIP prévoyaient donc, à la fois, une augmentation modérée de la *proportion* de Latinos et d'Africains-Américains vaccinés dans les premiers mois de disponibilité du vaccin, et une augmentation du *nombre total* de Latinos et d'Africains-Américains qui mourraient du Covid. La perversité de ce raisonnement est flagrante : les mesures étaient si focalisées sur la réduction des disparités dans l'allocation des vaccins à chaque communauté raciale qu'elles ont probablement abouti à une augmentation des morts au sein de ces mêmes groupes dont le bien-être était pourtant, par leur conception, la priorité.

Au bout du compte, l'ACIP a partiellement cédé aux critiques. Elle a émis de nouvelles recommandations qui accordaient aux personnes âgées de 74 ans et plus une priorité légèrement plus haute que dans le plan de départ. Mais elles favorisaient toujours bien moins les retraités que les autres pays. Elles ont probablement entraîné un nombre significatif de morts inutiles. Comment en arrive-t-on à prendre une décision aussi terriblement malencontreuse ?

Après des années passées à étudier les sciences politiques, la présentation de Kathleen Dooling est l'un des documents publics les plus remarquables que j'ai vus. C'est aussi un parfait exemple pour illustrer une tendance plus large. Ainsi, quelques mois plus tard, le gouverneur républicain du Vermont annonça que tous les « résidents noirs, indigènes et autres personnes de couleur » auraient accès au vaccin contre le Covid alors qu'il n'était toujours pas disponible pour la plupart des résidents blancs. Quant aux critiques qui s'élevèrent contre cette mesure, il les balaya en les traitant de « racistes ». Plusieurs mois plus tard, des traitements prometteurs tels que le Paxlovid apparaissaient et nombre d'États (j'en parlais en introduction) se sont fiés à ce nouveau cahier des charges : l'État de New York a ainsi publié des recommandations à destination des médecins qui leur demandaient de traiter les patients asiatiques-américains à partir de 20 ans, même sans comorbidité, avant les patients blancs de plus de 60 ans, sans comorbidité eux aussi.

Ces exemples en médecine sont particulièrement frappants, car ils touchent aux intérêts les plus fondamentaux du citoyen, à sa vie même. Ces dernières années, les administrations ont incorporé de telles mesures « conscientes de la race » ou, plus largement, « conscientes de l'identité », dans un grand nombre de domaines. Par exemple, le gouvernement fédéral distribuait au départ les fonds d'urgence pour les petites entreprises affectées par la pandémie selon des critères de perte de revenus. Quand l'administration Biden est entrée en fonction, la Maison-Blanche a rapidement modifié ces critères d'éligibilité et les entreprises tenues par des femmes ou des membres de minorités ethniques sont remontées en haut de la pile.

Les préférences explicites pour un groupe donné sont moins fréquentes hors des États-Unis. Mais les mouvements de gauche dans les démocraties européennes se sont aussi mis à exiger qu'on traite leurs citoyens différemment, selon leur communauté d'appartenance. Ainsi, dans de nombreux pays, les grands partis ont proposé des quotas de femmes au

Parlement ou dans les conseils d'administration et milité pour des lois qui forceraient les administrations locales à employer un nombre minimal de salariés « issus de l'immigration ».

Comment des administrations centrales, telles que le CDC ou la Maison-Blanche, ont-elles pu se convaincre qu'il serait sage d'allouer des biens publics, des médicaments essentiels ou des prêts d'urgence aux petites entreprises, sur la base du genre ou de la couleur de peau ? Pour comprendre cette nouvelle tendance des mesures conscientes de l'identité, il nous faut les replacer dans le contexte d'un débat bien plus large : dans quelles conditions des politiques publiques doivent-elles tenir compte des caractères tels que la couleur de peau ?

La montée de l'équité et l'adoption de mesures conscientes de l'identité

Durant la majeure partie de l'histoire américaine, la discrimination raciale était inscrite dans la loi. À la fondation du pays, les Noirs américains étaient privés de certains droits civiques au nord et considérés comme des esclaves au sud. À partir de la fin du XIXe siècle, une série de lois fut votée pour empêcher les immigrés venus de Chine et d'autres nations non blanches d'entrer dans le pays. Durant la Seconde Guerre mondiale, cent mille Américains d'origine japonaise furent arrêtés et conduits dans des camps d'internement.

Les Américains qui s'élevèrent contre ces injustices étaient issus de milieux et de traditions très variés. Ils étaient noirs et blancs, athées et religieux, chrétiens et juifs. Ce qui les rassemblait, c'était leur foi commune en l'égalité. Il était temps, affirmaient-ils, de réaliser les promesses des pères fondateurs, qui avaient proclamé que « tous les hommes sont créés égaux ». Comme le remarqua Barack Obama lors d'un discours émouvant à l'occasion du 50e anniversaire de la marche de Selma à Montgomery, « les Américains qui traversèrent ce pont [...] marchèrent pour ceux qui avaient enduré des siècles d'une violence brutale, d'humiliations quotidiennes innombrables. Ils ne voulaient aucun traitement de faveur, simplement l'égalité de traitement qui leur avait été promise cent ans plus tôt ».

Tandis que la nation et ses cours de justice luttaient pour traduire les aspirations du mouvement des droits civiques en réalités concrètes, les politiques publiques à adopter occupaient le cœur des débats, ce qui donnait lieu à d'intenses affrontements. Les villes devaient-elles organiser le convoyage des élèves vers des écoles lointaines pour combattre la ségrégation raciale ? Les universités publiques devaient-elles mettre en place des mesures de discrimination positive pour diversifier leurs campus ? Dès leur origine, les bonnes réponses à apporter à ces questions furent l'objet de controverses. Elles le demeurent aujourd'hui. Libéraux et conservateurs tendent à être en désaccord, et ce désaccord se propage, jusque parmi les juges fédéraux, nommés soit par les Démocrates, soit par les Républicains.

Mais, autrefois, libéraux comme conservateurs exprimaient le même espoir que ces mesures ne fussent que temporaires. Une décision de la Cour suprême datée de 2003 qui maintenait en vigueur les mesures d'admission « conscientes de la race » de l'université de droit du Michigan, écrite par Sandra Day O'Connor et soutenue par Ruth Bader Ginsburg, expliquait que « les classifications raciales, nonobstant la légitimité de leur objectif, sont potentiellement si dangereuses qu'elles ne devraient être employées que lorsque strictement nécessaire [...] Tout usage gouvernemental de la race doit avoir un point d'aboutissement logique ». À cette époque,

Sandra Day O'Connor et Ruth Bader Ginsburg s'attendaient à ce que « dans vingt-cinq ans, l'usage de la préférence raciale ne [soit] plus nécessaire pour servir ces intérêts approuvés aujourd'hui ».

Presque vingt-cinq ans ont passé depuis et il est flagrant qu'elles se trompaient. Loin de s'effacer, la préférence raciale a énormément gagné en importance. Là où se dégageait autrefois un consensus sur le caractère temporaire et de dernier recours des mesures « conscientes de la race », un influent groupe de militants, de politiciens et d'intellectuels cherche aujourd'hui à inscrire la race et autres formes d'identité au cœur des politiques publiques, de façon systématique.

De fait, les penseurs qui ont participé à la formation de la synthèse identitaire, dont Derrick Bell et Kimberlé Crenshaw, ont émis des critiques radicales sur l'idée même d'être « *color blind* », « insensible » ou « aveugle aux couleurs ». Selon eux, les opportunités et les expériences de chaque citoyen sont toujours profondément dépendantes de la race. La culture des États-Unis est si imprégnée de suprématie blanche que même les Blancs de bonne volonté traitent leurs compatriotes de couleur de façon raciste. Toute politique aveugle à la race, concluent-ils, ne peut qu'ajouter, au désavantage structurel infligé, le mensonge de son inexistence.

En conséquence, il est devenu tabou dans bien des lieux de se proclamer « aveugle aux couleurs ». Selon le guide officiel que l'UCLA propose à ses étudiants, par exemple, ceux-ci doivent toujours traiter leurs camarades comme des « êtres racés/culturels ». S'en dispenser serait une « microagression ». Selon Ibram X. Kendi, « le langage de l'insensibilité aux couleurs, comme le langage du "pas raciste", est le masque qui cache le racisme ». Il s'ensuit qu'« une Constitution insensible aux couleurs » ne pourrait servir qu'à « préserver l'Amérique suprémaciste blanche ». Dani Bostick fait plus directement écho à ce consensus qui monte en affirmant que l'idée même d'insensibilité aux couleurs « est raciste de fait ».

Inspirés par ces idées, des membres du Parti démocrate se sont fixé de nouveaux objectifs. Depuis la Révolution française, la gauche comptait l'égalité parmi ses valeurs fondatrices. Mais, depuis une dizaine d'années, politiciens, militants et penseurs lui substituent ce qu'ils appellent l'« équité ». Ces deux termes admettent l'un comme l'autre de nombreuses définitions, ce qui les rend très dépendants du contexte, mais selon son interprétation la plus courante, l'équité consiste en l'élimination des disparités au niveau des communautés, particulièrement quand elles frappent les différentes couleurs et origines ethniques. Ainsi, Adolph Reed Jr., marxiste, noir et professeur de l'université de Pennsylvanie, remarque qu'on peut penser l'équité comme une forme de « disparitarisme ».

Ce disparitarisme est bien vite passé de l'amphithéâtre au bureau des ministres. Joe Biden et Kamala Harris ont répété à qui voulait l'entendre que l'équité raciale était au cœur de l'action de leur administration. Plaçant l'équité en opposition directe à l'égalité, Kamala Harris a ainsi proclamé : « Je suis fière de me tenir aux côtés du président Joe Biden pour faire de l'équité l'une des pierres angulaires de la vision de cette administration. » Il n'est donc guère surprenant que Biden, dès son premier jour à la présidence, ait signé un décret qui oblige « le gouvernement fédéral à s'engager dans une approche globale en vue de la promotion de l'équité » par l'adoption d'un « programme ambitieux d'équité impliquant tout le gouvernement ».

Afin de promouvoir l'équité, les Démocrates promettent d'élaborer des politiques « conscientes de la race » et « sensibles à la race ». En pratique, ce que signifie être « consciente de la race » pour une mesure est très variable. Parfois, cela consiste simplement à s'assurer qu'elle n'aura pas d'effet discriminant, comme une loi qui obligerait les motocyclistes à porter des casques et n'inclurait aucune exception pour les sikhs, tenus de porter leur turban pour raisons religieuses. Mais, de plus en plus, ces mesures varient en fonction de la couleur de peau (ou de la composition ethnique de son lieu de résidence) du citoyen auquel elles s'appliquent.

Prises ensemble, ces idées expliquent ce qui motivait le raisonnement du CDC. L'âge est de très loin le premier facteur de mortalité du Covid-19. Les Blancs sont surreprésentés parmi les personnes âgées. Il s'ensuit qu'une politique qui ne serait pas explicitement fondée sur la race aurait accordé une proportion légèrement supérieure de vaccin aux Américains blancs. Par contraste, donner la priorité aux travailleurs essentiels, eux plutôt latinos et afro-américains, assurerait qu'une part légèrement supérieure des vaccins aille aux « personnes de couleur », ce qui réduirait à la marge l'inégalité d'accès à ses vaccins entre les Blancs et les Noirs. Dans le langage à la mode, cette mesure promouvait l'équité, bien que, rendant l'accès au vaccin plus difficile pour les vieux Latinos et Afro-Américains que pour les jeunes de mêmes origines, son effet pervers fut d'entraîner une probable hausse du total des morts au sein de ces deux communautés.

Les arguments de l'équité et des politiques publiques sensibles à l'identité au sens large méritent d'être pris au sérieux. Si les mesures « aveugles aux couleurs » nous rendaient en effet incapables de percevoir le racisme ou d'améliorer les chances des groupes historiquement désavantagés, il serait difficile de les favoriser. Mais ce n'est pas le cas. Un État peut reconnaître et combattre le racisme qui caractérise encore nos sociétés sans pour autant conditionner le traitement de ses citoyens à leur communauté d'appartenance. Les politiques publiques qui bénéficient à tous les citoyens dans le besoin, sans distinction de race ni de genre, sont plus susceptibles de réduire la pauvreté et peut-être même les disparités entre les communautés que les mesures sensibles à l'identité actuellement en vogue. Inversement, une société qui vise l'équité plutôt que l'égalité diminue ses chances de réduire les disparités socio-économiques importantes entre les riches et les pauvres. Celles-ci pourraient même aggraver la situation de tous les citoyens, de toutes les communautés. Ces problèmes sont loin d'être théoriques. Des applications bien réelles de ce genre de mesures sensibles à la race les ont déjà produits.

La différence entre l'insensibilité à la race et l'insensibilité au racisme

Les discussions sur l'insensibilité à la couleur agglomèrent souvent deux questions ensemble. La première, comment nous devrions *comprendre* le monde, la seconde, comment nous devrions *agir* en son sein.

Si nous voulons bâtir une société juste, il faut évidemment que nous puissions identifier le racisme et y remédier. Dans les termes excellemment choisis de Ralph Leonard, auteur anglo-nigérian, ceux d'entre nous qui échouent à se hisser à la hauteur de cet impératif sont « aveugles au racisme ». Que ce soit à dessein ou par omission, leurs yeux refusent de voir les injustices raciales qui caractérisent encore bien des aspects des démocraties développées.

Selon Leonard toujours, être aveugle au racisme est très pernicieux, car cela nous empêche de reconnaître les discriminations que subissent certaines personnes en raison du groupe ethnique dans lequel elles sont nées. C'est pourquoi (comme je le disais déjà dans le chapitre sur la théorie du point de vue) nous avons tous le devoir moral d'écouter très attentivement les histoires de nos compatriotes. Même quand nous croyons savoir ce que vivent les membres d'autres communautés, saisir l'étendue réelle de leurs difficultés exige du temps et des efforts, tout comme construire les fondations d'une solidarité politique réelle.

Cependant, Ralph Leonard insiste sur un point : nous devons certes arracher cette mauvaise herbe qu'est l'aveuglement au racisme mais, ce faisant, il est impératif de ne pas abandonner l'espoir d'une société qui « traiterait tout le monde à égalité, qui jugerait les personnes selon leurs attributs individuels » plutôt que sur leurs origines. Il faut être très sensible au racisme pour être certain que personne ne soit traité de manière indigne en raison d'attributs collectifs tels que sa couleur de peau. Mais, précisément, si se montrer sensible aux réalités du racisme est si important, c'est parce que le but ultime devrait être de construire un monde *véritablement* insensible à la race.

Cette même distinction, entre l'insensibilité à la race et l'insensibilité au racisme, est tout à fait pertinente dans le domaine des politiques publiques. Pour s'assurer que le gouvernement ne discrimine pas ceux qui, historiquement, ont été mal traités, il faut être sensible aux origines. Si le législateur n'y prête aucune attention, il ne sera capable de repérer ni les discriminations délibérées ni les effets injustes et disproportionnés qui frappent parfois un groupe démographique particulier. Pour comprendre pourquoi il est inquiétant que les lois fédérales des États-Unis punissent bien plus sévèrement l'usage du crack que de la cocaïne, par exemple, il est essentiel de savoir que le crack est relativement plus consommé par les Noirs, et la cocaïne par les Blancs. Ceux qui écrivent puis implémentent les lois devraient faire tous les efforts possibles pour s'assurer qu'elles n'auront pas ce genre d'effet disproportionné sur un groupe démographique. Tant que tel sera l'unique objectif des politiques « conscientes de la race », il n'y aura aucune raison de les juger problématiques.

Toutefois, comme le note Ralph Leonard, la détermination à repérer et combattre les discriminations à l'œuvre est parfaitement compatible avec le refus de fonder les politiques publiques sur des caractères immuables tels que les origines ethniques. La solution à la disparité des peines pour usage de crack et de cocaïne, par exemple, n'est pas de distinguer les consommateurs de crack noirs des consommateurs de crack blancs ; c'est d'infliger des peines proportionnées pour les utilisateurs des deux drogues (ou d'ailleurs de cesser tout simplement d'emprisonner les consommateurs de drogue non violents). Pour les penseurs comme Leonard, être parfaitement conscient de l'influence des origines ethniques sur la société, comme des effets précis des politiques publiques, est une vertu, mais, pour l'État, établir des distinctions dans le traitement de ses citoyens en fonction de leur race est un vice.

Favoriser des politiques « racialement neutres », ce n'est ni se montrer complaisant dans le combat contre les discriminations raciales ni demeurer aveugle aux réalités persistantes du racisme. C'est une distinction que tout le monde devrait reconnaître, en principe. Et le fait que ces politiques aveugles aux couleurs, qui cherchent à réduire la pauvreté et à offrir plus d'opportunités, puissent aider à redresser des injustices historiques, et ce jusqu'à un point que peu soupçonnent, ne rend cette distinction que plus capitale.

Des politiques « racialement neutres » peuvent aider à combattre les inégalités raciales

Les effets des discriminations passées se font encore sentir dans les démocraties, partout dans le monde. À la lumière des siècles d'esclavage et des lois de Jim Crow, par exemple, il n'est guère surprenant que les Afro-Américains soient, en moyenne, dans des situations plus difficiles que la plupart des autres communautés. De même, les immigrés venus en France depuis les anciennes colonies et les descendants des « travailleurs invités » en Allemagne souffrent encore d'exclusion, comme leurs ancêtres avant eux. Tout cadre de politique publique qui échoue à présenter l'espoir de résorber ces inégalités héritées des injustices de l'histoire prêtera le flanc à une critique hautement justifiée. Il se trouve cependant que les politiques racialement neutres, et non seulement celles sensibles à la race, sont capables d'atténuer les effets de ces désavantages historiques.

Certains d'entre nous connaissent dans la vie des débuts difficiles en raison de désavantages très enracinés. Si vous avez grandi dans un quartier pauvre avec un taux de criminalité élevé et des écoles misérables, vous méritez de recevoir une aide spécifique pour vous donner tout de même une chance de réussir. Nous avons besoins de mesures ambitieuses pour une véritable égalité des chances. Nous devons aussi nous assurer que chaque citoyen désireux d'apporter sa contribution à la société puisse mener une vie digne, même s'il ne devient pas chirurgien esthétique ni cadre dans un banque d'investissement.

Étant donné les disparités de revenu entre les communautés ethniques, il est tentant de penser que des critères raciaux orienteraient efficacement les aides vers ceux qui en auraient le plus besoin, ceux qui se trouvent être les plus démunis ; c'est la puissante intuition morale à l'œuvre derrière l'adoption récente des politiques sensibles à la race. Mais elle élude les immenses variations individuelles que cachent les statistiques. Dans de nombreuses démocraties, de l'Allemagne à la France et de l'Australie aux États-Unis, il existe aujourd'hui une classe moyenne non blanche, nombreuse et florissante, de même qu'une classe pauvre blanche qui va s'agrandissant. Un ensemble de mesures sensibles à la race qui se contenterait de fournir des aides additionnelles aux minorités ethniques soutiendrait bon nombre de personnes déjà bien pourvues et en négligerait beaucoup d'autres pourtant victimes d'une pauvreté reçue en héritage.

Prenez les États-Unis, où le taux de pauvreté est bien plus élevé chez les Noirs que chez les Blancs. Un peu plus d'un Noir américain sur cinq est pauvre, pour un peu moins d'un Blanc sur dix. Cependant, comme il y a encore plus de cinq fois plus de Blancs que de Noirs, une mesure anti-pauvreté qui viserait les dix millions de Noirs américains pauvres échouerait à aider vingt-trois millions de Blancs, pourtant pauvres eux aussi.

Des politiques neutres, à l'inverse, ne se contenteraient pas de toucher plus facilement tous les gens dans le besoin ; paradoxalement, elles permettraient aussi de réduire les disparités entre les différentes communautés ethniques. Les Afro-Américains, par exemple, sont plus susceptibles de vivre dans des quartiers défavorisés ou d'avoir des parents pauvres que les Américains blancs. Une mesure neutre qui oriente des fonds supplémentaires vers les écoles des quartiers défavorisés ou qui offre des bourses aux étudiants ayant grandi dans la pauvreté profiterait ainsi davantage aux Afro-Américains. Si elles sont suffisamment ambitieuses, ces mesures peuvent contribuer grandement à réduire des disparités injustes sans avoir à distinguer les citoyens selon leur communauté.

Enfin, on pourrait penser que des politiques sensibles à la race seraient nécessaires dans des contextes tels que les États-Unis, afin de liquider l'héritage durable de crimes historiques aussi inconcevables que l'esclavage. Il y a toute raison de pallier ses effets rémanents. Quand un individu a été floué, lui ou ses descendants devraient, dans la mesure du possible, recevoir une compensation pour les préjudices moraux et financiers infligés. C'est un excellent argument en faveur de réparations versées aux descendants d'esclaves, en vertu des terribles injustices que leurs ancêtres ont subies. Cependant, ces réparations ne seraient pas fondées sur des caractéristiques purement raciales ; les descendants de récents immigrés du Kenya ou du Nigeria, par exemple, ne devraient pas en bénéficier. Si des Américains méritent un dédommagement du gouvernement, ce n'est pas parce qu'ils sont noirs ou « de couleur ». C'est parce que leurs ancêtres ont été victimes de crimes horribles.

Les objections les plus fréquentes au traitement universaliste des injustices sont moins fortes qu'il n'y paraît à première vue. Les partisans d'un État qui ne traiterait pas différemment ses citoyens selon leur couleur de peau ne sont pas tenus de rester aveugles à la pernicieuse persistance du racisme. Par ailleurs, loin d'être inefficaces, les programmes gouvernementaux qui bénéficient à tous les citoyens dans le besoin peuvent au contraire se révéler extrêmement positifs, voire remédier aux disparités raciales. Inversement, un examen plus poussé du cadre de l'équité nous le montre bien moins convaincant qu'au départ : en théorie comme en pratique, il échoue à réaliser les promesses qui nous le rendaient si séduisant.

Pourquoi l'équité échoue en théorie

L'équité a un pouvoir d'attraction particulièrement fort aux États-Unis, en raison de la nature des injustices de ce pays. Pendant des siècles, les Afro-Américains y furent traités de manière abominable. Ce n'est pas une coïncidence s'ils gagnent toujours des salaires inférieurs en moyenne et disposent d'un patrimoine bien plus faible que les Américains blancs. C'est une injustice flagrante. Et si l'équité exerce un tel pouvoir d'attraction, c'est qu'elle paraît en saisir les causes.

Cependant, malgré sa plausibilité de façade, se concentrer sans recul critique sur l'équité pourrait engendrer des résultats catastrophiques. Le premier problème a été souligné par les philosophes égalitariens comme Reed, qui surveillent de très près la croissance des inégalités dans les démocraties développées, de l'Allemagne aux États-Unis. En ce moment, nous disent-ils, les riches s'enrichissent et les pauvres s'appauvrissent. L'objectif des politiques gouvernementales devrait être de renverser cette inquiétante tendance.

Ainsi, on pourrait penser que les égalitariens regardent très favorablement cette hausse de la demande d'équité. Mais, comme l'ont indiqué Reed et d'autres critiques dans le même esprit, l'équité et l'égalité ne vont pas nécessairement de pair. Une manière de s'assurer que les Américains blancs et noirs accèdent au même niveau de richesse serait de rendre la société bien plus égale, ce qui sortirait de nombreux Noirs de la pauvreté. Mais une autre technique d'égalisation des richesses serait qu'un nombre réduit de Noirs deviennent extrêmement riches.

Les marxistes tels que Reed sont très conscients que cette deuxième méthode demanderait bien moins de sacrifices aux riches et aux puissants, qu'ils pourraient ainsi garder la plus grande part de leur fortune. C'est pourquoi ils craignent que les sociétés tentent en effet de réaliser l'équité *via* ces quelques changements cosmétiques qui seront sans effet aucun sur les inégalités globales. Si l'Amérique parvenait à créer ainsi quelques dizaines de milliardaires noirs tandis que des millions de leurs concitoyens, toutes communautés confondues, demeuraient pauvres, le peuple y gagnerait bien peu : « L'idéal du disparitarisme est que les Noirs et autres personnes non blanches soient représentés à tous les échelons de la hiérarchie économique, dans une proportion environ égale à ce qu'elle est dans la population générale. » Mais « une société où l'égalité entre les Noirs et les Blancs serait réalisée en les rendant tous également soumis à une classe dirigeante ne serait pas une société plus juste, ce serait une société différemment injuste ».

L'autre problème de l'équité trouve ses racines dans ce que les philosophes appellent le « nivellement par le bas ». Imaginez une société (hautement abstraite) composée de deux personnes. Anne a 10 dollars, ce qui lui permet de vivre confortablement. Bernard n'en a que 5, ce qui l'oblige à surveiller de très près ses dépenses pour finir le mois. Beaucoup estiment dans ce cas injuste la différence de qualité de vie, à moins qu'il y ait une excellente raison pour qu'Anne gagne deux fois plus que Bernard. Certains pourraient même penser que le rôle des politiques publiques devrait être de réduire cette inégalité. Dans une conception rigoureusement égalitariste de la justice, une bonne manière de réaliser cet objectif serait de les appauvrir nettement tous les deux. S'ils n'avaient que 3 dollars chacun, cette inégalité injuste n'existerait plus (ils auront seulement faim tous les deux). Mais serait-ce vraiment justice d'obtenir l'égalité par un tel nivellement ?

On peut émettre la même objection à l'égard de l'équité. On sent bien, intuitivement, une injustice dans le fait que les membres d'un groupe ethnique soient beaucoup plus riches en moyenne que ceux d'un autre, à moins d'une explication particulièrement convaincante. Mais les politiques publiques qui se concentrent avant tout sur l'équité ne chercheront qu'à réduire la disparité entre ces deux groupes ; or, un bon moyen d'y parvenir est d'appauvrir nettement tout le monde. L'objection du nivellement par le bas refait surface.

Cette objection est un peu abstraite, toutefois. Il serait tentant de penser qu'elle ne s'applique pas vraiment au monde réel. Après tout, personne ne propose de remédier aux disparités raciales par un appauvrissement généralisé. Cependant, le conseil du CDC aux autorités de santé publique sur la distribution de vaccins indispensables est un exemple frappant de ce qu'il peut se passer si les décideurs se focalisent tellement sur l'équité qu'ils en finissent par ignorer l'objection du nivellement. En réduisant la disparité entre différents groupes ethniques, en donnant la priorité aux travailleurs essentiels par rapport aux personnes âgées, ils ont suivi le chemin de l'équité avec succès. Mais comme cette mesure avait pour conséquence prévisible d'augmenter la mortalité dans toutes les communautés, elle aurait « appauvri » tout le monde, ce qui la rend évidemment immorale.

Pourquoi l'équité échoue en pratique

En plus de ne pas remplir leurs promesses, les mesures « conscientes de la race » posent de très sérieux problèmes. L'un d'eux est tout simplement qu'elles forcent tout le monde à se concevoir comme partie d'un groupe ethnique ou racial particulier. Dans un pays où les droits et les devoirs les plus fondamentaux du citoyen dépendent de leur appartenance à un groupe identitaire, ceux dont l'appartenance est ambiguë comme ceux qui refusent de s'inclure dans le groupe auquel ils sont censés appartenir « objectivement » connaissent de grandes difficultés.

Au Liban, où les chiites, les sunnites et les chrétiens maronites sont soumis à des lois différentes dans des aspects très importants de leur vie personnelle, l'État refuse souvent de reconnaître les mariages entre membres de communautés différentes. De même, en Inde, le gouvernement a interdit l'entrée du pays à des immigrés en raison de leur religion, tandis qu'il facilitait l'accès à la citoyenneté aux membres d'autres cultes. Non seulement c'est très injuste envers les individus, mais cela démontre qu'une politique dont l'application varie en fonction de la race attribuée ou de la religion des citoyens peut aussi être un obstacle majeur quand il s'agit d'atténuer les divisions historiques.

Un autre problème est que les mesures qui favorisent les membres d'un groupe particulier défavorisent souvent ceux d'un autre. Les politiques de discrimination positive à l'entrée des universités américaines, par exemple, ont contribué à assurer qu'une masse critique d'étudiants noirs accédaient bien aux plus prestigieuses institutions du pays. C'est louable. Mais les mêmes politiques ont, dans le même temps, rendu l'accès aux mêmes écoles bien plus difficile pour les étudiants américains d'origine asiatique. Comme le suggèrent de multiples preuves, ces derniers n'ont pas seulement besoin de faire mieux que les Afro-Américains pour gagner leur entrée dans les universités d'élite des États-Unis, ils doivent aussi faire bien mieux que leurs camarades blancs. Leurs perspectives sont encore réduites par les juges d'admission qui appliquent des critères aussi souples que la « ténacité » ou encore la « vivacité », critères sur lesquels, comme par hasard, les universités comme Harvard, entre autres, notent particulièrement mal les étudiants asiatiques-américains.

Quand une politique publique est formulée dans des termes racialement neutres, les membres de tous les groupes démographiques ont intérêt à ce qu'elle porte ses fruits. L'assurance chômage nous concerne tous, car nous pouvons tous perdre notre travail un jour ou l'autre. Les aides réellement universelles, telles que les retraites, recueillent même un soutien politique plus large encore car tout le monde compte bien atteindre l'âge de la retraite. En revanche, quand une politique est formulée dans des termes sensibles aux origines, chaque groupe trouve un intérêt à se mobiliser selon des lignes ethniques et à se battre pour ses propres intérêts. Dans une démocratie, les luttes autour de la répartition de ressources rares sont, presque par définition, gagnées par les plus nombreux et les plus puissants, plutôt que par les minorités moins puissantes, ce qui en fait au mieux un outil très risqué pour dépasser les injustices de l'histoire. Comme l'aurait dit Hubert Humphrey, défenseur passionné de la déségrégation, quand il fit adopter la loi des droits civiques au Sénat, accorder un traitement de faveur à un groupe sur la base de caractères attribués, cela peut très facilement mal tourner. « Voulez-vous d'une société qui ne serait qu'une interminable lutte de pouvoir entre groupes organisés ? »

Tout cela nous aide à expliquer pourquoi, même dans des États très hétérogènes comme la Californie, les politiques sensibles à la race ne recueillent pas beaucoup de soutien. Dans les années 1990, la Californie était, politiquement, plongée dans une phase de rejet de sa diversité démographique grandissante. En 1994, la proposition 187, connue sous le sobriquet de *Save our State* (SOS), barra pour les immigrés illégaux l'accès aux aides sociales, aux remboursements des soins non urgents et à tout poste au sein de l'Éducation nationale. Deux ans plus tard, une majorité de Californiens votait pour interdire aux administrations locales et aux universités publiques toute mesure de discrimination positive.

Depuis, la Californie a connu un océan de changements. L'État est aujourd'hui très à gauche. Une majorité de sa population est noire, asiatique ou hispanique. À l'exception d'un obscur commissaire aux assureurs appelé Steve Poizner et d'un fameux gouverneur nommé Arnold Schwarzenegger, pas un seul Républicain n'a gagné une élection à l'échelle de la Californie depuis 1994. Un groupe de militants de premier plan a vu dans cette transformation politique l'opportunité d'abroger les lois de l'État qui restreignent la discrimination positive. Ils se sont assurés le soutien d'acteurs institutionnels clés, de la vice-présidente Kamala Harris aux grands quotidiens locaux et nationaux, en passant par certaines des plus grosses entreprises de Californie. Grâce à de riches donateurs, ils ont engrangé pour leur campagne un trésor de guerre qui valait dix fois celui de leurs opposants, eux contre la discrimination positive.

Ce fut en vain. Dans un référendum tenu le même jour que la victoire de Joe Biden sur Donald Trump, à 64 % contre 34 %, une nette majorité de Californiens vota pour maintenir l'interdiction de tout traitement de faveur en fonction des origines ethniques. L'échec de ce référendum nous indique un dernier défaut des mesures sensibles à la race : en démocratie, des mesures supposément progressistes, si elles ne parviennent pas à rassembler des majorités populaires même dans un État aussi hétérogène et penchant à gauche que la Californie, seront tout simplement incapables d'engranger durablement les bénéfices promis.

Les bénéfices de politiques publiques inspirées par l'équité sont moins évidents qu'il n'y paraît sur le papier. Inversement, leur coût est plus élevé qu'on ne le dit souvent. Cela signifie-t-il qu'il ne faudrait jamais y avoir recours ?

Imparfaite et exceptionnelle

Aux États-Unis, plus que dans toute autre démocratie développée, des questions centrales de morale ou de politique sont souvent réduites à des débats sur l'interprétation de certaines phrases bien précises dans les documents fondateurs du pays. Plutôt que de considérer les raisons morales profondes en faveur ou contre la peine de mort, les Américains se préoccupent de déterminer s'il s'agit oui ou non d'un « traitement cruel et inhabituel ». Et plutôt que de s'attaquer aux problèmes éthiques et métaphysiques de l'avortement, ils se disputent pour savoir si l'interdiction constituerait une violation inacceptable du « droit à la vie privée ».

Il m'arrive de m'énerver de cet angle légaliste qu'adoptent les débats moraux aux États-Unis. Les Américains prendraient souvent de meilleures décisions, et comprendraient mieux les différentes opinions qui s'expriment, s'ils mettaient de côté leur jurisprudence. Toutefois, les questions qui concernent les politiques sensibles à la race sont une intéressante exception à cette règle. En effet, le 14e amendement, voté pendant la guerre de Sécession, qui promettait aux Américains de toute race la « même protection à l'ombre de la loi », et la jurisprudence qui suivit, relative à son interprétation, créent ensemble un cadre moral très éclairant, qui capture parfaitement les considérations principales de ce débat.

Ruth Bader Ginsburg, juge de gauche hautement influente qui finit par devenir, en ses dernières années, une icône du progressisme, soutenait beaucoup la discrimination positive. Antonin Scalia, juge de droite très influent lui aussi, qui a façonné la jurisprudence des trente dernières années, s'y opposait fortement. Et pourtant, tous deux s'accordaient sur les critères de base que devait suivre la Cour suprême pour évaluer les programmes de discrimination positive envers les minorités. Comme l'a soutenu la cour dans l'affaire *Adarand Constructors Inc. v. Peña*, le 14e amendement « protège les *personnes*, pas les groupes ». Cela créa une forte présomption contre les tentatives de traitement différentiel par les autorités publiques. « Le gouvernement ne peut traiter différemment les personnes selon leur race que pour raison impérieuse. »

Tout programme gouvernemental qui établit une distinction entre les citoyens fondée sur la race doit ainsi remplir trois critères très stricts. Premièrement, il doit servir un « intérêt impérieux », autrement dit remplir un objectif de politique publique essentiel ou nécessaire, pas simplement reposer sur des considérations qui paraissent raisonnables ou rationnelles.

Deuxièmement, ces programmes doivent être « taillés sur mesure » pour accomplir cet objectif public impérieux. Cela signifie que les administrations gouvernementales concernées doivent avoir préalablement consenti à un sérieux effort en faveur du même objectif, mais sans avoir eu recours à une distinction explicite des citoyens fondée sur la race.

Troisièmement, les cours de justice doivent appliquer un « examen rigoureux » à tout programme gouvernemental de ce genre. Comme l'a écrit la Cour suprême en 1989 : « Nous procédons à un examen strict de toute classification raciale, afin d'en supprimer "tout usage illégitime de la race et de garantir que le gouvernement suit là un objectif suffisamment important pour employer cet outil hautement suspect". »

Les batailles légales autour des politiques sensibles à la race ont surtout consisté en différentes décisions émises par différents juges pour savoir si les programmes en question remplissaient ces trois critères drastiques. Comme la Cour suprême a longtemps eu un léger penchant libéral, elle s'en est beaucoup remise aux universités quand celles-ci affirmaient que leurs actions de discrimination positive obéissaient à un intérêt impérieux pour assurer la diversité de leurs étudiants. Les juges conservateurs ont régulièrement voté contre ces jugements, car ces mesures ne leur paraissaient pas remplir un objectif gouvernemental essentiel, et que celui-ci pouvait par ailleurs être efficacement rempli par d'autres moyens. Les conservateurs détenant actuellement la majorité des sièges pour la première fois depuis deux générations, il se pourrait bien qu'ils placent bientôt des limites bien plus strictes sur la discrimination positive. (Comme ils viennent de le faire dans l'affaire *Students for Fair Admissions v. Harvard University*, le 29 juin 2023, en déclarant inconstitutionnel le programme d'admission de Harvard, qui reposait sur la discrimination positive.)

Les Américains continueront à se disputer sur les circonstances exactes dans lesquelles des mesures sensibles à la race remplissent un objectif si impérieux, et pour lequel les alternatives sont si inadéquates qu'elles en deviennent justifiées. Il y aura des cas difficiles dans lesquels beaucoup seront tiraillés. Je le suis moi-même pour la discrimination positive à l'université. Mais le cadre moral qu'ont posé Ruth Bader Ginsburg et Antonin Scalia reste le meilleur guide pour penser ces problèmes. Et celui-ci nous suggère fortement que même des gens persuadés de l'utilité de mesures sensibles à la race dans certains contextes doivent reconnaître que leur coût est élevé et espérer que le besoin qui les motive ne soit que temporaire.

Ce chapitre s'est beaucoup appuyé sur la tradition constitutionnelle américaine afin d'évaluer des politiques publiques aujourd'hui dominantes aux États-Unis. Mais les mêmes principes et les mêmes conclusions s'appliquent aux autres pays, par exemple quand il s'agit de demandes explicites de quotas pour les communautés marginalisées, aujourd'hui populaires dans bien des démocraties. En Europe comme aux États-Unis, fonder des politiques qui varient selon les groupes d'attribution des citoyens ne va jamais sans un risque significatif. En Europe, comme aux États-Unis, de tels remèdes devraient être rares, réservés aux cas où leur intérêt est impérieux et les autres traitements impossibles.

Notre système politique promet à juste titre de traiter chaque citoyen comme un individu plutôt que comme le membre d'un groupe. Dans une démocratie libérale, les droits civiques devraient être fondés sur la citoyenneté, pas sur la religion, l'ethnie ni la couleur de peau. C'est ce qui motive une profonde réticence à l'égard des politiques sensibles à l'identité.

Points clés

- Depuis peu, l'Amérique s'est lancée dans des politiques publiques sensibles à l'identité à tous les niveaux de gouvernement. Même les décisions de vie ou de mort telles que l'attribution de vaccins essentiels sont aujourd'hui prises en partant de considérations relatives à l'équité. D'autres démocraties suivent le mouvement, en introduisant par exemple des quotas explicites pour les femmes ou les immigrés. Malgré des justifications initiales qui laissaient entendre qu'il s'agirait de mesures temporaires, leurs défenseurs envisagent de plus en plus de faire de cette approche le modèle standard de gouvernement.
- Les défenseurs de l'équité ont formulé deux critiques pour montrer que les politiques universalistes étaient moralement inacceptables. D'abord, des mesures plus universelles nous pousseraient à ignorer le rôle que le racisme continue de jouer dans nos sociétés. Ensuite, elles seraient incapables d'atténuer les disparités entre les différents groupes identitaires, ou de minimiser les répercussions à long terme des injustices passées, telles que l'esclavage. Cependant, un examen attentif montre que les politiques universalistes sont plus intéressantes qu'il n'y paraît au premier regard. Elles ne nous rendent pas incapables de reconnaître l'existence de

discriminations raciales, ni d'y remédier. Elles peuvent nous aider à diminuer les inégalités, car un État providence universel orientera toujours plus de ressources vers les communautés dont les membres sont relativement plus dans le besoin. Enfin, elles ne sont pas incompatibles avec les réparations des injustices passées, qui devraient être fondées sur les généalogies individuelles et non sur des catégories identitaires plus larges.

- Dans le même temps, cet examen nous présente l'idéal d'équité sous un angle moins séduisant qu'en premier lieu. Philosophiquement, il souffre de deux défauts majeurs : d'abord, comme l'équité ne se préoccupe que des disparités entre communautés ethniques, il est possible de la réaliser par l'enrichissement démesuré de quelques membres des groupes historiquement marginalisés. Ainsi, une société équitable pourrait aussi être très inégalitaire. Ensuite, il est possible de réaliser l'équité en appauvrissant tout le monde ; une société équitable n'est pas incompatible avec la pauvreté généralisée.
- Ces objections ne sont pas simplement théoriques. Parmi les premières applications concrètes de l'équité, certaines comme le guide sur l'attribution des vaccins des CDC ont probablement aggravé la situation pour tous les groupes démographiques. Les mesures sensibles à l'identité tendent aussi à approfondir les divisions entre différents groupes, ce qui rendrait des conflits futurs plus probables. Enfin, ces politiques sont en général très impopulaires dans toutes les communautés, ce qui pourrait nuire à la préservation d'un État providence généreux et donc aux améliorations que celui-ci promet à long terme.
- Le cadre légal adopté à la fois par les juges progressistes comme Ruth Bader Ginsburg et par les juges

conservateurs tel Antonin Scalia propose un meilleur guide d'utilisation des mesures sensibles à l'identité. Il devrait toujours y avoir une forte présomption en défaveur d'un traitement différencié des citoyens en fonction de marqueurs d'identité comme la couleur de peau. Cette présomption ne peut être levée que quand la mesure prescrite réunit trois conditions très strictes. Premièrement, il doit exister une raison d'État impérieuse qui justifie son objectif. Deuxièmement, elle doit être taillée sur mesure pour le réaliser. Troisièmement, toutes les alternatives neutres sur le plan de l'identité doivent avoir été rejetées. Pour toutes ces raisons, ce serait à la fois une faute morale et une erreur en pratique de nous tourner vers des mesures sensibles à l'identité pour définir le standard de fonctionnement des politiques publiques.

Chapitre 13

Du racisme structurel, du genre et de la méritocratie

Dans les derniers chapitres, je me suis concentré sur cinq applications communes de la synthèse identitaire dans la culture contemporaine et le débat politique. J'y ai expliqué ce que je considérais comme des erreurs : abandonner l'espoir de l'empathie sincère entre membres de différentes communautés, placer des formes d'influence culturelle entre groupes sous un voile de soupçon généralisé, sous-estimer les conséquences dangereuses de l'abandon d'une authentique culture de la liberté d'expression, répondre à l'appel d'une forme supposée progressiste de séparatisme qui mine les efforts d'intégration, faire des politiques publiques sensibles à l'identité le mode d'opération par défaut du gouvernement.

Dans chaque cas, j'ai proposé à la place une solution qui prenait au sérieux les injustices durables sans pour autant abandonner les normes universelles traditionnelles. Il est possible aux citoyens de nourrir une empathie sincère les uns pour les autres pour peu qu'ils prennent le temps et fassent l'effort d'écouter les expériences de leurs compatriotes. Nous pouvons corriger les cas d'exploitation ou de moqueries inacceptables sans stigmatiser les échanges culturels sains comme de dangereuses « appropriations culturelles ». Les politiciens et les dirigeants des grandes institutions sociales peuvent exprimer leur désaccord profond envers le racisme et autres préjugés sans pour autant abandonner le premier amendement ni miner notre culture de liberté d'expression. La société peut respecter la liberté d'association et encourager les membres des cultures minoritaires à tirer fierté de leur héritage sans succomber aux formes pernicieuses de séparatisme progressiste. Enfin, les politiques publiques peuvent protéger les citoyens contre la discrimination et corriger les inégalités durables sans faire une habitude d'un traitement différencié des citoyens selon leurs marqueurs d'identité, tels que la couleur de peau.

Les sujets abordés sont à la fois importants et très débattus. Cependant, comme les défenseurs de la synthèse identitaire espèrent remodeler les pratiques démocratiques traditionnelles dans bien des domaines, les applications de leur idéologie sont désormais présentes dans tout autant de contextes variés. J'aurais pu facilement ajouter cinq chapitres à cette partie du livre.

Il serait superflu d'entrer dans les détails pour chacune de ces applications potentielles de la synthèse identitaire. Toutefois, trois autres sont assez en vue ou suffisamment lourdes de conséquences pour nécessiter un bref survol avant de passer à la suite : l'hypothèse selon laquelle le racisme n'aurait rien à voir avec les dispositions individuelles ou les préjugés ; celle selon laquelle le genre d'un individu devrait, dans tous les contextes, se substituer aux considérations de sexe biologique ; finalement, celle qui voudrait nous faire totalement renoncer à l'idéal méritocratique.

Racisme structurel

Les partisans de la synthèse identitaire soulignent souvent et à raison qu'une description du racisme qui ne se concentrerait que sur les opinions ou les motivations individuelles courrait le risque d'occulter des injustices graves. Même quand tout le monde est animé des meilleures intentions, les retombées des injustices passées peuvent suffire à ce que les élèves descendants d'immigrés soient scolarisés dans des écoles publiques sous-financées, ou à ce que les membres des minorités ethniques souffrent de lourds désavantages sur le marché du logement. Ils en concluent la nécessité d'ajouter un concept à notre arsenal intellectuel : le racisme structurel.

Comme l'explique le *Cambridge Dictionnary**, en référence au concept très proche de racisme systémique, il consiste en « des politiques et des pratiques présentes dans toute une société ou toute une organisation, qui aboutissent à un avantage injuste pour certains et à un traitement injuste pour d'autres, selon leur race ». En notant que certaines formes de racisme sont « structurelles » selon cette définition, nous sommes mieux armés pour repérer et avoir de bonnes chances de corriger les circonstances dans lesquelles certains groupes ethniques subissent des handicaps significatifs pour des raisons autres que des préjugés individuels.

Ces dix dernières années, des partisans de la synthèse identitaire ont plaidé avec efficacité que ce concept plus récent de racisme structurel devrait supplanter l'ancienne idée de racisme individuel. Plutôt que de reconnaître deux formes de racisme différentes, dont chacune mériterait qu'on l'étudie attentivement pour la combattre, ils en sont venus à conceptualiser le racisme exclusivement sous sa forme structurelle. Un guide en ligne résume ainsi ce consensus montant : « Le

* Ni le « racisme structurel » ni le « racisme systémique » ne sont encore apparus, à ma connaissance, dans les dictionnaires de langue française. On note tout de même dans le Robert en ligne cette définition de « systémique » : « Inhérent à un système social donné. *Ex. : discriminations systémiques.* » NdT.

racisme est à distinguer du préjugé racial, de la haine ou de la discrimination » parce qu'il doit impliquer « un groupe au pouvoir exerçant une discrimination systémique au travers de politiques institutionnelles et de pratiques sociétales, et modelant les croyances et les valeurs culturelles de manière à soutenir ces politiques et ces pratiques racistes ».

Sous sa forme la plus radicale, ce mode de pensée implique qu'il serait impossible au membre d'un groupe marginalisé d'être raciste envers ceux du groupe dominant. Le racisme se trouvant détaché de tout attribut individuel, et les membres des groupes relativement dénués de pouvoir se montrant incapables d'exercer des « discriminations systémiques » envers ceux des groupes relativement plus puissants, même la haine la plus vile ne sera pas considérée raciste. Comme l'avance Manisha Krishna dans *Vice*, « il est littéralement impossible d'être raciste envers une personne blanche ».

En conséquence, on a constaté à de nombreuses reprises une forme de cécité sélective quand des membres des minorités exprimaient des préjugés contre ceux de groupes plus privilégiés que les leurs, même quand ils restaient minoritaires. Quand par exemple Tamika Mallory, une des fondatrices de la Marche des femmes, a été critiquée pour avoir désigné Louis Farrakhan, antisémite avoué (et homophobe, et misogyne), comme « le plus grand de tous les temps », elle s'est défendue en déclarant au *New York Times* que « les juifs blancs, comme les autres Blancs, sont les gardiens de la suprématie blanche ». Dans le même temps, Diane Abbott, proche alliée de Jeremy Corbyn, a allègrement rejeté un rapport qui montrait que les juifs et les « gens du voyage » souffraient de hauts niveaux de racisme au Royaume-Uni, en avançant qu'il était peut-être « vrai que de nombreuses personnes aux caractéristiques différentes, comme les roux, pouvaient subir des préjugés. Mais ils ne sont pas sujets au racisme toute leur vie ».

Cette incapacité à reconnaître l'importance d'une conception plus traditionnelle du racisme ne va pas sans sérieuses conséquences. Par exemple, elle rend impossible de nommer ce qu'il se passe quand des membres d'une minorité sont victimes de crimes de haine perpétrés par les membres d'une autre minorité, historiquement plus désavantagée encore. Aux États-Unis, par exemple, les Asiatiques-Américains sont généralement considérés comme plus « privilégiés » (on les dit parfois même « *white adjacent* », « du côté des Blancs ») que les Afro-Américains. Pour cette raison, les journaux se sont montrés réticents à rapporter les vagues de crimes de haine commis par des Afro-Américains contre des Asiatiques-Américains durant la pandémie de Covid, ne qualifiant ces attaques de « racistes » que très occasionnellement. Cela a empêché tout le pays de décider d'actions efficaces contre de telles attaques et exacerbé les tensions entre ces deux communautés.

Sexe, genre et débat sur les droits des transgenres

Les débats sur le sexe, le genre et les droits des transgenres sont pollués par un ensemble de confusions conceptuelles qui partagent avec les précédentes une ressemblance frappante. Les féministes avancent à bon droit que nous restons aveugles à certains aspects très importants de notre monde en nous concentrant uniquement sur le sexe biologique. Pour comprendre les relations entre hommes et femmes, il nous faut aussi considérer le genre, un ensemble d'attentes sociales quant à la manière dont les personnes d'un sexe biologique déterminé devraient se comporter.

La reconnaissance de l'importance du genre ouvre un espace à la contestation des normes traditionnelles dans ce domaine. Comme le disent depuis longtemps les féministes, la subversion des normes traditionnelles de genre est un moyen efficace de défier les attentes injustes historiquement placées sur les épaules des femmes. De même, comme l'ont avancé plus récemment les militants des droits des trans, certaines personnes de sexe biologique masculin à la naissance sont profondément malheureuses quand on les oblige à se conformer aux stéréotypes du genre associés. La justice exige qu'on leur permette, si elles le souhaitent, de vivre en tant que femmes. (Il en va de même des femmes biologiques qui souhaitent vivre comme des hommes, ou des personnes de n'importe quel sexe qui souhaitent se débarrasser de toutes les normes de genre et se déclarent « non binaires ».)

Mais, comme dans le cas du racisme structurel, les problèmes commencent dès que cette reconnaissance bien fondée de l'importance d'un nouveau concept (ici le genre) tourne au déni idéologique de l'importance d'un autre, plus ancien (ici le sexe biologique). Ces dernières années, un nombre grandissant de penseurs et d'organisations militantes avancent qu'il serait inutile pour les êtres humains de penser le sexe comme un concept biologique ; beaucoup d'entre eux ne trouvent plus non plus de raison de penser le sexe comme binaire. Ainsi, toute politique qui tiendrait compte du sexe devrait être jugée transphobe.

Selon cette opinion, l'existence de personnes intersexes démontre que les catégories biologiques de mâle et de femelle sont une construction sociale oppressive. Comme tout le monde devrait pouvoir vivre en accord avec son genre ressenti, toute allusion au fait que celui-ci pourrait ne pas être conforme à leur sexe biologique constitue un affront à leur dignité. Selon Agustín Fuentes, bio-anthropologue de l'université de Princeton : « Une vision simple et binaire crée un gabarit fictif [...] qui se manifeste par un manque d'éducation sur des principes biologiques de base. » Il faut y résister parce que cela aboutit à la « création de lois anti-transgenres ». Les militants vont parfois jusqu'à affirmer que quiconque penserait que le sexe biologique conserve une certaine pertinence, dans certains contextes, nierait le droit des personnes trans à exister. Cette accusation, très populaire sur les réseaux sociaux, joue sur les différents sens du verbe « exister » pour insinuer que ceux qui émettent ces opinions discordantes sur le rôle du sexe biologique voudraient en réalité la mort des individus qui s'identifient comme trans.

Le déni du sexe biologique constitue pourtant une erreur de jugement. Les scientifiques comme les professionnels de la médecine, par exemple, savent que le sexe biologique est un indicateur clé de nombreux attributs humains, depuis la prévalence des maladies cardiovasculaires à la capacité de tomber enceinte. Un petit pourcentage d'individus (selon les estimations, moins d'une personne sur mille) est intersexe, ce qui signifie qu'ils ne tombent pas clairement dans l'une ou l'autre des catégories biologiques de mâle ou de femelle. Mais, comme dans de nombreux contextes, tels que la recherche des limites entre la liberté d'expression et la diffamation ou le chantage, ce serait ici une erreur de croire que ces « cas compliqués » qui ne tombent pas clairement dans l'une des deux catégories indiquent que cette dichotomie ne serait pas cohérente. Il serait erroné de dire que l'existence de personnes ayant peu de cheveux implique que personne n'est complètement chauve ni complètement chevelu. De même, il est erroné de déduire de l'existence de personnes intersexes que les personnes biologiquement mâles, ou biologiquement femelles, n'existent pas en réalité.

Il en va de même de cette affirmation selon laquelle il serait offensant de pratiquer toute distinction entre les femmes qui sont transgenres et les femmes qui ne le sont pas. Prenez ce tweet envoyé par GLAAD, l'un des défenseurs les plus présents de la cause des transgenres aux États-Unis : « C'est historique ! Le Dr. Rachel Levine est confirmée au poste de Première conseillère du ministre de la Santé. C'est la première personne ouvertement transgenre confirmée par le Sénat à un poste gouvernemental. » Le tweet paraît simple et direct. Mais son sens complet n'apparaît qu'en vertu d'une hypothèse implicite, que GLAAD partage apparemment : tout comme il est parfois sensé de distinguer les femmes lesbiennes des femmes qui ne le sont pas, il est parfois sensé de distinguer les femmes transgenres (comme Levine) des femmes qui ne le sont pas (comme toutes les femmes dont le Sénat avait déjà confirmé la nomination à un poste gouvernemental par le passé).

Prises ensemble, ces réflexions nous aident à dresser un tableau plus cohérent de l'articulation entre politiques publiques et droits des personnes transgenres. Le sexe et le genre sont des catégories importantes. Dans la majorité des cas, cela ne pose pas de problèmes sociaux particuliers. Les personnes qui sentent que leur genre n'est pas en accord avec leur sexe biologique devraient pouvoir vivre comme elles l'entendent. Chacun d'entre nous devrait les accueillir de bon cœur et les traiter avec respect. Il y a d'excellentes raisons de nous féliciter que les hommes trans, les femmes trans et les personnes non binaires soient de mieux en mieux acceptés dans nos sociétés.

N'en demeurent pas moins des questions de politique publique pour lesquelles sexe et genre ne sont pas en accord. Dans un contexte médical, par exemple, les médecins doivent connaître le sexe biologique du patient pour diagnostiquer correctement ses maladies et lui prescrire un traitement approprié. Dans bien des sports, les hommes biologiques qui ont transitionné après leur puberté jouissent d'un avantage significatif lors de compétitions contre des femmes biologiques. Enfin, il existe des lieux, tels que les prisons, dans lesquels les femmes biologiques formulent des appréhensions bien fondées ou des interdits religieux compréhensibles qui s'opposent au partage des espaces intimes avec des personnes pourvues d'un organe génital mâle.

La meilleure manière de traiter ces situations dans lesquelles les demandes du sexe et du genre s'opposent est de reconnaître qu'elles impliquent un compromis honnête entre les demandes légitimes de deux groupes différents. La plupart du temps, de cette reconnaissance naîtra la possibilité d'un accord humain et respectueux des besoins et de la dignité de chacun. Seulement, identifier ces compromis deviendrait impossible si les hôpitaux, les ligues sportives ou les gardiens de prison insistaient pour affirmer que la notion de sexe biologique est une construction sociale oppressive qui ne devrait jamais être considérée pour formuler une règle.

Méritocratie

Pendant des siècles, l'Amérique attira les immigrants par la promesse que même le plus humble nettoyeur de carreaux pourrait devenir millionnaire. Mais, si le rêve américain est si présent dans l'imaginaire du genre humain, c'est aussi parce que les États-Unis offraient une bonne vie à ceux qui ne s'élevaient pas jusqu'en haut. Aujourd'hui, ces deux promesses commencent à sonner creux. Les nettoyeurs de carreaux ont moins de chances de devenir millionnaires, les serveurs et les ouvriers d'usine sont dans une situation financière bien plus précaire. Ces trente dernières années, les revenus de la plupart des Américains ont plus ou moins stagné. Dans le même temps, le coût du logement, de l'éducation et des soins de santé a grimpé en flèche. Les Américains sans diplômes de l'enseignement supérieur sont aujourd'hui nombreux à affronter de sérieuses difficultés simplement pour maintenir un niveau de vie décent.

En cette époque où l'ascenseur social paraît en panne, non seulement aux États-Unis mais aussi en France et en Allemagne, bon nombre d'entre nous estiment non sans raison que le vocabulaire de la méritocratie n'est plus que la justification facile d'une hiérarchie sociale abrupte et injuste. En conséquence, penseurs et politiciens de tout bord ont attaqué l'idéal méritocratique. Une interview devenue virale avec Daniel Markovits, professeur de droit à Yale, avait ainsi pour titre : « La méritocratie nous fait du mal à tous ». Et le philosophe de Harvard Michael Sandel avance dans *La Tyrannie du mérite* que « même une méritocratie juste [...] produit en nous l'impression erronée que nous nous serions construits tout seuls ». Pour nous libérer de cette tyrannie, nous devons reconnaître que « l'idéal méritocratique n'est pas le remède aux inégalités ; il en est la justification ».

Les défenseurs de la synthèse identitaire sont très partisans de ce rejet de l'idée de méritocratie. « La vérité objective, comme le mérite, n'existe pas », écrivent Richard Delgado et Jean Stefancic dans *Critical Race Theory: An Introduction*. En partant de cette prémisse, un petit pas de plus nous conduit à déclarer que « la promesse de l'égalité, inhérente à l'idéologie méritocratique, sert à éluder le racisme », comme on le lit dans un récent article de l'*American Journal of Public Health*. Dans sa forme la plus radicale, la critique de la méritocratie va jusqu'à affirmer que l'idée elle-même est raciste, qu'elle sert exclusivement à creuser les disparités raciales. Un consultant d'entreprises a ainsi pu dire qu'appliquer des critères indifférents à la race pour évaluer des postulants, au nom de la méritocratie, pouvait sembler être « une politique qui par sa nature évite absolument les préjugés », mais que c'est en réalité tout le contraire : « C'est indéniablement raciste. »

Les failles de notre système supposément méritocratique donnent de bonnes raisons de vouloir en changer. Par exemple, Sandel a raison de souligner que de nombreuses démocraties, de l'Italie aux États-Unis, font aujourd'hui la courte échelle aux enfants riches pour sanctifier ensuite leur succès dans le langage du mérite, leur permettant ainsi de croire qu'ils ont gagné leur place au soleil grâce à leur talent et à la sueur de leur front. Pour donner à chaque citoyen une chance de s'épanouir, il faut nous assurer que mener une bonne vie n'est pas l'apanage du haut de l'échelle. Si nous voulons une société juste, il faut garantir qu'un travail honnête permette un logement honnête, l'accès aux soins médicaux et à une bonne éducation pour les enfants. Enfin, si nous voulons rester fidèles aux promesses d'une démocratie juste, ni la qualité de l'éducation que reçoit un enfant ni ses chances de vivre centenaire ne devraient dépendre de sa couleur de peau.

Cependant, même si nous parvenions à prendre ce virage économique radical, il resterait toujours dans la société des positions qui apporteraient plus de prestige, plus de récompenses. Sur quelle base devrait-on les allouer ? Il me semble que pour distribuer ces positions enviables, la méritocratie est le pire des systèmes, à l'exclusion de tous les autres.

Une raison essentielle de s'accrocher à une forme de méritocratie basique est tout simplement de préserver cette incitation qui pousse les jeunes à développer des talents de valeur pour la société. Dans de nombreux pays, les gens ont bien peu de raisons d'étudier ou de se donner du mal, parce que leur ascension future sur l'échelle sociale dépendra avant tout de leur pouvoir et de leurs relations préalables. Ils cultivent alors moins leurs talents et la croissance économique ralentit jusqu'à une allure d'escargot. Alors que si le mérite est récompensé, les jeunes ont une raison d'investir du temps et des efforts pour développer leurs aptitudes. Cela contribue non seulement à ce que nous ayons assez de médecins, d'ingénieurs, d'artisans et de plombiers pour subvenir à nos besoins collectifs, mais cela donne aussi à bien plus de gens la satisfaction d'exceller dans un domaine ou une profession qu'ils ont travaillé dur à maîtriser.

Une autre raison de maintenir la méritocratie trouve son origine dans les explications que les institutions peuvent légitimement produire en justification de leur refus d'accorder à des candidats les postes qu'ils convoitent. Si vous essayez de gagner une place de titulaire dans une équipe de foot, vous serez certainement déçu de ne pas y parvenir. Mais au-delà, si vous cherchez des raisons de vous plaindre, il vous faudra savoir qui a été choisi à votre place. Si le coach vous dit que le candidat retenu a de meilleurs chances de faire gagner l'équipe, sa décision est justifiée parce qu'elle est conforme à l'objectif de cette institution sociale particulière. Mais si le coach vous informe avoir choisi votre concurrent parce qu'il proposait plus d'argent, parce qu'il vient d'une famille qui a le bras long ou qu'il est de la bonne couleur de peau, vous aurez de bonnes raisons de vous sentir floué.

Quand on regarde les démocraties d'aujourd'hui, il serait tentant de conclure que la méritocratie les a menées dans l'impasse. En réalité, c'est l'opposé qui est vrai : les aspirations légitimes de millions de gens ont été trahies parce que trop peu d'entre eux ont accès au confort matériel et que les positions qui confèrent du pouvoir ou des privilèges sociaux ne sont pas distribuées de façon suffisamment démocratique. Le problème n'est pas que la France, l'Italie ou les États-Unis seraient trop méritocratiques, c'est qu'ils ne le sont pas assez.

*

* *

Dans les trois premières parties de ce livre, j'ai expliqué les origines de la synthèse identitaire. J'ai montré comment, depuis une marginalité relative, elle en est venue à occuper une position d'influence. J'ai évalué quelques-unes des transformations qu'elle a fait subir à des hypothèses culturelles et politiques très partagées. Au passage, j'ai aussi commencé à formuler le noyau de la réponse systématique à ses assertions centrales. Le long des six derniers chapitres, j'ai démontré que ceux d'entre nous engagés au service de valeurs universelles pouvaient conceptualiser et combattre les injustices relevées par les partisans de la synthèse identitaire, sans rien abandonner de nos idéaux.

Ma critique des arguments populaires sur des sujets importants, de l'appropriation culturelle à la méritocratie, peut servir de modèle de principe pour répondre à la synthèse identitaire. L'astuce est de prendre au sérieux les sources d'inquiétude qui font naître de telles demandes, d'exposer les écueils logiques qu'elles contiennent et les difficultés pratiques qu'elles entraîneraient, et de démontrer qu'une approche plus universaliste serait plus efficace pour formuler les injustices et améliorer le monde. Dans le reste de ce livre, je vais m'efforcer de construire sur cette base un mode d'emploi complet pour échapper au piège de l'identité.

Points clés

- Le concept de racisme structurel souligne à raison que des formes de discrimination raciale subsistent même quand plus aucun individu ne conçoit de préjugés négatifs sur les membres des groupes marginalisés. C'est un ajout important à notre répertoire conceptuel pour décrire les injustices réelles. Mais les partisans de la synthèse identitaire se trompent quand ils affirment que ce nouveau concept de racisme structurel devrait supplanter les vieilles notions. Les membres de groupes marginalisés peuvent nourrir des préjugés dangereux à l'égard de communautés relativement plus « privilégiées ». Échouer à le reconnaître rend le monde plus difficile à comprendre et certains crimes de haine plus difficiles à combattre.
- Certaines personnes sentent que leur genre ne correspond pas à leur sexe biologique. Elles doivent pouvoir vivre comme elles le souhaitent et nous devrions nous réjouir que les personnes trans soient mieux acceptées de nos jours. Pour autant, il est erroné de penser que l'importance du concept de genre rend celui de sexe biologique incohérent ou caduque. Dans certains contextes, dont la médecine, les institutions ont besoin de tenir compte du sexe biologique. Reconnaître la pertinence à la fois du genre et du sexe peut nous aider à trouver des compromis humains dans les situations qui nécessitent un véritable arbitrage entre les intérêts légitimes de différentes communautés, par exemple en prison ou dans les compétitions sportives.
- La promesse de la mobilité sociale ne fonctionne plus. Il est pour cette raison tentant de blâmer la méritocratie, de dire que l'idéal ne sert qu'à préserver un système

injuste. Mais, pris au sérieux, ce remède serait pire que le mal. Un monde où les positions les plus enviables ne seraient pas attribuées au mérite et pas même supposées l'être serait moins riche, puisque des personnes non qualifiées accéderaient à des postes décisionnaires importants. Il y aurait moins d'incitation à cultiver nos talents. Une meilleure solution consiste à s'accrocher à l'idéal méritocratique, à s'efforcer de créer une société où l'égalité des chances est bien réelle et où ceux qui ne parviennent pas tout en haut de l'échelle, aux postes les plus lucratifs et les plus enviés, mènent une bonne vie quand même.

- La critique des applications principales de la synthèse identitaire en partie III peut servir de modèle de réponse pour des cas similaires. La clé est de prendre les inquiétudes et les injustices qui font naître ces positions très au sérieux, de montrer en quoi les remèdes supposés ont mal tourné, et de démontrer comment une approche universaliste parviendra mieux à redresser les injustices que ces nouvelles solutions à la mode de la synthèse identitaire.

PARTIE IV

EN DÉFENSE DE L'UNIVERSALISME

La synthèse identitaire est riche de son histoire intellectuelle, mais les tentatives d'appliquer les principes fondateurs de cette tradition dans des domaines allant de la liberté d'expression aux politiques publiques sensibles à l'identité se sont révélées contre-productives. Loin de remédier aux injustices durables, elles menacent de les exacerber. Sous sa forme actuelle, la nouvelle obsession identitaire est un piège. La quatrième et dernière partie de ce livre sera donc un plaidoyer sincère pour une alternative universaliste aux hypothèses et aux prescriptions de la synthèse identitaire.

Les partisans de la synthèse identitaire se sont montrés tout particulièrement hostiles envers une idéologie qu'ils jugent responsable de nombreuses injustices du monde contemporain : le libéralisme. Au chapitre 14, j'expliquerai la nature de ces critiques et montrerai que les libéraux, ainsi que d'autres qui croient tout autant qu'eux en l'importance des valeurs universelles et des règles indifférentes aux identités, peuvent formuler une réponse étayée à ces accusations.

Mes propres convictions politiques se fondent sur des principes tels que l'égalité politique de tous les citoyens, la faculté de nous gouverner nous-mêmes au travers d'institutions démocratiques, et le rôle central que les libertés individuelles devraient jouer dans le monde. Ces principes sont, selon moi, le meilleur guide possible vers un avenir préférable, surtout si nous reconnaissons que ces idéaux ne sont pas encore tout à fait réalisés. C'est pourquoi, au chapitre 15, je défendrai la cause du libéralisme philosophique.

Avant de poursuivre, je dois livrer les explications de rigueur sur mon usage du terme « libéralisme ». Ce mot est en effet devenu d'usage confus et associé à des camps politiques variés dans un certain nombre de pays. En France, un libéral se situe plutôt à droite sur les questions économiques. En Allemagne, un libéral est souvent vu comme soutenant le FDP, un parti politique dont le programme a parfois été davantage motivé par la recherche de bénéfices économiques pour son électorat de base que par une quelconque adhésion à des valeurs philosophiques précises. Aux États-Unis, un libéral est le plus souvent considéré à gauche à la fois sur le plan économique et sur le plan culturel. De fait, de nombreux penseurs et politiciens de gauche que je considère, moi, *illibéraux* en raison de leur défense de formes vulgarisées de la synthèse identitaire sont fréquemment qualifiés de « libéraux » dans les principaux médias. Pour ma part, j'emploie le terme « libéral » pour désigner un ensemble fondamental de principes philosophiques que partagent bien des gens, sur tout le spectre politique. Des progressistes militants, des modérés passionnés et des conservateurs dévoués pourraient tous, dans mon usage du mot, être qualifiés de « libéraux ».

Le libéralisme, dans le sens où je l'emploie ici pour le défendre, se fonde sur le rejet des hiérarchies naturelles. Plutôt que de considérer que des gens ont le droit de régner en vertu de leur noble naissance ou de leur degré d'élévation spirituelle, les libéraux sont convaincus que nous naissons tous égaux. Ils promeuvent donc des institutions politiques qui nous permettent de déterminer les règles qui nous gouvernent, qui garantissent à chacun de nous le droit de vivre sa vie selon ses convictions, et qui assurent aux membres de toutes les communautés que l'État ne les traitera pas différemment des autres en raison de leur genre, de leur orientation sexuelle ou de la couleur de leur peau.

De nos jours, le libéralisme n'a pas très bonne presse, ni à droite ni à gauche. Pourtant, ses idéaux conservent tout leur attrait et les institutions qu'ils ont inspirées sont les premières responsables des progrès moraux et matériels de ces trois derniers siècles, dans le monde entier. Le chemin vers un avenir meilleur demeure long et incertain. Mais il est pavé de l'intention d'appliquer les principes libéraux plus complètement, jour après jour, année après année, à rebours de la résolution mal fondée de nous débarrasser de ces espoirs au nom d'une idéologie, dont la vision pour le futur est à la fois moins ambitieuse et moins réaliste.

Chapitre 14

Réponse à la synthèse identitaire

Depuis sa création, les partisans de la synthèse identitaire ont clairement établi qui seraient leurs principaux adversaires : les libéraux. Ainsi, selon Richard Delgado et Jean Stefancic dans leur *Critical Race Theory: An Introduction*, le mouvement a toujours jugé que « les libéraux complaisants et mous représentent le principal obstacle au progrès racial ». Ce n'est que des dizaines d'années plus tard que certains élargirent leur attention au-delà du « libéralisme et de ses maux ».

Toutes les demandes que formule la synthèse identitaire n'entrent pas en conflit avec tous les principes de base du libéralisme philosophique. Cependant, si les partisans de cette idéologie, de Derrick Bell à Robin DiAngelo en passant par Ibram X. Kendi, ont constamment concentré leurs attaques sur les libéraux, c'est qu'il y a une raison. Dans leur esprit, si les grandes démocraties ont échoué à offrir aux membres des groupes marginalisés un semblant d'égalité, c'est en raison de l'ambition universaliste du libéralisme. Quelle est donc la substance de ce procès que les identitaires font au libéralisme ? Les libéraux peuvent-ils articuler une défense convaincante ?

Le corpus d'idées qui anime la synthèse identitaire va toujours s'agrandissant. En raison de cette complexité, il est difficile de formuler des réponses de façon systématique, au point qu'on pourrait se demander si cette idéologie dispose réellement d'un noyau d'idées centrales auxquelles il s'agirait de répondre. Mais, en réalité, le mouvement derrière ces idées n'est pas plus dispersé que la plupart des idéologies politiques. Qui voudrait démontrer qu'une réponse convaincante du libéralisme à la synthèse identitaire existe devra donc commencer par en énoncer clairement les principes.

Heureusement, la philosophie peut nous aider ici. Les philosophes ont réfléchi, depuis longtemps, aux manières de reformuler correctement un ensemble bouillonnant d'idées, sans s'éloigner de leurs principes de base. Dans les termes de Rudolf Carnap, il s'agit simplement de « viser la reconstruction rationnelle d'une entité qui a déjà été construite, mi-intuitivement, mi-rationnellement, dans la vie quotidienne ou dans les sciences ». Il ajoute que la clarté et la précision de la reconstruction rendront possible une évaluation plus productive de ses principes. Je voudrais ainsi commencer par proposer une « reconstruction rationnelle » de la synthèse identitaire.

Le cœur du procès contre le libéralisme

On pourrait penser que j'ai déjà suffisamment décrit la synthèse identitaire. Dans la partie I, j'ai retracé ses origines et expliqué ses principaux thèmes. Dans la partie II, j'ai montré comment ces idées se sont transformées au contact des réseaux sociaux et des médias dominants. Dans la partie III, j'ai examiné certaines de ses applications les plus importantes, dans des domaines allant de la liberté d'expression aux politiques publiques sensibles à l'identité. Cependant, même s'il y aura des recouvrements inévitables, ce que je me propose de faire ici est différent. Le genre de reconstruction que je cherche à produire se concentre non pas sur les thèmes principaux ni les implications concrètes d'une idéologie, mais sur ses fondations logiques. Dans le cas de la synthèse identitaire, une telle méthode d'analyse révèle trois prémisses fondatrices.

1. La clé pour comprendre le monde est de l'examiner à travers le prisme des communautés de couleur, de genre et d'orientation sexuelle*.

Bien des idéologies contiennent une description du prisme par lequel voir le monde pour lui donner un sens. Pour les premiers auteurs chrétiens, par exemple, il semblait impossible de comprendre les grands événements de l'histoire sans prêter attention aux caractères religieux de leurs

---

* Il pourrait être tentant d'ajouter un quatrième prisme à la liste : la religion. Mais, même si les partisans de la synthèse identitaire mentionnent souvent les minorités religieuses, leur intérêt pour celles-ci est le plus souvent de l'ordre de l'épiphénomène. Il s'agit moins de s'inquiéter pour la liberté de culte que de relier les communautés religieuses aux phénomènes plus larges de race et d'ethnicité.

En effet, les partisans de la synthèse identitaire conçoivent le plus souvent les communautés religieuses au nom desquelles ils parlent comme des minorités marginalisées *ethniques* ou *raciales*. Cela contribue à expliquer pourquoi les partisans de la synthèse identitaire s'intéressent aux groupes minoritaires musulmans au Royaume-Uni et aux États-Unis : ils supposent que les musulmans sont surtout noirs et arabes. Cela explique aussi pourquoi ils ne s'intéressent pas spécialement, au contraire, aux dissidents, aux hérétiques ni aux groupes religieux qu'ils ne considèrent pas comme définissant une communauté raciale ou ethnique, tels que les juifs.

Dans le même temps, l'orientation sexuelle est un prisme essentiel, irréductible, au travers duquel il s'agit de voir le monde. Toutefois, le caractère de « membre d'une communauté marginalisée » dépend toujours des relations de pouvoir et de prestige des communautés en question. Ainsi, l'accent placé sur l'homosexualité au départ s'est significativement affadi, à mesure que les mouvements de droits des gays remportaient d'importantes victoires et que les hommes homosexuels, surtout les Blancs, devenaient plus riches et plus puissants. (De même, les lesbiennes cisgenres sont aujourd'hui décrites comme un groupe privilégié par rapport aux femmes trans, si bien que le mouvement leur porte un intérêt moindre, ainsi qu'à leurs revendications.)

protagonistes ; pour les marxistes, sans prêter attention aux questions relatives à la propriété des moyens de production, à la taille relative du prolétariat, à la capacité de l'avant-garde intellectuelle à répandre la conscience de classe. La même insistance pour l'adoption d'un filtre particulier d'interprétation du monde constitue le premier postulat de la synthèse identitaire. Selon ses partisans, ce n'est ni la grâce ni la classe qui nous permettent de donner sens aux événements historiques, ce sont les groupes identitaires tels que la race, le genre et l'orientation sexuelle.

Ces catégories identitaires sont ainsi chargées d'expliquer la grande histoire, de la dissolution des empires à l'élection de Donald Trump. Elles étendent même leur pouvoir explicatif à des interactions triviales ou des disputes locales. Quand un ami en interrompt un autre pour finir sa phrase, certains diront que cela souligne leur compréhension mutuelle. Les linguistes parlent d'« interruptions relationnelles ». Mais dès lors que le genre ou l'identité ethnique des deux amis diffère, les partisans de la synthèse identitaire interpréteront l'interaction comme un exercice de pouvoir. Robin DiAngelo a ainsi affirmé que chaque fois qu'une personne blanche interrompt une personne noire, la première fait peser sur la seconde tout le poids institutionnel de la suprématie blanche.

2. Les valeurs supposées universelles et les règles indifférentes aux origines ne servent qu'à camoufler la domination des privilégiés sur les marginalisés.

De nombreuses sociétés adoptent des règles neutres, qui promettent de traiter tous leurs membres sur un pied d'égalité, sans considération du groupe identitaire auquel ils appartiennent. Mais, selon les partisans de la synthèse identitaire, la manière dont on traite les gens est toujours, inévitablement, liée à leur race, à leur genre, à leur orientation sexuelle. Loin d'être des contre-mesures utiles à la tendance à favoriser son propre groupe, les règles neutres et les valeurs universelles ne servent qu'à dissimuler le véritable objectif de l'ordre social qu'elles maintiennent : perpétrer le pouvoir et les privilèges des groupes dominants.

La méfiance des partisans de la synthèse identitaire envers la liberté d'expression est particulièrement éclairante sur ce point. Comme je l'ai montré dans la partie III, la gauche défendait autrefois la liberté d'expression comme un outil crucial, bien qu'imparfait, inévitablement, aux mains des faibles et des affligés. Elle reconnaissait que c'était précisément l'universalité de cette norme qui empêchait les puissants de formuler des exceptions en vue de réduire leurs critiques au silence, même s'il fallait être naïf pour penser qu'ils n'essaieraient jamais. Aujourd'hui, de grandes portions de la gauche, sous l'influence de la synthèse identitaire, en sont venues à juger que la liberté d'expression nuisait activement à la société. Elles ne se contentent pas de souligner que les aspirations universelles à la liberté d'expression sont bien souvent bafouées en pratique, par exemple quand les puissants s'affranchissent de cette norme explicite et punissent les critiques issues des communautés marginalisées. Elles disent que la norme de liberté d'expression doit être abandonnée parce qu'elle nous voile la réalité et participe au renforcement du pouvoir des privilégiés.

3. Pour bâtir un monde meilleur, nous devons adopter des normes et des lois qui font explicitement dépendre des communautés d'appartenance le traitement des citoyens et leurs comportements mutuels.

Quand des valeurs censées être universelles ou des règles neutres discriminent en réalité les membres d'une communauté particulière, il est tentant d'instituer une réforme qui les rectifierait et les ferait opérer plus justement. Mais, selon beaucoup d'adhérents de la synthèse identitaire, cela ne servirait à rien. Les discriminations issues du patriarcat, de la normativité cis, de la suprématie blanche, sont si profondément ancrées que les sociétés ne seront jamais capables d'appliquer des standards neutres et équitables. Le seul remède, c'est de rejeter toute aspiration à vivre selon des valeurs universelles ou des règles neutres. À la place, les sociétés devraient explicitement, en permanence, établir un traitement différencié entre leurs citoyens selon leur communauté d'appartenance et ainsi favoriser ceux qui ont été historiquement pénalisés.

Ce principe justifie les politiques sensibles à l'identité, comme la décision d'autorités de santé aux États-Unis de prioriser les « personnes de couleur » pour l'attribution de vaccins nécessaires et de médicaments anti-Covid essentiels. Cela s'applique aussi dans des domaines moins politiques à première vue, de la pédagogie aux normes sociales de la vie de bureau. Les formations en diversité, par exemple, qui encourageaient auparavant une forme de respect mutuel menant à l'égalité de traitement, placent aujourd'hui l'accent sur le potentiel omniprésent des préjugés implicites et des microagressions, ce qui encourage tout le monde à être très conscient des marqueurs d'identité spécifiques de son interlocuteur.

La réponse libérale à la synthèse identitaire

Le fort pouvoir d'attraction qu'exerce la synthèse identitaire admet des explications rationnelles. Des personnes innombrables ont été opprimées sur la base de leur marqueur d'identité, leurs origines ethniques, leur genre. Les groupes dominants refusent fréquemment, c'est indéniable, de reconnaître la dure vérité. Enfin, il est tout à fait vrai que les majorités religieuses et ethniques peuvent enrôler des normes supposément neutres sous leur étendard pour perpétuer leur domination. Quand la synthèse identitaire est comparée à des versions caricaturales des idéologies universalistes comme le libéralisme, ou quand on la met en parallèle avec des dizaines d'exemples dans lesquels la réalité concrète a douché nos espoirs, elle est en effet séduisante.

Mais le libéralisme peut formuler des réponses cohérentes à ces idées. Développant l'examen des applications spécifiques de la synthèse identitaire de la partie III, ces réponses prennent au sérieux les critiques fondées qui soulignent les injustices passées et présentes, tout en offrant un moyen constructif d'aller de l'avant. Elles reconnaissent la grande importance que jouent les marqueurs identitaires dans le monde réel, sans en faire pour autant le centre de la vie culturelle et politique. Elles se méfient de la tendance des institutions à favoriser les puissants, tout en insistant sur la capacité des valeurs universelles et des règles neutres pour pousser les sociétés vers une parfaite égalité de traitement de tous leurs citoyens. Enfin, elles nous encouragent à nous élever à la hauteur de ces idéaux qui fondent la démocratie libérale plutôt que de les abandonner au prétexte que nous échouerons toujours à atteindre la perfection. De fait, les réponses libérales à la synthèse identitaire se résument à une reformulation des trois postulats clés de la synthèse identitaire.

1. Pour comprendre le monde, nous devons porter une attention particulière à de nombreuses catégories,

dont les identités collectives, les origines ethniques, le genre, l'orientation sexuelle (mais pas seulement à elles).

Les marqueurs d'identité tels que la race ont fréquemment divisé le monde en endogroupes et exogroupes. Il n'est donc guère surprenant que les plus sanglantes des guerres et les plus cruelles des injustices se soient déroulées entre les membres de groupes raciaux ou religieux différents. Cependant, il ne s'ensuit pas que nos identités de naissance gouvernent tout. Parfois, les groupes les plus identifiables se formaient autour de catégories que les partisans de la synthèse identitaire tendent à négliger. Des catégories comme la classe, des considérations théologiques, par exemple des disputes autour de l'identité du véritable héritier de Mahomet, ou encore des considérations idéologiques, comme le choix entre la monarchie et la république.

C'est ce qui rend les libéraux comme moi plutôt sceptiques envers les conceptions des affaires humaines qui ne se concentrent que sur une dimension singulière. Nous sommes d'accord avec les partisans de la synthèse identitaire pour dire qu'il est impossible de comprendre certains aspects fondamentaux de la vie sans prêter attention à des catégories identitaires, comme les origines ethniques, le genre et l'orientation sexuelle. Mais nous sommes également d'accord avec les marxistes, qui jugent impossible de comprendre d'autres aspects encore sans des catégories idéologiques comme le patriotisme. Et avec les historiens de la religion qui insistent pour tenir compte de catégories théologiques, par exemple les croyances relatives à la nature du devoir religieux, etc.

Notre façon de comprendre les sociétés doit beaucoup à des penseurs ayant démontré avec rigueur qu'elles ont été modelées par des forces telles que la compétition ethnique et la discrimination raciale. Mais d'autres catégories, comme la classe économique, l'idéologie politique, sont tout aussi importantes. Pour conférer du sens au monde, des interactions sociales quotidiennes aux grands événements politiques, il est essentiel de saisir cette diversité des catégories potentiellement importantes, puis de laisser les faits réels de chaque situation nous guider vers le prisme approprié pour le comprendre.

2. En pratique, les valeurs universelles et les règles neutres excluent injustement, en effet. Mais aspirer à se montrer dignes de ces valeurs peut permettre aux sociétés de progresser vers un traitement toujours plus juste de leurs membres.

Toutes les sociétés de l'histoire se sont montrées sous une lumière plus flatteuse que la réalité nue. Il y a néanmoins d'importantes différences entre elles. À certaines époques, dans certains pays, les dirigeants professaient des idéaux si éloignés du monde réel que leurs citoyens apprenaient à ne plus écouter ces creuses incantations. Mais en d'autres lieux et d'autres temps, des sociétés se sont elles-mêmes décrites d'une manière plus utile, qui guidait en effet la structure de leurs institutions fondamentales, qui contraignait, significativement même si incomplètement, l'action de ses gouvernants, qui conférait aux dissidents et aux militants un vocabulaire précis pour exprimer leurs griefs.

Voilà comment penser le libéralisme et les idéaux qu'il échoue à atteindre. Comme toute société, les démocraties libérales comprennent des groupes et des individus puissants qui font tout ce qu'ils peuvent pour servir leurs propres intérêts. Comme dans toute société, ces individus et ces groupes tentent en plus de dissimuler le fait que leurs privilèges violent les principes qu'ils professent. Adopter un ensemble de règles et de valeurs n'a jamais suffi à garantir qu'on les suivrait, que tous seraient traités à leur enseigne. Ce n'est pas aujourd'hui le cas et ça ne l'a jamais été.

Ces imperfections expliquent pourquoi, même dans les sociétés ouvertement libérales, autant de membres des communautés marginalisées vivent encore dans la misère et la pauvreté, subissent les discriminations et le racisme décomplexé, les violences policières et l'incarcération de masse. Les libéraux sincères doivent reconnaître sans fléchir ces injustices, et en ressortir plus déterminés que jamais à construire un avenir meilleur. Mais ils doivent refuser cette conclusion, celle au cœur de la synthèse identitaire, qui voudrait que les valeurs universelles et les règles neutres ne soient que le paravent qui masque les privilèges d'une majorité tyrannique. Car, en vérité, l'engagement libéral démocratique envers les valeurs universelles, comme la liberté d'expression, et envers les règles neutres, comme l'interdiction de toute discrimination raciale, a permis des progrès fantastiques ces trois derniers siècles.

Ce sont les valeurs universelles et les règles neutres qui ont abouti au renversement d'institutions fondamentalement injustes, comme la ségrégation raciale ou l'exclusion des femmes du monde de l'entreprise. Chaque fois, elles ont conféré à ceux qui se battaient contre ces injustices un vocabulaire puissant, capable de mobiliser les opprimés et de faire basculer les consciences des dominants. C'est cet attachement populaire aux valeurs universelles qui a permis aux militants des droits civiques d'obtenir plus d'égalité en demandant à leurs compatriotes par quelle logique ils devraient être exclus de la citoyenneté pleine et entière, et aux militants de la cause gay de dépasser des siècles d'homophobie en demandant pourquoi ils devraient cacher leur amour. Les valeurs universelles et les règles de neutralité ne sont certes pas la solution miracle (face à des injustices profondes et durables, il n'en existe pas). Elles ont néanmoins joué un rôle clé pour que les démocraties soient plus justes envers tous leurs membres.

3. Pour construire un monde meilleur, les sociétés devraient aspirer à se montrer dignes de leurs valeurs universelles et non les abandonner.

En cinquante ans, les démocraties libérales, de l'Allemagne aux États-Unis et du Royaume-Uni à l'Australie, ont fait d'énormes progrès en faveur de l'égalité réelle de tous leurs membres. Il y a cinquante ans, une grande majorité des Américains pensaient que le mariage entre deux membres de « races différentes » étaient immoraux. Dix-neuf sondés sur vingt affirmaient que c'était mal. En Europe de l'Ouest, la plupart des citoyens jugeaient que seuls les descendants de leur ethnie pouvaient être membres à part entière de leur nation, ce qui rendait impossible l'intégration des immigrés. Des deux côtés de l'Atlantique, une très grande majorité des citoyens estimaient l'homosexualité profondément immorale et soumettaient à l'opprobre public les gays et les lesbiennes qui admettaient leur orientation sexuelle. Quant à la notion de mariage homosexuel, elle leur paraissait tout bonnement absurde.

Aujourd'hui, la plupart ne trouvent plus rien de mal dans l'homosexualité, ils sont habitués à voir des gays et des lesbiennes aux plus hauts échelons de leur société, ils se félicitent de l'adoption de longue date du mariage homosexuel. En Europe de l'Ouest, ils ont élargi la conception de leurs nations pour reconnaître que les immigrés venus de lointains pays pouvaient devenir de vrais compatriotes. Aux États-Unis, ils pensent pour la plupart que les mariages interraciaux sont parfaitement normaux. Seul un sondé sur vingt dit aujourd'hui que c'est mal.

Ces changements d'opinion remarquables vont de pair avec des changements tout aussi grands dans la vie quotidienne. En Europe de l'Ouest, les membres des minorités ethniques grimpent rapidement les échelons socio-économiques, les enfants d'immigrés connaissent plus fréquemment une ascension sociale que les enfants « locaux » partis du même échelon. Aux États-Unis, les immigrés venus du Salvador, du Vietnam et du Nigeria jouissent d'une mobilité sociale égale à celle des Italiens et des Irlandais il y a cent ans. Les femmes d'origine asiatique gagnent aujourd'hui autant ou plus que les hommes blancs et des immigrés venus d'endroits aussi divers que l'Inde et le Nigeria ont bien plus de chances d'être dans le quintile supérieur de la distribution des revenus que les Américains blancs dont les ancêtres vivent dans le pays depuis plusieurs générations. En conséquence, pratiquement toutes les classes supérieures des démocraties sont devenues bien plus hétérogènes. Les femmes, les immigrés, les minorités sexuelles et les membres des groupes ethniques historiquement marginalisés ont bien plus de chances d'être médecins et avocats, chefs d'entreprise et élus politiques que par le passé.

La plus grande difficulté des démocraties libérales aujourd'hui est de remédier aux conséquences durables de la discrimination et de l'injustice. Bien des communautés ont été horriblement opprimées et souffrent encore de désavantages présents en raison de ces oppressions passées. Aux États-Unis, par exemple, les Afro-Américains ont en moyenne des revenus moins élevés et disposent d'un patrimoine très inférieur à celui des Blancs américains. C'est en grande partie dû au fait qu'un pourcentage significatif des Afro-Américains souffre encore d'extrême pauvreté, vit dans des quartiers défavorisés et n'a pas accès à de bonnes écoles. Combattre ces injustices persistantes est urgent.

Toutefois, même dans ces domaines où il serait facile et très juste de blâmer les démocraties libérales pour leurs imperfections, il serait faux d'affirmer que les cinquante dernières années n'ont entraîné aucun progrès significatif. Durant cette période, une grande classe moyenne afro-américaine a émergé. Aujourd'hui, l'Afro-Américain moyen a un emploi de bureau, vit dans une banlieue relativement aisée et s'en sort bien mieux que ses parents. C'est pourquoi les Afro-Américains sont en général plus optimistes sur leurs perspectives d'avenir qu'on pourrait s'y attendre en écoutant exclusivement les soutiens de la synthèse identitaire. Selon de récents sondages, ils sont bien plus nombreux à se dire optimistes sur le futur de l'Amérique ou à croire que le meilleur est à venir que les Américains blancs.

Je comprends tout à fait pourquoi souligner de tels progrès prend souvent les gens à rebrousse-poil. Il est facile de croire que ceux qui insistent sur ces progrès ne le font que pour minimiser les injustices qui persistent. Mais il y a de nombreuses et excellentes raisons de se former une vision exacte de la réalité, ni bêtement optimiste ni cyniquement pessimiste. La plus importante de toutes est que nous avons besoin d'évaluer correctement les changements récents pour déterminer si les outils déployés en faveur du progrès fonctionnent. Et il se trouve que cette évaluation précise effectuée sur les cinquante dernières années suggère que cet effort de se montrer dignes des valeurs universelles et des règles neutres est capable d'aboutir à des améliorations énormes.

Une vision du monde qui affirmerait, à tort, qu'aucun progrès n'a été accompli nous mènerait en effet à conclure que les valeurs universelles et les règles neutres auxquelles souscrivent les démocraties libérales ne sont que la feuille de vigne qui cache la pérennité de l'oppression, et qu'il faudrait donc les abandonner. Mais une vision plus réaliste aboutit bien sûr à une conclusion tout autre. Elle reconnaît que se contenter de vagues allusions à ces valeurs et à ces règles est insuffisant. Mais elle reconnaît aussi que les tentatives honnêtes de s'élever à la hauteur de ces normes ont aidé les démocraties libérales à effectuer des progrès rapides et réels, même si inévitablement imparfaits. Notre meilleur espoir de continuer sur cette voie du progrès ne consiste donc pas à abandonner le libéralisme mais à redoubler d'efforts pour atteindre les idéaux qui le constituent. Pour comprendre comment y parvenir, il est temps d'expliquer dans ses propres termes la nature de cette idéologie si souvent décriée et si souvent mal comprise.

Points clés

- Les partisans de la synthèse identitaire ont longtemps considéré les libéraux comme leurs principaux adversaires. Afin d'évaluer la synthèse identitaire et sa critique du libéralisme, il faut réduire cette tradition en ses assertions principales. Une telle « reconstruction rationnelle » aboutirait à trois propositions. D'abord, la meilleure façon de comprendre le monde est de l'examiner à travers le prisme des identités collectives comme la race, le genre et l'orientation sexuelle. Ensuite, les valeurs supposées universelles et les règles neutres ne servent qu'à masquer la manière dont les groupes dominants oppriment les marginalisés. Enfin, afin de bâtir un monde plus juste, nous devons adopter des normes et des lois qui font une différence explicite dans le traitement des citoyens, et dans le comportement des citoyens entre eux, selon leur communauté d'appartenance.

- Les libéraux peuvent fournir une réponse convaincante à cette critique tout en incorporant les intuitions les plus justes de la synthèse identitaire. Pour comprendre le monde, diraient-ils, nous devons prêter attention à de très nombreuses catégories, dont les catégories identitaires comme la race, le genre et l'orientation sexuelle, mais pas seulement. En pratique, les valeurs universelles et les règles neutres excluent injustement, en effet. Cependant, les efforts des sociétés pour atteindre les valeurs qu'elles professent peuvent aboutir à d'authentiques progrès. Pour construire un monde plus juste, les sociétés devraient chercher à atteindre leurs idéaux universalistes, pas à les abandonner.
- La synthèse identitaire se décrit comme une idéologie ambitieuse qui cherche à rendre le monde meilleur. Cependant, elle n'est au bout du compte ni réaliste ni désirable. L'un des grands avantages du libéralisme est de viser plus haut.

Chapitre 15

Plaidoyer pour une alternative libérale

L'histoire de l'humanité est aussi celle de la cruauté et de l'injustice. La plupart des sociétés du passé étaient hautement hiérarchisées, elles accordaient un grand pouvoir à un tout petit groupe. Elles étaient aussi extrêmement violentes. Elles soumettaient les étrangers en esclavage, traitaient les paysans comme des serfs, parfois exigeaient de sacrifier des enfants lors de rituels religieux. Elles étaient traversées de conflits incessants, depuis les rivalités entre tribus et villages jusqu'aux guerres destructrices qui se propageaient au monde entier. Les normes communautaires prenaient presque toujours le pas sur les désirs individuels et ceux qui osaient s'en écarter, des hérétiques aux homosexuels, étaient punis avec une extrême cruauté.

Ces cruautés ne connaissaient pas de frontière, ni temporelle ni géographique, ni de races ni de croyances. Les croisés chrétiens convertissaient les peuples à la pointe de leur épée et tuaient ceux qui refusaient de se soumettre. Les colons américains menèrent des campagnes d'éradication violentes contre les peuples indigènes et maintinrent un système d'esclavagisme brutal. Sur le sous-continent indien, un système de castes rigide relégua une énorme partie de la population au rang d'intouchables pendant plus de mille ans. En Chine, les empereurs persistèrent dans leurs projets de construction délirants alors même que cela coûtait des centaines de milliers de vies humaines. En Afrique subsaharienne, des guerres endémiques montèrent les membres de tribus rivales les uns contre les autres pendant des siècles. On trouvait des esclaves dans l'Égypte des pharaons et dans l'Athènes de Platon, dans la République romaine et en Chine sous la dynastie Shang, en Afrique de l'Ouest, en Asie méridionale, parmi les Incas d'Amérique du Sud et les Creeks de Géorgie. Une forme d'esclavage officiel a existé jusqu'en 1981, quand la Mauritanie l'a enfin aboli. Il persiste néanmoins dans des parties du monde, aujourd'hui encore.

Dès l'ère moderne, des penseurs estimèrent que l'éducation et les progrès de la technologie nous aideraient à combattre ces injustices. Cependant, la capacité de l'humain à comprendre et à manipuler le monde naturel eut beau progresser, les crimes de masse et les périodes douloureuses persistèrent. Le XXe siècle fut celui de la découverte de l'ADN et de la pénicilline, de l'invention des stations spatiales et d'Internet. Il fut aussi le témoin de deux guerres mondiales qui emportèrent plus de cent millions de victimes, de la première tentative d'éradiquer une ethnie tout entière par des moyens industriels, de génocides en Arménie et au Rwanda, de famines provoquées qui coûtèrent des millions de vie en Chine et au Bengale, en Ukraine et au Kazakhstan, en Grèce et en Éthiopie.

L'observation régulière de ces horreurs amena beaucoup à croire en une idéologie qui reprendrait tout de zéro. Parmi ceux qui se pensèrent investis du rôle historique de libérer l'humanité, généralement en lui imposant leur vision de tout ce qui est bel et bon, on a compté des théocrates, des nationalistes, des monarchistes et des socialistes utopiques. De tous ces rêveurs, ces idéalistes, ce furent des communistes comme mes grands-parents qui eurent la plus grande influence sur les événements du siècle dernier. Dans absolument tous les pays où leurs idées furent appliquées, ils échouèrent à réaliser leurs séduisantes promesses. La Corée du Nord et l'Union soviétique, la Chine maoïste et l'Allemagne de l'Est d'Erich Honecker substituèrent le despotisme à l'émancipation et la pénurie à l'abondance.

Un examen complet, froid, de tous ces espoirs déçus et ces vies détruites pourrait laisser penser que les humains sont naturellement mauvais, qu'il ne nous resterait plus qu'à désespérer de nos efforts futurs. Mais je n'évoque pas la longue histoire des horreurs humaines pour prêcher le fatalisme ni insinuer que nos imperfections nous condamnent à jamais. Mes raisons sont plus constructives : la longue histoire des horreurs humaines nous enseigne une leçon fondamentale pour l'avenir.

Quiconque cherche à éviter que de tels désastres se reproduisent devrait se demander quelles sociétés s'en sont plutôt mieux sorties, lesquelles ont évité le pire. En existe-t-il, aussi imparfaites soient-elles encore sous d'importants aspects, qui auraient accompli d'authentiques progrès, qui seraient le mieux parvenues à accorder à chacun de leurs membres la paix, la richesse et la possibilité de mener sa vie comme il l'entend ? Et si oui, quels sont les principes qui ont servi de guide aux institutions de ces sociétés ?

Il est frappant de constater à quel point la réponse à ces questions bouge peu. De nombreuses sociétés accordent aujourd'hui à leurs membres plus de liberté, de dignité, de richesse et de sécurité que les humains n'en avaient jamais connues auparavant, en aucun point de leur histoire écrite. Nous constatons, tous les jours, que le futur ne ressemblera pas nécessairement au passé. Et, en y regardant de plus près, nous découvrons quelles institutions, sous ce rapport, se sont montrées bien plus efficaces que les autres : celles qui ont pris pour guide la philosophie libérale, son respect des libertés individuelles et de l'autogouvernance.

Les grands principes du libéralisme

Les humains ont besoin d'un gouvernement. Sans autorité centrale, nous ne pourrions pas assurer la paix entre deux bandes rivales, ni fournir les ressources publiques de base. Même les plus ingénieux d'entre nous échoueraient à s'épanouir s'ils devaient vivre dans la peur d'être assassinés par leurs voisins ou s'ils n'avaient pas accès à l'enseignement public, aux hôpitaux et aux soins médicaux.

Mais ce besoin de gouvernement crée un problème, peut-être *le* problème fondamental de la politique : qui dirige ? Les humains sont braillards, et vaniteux. Non seulement nous ne sommes jamais d'accord, nous sommes tous particulièrement dévoués à nos intérêts propres. Pas étonnant que nous soyons aussi prompts à nous battre quand il s'agit de décider qui nous dirigera. Tout système politique doit prévoir le moyen, implicite ou explicite, de résoudre cette tension entre les besoins du gouvernement et la propension des humains à se battre pour constituer ce dernier.

Historiquement, la plupart des sociétés trouvèrent une solution apparemment simple à ce problème fondamental : elles déclarèrent que certaines personnes avaient davantage droit au pouvoir. Leurs dirigeants affirmaient ainsi, par exemple, que leur naissance noble leur conférait le droit naturel, voire divin, de régner, ou que leur appartenance à une caste héréditaire leur donnait le privilège de diriger les autres, ou que leur sagesse religieuse faisait d'eux les bergers du troupeau des fidèles. Ce que toutes ces déclarations ont en commun, c'est leur façon de régler les désaccords par la reconnaissance puis la préservation d'une hiérarchie naturelle fondée sur la naissance, la caste ou la religion.

Le libéralisme philosophique trouve sa source dans le rejet de cette solution. Les libéraux reconnaissent que les humains sont différents en tout, en force, en vitesse, en intelligence, en caractère. Mais aucune de ces différences ne leur semble assez nette pour justifier qu'une personne ou un groupe gouverne tous les autres. La meilleure fondation de l'ordre politique, en concluent-ils, n'est pas une hiérarchie naturelle supposée, mais la conviction que nous tous naissons « libres et égaux en droits ».

Que signifie en termes concrets cet engagement originel en l'égalité politique pour les institutions qui en découlent ? Avec le temps, les libéraux ont déduit trois conclusions ambitieuses de ce point de départ très simple. D'abord, ils nient que quiconque puisse invoquer sa noble naissance ou sa sagesse supérieure pour forcer les autres à lui obéir. Ils pensent le pouvoir comme émanant du peuple et insistent sur le principe « Une personne, une voix ». Certains citoyens sont plus riches, plus intelligents ou plus grands que les autres. Les élections peuvent même conférer certains privilèges et certaines responsabilités aux personnes qui occupent les plus hautes fonctions. Mais dans une démocratie qui fonctionne, ces personnes seront toujours élues à ces positions par leurs pairs lors d'élections libres, et le même mécanisme pourra toujours et tout aussi promptement les en démettre si elles déçoivent. Plutôt qu'être gouvernés par des rois, des aristocrates ou des prêtres, les humains doivent décider collectivement des lois auxquelles ils obéiront. C'est ce qui permet de résoudre l'épineuse question précédente sur le maintien d'un gouvernement efficace sans en venir aux mains pour savoir qui le dirigera.

De ce même argument qui mène les libéraux à nier tout droit inhérent à diriger découle également une puissante raison de croire en la liberté individuelle. Si personne ne dispose d'une supériorité clairement établie sur les autres, cela ne fait pas que limiter le droit de tout contrôler, cela remet également en question toute prétention à détenir le dernier mot sur la bonne façon de mener sa vie. Si on le prend au sérieux, cet engagement en faveur de l'égalité politique implique, pour chacun de nous, le droit de décider librement de ce que nous disons, de vivre avec qui nous l'entendons, de croire ou non en une religion et de la pratiquer comme nous le désirons. C'est parce qu'elles suivent ce précepte fondamental que les démocraties libérales placent des limites strictes sur l'autorité de l'État, sur le pouvoir qu'il impose à ses citoyens, même quand il est majoritaire. C'est la deuxième inférence institutionnelle que les libéraux tirent de leurs prémisses fondamentales : même les lois légitimes puisque issues de la volonté du peuple doivent laisser les individus libres de décider de leur mode de vie, leur religion et leur expression.

Enfin, un gouvernement qui prend au sérieux l'égalité de ses citoyens devra s'empêcher de privilégier une communauté particulière. Un monarque estimant pouvoir déterminer la bonne réponse à des questions fondamentales de morale ou de religion, de la vérité de la Bible et de la véracité du Coran, sera naturellement tenté de préférer ceux de ses sujets qui vivent en accord avec ces Saintes Écritures-là. De même, un dictateur qui tient les membres d'un groupe ethnique ou culturel pour supérieurs aux autres sera tenté de leur accorder certains privilèges pour s'assurer qu'ils s'épanouissent. En revanche, un gouvernement qui s'empêche de former de tels jugements ne pourra pas avoir de favoris. Respecter l'égalité politique des citoyens, c'est leur assurer les mêmes droits et les mêmes devoirs, quelle que soit leur communauté religieuse, ethnique ou culturelle. L'accent que les libéraux mettent sur les valeurs universelles et les règles neutres ne naît pas d'une obéissance aveugle à une quelconque tradition particulière issue de l'habitude, il dérive de l'une des prémisses les plus fondamentales de la pensée politique moderne : celle qui assure que les hommes naissent libres et égaux en droits.

Pourquoi les principes du libéralisme contribuent à produire des sociétés florissantes

Les principes fondamentaux du libéralisme sont séduisants par eux-mêmes. La plupart d'entre nous voulons avoir notre mot à dire sur les règles qui structurent nos sociétés. Nous voulons sentir que le gouvernement nous traite avec le même respect et la même considération qu'il accorde à nos voisins. Et nous n'aimons pas qu'on nous dise quoi dire ou que croire (à moins de fantasmer sur un gouvernement qui imposerait nos croyances et nos coutumes à tous les autres).

Mais les arguments en faveur du libéralisme vont bien au-delà de ça. Certains cyniques pourraient affirmer qu'ils se moquent bien de pouvoir participer au gouvernement ou de disposer d'une autonomie minimale, de jouir des mêmes droits et des mêmes devoirs que les membres des autres communautés. Mais même ceux-là ne pourront contester les réalités empiriques en faveur du libéralisme. En effet, comparées aux sociétés qui obéissent à d'autres structures, celles guidées par les principes du libéralisme s'en sont bien mieux sorties pour ce qu'il s'agit d'éviter les pires abus de pouvoir, de maintenir la paix et de limiter la compétition entre communautés. Cela n'a rien d'une coïncidence.

1. *S'engager en faveur de l'autodétermination collective permet d'éviter les pires abus des gouvernements.* Dans une société fondée sur une forme de hiérarchie naturelle, il n'existe pas de mécanisme simple pour se débarrasser des dirigeants abusifs ou incompétents. Par contraste, dans une

société fondée sur l'égalité politique, le peuple conserve le pouvoir d'élire et de démettre les gouvernements comme il l'entend. Cela incite les gouvernements qui cherchent à rester en place à agir conformément aux désirs des citoyens, et confère aux citoyens mécontents de l'action gouvernementale un moyen pacifique de s'en débarrasser. Il y a de bonnes raisons de penser que ces mécanismes nous aident à réduire le risque d'échecs calamiteux en la matière, depuis les oppressions extrêmes qui ont si souvent maintenu les hiérarchies supposément naturelles au pouvoir, jusqu'aux errements économiques qui ont fréquemment abouti à des périodes d'hyperinflation destructrices. Selon une étude célèbre de l'économiste prix Nobel Amartya Sen, un engagement clair en faveur de l'autodétermination collective réduit même considérablement les risques de famine.

2. *S'engager en faveur des libertés individuelles contribue à maintenir la paix.* Dans une société qui ne garantit pas la liberté d'expression ou de culte, quiconque veut rester fidèle à ses convictions doit gagner la faveur des puissants ou prendre le contrôle de l'appareil d'État, ce qui gonfle terriblement les enjeux de la compétition politique. Historiquement, cela a entraîné des conflits constants, depuis les guerres de Religion en Europe à l'époque moderne jusqu'aux conflits sectaires du Moyen-Orient aujourd'hui. Dans une démocratie libérale, au contraire, chaque citoyen sait pouvoir mener la vie qu'il entend, exprimer ses opinions même très impopulaires et vénérer son Dieu même si ses concitoyens voient cela comme un blasphème. Le prix que nous devons tous payer pour cette liberté et cette tranquillité, c'est de nous abstenir d'employer la force pour priver autrui de la jouissance de ces mêmes droits. C'est loin d'être anodin pour ceux qui ressentent le besoin de propager leurs convictions morales ou religieuses, mais c'est un prix que la plupart ont

été disposés à payer plutôt que de subir les conséquences des luttes de pouvoir constantes et violentes.

3. *S'engager en faveur de la neutralité du gouvernement contribue à éviter les plus destructrices des compétitions intercommunautaires.* Dans bien des lieux et bien des époques, les bénéfices que les citoyens peuvent espérer tirer du gouvernement dépendent de leur proximité au pouvoir. Si le monarque partage leur foi, si un représentant de leur tribu gagne une élection serrée, si leur village vote en faveur du parti politique en place, ils pourront compter sur le soutien du gouvernement. Sinon, il y a de fortes chances qu'ils se retrouvent négligés, ou exploités. Ces formes de partialité gouvernementale augmentent les probabilités de conflits interethniques, de rébellions régionales et de guerres civiles. Elles rendent plus difficile de maintenir les services publics essentiels, des routes en bon état et des écoles de qualité. Elles encouragent les citoyens à voir ceux de leurs compatriotes qui appartiennent, sur un aspect central, à une communauté différente de la leur comme des adversaires, parfois comme des ennemis. Heureusement, les gouvernements peuvent réduire ce risque en s'attachant à des valeurs universelles et des règles neutres. Quand le gouvernement accorde les mêmes droits et les mêmes devoirs à tous les citoyens de toutes les communautés, il réduit les incitations à se battre pour le contrôle des leviers de pouvoir, il bâtit un soutien plus large pour des services publics au bénéfice de tous, il permet davantage aux citoyens de se considérer entre eux comme des partenaires potentiels plutôt que des adversaires permanents.

Bien des facteurs, dont la probabilité que les institutions démocratiques se perpétuent dans les pays déjà riches et très éduqués, contribuent à expliquer pourquoi les démocraties libérales sont à ce point surreprésentées parmi les pays les plus florissants du monde. Mais la raison principale, celle qui explique le mieux pourquoi les démocraties libérales s'épanouissent, tient aux principes qui les animent. Les valeurs d'égalité politique, de liberté individuelle et d'autodétermination collective contribuent énormément à une culture de tolérance et à la prospérité. Elles aident les démocraties à éviter les terribles souffrances qui ont si souvent affligé l'humanité par le passé.

Le succès des démocraties libérales

Laissez-moi vous proposer un jeu. Songez à un pays, différent du vôtre, dans lequel vous aimeriez vivre. Où vous pourriez imaginer passer une vie entière à étudier, travailler, nourrir vos intérêts et (si telle est votre disposition) élever une famille. Lequel choisiriez-vous ?

Je ne vais pas prétendre connaître votre réponse. Il y a tant de cultures et de pays merveilleux dans le monde, et tous ont de sérieux défauts indissociables de leurs attraits. Mais je suis prêt à parier tout de même que le pays que vous avez choisi est doté, très probablement, d'un gouvernement profondément modelé par les préceptes du libéralisme philosophique.

Les pays autoritaires, tels que le Vietnam et l'Éthiopie, peuvent se classer haut dans la liste des endroits à visiter en tant que touriste. Certaines dictatures riches, comme la Chine ou l'Arabie saoudite, peuvent séduire dans le cadre d'un séjour professionnel de quelques mois ou quelques années. Mais quand il s'agit de décider d'une façon de vivre et d'un pays qui conviendrait pour ça, ce que nous révèlent les enquêtes sur la destination de rêve pour une expatriation c'est que la plupart choisissent des pays comme la France et l'Allemagne, le Canada et le Royaume-Uni, l'Australie et les États-Unis : des pays où il est possible de parler librement, de disposer d'une grande autonomie de choix dans sa vie privée et de contester les décisions gouvernementales hors-sol.

Il y a de bonnes raisons à cela. Les statistiques montrent que les démocraties libérales font mieux que leurs rivales dans les domaines que tous les humains privilégient. Les vingt pays où les gens se déclarent le plus heureux sont des démocraties. Des trente pays pourvus de l'index de développement humain le plus élevé, vingt-sept sont des démocraties libérales. Des trente pays où l'espérance de vie est la plus longue, vingt-neuf sont des démocraties libérales. Même pour les indicateurs économiques, dont on dit souvent qu'ils favorisent les autocraties efficaces, les démocraties ont un net avantage : des vingt-cinq pays de plus de quatre millions d'habitants au PIB le plus élevé, vingt-deux sont démocratiques. (Les exceptions sont une cité-État semi-autoritaire, Singapour, et deux dictatures enrichies au pétrole, le Koweït et les Émirats arabes unis.)

C'est important d'avoir les ressources nécessaires pour s'habiller et se nourrir. C'est important d'avoir accès à une bonne éducation. C'est important de vivre longtemps et d'être heureux. Mais le plus important, c'est que ces réussites sociales, prises toutes ensemble, aboutissent à davantage que la somme de leurs parties. Car c'est une fois nos besoins essentiels assurés, dans une communauté relativement paisible et libres de cultiver nos talents, que nous avons la meilleure chance de vivre selon nos convictions et nos aspirations.

Certains d'entre nous aspirent à faire carrière, d'autres à passer le plus de temps possible en famille. Certains rêvent d'être *rock star*, d'autres de suivre les Saintes Écritures de leur religion. Une société libérale n'impose pas de manière de s'épanouir à ses citoyens. Mais elle fait mieux que tous les autres systèmes pour leur fournir les droits, les libertés et les ressources nécessaires pour mener ce qu'ils considèrent chacun comme une vie épanouie.

Aucun partisan de l'autodétermination collective, des libertés individuelles et de l'égalité politique ne devrait être assez naïf pour croire que ces valeurs ont été pleinement réalisées un jour quelque part dans le monde. Dans le même temps, nous devrions tout faire pour éviter ce cynisme ahistorique qui nous aveugle aux différences entre les démocraties libérales et les autres systèmes de gouvernement qui ont dominé le monde à d'autres époques. Aussi les libéraux doivent-ils constamment abriter un double credo. Nous devons nous féliciter que nos principes aient contribué aux vastes progrès du monde. Et nous devons nous souvenir que le libéralisme est une force pour le progrès et non le statu quo, et nous engager à poursuivre le combat pour rapprocher toujours plus le monde de nos idéaux.

*

* *

La synthèse identitaire se présente comme une idéologie progressiste en vue de la complète reconstruction du monde. Mais ce coup de peinture radical ne parvient pas à masquer le profond pessimisme et la pauvreté de ses ambitions. Au cœur de sa vision se lit le consentement à l'importance non démentie de catégories douteuses, dont la race. Elle voudrait vendre un futur dans lequel nous serions définis à perpétuité par nos groupes identitaires d'appartenance, dans lequel les communautés seraient éternellement plongées dans une compétition à somme nulle, dans lequel notre manière de nous comporter face aux autres dépendrait pour toujours de nos couleurs de peau et de nos inclinations sexuelles respectives.

Le libéralisme, au contraire, se fonde sur des perspectives d'avenir bien plus ambitieuses. Les philosophes libéraux estiment que les hommes ne sont jamais meilleurs que poussés par leur capacité à faire cause commune avec d'autres, de différentes croyances et de différentes origines, plutôt que par leur appartenance à une communauté spécifique. Des gens issus de différentes parties du monde, qui se pensent membres de différentes communautés, peuvent établir une solidarité réelle entre eux. Les valeurs universelles et les règles neutres peuvent améliorer le monde si on les applique avec conviction et qu'on les implémente avec soin. Mieux encore, les catégories identitaires qui, dans l'histoire, ont été le fondement d'injustices et d'oppressions peuvent avec le temps devenir moins importantes qu'elles ne le sont aujourd'hui, non pas parce que nous nous efforcerions d'ignorer les injustices qu'elles causent encore, mais parce que nous travaillerions dur à les dépasser.

Voilà qui nous mène aux dernières questions auxquelles je souhaiterais répondre dans ce livre. Quelles sont nos chances de rester coincés dans le piège identitaire ? Comment les libéraux, et ceux en désaccord avec les prémisses fondamentales de la synthèse identitaire, peuvent-ils la combattre sans trahir leurs principes ?

Points clés

- L'histoire de l'humanité est celle de la cruauté et de l'injustice. Mais ces injustices durables ne devraient pas être un motif de désespoir. Certaines sociétés ont fait d'énormes progrès vers l'égalité de tous leurs citoyens.

Ces sociétés ont adopté des institutions politiques inspirées des principes de base du libéralisme philosophique.

- Le cœur de la tradition libérale est le rejet des hiérarchies naturelles qui avaient traditionnellement servi de justification aux gouvernements. Selon les libéraux, tous les humains naissent égaux en droits. Ils déduisent trois principes fondamentaux de cette prémisse : l'autodétermination collective, qui nous permet de fixer les règles qui régissent nos vies. La liberté individuelle, qui nous permet de déterminer notre façon de vivre. Et l'égalité politique, qui nous assure que l'État traitera de la même manière les citoyens de toutes les communautés.
- Ces principes sont séduisants par eux-mêmes. Mais ils entraînent de plus d'importants bénéfices pratiques. En particulier, l'autodétermination collective permet d'éviter les pires abus gouvernementaux, des persécutions politiques aux famines. La liberté individuelle contribue à maintenir la paix, elle nous permet de rester fidèles à nos idéaux même quand on appartient à une minorité. Et l'égalité politique nous aide à éviter les pires formes de rivalités intercommunautaires, puisqu'elle garantit un traitement juste à chacun, même aux communautés qui ne dirigent pas le gouvernement.
- Les démocraties libérales font bien mieux que les autres régimes selon tous les indicateurs ayant le plus de valeur. Pratiquement tous les pays heureux et riches du monde sont des démocraties libérales, de même que tous les pays classés le plus haut sur l'échelle du développement humain. Ce n'est pas une coïncidence : les institutions libérales contribuent à maintenir la paix et la prospérité.

Conclusion

Comment échapper au piège de l'identité

Eboo Patel est né à Chicago, fils d'un Indien musulman pauvre arrivé au pays pour ses études, qui a travaillé toute sa vie pour s'élever à un niveau de richesse décent en achetant des franchises de la chaîne de restauration rapide Subway. Patel a ainsi grandi dans une banlieue aisée de la ville et a pu profiter des opportunités que lui offrait la vie dans la classe moyenne haute, mais il est resté très conscient des différences ethniques et religieuses qui le séparaient encore de ses camarades.

Ainsi, quand Patel a entendu parler de « racisme institutionnalisé » et de « structures d'oppression » lors de ses études de sociologie à l'université de l'Illinois, le vocabulaire de la synthèse identitaire l'a aidé à comprendre ce qu'il avait vécu. La suprématie blanche, a-t-il lu en classe, consistait en la croyance que les « schémas culturels associés aux personnes blanches » sont la norme. Ceux associés aux autres communautés leur sont inférieurs. Il a pensé : « N'est-ce pas là l'histoire de ma vie ? »

De ce moment, sa vision de sa propre enfance a radicalement changé. Une fois, Eboo Patel s'en souvient, il avait accompagné son père à une conférence d'entrepreneurs issus du Sud-Est asiatique. Quand un membre du public avait voulu savoir pourquoi il avait décidé d'acheter une franchise Subway plutôt que d'ouvrir sa propre boutique de sandwichs, son père lui avait répondu par une question : « Connaissez-vous des Blancs qui vont acheter des sandwichs chez un gars basané né en Inde qui s'appelle Sadruddin ? »

À l'époque, cette réponse n'avait pas marqué Patel. Il la voyait maintenant comme le signe du racisme qui l'entourait où qu'il aille : « Plus je lisais, plus je voyais le monde par ce prisme. Bientôt, je n'ai plus rien vu d'autre. Le racisme était partout. Mon identité principale était devenue celle d'une victime du racisme. »

Patel, en d'autres termes, était tombé dans le piège identitaire. Il a cessé de remarquer combien son enfance avait été privilégiée, sa jeunesse pleine d'opportunités. Il s'est transformé en censeur, infligeant ses jugements à quiconque ne partageait pas dans le moindre détail ses opinions ou sa façon de voir le monde. Quand une de ses professeures progressistes, une femme noire qui avait gentiment accepté de mener une enquête indépendante à ses côtés, a mis en scène un spectacle centré sur l'expérience des enfants, il a jugé bon de lui en pointer les défauts, songeant qu'elle serait ainsi fière de lui : « Et les familles où les enfants n'ont pas leur propre chambre ? a-t-il demandé lors d'une séance de questions-réponses après le spectacle. Ou les familles de couleur qui n'ont pas de logement ? Est-ce que tu te rends compte que ta pièce ne fait que les oppresser un peu plus ? »

Quelques jours plus tard, sa professeure lui a envoyé un e-mail. Elle lui expliquait gentiment que ses remarques l'avaient blessée. Plutôt que de juger aussi durement les efforts des autres, il ferait mieux de tenter de créer lui-même quelque chose de mieux. Cet e-mail lui a fait forte impression : « Je sais que les gens qui s'assoient dans le public et critiquent le spectacle ont une fonction à remplir, mais je commençais à me dire que je ne voulais pas être de ceux-là. Je voulais être de ceux qui font le spectacle. »

Petit à petit, Patel s'est rendu compte que cette idéologie qui prétendait expliquer le fonctionnement du monde avait elle-même de belles œillères. Ce n'était pas seulement que ses descriptions manquaient de nuances. C'était qu'elles avaient éloigné Patel du genre de vie qu'il voulait mener. Ces concepts qu'il avait appris à la fac l'avaient poussé à voir le pire chez les autres. Mais, avec l'âge, il s'était rendu compte qu'il voulait les encourager à devenir meilleurs. Il aspirait à construire quelque chose de beau.

Aujourd'hui que Patel est père lui-même, il est bien déterminé à transmettre une vision plus positive à ses enfants. « Je manquerais à mes devoirs si j'autorisais mes enfants à tomber dans ce même état d'esprit de victime auquel j'ai succombé étudiant, a-t-il écrit récemment. Je veux que mes deux fils comprennent que la citoyenneté responsable, dans une démocratie diverse, ne consiste pas principalement à repérer ce qui va mal. Ce qu'il faut, c'est construire ce qui va bien. »

Maurice Mitchell a connu une évolution semblable. Militant progressiste de longue date, organisateur de premier plan du mouvement Black Lives, il dirige aujourd'hui le parti Working Families. Mitchell estimait autrefois que les principes clés de la synthèse identitaire l'aideraient à combattre les injustices. Aujourd'hui, il s'inquiète beaucoup de la manière dont ces idées remodèlent l'Amérique, et avec elle certaines des organisations progressistes qu'il connaît très bien. Comme il l'a écrit dans un récent article, « les cadres des institutions de la justice sociale, les militants de terrain des mouvements locaux, les jeunes radicaux enflammés dans les manifestations, tous formulent des inquiétudes pressantes sur le fonctionnement interne des espaces progressistes ».

Parlant d'expériences, ils se lamentent d'une atmosphère devenue « toxique » dans ces organisations, ce qui rend impossible de travailler en leur sein.

L'un des principaux coupables de cet échec, avance Mitchell, est une conception trop simpliste de l'identité. Dans son article, il vise particulièrement la manière dont certains militants invoquent leur héritage en justification de leur positionnement politique. « Ce que ça implique, c'est que l'identité d'une personne est un outil de validation complète de sa stratégie politique. L'identité devient une sorte de marqueur de légitimité idéologique ou stratégique intrinsèque. Une identité marginalisée se déploie comme le convoyeur d'une vérité qui doit simplement être acceptée. » Cette hypothèse est peut-être populaire, mais elle est dangereusement fautive : « L'identité est un contenant bien trop grand pour prédire les opinions politiques de quelqu'un ou la validité de son positionnement particulier [...] S'agenouiller devant des individus en ne se fondant pour ça que sur les identités qu'ils revendiquent ou sur leur histoire personnelle les prive des conditions qui leur auraient permis d'affuter leurs arguments, de développer leurs talents, de gagner les débats. »

Eboo Patel et Maurice Mitchell ne sont pas des exceptions. Bien d'autres critiques réticents du piège identitaire sont dans la même position. Comme ils sont très progressistes et hautement conscients des injustices encore à l'œuvre dans leur pays, ils ont au départ vu arriver la synthèse identitaire avec curiosité, avec enthousiasme même. Maintenant, ils sont de plus en plus inquiets de l'influence destructrice qu'elle exerce sur les causes et les communautés qui leur sont chères. Plus le piège identitaire se referme, plus il génère d'opposition. Ce retour de bâton sera-t-il suffisant pour renverser la tendance de la décennie passée et confiner l'influence de la synthèse identitaire à une brève parenthèse historique, étrange mais de courte durée ?

Les trois avenirs possibles du piège identitaire

La synthèse identitaire a gagné les plus hauts échelons de la société à une vitesse remarquable. De nombreuses écoles ont adopté la logique du séparatisme progressiste et encouragé leurs élèves à se voir d'abord et avant tout selon leur identité ethnique ou sexuelle. Des institutions culturelles majeures ont accepté l'idée que l'appropriation culturelle était intrinsèquement nocive et continuent de patrouiller à la recherche des violations possibles de cette nouvelle norme dans les romans et les films, les œuvres d'art et les expositions. Des entreprises de premier plan ont institutionnalisé les formations en diversité, en équité et en inclusion fondées sur les idées de Robin DiAngelo et Ibram X. Kendi. Elles continueront de répandre cette vision du monde manichéenne auprès de leurs employés. De larges pans du Parti démocrate sont imprégnés de la rhétorique de l'équité et resteront, selon toute probabilité, engagés sur la voie de politiques publiques sensibles à l'identité, dans lesquelles l'État traite différemment ses citoyens selon des facteurs tels que la couleur de leur peau.

De plus en plus, l'influence de la synthèse identitaire se fait sentir au-delà des États-Unis. Au Canada, les écoles publiques de l'Ontario, sur les conseils des cadres du Parti libéral, ont organisé des autodafés de livres supposés « offensants » lors de « cérémonies de purification par les flammes ». En Grande-Bretagne, de graves menaces de violences prononcées par les étudiants de sa propre université ont forcé une célèbre philosophe à démissionner en raison de ses opinions sur la nature du genre et du sexe biologique. En Suisse, le concert d'un groupe de rock a été annulé à la dernière minute parce que le chanteur, un Blanc, porte des dreadlocks depuis l'adolescence. En Espagne, une maison d'édition a décidé qu'il était moralement inacceptable qu'un homme blanc traduise l'œuvre d'une poétesse noire bien connue.

À la lumière de ces événements déprimants, bien des observateurs ont conclu qu'il était trop tard pour échapper au piège identitaire. Les jeux sont faits, disent-ils. Comme le note Andrew Sullivan : « Nous vivons tous sur le campus, aujourd'hui. »

Cependant, ce que négligent ces prédictions pessimistes sur une victoire pérenne de la synthèse identitaire, c'est que ses succès variés ont petit à petit éloigné d'elle les gens comme Eboo Patel et Maurice Mitchell. Les transformations survenues dans la culture de l'élite ces dix dernières années ont été si rapides qu'elles étaient presque achevées avant même qu'on ait compris leur nature et leurs conséquences. À mesure que la synthèse identitaire gagne en influence, les effets pervers entraînés dans des myriades de communautés et d'organisations deviennent de plus en plus visibles. En conséquence, bien des personnes au départ réticentes à exprimer leur déplaisir face au piège identitaire commencent à reconnaître ses graves revers et trouvent même le courage de le dénoncer.

Ce retour de bâton montre des premiers signes de succès. Ces deux dernières années, des entreprises et des ONG se sont attiré les foudres du public pour avoir injustement licencié des employés ou diffamé leurs partenaires. Ainsi, les dirigeants de ces institutions commencent à reconnaître que céder aux paniques morales des réseaux sociaux est tout aussi risqué que s'y montrer sourd. Dans le même temps, les tribunaux jouent un rôle important en revenant sur certains des excès les plus manifestes de la synthèse identitaire, dont les formations imposées dans les agences publiques qui obligeaient de fait les employés de l'État à adhérer, au moins en façade, à cette idéologie. Plus les défenseurs de la synthèse identitaire mettent en pratique leurs aspirations, plus celles-ci se retrouvent en opposition directe aux convictions morales de la grande majorité.

L'année passée, quelques signes sont apparus qui indiquent que le piège identitaire commence à passer de mode. Sur les réseaux sociaux, les déclarations performatives d'autoflagellation par des journalistes blancs, qui réunissaient auparavant des milliers de likes en raison de leur courage supposé, ne récoltent plus que des réactions polies, des yeux levés au ciel ou de franches moqueries. Les journalistes culturels se sont brièvement entichés d'une toute petite coterie d'auteurs et d'artistes new-yorkais qui s'étaient rassemblés autour de Dimes Square, dans le quartier de Lower Manhattan, durant la pandémie, en partie au prétexte que leur « *vibe* » était à l'opposé de l'éthique « *woke* » qui avait régné sur la scène artistique et littéraire de la ville lors des années précédentes. Des points de vue un temps considérés comme trop controversés ou « hétérodoxes » pour les pages du *Washington Post* et du *New York Times* reviennent petit à petit dans les publications de premier plan. Même les chefs du Parti démocrate ont bien noté que le ton docte qui a dominé le discours de centre gauche depuis dix ans a sévèrement dégradé ses perspectives d'élection. Dans le podcast *Pod Save America*, une émission progressiste réalisée par quatre de ses anciens conseillers, quelques semaines avant les élections de mi-mandat en 2022, Barack Obama a prévu que « parfois les gens n'ont pas envie de marcher sur des œufs. Ils veulent que nous reconnaissions que la vie est compliquée et que nous pouvons tous, à un moment ou à un autre, parler de travers ».

Voici posée la base pour un ensemble de prédictions diamétralement opposées aux précédentes sur l'avenir probable de la synthèse identitaire. À mesure que ses excès s'échappent des campus, qu'ils parviennent sous les regards du grand public et génèrent de plus en plus de résistance, les opposants au piège identitaire obtiendront dans ce scénario une victoire éclatante. L'influence de la synthèse identitaire a de fortes chances de se dissiper dans les années à venir. « Dans les années 1960, les gauchistes radicaux voulaient renverser le capitalisme. À la place, ils ont créé Naturalia », note David Brooks dans le *New York Times*. De même, « la cooptation du mouvement *woke* paraît se dérouler sous nos yeux ».

La plupart des prédictions sur l'avenir probable du piège identitaire oscillent entre ces deux pôles, envisageant soit une victoire durable, soit une défaite imminente. Il y a cependant une troisième possibilité, peut-être plus plausible que ces deux extrêmes. Dans ce dernier scénario, beaucoup des hypothèses de base de la synthèse identitaire sont à présent si bien ancrées dans les institutions centrales qu'elles n'en partiront plus. Certaines normes illibérales, dont des sanctions sociales sans merci pour l'expression d'opinions impopulaires, la nécessité d'une adhésion minimale à une version manichéenne de l'antiracisme et la chasse aux sorcières occasionnelle contre des innocents, perdureront probablement quelque temps dans la culture de nombreuses démocraties.

Dans le même temps, l'opposition grandissante au piège identitaire rendra plus facile de revenir sur ses pires excès. D'autres normes illibérales, dont les formes les plus extrêmes de prohibition de toute appropriation culturelle et les tentatives de discrimination les plus flagrantes orchestrées par les gouvernements envers des citoyens sur la base de leurs origines, disparaîtront bientôt. En d'autres termes, la décennie qui vient consistera en une lutte acharnée pour déterminer à quel point les mondes de la culture et de l'éducation, de l'entreprise et de la politique seront gouvernés par les idées phares et les hypothèses clés de la synthèse identitaire.

Selon ce troisième scénario, que je considère le plus probable, les forces en faveur du piège identitaire et celles qui s'y opposent continueront de s'affronter des années durant. Après des dizaines d'années au cours desquelles les débats idéologiques étaient devenus marginaux en politique, voilà que revient le temps des disputes sérieuses et prolongées sur la nature de nos sociétés et la meilleure façon de les gouverner. Le résultat global ne sera ni une cuisante défaite de la synthèse identitaire ni sa victoire définitive. Au contraire, le conflit sur le rejet du libéralisme et l'adoption de la synthèse identitaire a de fortes chances de constituer la ligne de front des débats intellectuels et des batailles politiques les plus importantes des décennies à venir. Le dessin final des frontières dépendra de la passion et du talent avec lesquels chaque camp plaidera sa cause. C'est ce qui rend d'autant plus important, pour les opposants au piège identitaire, d'agir intelligemment et conformément à leurs principes.

Comment débattre contre le piège identitaire

Beaucoup de gens sont parvenus à la conclusion que le piège identitaire représentait un danger bien réel, qu'il s'opposait à leurs valeurs fondamentales. Ils voudraient s'élever contre ça, que ce soit en public, sur leur lieu de travail ou auprès de leurs proches. Mais cela leur fait peur. Après tout, ils ne voudraient pas s'aliéner leurs amis ni saboter leur carrière. Et ils ne s'intéressent pas suffisamment à la politique pour partir à plein temps dans une croisade « anti-*woke* ».

Je comprends leur appréhension. Ces cinq dernières années, les journaux ont débordé d'histoires de personnes honnêtes ayant tout perdu pour des outrages triviaux, voire imaginaires, envers les opinions dominantes. Les journalistes étant bien plus enclins à rapporter les histoires de personnalités célèbres ou d'institutions de premier plan, ces articles concernaient le plus souvent des célébrités et des organisations très connues. Mais il ne faut pas en déduire que ces pratiques illibérales ne touchent que les gens riches et célèbres. Loin des projecteurs des médias dominants, un destin similaire a frappé d'innombrables individus ordinaires, dans tous les coins du monde social et professionnel, depuis les écoles locales jusqu'aux cours de yoga, des communautés de gamers aux groupes de couture. Je sais, par mes propres articles, que la plupart de ces victimes étaient des « civils » dans cette « guerre culturelle », comme cet électricien latino licencié de la San Diego Gas & Electric Company parce que quelqu'un l'avait accusé, à tort, d'avoir formé avec ses mains un symbole de la suprématie blanche.

Je ne blâme pas ceux qui choisissent de rester sur le bas-côté dans l'espoir que la frénésie s'essoufflera d'elle-même avec le temps. Cependant, bien que le désir de minimiser les risques pour sa carrière ou sa réputation soit compréhensible, un petit problème demeure. Pour reprendre le langage des économistes, nous sommes en plein dans le cas classique du dilemme du prisonnier. Il est plus rationnel pour chacun de profiter des efforts des autres et de garder pour soi ses critiques du piège identitaire. Mais si nous agissons tous de la sorte, la petite minorité de militants engagée à fond derrière la forme la plus crue de la synthèse identitaire continuera d'exercer une influence démesurée. La frénésie actuelle pourrait bien s'essouffler un jour, mais elle ne le fera que si les gens raisonnables pointent du doigt les dangers du piège identitaire.

C'est la première raison pour laquelle j'ai décidé d'écrire ce livre. J'espère que vous pourrez (si vous êtes d'accord avec mes conclusions) combattre à votre façon les dangers du piège identitaire, dans vos sphères personnelle et professionnelle. Dire ce que vous pensez n'ira pas sans risque. Cependant, il est possible de maximiser le poids de vos actions et d'en minimiser les risques. Voici six conseils pour argumenter et vous organiser contre le piège de l'identité, sans concession, sans risque superflu et avec de bonnes chances de persuader vos interlocuteurs.

1. Ne cédez pas à la honte

J'ai observé un étrange phénomène chez bien des gens, dont des critiques du piège de l'identité, qui se trouvaient en désaccord avec les opinions dominantes de leur cercle d'amis et de connaissances : quelque chose comme un sentiment de honte internalisé. Cela fait peur de ne pas être d'accord avec ses amis et ses collègues. En présence d'une forte pression sociale à répéter certains slogans, à adhérer, au moins en façade, à certaines opinions, le refus de se joindre au chœur, même chez les objecteurs de conscience convaincus, peut entraîner une sorte de sentiment de faillite morale. C'est ainsi que bien des gens qui osent s'élever contre les opinions majoritaires commencent par renoncer à la supériorité morale avant même d'avoir ouvert la bouche.

Un premier groupe de gens qui souffrent de cette honte internalisée sont ceux qu'on pourrait appeler les « hérétiques réticents ». Ils sont si angoissés à l'idée de contredire le sentiment général qu'ils ont l'air de s'excuser de leurs propres idées. Même quand ils osent les exprimer, ils garnissent tous leurs arguments de tant de concessions que leurs propres opinions en viennent à disparaître. En adoptant cette tactique, les hérétiques réticents espèrent se protéger de la critique. Toutefois, c'est souvent contre-productif. En soulignant ainsi qu'ils considèrent leurs propres avis comme pratiquement illicites, ils encouragent les défenseurs de l'orthodoxie à les intimider depuis la position de supériorité morale qu'eux-mêmes ont délaissé, à leur faire ressentir cette honte jusqu'à les faire taire.

Il y a un autre groupe d'objecteurs, qui paraît à première vue bien moins ouvert au compromis mais qui ne fait en réalité qu'exprimer cette honte internalisée d'une autre manière. Appelons-les les « hérétiques impudents ». Ce sentiment qui les pousse à dissimuler leurs opinions a fini par les rendre amers, ce qui se comprend. Convaincus que tout ce qu'ils diront sera de toute manière retenu contre eux, ils s'expriment sous forme de discours agressifs ou de saillies colériques. Cette tactique est encore plus contre-productive. En acceptant de jouer le rôle du sale type dès le début, ils abandonnent tout espoir de persuader leurs interlocuteurs de la justesse de leur position.

La meilleure manière d'éviter ces écueils est de dépasser ce sentiment de honte. Ainsi, quand je note en moi une certaine angoisse à l'idée d'argumenter en faveur d'une opinion impopulaire chez mes amis et mes collègues (comme il m'est arrivé de le faire dans quelques parties de ce livre), je me rappelle à moi-même que je suis fier de mes opinions. Je les ai mûrement réfléchies. Elles sont ancrées dans une noble tradition qui a fait beaucoup de bien, partout dans le monde. Je reconnais bien sûr que je peux avoir tort, comme tout le monde, mais mes opinions sont, presque par définition, celles qui ont le plus de chances d'être les bonnes à mes yeux. Avec cela en tête, il devient un peu plus facile de parler avec calme et confiance.

2. Ne diabolisez pas les autres

Il est tentant de prêter à ceux avec qui vous n'êtes pas du tout d'accord une sorte de défaut moral ou intellectuel rédhibitoire. Il devient alors plus facile de les humilier, voire de les déshumaniser. Si les opinions de votre interlocuteur sont le fruit de la stupidité ou de la perversité morale, il n'y a aucune raison que vous les traitiez avec dignité.

Les choses ne sont jamais si simples. Dans toute l'histoire humaine ou presque, une grande majorité des gens, dans toutes les cultures et sur tous les continents, étaient convaincus de certaines croyances que nous considérons aujourd'hui comme épouvantables. Au cours de ma seule vie, les opinions dominantes sur des problèmes majeurs ont radicalement varié. De fait, parmi ceux qui vilipendent aujourd'hui toute prise de distance avec les opinions sacro-saintes, beaucoup tenaient hier les mêmes propos « déviants ». Il serait à la fois idiot et prétentieux de conclure que nos ancêtres et nos compatriotes étaient tout simplement stupides ou méchants.

Les défenseurs les plus acharnés de la synthèse identitaire refusent souvent d'accepter les désaccords légitimes. C'est précisément cette tendance à confondre le désaccord politique et la faillite morale qui a perverti le discours public cette dernière décennie. Cela n'en rend que plus essentiel d'éviter, pour les critiques du piège de l'identité, de commettre la même erreur. Nous devons nous aussi nous rappeler que d'honnêtes gens peuvent aboutir à des conclusions radicalement différentes des nôtres sur toutes sortes de problèmes graves, dont la question de savoir si la synthèse identitaire œuvre pour le bien, ou pour le mal.

3. Rappelez-vous que les adversaires d'aujourd'hui peuvent être les alliés de demain

Aussi dur qu'on essaie, il est pratiquement impossible de faire changer d'avis un ami ou un membre de la famille sur un problème grave au beau milieu d'une dispute. Il serait ainsi tentant de verser dans le cynisme quant à la réalité de toute persuasion possible. Comme les gens changent rarement d'avis, les progrès politiques nous paraissent parfois davantage le produit de batailles gagnées que d'adversaires convaincus.

Certains pensent que c'est tout spécialement vrai dans le cas des partisans passionnés de la synthèse identitaire. Il y aurait quelque chose de l'ordre du religieux dans la ferveur de ces « élus » qui ont embrassé la cause, écrit John McWhorter, ce qui rendrait futiles les formes habituelles de la persuasion. Ne resterait donc plus que la solution de limiter leur influence sur le reste de la société.

Heureusement, les preuves ne soutiennent pas un tel scepticisme. Peu de gens reconnaissent leur défaite au milieu de la dispute, c'est exact, mais la plupart modifient tout de même leurs opinions avec le temps. Selon un sondage récent de YouGov, par exemple, plus de trois Américains sur quatre disent avoir changé d'avis sur une affaire sérieuse de politique publique dans leur vie. Comme d'autres études montrent que les gens ont tendance à sous-estimer le nombre de fois où ils ont changé d'avis, le chiffre véritable est probablement encore plus élevé.

Avec le temps, ces changements peuvent, c'est souvent le cas, modifier profondément une vision du monde. Les politologues ont découvert de longue date, par exemple, que les électeurs tendaient à devenir plus conservateurs avec le temps. C'est vrai en moyenne, mais la dérive générale vers la droite dissimule en réalité de nombreux déplacements opposés au cours d'une vie. Plus on prend de recul, plus les transformations idéologiques et la persuasion politique sont la règle, plutôt que l'exception. Mais ce processus de modification et de persuasion prend tellement de temps qu'il en devient imperceptible, surtout pour les principes fondamentaux. On peut commencer par rejeter un point de vue qui nous inspire un dégoût évident, puis peu à peu admettre que d'honnêtes gens pourraient bien y souscrire, avant de l'adopter enfin soi-même, à sa grande surprise.

Ces deux dernières années, j'ai été témoin d'une telle transformation chez beaucoup de mes amis, s'agissant du piège de l'identité. Comme ils sont de gauche et très conscients des grandes injustices qui persistent dans nos sociétés, ils étaient au départ bien disposés à l'égard de la synthèse identitaire. Puis ils ont constaté, petit à petit, l'influence destructrice qu'elle exerçait sur leur communauté et ils ont commencé à reconnaître que ses applications entraient en contradiction avec leurs valeurs. Ainsi, ils sont passés de soutiens à critiques. Malgré les craintes de McWhorter, ils sont loin d'être les seuls. Après tout, les critiques les plus fins et les plus en vue du piège de l'identité, comme Eboo Patel et Maurice Mitchell, ont d'abord soutenu ses principes fondamentaux et balayé ses dangers d'un revers de la main.

4. Ralliez la majorité raisonnable

Sur les réseaux sociaux et sur les chaînes du câble, il pourrait sembler que la société soit coupée en deux moitiés mutuellement antagonistes. Les Américains seraient soient « *wokes* », soit « MAGA ». Ils pensent que l'histoire américaine est définie par les injustices de 1619 (l'année où les premiers Africains ont été amenés enchaînés en Amérique) ou l'héroïsme de 1776 (l'année où la Déclaration d'indépendance a été signée). Soit ils s'indignent d'un rien, soit ils se fichent que les minorités souffrent de l'injustice et de la discrimination. Une vision tout aussi polarisée domine de plus en plus le débat public dans d'autres pays. En Grande-Bretagne, certains estiment le caractère de la nation tout entier reflété dans la cruauté de l'impérialisme, tandis que d'autres pensent que c'est l'héroïsme de la bataille d'Angleterre qui le résume parfaitement.

Il y a une raison à cela. Un petit nombre tiennent en effet des propos extrêmes sur toutes les controverses du jour. Le fonctionnement des médias et de la politique amplifie ensuite ces voix hors de toute mesure et leur accorde une influence considérable.

Heureusement, la plupart nourrissent des opinions raisonnables sur les sujets sensibles, dont l'histoire et l'identité nationale. Selon une étude récente, une grande partie des Américains, dont la majorité des Républicains, pense « qu'il est important que tout élève américain apprenne l'histoire de l'esclavage, de Jim Crow et de la ségrégation ». Que « Martin Luther King et Rosa Parks devraient être hissés en exemple d'Américains qui se sont battus pour l'égalité ». Et que « l'Amérique est dans une meilleure situation aujourd'hui grâce aux progrès des femmes, des immigrés et des Noirs vers plus d'égalité ». Dans le même temps, la grande majorité des Américains, dont la plupart des Démocrates, croit aussi que « George Washington* et Abraham Lincoln devraient être admirés pour leur rôle dans l'histoire américaine ». Que « nous ne devrions pas avoir honte d'être Américains ». Et que « les élèves ne devraient pas se sentir personnellement

* Cette phrase pourrait paraître hautement consensuelle au lectorat français, mais ce n'est en réalité plus le cas. George Washington était propriétaire d'esclaves dès l'âge de 11 ans, ce qui lui vaut d'être aujourd'hui la cible d'une bonne partie de la gauche et, bien évidemment, des « partisans de la synthèse identitaire », NdT.

responsables des actes des générations précédentes ». Cette approche nuancée de l'histoire de la nation est d'autant plus frappante qu'elle contredit les perceptions populaires des deux côtés : une majorité des Démocrates doute que les Républicains souhaitent voir enseignée l'histoire de l'esclavage, et une majorité des républicains doutent que les Démocrates veuillent qu'on chante les louanges de George Washington.

Loin d'être seulement blancs, les membres de cette majorité raisonnable sont très divers en réalité. Les études montrent que, en Grande-Bretagne comme aux États-Unis, les membres des groupes ethniques minoritaires sont non seulement moins susceptibles d'exprimer des points de vue d'extrême droite, mais également d'adopter les principes fondamentaux de la synthèse identitaire. Quand l'ONG More in Common, qui cherche à résorber la polarisation, a étudié les tribus idéologiques américaines, elle a découvert que les soi-disant militants progressistes, ceux qui doutent des normes et des institutions traditionnelles parce qu'elles ont été « établies par les groupes sociaux dominants tels que les hommes blancs hétérosexuels pour leur propre bénéfice », sont très majoritairement blancs, riches et très éduqués. Les Asiatiques-Américains, les Hispaniques et les Afro-Américains, au contraire, sont moins susceptibles que les Blancs de partager cette vision du monde.

Par le passé, des politiciens ont fait de fréquents appels à la « majorité silencieuse » pour perpétuer des discriminations contre les minorités. Aujourd'hui, la majorité silencieuse des pays d'Europe de l'Ouest et d'Amérique du Nord n'est ni *woke* ni intolérante. Elle est à la fois étonnamment raisonnable et très hétérogène. La plupart des gens, de tous horizons, veulent que les membres des groupes minoritaires soient traités avec respect et rejettent les principes fondamentaux de la synthèse identitaire. Les adversaires du piège de l'identité doivent chercher à rallier cette majorité silencieuse.

5. Faites cause commune avec les autres adversaires de la synthèse identitaire

Quand je souligne les risques du piège de l'identité, je le fais sous l'angle du libéralisme philosophique. Cependant, dans une grande démocratie diverse, la politique implique obligatoirement de bâtir une large coalition. Les libéraux dans mon genre devraient garder en tête la possibilité de faire cause commune avec d'autres, qui eux aussi s'inquièteraient de la montée du piège identitaire en raison de leurs propres principes. Or, il se trouve que les propositions fondamentales de la synthèse identitaire ne s'opposent pas seulement directement aux valeurs libérales qui sont les fondements de ma pensée politique ; elles sont aussi en contradiction avec les principes clés d'autres traditions politiques et religieuses d'importance, du marxisme au conservatisme et du christianisme au bouddhisme.

Les critiques ont souvent décrit et décrié la synthèse identitaire comme un avatar du « marxisme ». On voit facilement pourquoi. Elle partage avec le marxisme le même dédain des institutions traditionnelles de la démocratie parlementaire, et sa profonde aversion à l'égard du libéralisme. Certains penseurs marxistes, comme Frantz Fanon, Paulo Freire et Herbert Marcuse, influencent encore les partisans de la synthèse identitaire. Mais poser un signe d'égalité entre les deux idéologies serait ne pas voir que les différences et les tensions sont en réalité au moins aussi grandes que leurs similarités.

Les racines principales de la synthèse identitaire reposent sur le rejet postmoderne des grands récits, dont le marxisme. Ses adhérents estiment que les catégories fondées sur l'identité telles que la race, le genre et l'orientation sexuelle, et non les catégories économiques telles que les classes, sont le prisme idéal pour comprendre le monde. Voilà pourquoi les penseurs marxistes, des anciens piliers du mouvement tels qu'Adolph Reed aux jeunes érudits comme Olúfẹ́mi Táíwò, comptent aujourd'hui parmi ses critiques les plus féroces. Reed s'est ainsi lamenté que « la disposition à tout cataloguer et agréger en identités soigneusement polies n'a rigoureusement rien de radical ». (Je propose un exposé plus complet de la relation entre le marxisme et la synthèse identitaire en appendice.)

Comme les marxistes, les conservateurs entretiennent une relation ambivalente aux questions d'identité. Certains tombent dans leur propre version du piège identitaire quand ils maintiennent que les communautés ethniques, culturelles ou religieuses qui ont traditionnellement dominé leurs pays respectifs ont plus de valeur que les autres et devraient donc continuer à exercer ce pouvoir et à jouir de ces privilèges particuliers. Mais bien d'autres reconnaissent que des pays comme la France, le Royaume-Uni et les États-Unis ont été organisés (même si imparfaitement) selon les principes universels de la démocratie libérale, et ce depuis très longtemps ; une situation d'équilibre politique déjà ancienne, donc, que les principes conservateurs classiques, tels que la nécessaire lenteur du changement et le scepticisme face à toutes les promesses utopiques, leur donnent de bonnes raisons de défendre.

C'est aussi ce raisonnement qui rend ces mêmes conservateurs prudents face aux penseurs « postlibéraux » de droite, tels que Sohrab Ahmari, Adrian Vermeule et Curtis Yarvin, qui cherchent à employer la coercition de l'État pour imposer leur vision de la vie bonne à tout le monde. De même, ces principes conservateurs les opposent directement, à gauche cette fois, aux partisans de la synthèse identitaire, qui estiment devoir sacrifier les normes traditionnelles comme la liberté d'expression et les règles neutres sur l'autel de la justice sociale.

Selon ces conservateurs, le piège identitaire consiste en une vision utopique d'une société juste et parfaite. En pratique, il ne parviendrait qu'à détruire les garde-fous qui, depuis des décennies, ont permis à des membres de communautés ethniques et religieuses différentes de coexister dans une paix relative. David French, l'éditorialiste conservateur du *New York Times* et l'un des principaux défenseurs du libéralisme philosophique aux États-Unis, formule ainsi cette plainte : « La droite postlibérale et la gauche postlibérale accordent la priorité fondamentale au pouvoir de l'État plutôt qu'à la liberté des individus. » La conséquence inévitable est que les deux limiteraient « la liberté d'expression, les libertés économiques, la propriété privée et la liberté religieuse ».

Ainsi, les plus vieilles traditions politiques du monde s'opposent aux principaux préceptes de la synthèse identitaire. C'est aussi le cas des traditions religieuses les plus influentes. L'Ancien Testament indique par exemple que l'être humain a été créé à l'image de Dieu, une image qui a inspiré des générations de penseurs politiques, des rédacteurs de la Constitution américaine à Martin Luther King. Le Nouveau Testament, de son côté, souligne à plusieurs reprises l'absence de signification des marqueurs d'identité tels que la race et l'ethnie. (L'expression la plus forte de cette idée est peut-être celle de l'épître aux Galates, où l'apôtre Paul nous dit : « Il n'y a plus ni juif ni Grec, il n'y a plus ni esclave ni homme libre, il n'y a plus ni homme ni femme ; car tous vous êtes un en Jésus-Christ. »)

D'autres traditions religieuses, de l'islam au bouddhisme, expriment cette idée d'une égalité fondamentale entre les êtres humains, plus importante que toutes les différences ethniques ou culturelles. Le bahaïsme, par exemple, insiste particulièrement sur l'« unité spirituelle de l'humanité ». Dans l'une des œuvres principales de cette tradition, Abdu'l-Bahá, fils du fondateur de la foi, demande : « N'est-ce pas le même soleil qui nous éclaire tous ? Ne sont-ils pas les moutons d'un même troupeau ? Dieu n'est-il pas le berger universel ? »

En résumé, une forme de consensus partagé se dégage entre les critiques de la synthèse identitaire. Une gamme étonnamment large et variée de traditions politiques et religieuses donnent à leurs adeptes de bonnes raisons de nourrir un profond scepticisme à l'égard de toute vision du monde qui place les identités collectives telles que la race et l'ethnie en son centre moral et épistémologique. Le libéralisme philosophique devrait accueillir ces alliés à bras ouverts. Toutefois, même s'il convient de se réjouir que certains partageront notre combat pour leurs propres raisons, nous devons nous garder de la tentation de nous éloigner des nôtres et de soutenir ainsi toute opinion, aussi fruste et dénuée de principes soit-elle, pour la seule raison qu'elle critiquerait la synthèse identitaire.

6. … mais ne devenez pas réactionnaire

On demanda un jour à Norman Davies, l'un des principaux historiens de l'Europe centrale, ce qu'il considérait comme la plus grossière des erreurs de ses collègues. Davies songea aux nombreux érudits de la région, courageux et accomplis, qui avaient consacré leur vie à chroniquer les abus des régimes communistes, tentant de démontrer que les marxistes qui ramenaient tout au prisme monomaniaque de la lutte des classes déformaient d'importants aspects de la réalité. Il formula alors cette réponse surprenante : « Le marxisme. »

Davies pensait-il que le marxisme avait si bien modelé l'Europe centrale que même les plus antimarxistes des historiens se trouvaient incapables d'échapper à son influence ? Je ne crois pas. Au contraire, Davies se lamentait que les plus grands connaisseurs de cette région aient été si totalement engagés dans la valeureuse résistance au marxisme qu'ils en devinrent incapables de se concentrer sur autre chose. Le marxisme avait déformé leurs études car ils ne pouvaient s'empêcher de le critiquer.

Les critiques du piège de l'identité sont confrontés au même risque. Ses opposants sont unis dans cette opposition, pas dans ce qu'ils soutiennent. Cela crée la tentation de déléguer les jugements moraux à leurs adversaires. Plutôt que de militer pour une vision positive du futur, ces critiques du piège de l'identité se sont mis à dénoncer tout ce qui leur paraissait « *woke* » de près ou de loin. En d'autres termes, ils se sont rendus coupables de ce que j'ai appelé, en m'inspirant d'une idée d'Emily Yoffe, le « cent-quatre-vingtisme » : « La tendance des participants au débat public à écouter ce que leurs ennemis perçus déclarent afin de se situer immédiatement à l'exact opposé de cette position. »

Comment les organisations peuvent s'échapper du piège de l'identité

L'un des changements les plus étranges que les réseaux sociaux ont imposés à l'Amérique est l'appréhension que ressentent aujourd'hui de nombreux dirigeants institutionnels quand il s'agit d'exercer leur autorité. Pour écrire ce livre, j'ai parlé à des gens extrêmement puissants : P-DG de grandes entreprises, présidents d'université d'élite, directeurs des principales ONG, qui déploraient en privé l'influence du piège identitaire. Chacun s'inquiétait du fait que quelques employés juniors puissent ainsi intimider leurs collègues et empoisonner l'atmosphère. Chacun craignait que cela ne nuise à la mission principale de leur organisation. Et pourtant, tous se sentaient incapables de combattre ou de s'exprimer contre leurs méfaits.

Il est compréhensible que ces dirigeants craignent de s'exprimer, surtout quand cela risquerait de leur attirer des reproches, aussi injustifiés soient-ils, de racisme ou de sexisme. Mais le risque bien réel d'en faire trop est devenu une excuse pour n'en plus faire assez, ce qui est tout aussi dangereux. Au bout du compte, ces dirigeants effrayés d'appliquer des règles rationnelles ou de punir ceux qui les enfreignent au grand jour ne feront que renforcer les militants bien décidés à usurper le peu d'autorité qui leur reste, et leurs organisations n'en deviendront que plus acrimonieuses et plus dysfonctionnelles.

Ces dirigeants ont besoin d'un plan. Ils doivent penser à ce qu'ils feront s'ils se trouvent pris dans une tempête sur les réseaux sociaux avant que les coups ne volent de toute part. Mieux encore, ils devraient prendre des mesures actives pour poser des attentes claires, restaurer leur autorité et réduire la probabilité que de telles crises se produisent. La liste non exhaustive des actions et des principes à adopter inclurait au moins ces cinq éléments.

1. *Demander clairement aux employés de faire preuve de tolérance envers les opinions qui diffèrent des leurs.* Les organisations devraient s'évertuer à cultiver un esprit de tolérance et de diversité de points de vue. Les entreprises devraient dire clairement à leurs employés qu'ils sont censés être à l'aise avec leurs collègues aux valeurs et aux convictions politiques différentes. Les ONG, les médias, les maisons d'édition devraient prévenir leurs équipes qu'elles auront à travailler

parfois pour des causes ou sur des produits avec lesquels elles pourraient être en désaccord. Les universités devraient adopter des principes de libre expression et communiquer activement auprès de leurs étudiants et de leur personnel administratif sur les valeurs du débat et de l'ouverture.

2. *Solliciter des retours de tout le monde plutôt que laisser les militants détourner la conversation.* Les organisations devraient mettre en place des mécanismes pour que leurs employés puissent émettre des retours honnêtes, par exemple des sondages anonymes réguliers. Le but est d'éclairer le sentiment général dans l'organisation, plutôt que de faire de telles enquêtes le forum exclusif des plus radicaux ou des plus mécontents. Souvent, les résultats des sondages aideront à désamorcer les tensions. Dans une grande ONG, par exemple, de nombreux salariés jeunes et blancs s'étaient plaints de formes sournoises de suprématie blanche, tandis que la plupart des employés noirs s'étaient dits satisfaits de la culture d'entreprise.

3. *Empêcher les employés de s'attaquer sur les réseaux sociaux.* Ces cinq dernières années, bien des organisations sont entrées en crise parce que des employés s'étaient servis des réseaux sociaux pour intimider des collègues ou les harceler jusqu'à ce qu'ils partagent leurs opinions. Des guides d'usage des réseaux, clairs et cohérents, contribueront à une résolution collégiale des conflits au sein de l'organisation. Ces guides ne doivent pas enfreindre le droit d'exprimer ses opinions dans un cadre privé, mais ils peuvent et devraient interdire aux employés d'attaquer leur employeur ou critiquer leurs collègues en public.

4. *Ne jamais punir avant que les faits ne soient établis et les passions retombées.* Les organisations devraient adopter des procédures claires, justes et équilibrées pour gérer les plaintes et les accusations envers leurs employés. Il est tentant

d'agir tout de suite, surtout quand les employés sont accusés sur les réseaux sociaux d'avoir dit ou fait quelque chose de moralement inacceptable. Mais le but de ces procédures est justement de retarder toute décision définitive, jusqu'à ce que les faits soient formellement établis. Cela aura souvent le bénéfice supplémentaire de les obliger à n'intervenir qu'une fois l'indignation générale retombée, ce qui rendra plus facile d'aboutir à une décision appropriée, en accord avec les faits, plutôt qu'à la décision la plus susceptible de calmer des étrangers sur Twitter, Facebook et Instagram.

5. *Ne pas s'excuser quand on n'a rien fait de mal.* Les organisations et leurs dirigeants ne devraient jamais présenter d'excuses pour ce qui n'est pas moralement répréhensible, ou pour des actes jamais commis en réalité. L'intention derrière ces excuses est souvent de calmer la tempête sur les réseaux sociaux, mais leur effet est généralement de l'aviver. Il en va de même pour les autres membres de l'organisation. Les dirigeants ne devraient jamais encourager ou inciter leurs subordonnés à formuler de telles excuses insincères. Si leur dirigeant les y pousse, les employés devraient se méfier de toute promesse qui leur assurerait que ces excuses les protégeront d'un licenciement.

Tout cela est plus facile à dire qu'à faire, évidemment. Je crois néanmoins que ces actions et ces principes peuvent aider dans ce genre de situations difficiles qui, vu la nature de notre époque, se présenteront forcément un jour ou l'autre. Imaginez, par exemple, que vous soyez un président d'université confronté à l'une de ces controverses qui ont enflammé les campus ces dernières années. Une organisation étudiante a invité pour une conférence quelqu'un dont les opinions vous répugnent sincèrement. De nombreux syndicats étudiants ont prévu de manifester. Il est probable qu'ils emploieront la force pour empêcher que la conférence ait lieu. Que faire ?

Si vous vous rangez du côté des manifestants, vous soutenez une infraction claire à la liberté universitaire. Si vous vous rangez du côté du conférencier, vous risquez d'être associé à ses opinions détestables. Apparemment, vous perdez dans les deux cas.

En vérité, il existe un moyen simple de s'élever en défense des libertés universitaires et d'exprimer votre dégoût des opinions du conférencier. Vous devriez exprimer en public l'importance que vous accordez à la liberté d'expression, être parfaitement clair quant aux lourdes punitions auxquelles s'exposeraient les étudiants qui en viendraient aux mains pour empêcher le conférencier invité d'exprimer ses opinions. Dans le même temps, vous êtes libre d'exprimer vos désaccords personnels avec le conférencier et vous pouvez promettre de vous joindre à toute manifestation pacifique organisée contre ses idées.

Est-ce que tout le monde sera content ? Bien sûr que non. Mais les valeurs de l'institution auront été exprimées, le risque d'une confrontation violente aura été réduit, et cela aura contribué à l'établissement d'une culture plus saine sur le campus : une culture dans laquelle tous seraient chaudement encouragés à s'exprimer et à protester, mais fermement dissuadés de faire usage de la violence pour atteindre leurs objectifs. Au passage, cela aura peut-être rétabli votre autorité à la tête de l'université, ce qui vous permettra de jouer un rôle actif dans la construction d'une culture interne à la fois rationnelle et résiliente.

Ce que nous abandonnerons si nous tombons dans le piège de l'identité

Ce livre me touche très personnellement. L'histoire des préjugés ethniques et religieux a profondément marqué la vie de mes ancêtres. Mes aïeux ont souffert pendant des siècles de restrictions sur ce qu'ils avaient le droit de faire, où ils avaient le droit de vivre. Mes arrière-grands-parents ont été assassinés parce qu'ils étaient juifs. Mes grands-parents ont perdu leurs familles presque tout entières dans l'Holocauste. Même mes propres parents ont dû repartir de zéro quand, vers leurs 20 ans, on les a expulsés du pays qu'ils considéraient comme leur seule patrie.

Par cette histoire familiale, je ressens une empathie profonde pour les victimes de discrimination raciale ou religieuse. Il est impossible de comprendre le monde sans percevoir comment les catégories telles que la race, la religion et l'orientation sexuelle ont réellement modelé les manières de traiter autrui. Rien ne peut justifier qu'on détourne le regard des graves injustices qui, aujourd'hui encore, perdurent dans tous les pays du globe.

Mais quand cette attention méritée sur les catégories identitaires devient monomaniaque, elle se transforme en une dangereuse déformation de la réalité. En nous encourageant à tout interpréter, des faits historiques aux interactions individuelles, au travers du prisme de la race, du genre et de l'orientation sexuelle, les militants de la synthèse identitaire nous empêchent de comprendre le monde dans toute sa complexité. En dépeignant la société comme une assemblée de racistes qui feraient peser une constante menace sur absolument toutes les communautés minoritaires, ils poussent de plus en plus de monde à se sentir à la dérive dans un monde éperdument hostile.

C'est pour cela que, au bout du compte, cette déformation pose un risque tout aussi individuel que politique. À ceux qui souffrent d'isolement, la synthèse identitaire promet d'être une boussole, ou même une révélation. Comme Eboo Patel l'a vécu après son premier contact avec ces idées lors de ses premières années d'études, elles promettent de leur ouvrir l'accès à une conception plus profonde de leur place dans la société, et même de leur soi véritable. Malheureusement, et comme Patel finit par le découvrir, cette promesse de consolation est une chimère.

Le piège de l'identité pousse des personnes complexes à se définir entièrement à l'aide de caractères extérieurs dont les combinaisons et les permutations, aussi nombreuses soient-elles, n'aboutiront jamais à une description satisfaisante de leur être profond. Son insistance, censée nous affermir, sur l'identité comme produit des attributs collectifs variés avec lesquels nous sommes nés, ne laisse que peu de place aux goûts individuels, aux idiosyncrasies qui nous rendent véritablement uniques. Le problème avec ces idées qui ont gagné tant de force ces dix dernières années n'est pas du tout, comme certains critiques de la synthèse identitaire le suggèrent pourtant, qu'elles nous traiteraient chacun comme un « petit flocon de neige unique et fragile ». C'est qu'elles donnent l'illusion de nous reconnaître pleinement, dans toute notre singularité, alors qu'elles nous ravalent au rang d'acteurs ânonnant un discours simpliste sur ce que voudrait dire être mâle ou femelle, noir ou basané, gay ou hétéro, cis ou trans.

Le piège de l'identité pose de graves dangers. Il sape des valeurs importantes, dont la liberté d'expression. Ses applications malavisées se sont révélées contre-productives, pour l'éducation comme en médecine. Si on devait les appliquer à grande échelle, elles ne poseraient pas les bases d'une société plus juste et plus tolérante, mais celles d'une compétition à somme nulle entre des groupes identitaires mutuellement hostiles.

Afin de réchapper à ce danger, nous devons nous efforcer de dépasser les préjugés et les inimitiés qui nous ont si longtemps tenus enfermés dans des rôles que nous assignait la religion de nos ancêtres ou la couleur de notre peau. Nous devrions continuer de tendre vers une société où les catégories comme la race, le genre et l'orientation sexuelle compteraient beaucoup moins qu'aujourd'hui, du fait que nos accomplissements et nos comportements les uns envers les autres ne dépendraient plus du tout de nos communautés de naissance. Ne laissons pas le piège de l'identité nous pousser à abandonner ce futur dans lequel ce qui nous rassemble serait enfin plus important que ce qui nous divise.

Appendice

Pourquoi la synthèse identitaire n'est pas marxiste

De nombreuses critiques du mouvement « *woke* » affirment que cette synthèse identitaire serait en réalité une forme de « marxisme culturel ». Le raisonnement de base est simple : si on enlève la lutte des classes et l'économie au marxisme, qu'on leur substitue les origines ethniques et l'identité, on obtient l'idéologie qui transforme actuellement le discours en Amérique.

Je comprends bien pourquoi tant de monde en est venu à cette conclusion. Des penseurs de la tradition marxiste continuent d'exercer une influence significative sur des thèmes clés et des applications centrales de la synthèse identitaire. Pour n'en nommer que quelques-uns, les partisans de la synthèse identitaire critiquent souvent le capitalisme dans des termes qui dérivent clairement des œuvres de Karl Marx et Friedrich Engels. L'attention portée à l'hégémonie culturelle dans les disciplines universitaires est due à Antonio Gramsci. Les critiques de la liberté d'expression citent souvent les travaux d'Herbert Marcuse. Et l'un des textes le plus lus dans les écoles de pédagogie américaine a été écrit par Paolo Freire.

Il existe aussi des similarités frappantes entre les principes fondamentaux des deux traditions. Le plus important peut-être, c'est que le marxisme, comme la synthèse identitaire, doute profondément des promesses centrales de la démocratie libérale. Les deux mouvements se méfient des valeurs universelles et des normes neutres, simples feuilles de vigne pour que le groupe qui dirige tout en sous-main puisse s'accrocher à son pouvoir. Les deux en déduisent le renversement nécessaire de ces valeurs et de ces normes, ce qui les rend hostiles aux idéaux libéraux.

Cependant, malgré toutes ces ressemblances, les différences entre la synthèse identitaire et le marxisme pèsent tout aussi lourd. Commençons par les origines respectives de ces deux traditions. Comme je l'ai montré dans la première partie, il n'est pas vrai du tout que les racines intellectuelles de la synthèse identitaire soient marxistes. Au contraire, l'impulsion originelle est issue des penseurs postmodernes, Michel Foucault et Jean-François Lyotard, qui s'inquiétaient beaucoup de ce qu'ils appelaient les « grands récits » et parmi eux du libéralisme et du marxisme alors complètement dominant dans la vie intellectuelle parisienne.

Cette opposition aux grands récits rendait Foucault, Lyotard et leurs disciples très sceptiques face aux principes libéraux sur lesquels les démocraties d'Europe déclaraient se fonder après guerre. Cela explique pourquoi les partisans de la synthèse identitaire ont, depuis le début, fortement douté des institutions qui forment le cœur des démocraties occidentales. Mais Foucault et Lyotard s'opposaient aussi frontalement à une autre idéologie, encore plus influente chez leurs interlocuteurs : le marxisme. En effet, leurs contemporains, dont Jean-Paul Sartre, interprétaient correctement ce rejet des vérités universelles et des catégories identitaires stables comme une attaque frontale contre les hypothèses fondamentales qui soutenaient le marxisme ; après tout, le postmodernisme était aussi une critique de ceux qui prétendaient parler pour le compte du prolétariat ou qui clamaient en toute confiance que les lois déterministes du progrès historique prédisaient l'arrivée imminente du communisme.

Les similarités structurelles entre la synthèse identitaire et le marxisme sont frappantes, il faut l'admettre. Mais, comme je le montre dans la partie IV, une reconstruction rationnelle de la synthèse identitaire se fonderait sur trois hypothèses :

1. La clé pour comprendre le monde est de l'examiner à travers le prisme des communautés de couleur, de genre et d'orientation sexuelle.
2. Les valeurs supposées universelles et les règles indifférentes aux origines ne servent qu'à camoufler la domination des privilégiés sur les marginalisés.
3. Pour bâtir un monde meilleur, nous devons adopter des normes et des lois qui font explicitement dépendre le traitement des citoyens, et la manière dont les citoyens se comportent entre eux, de leur communauté d'appartenance.

Il serait facile de proposer une telle reconstruction rationnelle des hypothèses principales du marxisme, qui lui ressemblerait beaucoup :

1. La clé pour comprendre le monde est de l'examiner au travers du prisme de la lutte des classes.
2. Les valeurs supposées universelles et les règles indifférentes aux origines ne servent qu'à camoufler la domination des classes privilégiées sur les classes opprimées.
3. Pour bâtir un monde meilleur, nous devons adopter des normes et des lois qui font explicitement dépendre le traitement des citoyens, et la manière dont les citoyens se comportent entre eux, de leur situation économique.

Cela paraît indiquer que ceux qui parlent de « marxisme culturel » pourraient en effet avoir en partie raison. Toutefois, même si la structure du marxisme ressemble en effet à celle de la synthèse identitaire, leurs différences substantielles sont plus importantes encore.

La première différence est évidente. Les deux traditions ne s'accordent pas sur le prisme fondamental à considérer pour comprendre le monde : la catégorie qui fonde l'action humaine et dont les membres doivent être libérés pour parvenir à un monde meilleur. Selon les marxistes, la catégorie économique de classe est fondamentale. Les partisans de la synthèse identitaire, eux, se concentrent sur les communautés d'identité telles que la race, le genre et l'orientation sexuelle, ils n'incluent la classe dans leur liste qu'après coup.

Cette différence a été très commentée. (De fait, ceux qui comparent la synthèse identitaire au marxisme le reconnaissent implicitement quand ils ajoutent que le marxisme dont ils parlent est « culturel » par nature.) Mais il y a une autre différence substantielle, tout aussi importante, et plus rarement notée.

Les marxistes ont théorisé le prolétariat comme une classe universelle. Le but de la révolution, selon eux, est de dépasser les antagonismes de classe en mettant le prolétariat à leur tête et en abolissant les distinctions. Cela confère au marxisme la promesse utopique d'un monde débarrassé des classes où tous les humains seraient enfin solidaires. Une promesse utopique qui manque cruellement à la synthèse identitaire.

Certains penseurs, dont Karen et Barbara Fields, militent pour un but parallèle, celui de l'« abolition des races » : en écho à l'objectif utopique des marxistes envers les classes, elles espèrent un futur dans lequel cette catégorie d'analyse aurait cessé d'être utile. Mais les adeptes de la synthèse identitaire rejettent sans ambiguïté cet objectif, qui leur paraît malavisé et irréaliste. En adoptant une forme d'essentialisme stratégique qui a cessé d'être stratégique, ils se sont résignés à un futur dans lequel les aspects les plus basiques de la réalité, de l'interaction entre amis à la distribution de médicaments en situation tendue, devraient pour toujours dépendre des catégories d'identité. En conséquence, les partisans de la synthèse identitaire se retrouvent bloqués avec une vision de l'avenir où la réalité sociale et politique continuera pour toujours à se structurer autour de conflits, ou du moins de tensions significatives, entre les différentes communautés. Il leur manque donc la promesse utopique qui rend le marxisme si séduisant.

Les ailes des oiseaux et les ailes des papillons partagent de nombreux traits anatomiques. On pourrait vouloir en déduire qu'ils ont des ancêtres communs. Ce n'est pourtant pas le cas. En biologie évolutionnaire, c'est le parfait exemple de ce qu'on appelle l'« évolution convergente ». La forme de leurs ailes a évolué indépendamment pour remplir la même fonction : leur permettre de voler.

On pourrait dire la même chose du marxisme et de la synthèse identitaire. Les deux idéologies ont d'importantes similarités structurelles parce qu'elles remplissent la même fonction centrale : s'opposer au libéralisme philosophique et le dépasser. Cela ne devrait pas nous mener à simplifier à outrance la relation entre ces deux traditions. Loin d'être une adaptation du marxisme, la synthèse identitaire est un nouveau défi posé aux démocraties libérales, qu'il nous faut prendre au sérieux, et contre lequel il nous faut lutter, de la manière qui lui sera le mieux adaptée.

Notes

De la page 7 à la page 8

Introduction

Noirs : Toutes les citations de Kila Posey sont tirées d'un entretien avec l'auteur daté de janvier 2023, à moins d'une précision contraire. Kila Posey a aussi fourni quelques éléments matériels, tels que des échanges d'e-mails et des enregistrements audio. Voir aussi Lateshia Beachum, « Atlanta Principal Accused of Separating Black Kids from Other Students in "Discriminatory" Practice » ; *Washington Post*, 13 août 2021, www.washingtonpost.com/education/2021/08/12/atlanta-principal-black-students, et Vanessa McCray, « Parent Alleges Atlanta School Designated "Black Classes", Others Dispute That Claim », *Atlanta Journal-Constitution*, 19 août 2021, www.ajc.com/education/parent-alleges-atlanta-school-designated-black-classes-others-dispute-that-claim/ODR2JJVNXJBQ7DAQRRNPQ6Q764/

On ne peut pas faire ça : Niara Savage, « "It Was Just Disbelief": Parent Files Complaint Against Atlanta Elementary School After Learning the Principal Segregated Students Based on Race », *Atlanta Black Star*, 10 août 2021, atlantablackstar.com/2021/08/10/it-was-just-disbelief-parent-files-complaint-against-atlanta-elementary-school-after-learning-the-principal-segregated-students-based-on-race/

« s'identifient comme noirs » : « Mathematics / Courses—Evanston Township High School », consulté le 26 janvier 2023, www.eths.k12.il.us/Page/3025

« s'identifient uniquement comme blancs » : Diane Adame, « Wellesley School District Faces Civil Rights Complaint from

De la page 8 à la page 9

Parent Group », WGBH, 20 mai 2021, www.wgbh.org/news/education/2021/05/20/wellesley-school-district-faces-civil-rights-complaint-from-parents-group

la couleur de peau : *Brown v. Board of Education of Topeka*, 347 U.S. 483 (1954).

jusqu'au niveau fédéral : Voir, par exemple, Nick Valencia, « Atlanta School Under Federal Investigation After Allegations Principal Assigned Black Students to Classes Based on Race », CNN, 5 décembre 2022, www.cnn.com/2022/12/01/us/atlanta-school-federal-investigation-separate-classes-reaj/index.html

école maternelle : Shanon L. Connor et Julie Parsons, « Loving the Skin They're In: Race-Based Affinity Groups for the Youngest Learners », NAIS, 18 août 2020, www.nais.org/learn/independent-ideas/august-2020/loving-the-skin-theyre-in-race-based-affinity-groups-for-the-youngest-learners/

les jeunes apprenants : Connor et Parsons, « Loving the Skin ». Les efforts de Gordon sont depuis longtemps mis en avant par la National Association of Independent Schools. En 2004, la Gordon School a reçu le prix Leading Edge de la NAIS pour son travail sur l'équité et l'inclusion. Julie Parsons, « Identity, Affinity, Reality », NAIS, hiver 2012, www.nais.org/magazine/independent-school/winter-2012/identity,– affinity, – reality/

depuis son site internet : « About DEI at Dalton », Dalton School, consulté le 25 janvier 2023, www.dalton.org/about/diversity-equity-and-inclusion/about-dei-at-dalton

« EmbraceRace » : EmbraceRace est citée en bibliographie par Dalton. Voir « DEI Hosts "What Is Racial Identity Development" Parent Workshop », Dalton School, 11 février 2021, www.dalton.org/dalton-news?pk=1398973. EmbraceRace n'est pas une petite association de quartier. Selon son rapport d'impact 2021, l'organisation avait reçu des dons du LEGO Community Fund, de Gap, de Price Chopper et d'Adobe (« 2021 Impact Report », EmbraceRace, 5, consulté le 25 janvier 2023, embracerace-prod.imgix.net/assets/2021-ER-Impact.pdf, 10). Elle a aussi fait l'objet d'une couverture médiatique très flatteuse, ses ressources ayant été recommandées par le *Washington Post* et le *New York Times*. Voir Martha Conover, « Nine Things Parents Should Consider When Searching for Anti-racist Media for Their Kids », *Washington Post*, 2 juillet 2020, www.washingtonpost.com/lifestyle/2020/06/12/9-things-parents-should-consider-whensearching-anti-racist-media-their-kids/ ; Perri Klass, « The Impact of Racism on Children's Health », *The New York Times*, 12 août 2019, www.nytimes.com/2019/08/12/well/family/the-impact-of-racism-on-childrens-health.html

"Nous sommes des êtres racés." : Sandra Chapman, « Understanding Racial-Ethnic Identity Development », EmbraceRace, 23 mai 2017, www.embracerace.org/resources/recording-and-resources-understanding-racial-ethnic-identity-development

les premières années d'enseignement : Par exemple, Shael Polakow-Suransky, président actuel du Bank Street College of Education et lui-même ancien élève de l'école, était le premier conseiller de la mairie de New York pour l'Éducation entre 2010 et 2014.

« assumer leurs ancêtres européens » : Paul Sperry, « Elite K–8 School Teaches White Students They're Born Racist », *New York Post*, 1er juillet 2016, nypost.com/2016/07/01/elite-k-8-school-teaches-white-students-theyre-born-racist/. Voir aussi Bank Street College of Education, « Letter to the Community About Our Racial Justice and Advocacy Program », 3 juillet 2016, www.bankstreet.edu/news-events/news/letter-to-the-community-about-our-racial-justice-and-advocacy-program

une partie de la semaine : Beverly Daniel Tatum, *Why Are All the Black Kids Sitting Together in the Cafeteria?*, édition révisée, New York, Basic Books, 2017, p. 96.

un sentiment d'appartenance à une communauté : Kila Posey, entretien avec l'auteur, janvier 2023.

« êtres racés » : Par exemple, un guide de l'UCLA pour reconnaître les microagressions affirme l'importance de considérer les individus comme des « êtres racés/culturels » : « Tool: Recognizing Microaggressions and the Messages They Send », UCLA, https://web.archive.org/web/20150611163315/https://www.ucop.edu/academic-personnel-programs/_files/seminars/Tool_Recognizing_Microaggressions.pdf

le cadre d'une prescription : Jon Levine, « NYC Will Consider Race When Distributing Life-Saving Covid Treatments », *New York Post*, 1er janvier 2022, nypost.com/2022/01/01/nyc-considering-race-in-distributing-life-saving-covid-treatment/. Le guide publié par l'État de New York ne donnait pas aux pharmaciens le pouvoir de refuser de donner les prescriptions de médecins en raison des origines du patient. Mais comme ce même guide suggérait bien que les médecins

De la page 12 à la page 13

donnent la priorité à certains patients non blancs, par rapport aux Blancs dans la même situation, les médecins pouvaient raisonnablement interpréter une telle question posée comme une forme de pression les poussant à repenser leur pratique de prescription.

tout le monde y ait accès : Le Paxlovid, premier médicament contre le Covid, a été autorisé pour un usage d'urgence le 22 décembre 2021, mais le stock disponible était au départ « extrêmement faible ». Voir par exemple Berkeley Lovelace, « FDA Authorizes First Covid Pill, from Pfizer, for Emergency Use », NBCNews.com, 23 décembre, 2021, www.nbcnews.com/health/health-news/fda-authorizes-first-covid-pill-pfizer-emergency-use-rcna8760

conformité à cette maxime : Vox a qualifié la recommandation initiale de l'ACIP de donner la priorité aux travailleurs essentiels plutôt qu'aux personnes âgées de « décalage énorme par rapport aux règles de priorité d'attribution des vaccins dans les autres pays ». Kelsey Piper, « Who Should Get the Vaccine First? The Debate over a CDC Panel's Guidelines, Explained », Vox, 22 décembre 2020, www.vox.com/future-perfect/22193679/who-should-get-covid-19-vaccine-first-debate-explained. Pour plus d'informations sur toute cette affaire, voir le début du chapitre 12.

le Covid bien plus mortel : Les différentes provinces du Canada peuvent donner des priorités différentes. Mais le gouvernement fédéral a fortement suggéré de donner la priorité aux personnes âgées et aux patients présentant des comorbidités. Megan DeLaire, « What You Need to Know About Getting Covid-19 Antiviral Medication Paxlovid in Canada », CTV News, 28 juillet 2022, www.ctvnews.ca/health/what-you-need-to-know-about-getting-covid-19-antiviral-medication-paxlovid-in-canada-1.6006441

les Afro-Américains aux États-Unis : Gregorio A. Millett *et al.*, « Assessing Differential Impacts of Covid-19 on Black Communities », *Annals of Epidemiology* 47 (2020): 37-44, doi.org/10.1016/j.annepidem.2020.05.003 ; Maritza Vasquez Reyes, « The Disproportional Impact of Covid-19 on African Americans », *Health and Human Rights* 22, n° 2 (2020): 299-307.

d'origine asiatique en Grande-Bretagne : Les données du Royaume-Uni sont intéressantes parce qu'elles suggèrent que les différences d'efficacité des traitements en médecine selon les origines ethniques sont fortement corrélées aux différences de statut socio-économique. Au Royaume-Uni, les résidents originaires

De la page 13 à la page 14

du Pakistan et du Bangladesh ont une « espérance de vie en bonne santé » bien plus courte que les patients britanniques blancs. Mais les résidents originaires d'Inde, dont le statut socio-économique est plus élevé, s'en tirent beaucoup mieux. Pour les mêmes raisons, ceux qu'on appelle les « résidents noirs africains » du Royaume-Uni, la plupart descendants d'immigrés relativement récents, s'en sortent également mieux que la moyenne, et non moins bien, sur des critères tels que la « qualité de vie en lien avec la santé ». Voir Veena Raleigh et Jonathon Holmes, « The Health of People from Ethnic Minority Groups in England », King's Fund, 17 septembre 2021, www.kingsfund.org.uk/publications/health-people-ethnic-minority-groups-england

les places sont toujours chères : Bram Wispelwey et Michelle Morse, « An Antiracist Agenda for Medicine », *Boston Review*, 17 mars 2021, www.bostonreview.net/articles/michelle-morsebram-wispelwey-what-we-owe-patients-case-medical-reparations. Voir aussi Lauren A. Eberly *et al.*, « Identification of Racial Inequities in Access to Specialized Inpatient Heart Failure Care at an Academic Medical Center », *Circulation: Heart Failure* 12, n° 11 (2019): e006214.

vies sauvées : Lori Bruce et Ruth Tallman, « Promoting Racial Equity in Covid-19 Resource Allocation », *Journal of Medical Ethics* 47, n° 4 (2021): 212, doi.org/10.1136/medethics-2020-106794

« protocoles de triage racialement équitables » : Lori Bruce et Ruth Tallman, « Promoting Racial Equity in Covid-19 Resource Allocation », 208.

on les a correctement accueillies ? : Lori Bruce et Ruth Tallman, « Promoting Racial Equity in Covid-19 Resource Allocation », 212.

l'âge ou autres comorbidités : FDA, *Fact Sheet for Healthcare Providers Emergency Use Authorization (EUA) of Sotrovimab*, 2022, www.fda.gov/media/149534/download

« cela ne signifierait pas le même traitement pour tous » : « Public Health Vending Machine Initiative in New York City », consulté le 28 janvier 2023, fphnyc.org/wp-content/uploads/sites/76/2021/12/Public-Health-Vending-Machine-Initiative-in-NYC-RFP-FINAL.pdf

moins de 65 ans sans comorbidité : La justification ostensible de cette mesure était de donner la priorité à des groupes ethniques que le Covid avait touchés plus durement, mais le groupe en question incluait les Asiatiques-Américains, dont la mortalité était inférieure à celle des autres groupes ethniques depuis le début de la

Page 14

pandémie. Voir par exemple Latoya Hill et Samanta Artiga, « Covid-19 Cases and Deaths by Race/Ethnicity: Current Data and Changes over Time », KFF, 22 août 2022, www.kff.org/coronavirus-covid-19/issue-brief/covid-19-cases-and-deaths-by-race-ethnicity-current-data-and-changes-over-time/

considérés comme prioritaires : « Covid-19 Oral Antiviral Treatments Authorized and Severe Shortage of Oral Antiviral and Monoclonal Antibody Treatment Products », New York Department of Health, 27 décembre 2021, www.mssnyenews.org/wp-content/uploads/2021/12/122821_Notification_107774.pdf. Voir aussi Wang Ying et Zuma Press, « New York's Race-Based Preferential Covid Treatments », *Wall Street Journal*, 7 janvier 2022, www.wsj.com/articles/new-york-race-based-covid-treatment-white-hispanic-inequity-monoclonal-antibodies-antiviral-pfizer-omicron-11641573991

Afin de rendre justice aux autorités qui ont adopté ces critères raciaux dans l'accès aux traitements, précisons que certains groupes ethniques, dont les Latinos et les Afro-Américains, ont en effet souffert de taux d'hospitalisation et de mortalité plus élevés que les autres tels que les Blancs et les Asiatiques-Américains, au début de la pandémie. Il est bon que les autorités aient voulu ainsi protéger les plus vulnérables des Américains des ravages de la maladie. Mais cela ne justifie pas les mesures malavisées en pratique, moralement douteuses et politiquement incendiaires des fonctionnaires de santé dans tous les États-Unis. Comme la plupart des études le montraient, les variations des taux en fonction de critères raciaux reflétaient surtout en réalité les influences d'autres facteurs, socio-économiques ou politiques. Les Latinos et les Afro-Américains étaient particulièrement vulnérables au début de la pandémie, car ils vivaient ou travaillaient davantage dans la promiscuité, ce qui favorisait les infections. De fait, au début de la pandémie, le niveau de diplôme était un bien meilleur indicateur des risques de mourir du Covid que la couleur de peau. Les Latinos et les Afro-Américains diplômés d'université étaient moins hospitalisés et mouraient moins que les Blancs qui n'avaient que le bac.

De plus, la composition raciale des morts a changé significativement au cours de la pandémie. La part d'Américains blancs hospitalisés ou morts du Covid a régulièrement augmenté avec le temps. Les Blancs étaient particulièrement vulnérables vers la fin en raison

Page 15

de leur âge en moyenne plus élevé, et de leur taux de vaccination inférieur (Akilah Johnson et Dan Keating, « Whites Now More Likely to Die from Covid Than Blacks: Why the Pandemic Shifted », *Washington Post*, 24 octobre 2022, www.washingtonpost.com/health/2022/10/19/covid-deaths-us-race). Dans le même temps, les Asiatiques-Américains s'en sont mieux sortis tout du long, en partie parce qu'ils sont en moyenne plus riches et plus vaccinés.

Les actions des autorités médicales aux États-Unis ne s'embarrassaient pas de telles complexités. Pour l'essentiel, elles n'ont pas accordé de priorité en fonction de la promiscuité des lieux de vie ni du statut socio-économique. Elles ne sont même pas parvenues à distinguer les groupes ethniques qui s'en sortaient au départ moins bien que les Blancs, tels que les Afro-Américains, ni ceux qui s'en sont nettement mieux sortis tout du long, comme les Asiatiques-Américains. Face aux complexités du réel, elles s'en sont remises à une binarité simpliste et incendiaire : les « Blancs » sont privilégiés, les « gens de couleur » sont opprimés.

une tendance plus générale : Le Minnesota comptait parmi les États à adopter des protocoles « sensibles à la race » pour la distribution des traitements rationnés au pic de la vague omicron. Comme le disait un guide émis par le département de Santé du Minnesota : « Hormis la présence de comorbidités, seules la race et l'ethnie seront considérées pour déterminer l'éligibilité. » (Le Minnesota, de même que l'État de New York et l'Utah, s'étaient inspirés de la FDA, qui avait reconnu que la race pouvait être employée comme critère des prescriptions. Aaron Sibarium, « Minnesota Backtracks on Racial Rationing of Covid Drugs », *Washington Free Beacon*, 14 janvier 2022, freebeacon.com/coronavirus/minnesota-backtracks-on-racial-rationing-of-covid-drugs/.) Selon ce protocole, une femme américaine d'origine asiatique de 20 ans avait la priorité sur un homme blanc de 64 ans, alors que, pour ce dernier, selon toutes les mesures disponibles, la probabilité de mourir du Covid était plus élevée.

L'Utah a adopté sa propre version du plan « conscient de la race » pour l'attribution des médicaments. Sous ce protocole, qui donnait la priorité aux patients selon un nombre de points qui leur était attribué, certains des principaux facteurs de risque comptaient pour bien peu. Une immunodépression sévère ou une insuffisance cardiaque ne donnait qu'un point, par exemple. Être d'origine asiatique vous en rapportait deux.

Page 15

Sur le terrain, ce protocole a été appliqué de façon parfois plus extrême encore. SSM Health, un grand hôpital catholique présent dans l'Illinois, le Missouri, l'Oklahoma et le Wisconsin, a demandé à ses médecins de prescrire les traitements aux anticorps monoclonaux comme le Sotrovimab et le Regeneron, disponibles en petites quantités, seulement aux patients qui avaient accumulé au moins vingt points sur leur système de notation propre. Celui-ci attribuait un point aux patients atteints de comorbidités telles que l'hypertension, l'obésité ou l'asthme. Être noir, asiatique-américain ou latino en rapportait sept. En conséquence, un homme de 40 ans sans comorbidité serait traité au Sotrovimab si ses ancêtres venaient d'Espagne. Dans le même temps, un homme asthmatique et obèse de 49 ans, souffrant d'hypertension, ne le serait pas si ses ancêtres venaient de la France voisine. Voir Aaron Sibarium, « Hospital System Backs Off Race-Based Treatment Policy After Legal Threat », *Washington Free Beacon*, 14 janvier 2022, freebeacon.com/coronavirus/hospital-system-backs-off-race-based-treatment-policy-after-legal-threat/

les patients blancs dans le même cas : Phil Galewitz, « Vermont to Give Minority Residents Priority for Covid Vaccines », *Scientific American*, 6 avril 2021, www.scientificamerican.com/article/vermont-to-give-minority-residents-priority-for-covid-vaccines/

blanches en très large proportion : Yascha Mounk, « Why I'm Losing Trust in the Institutions », *Persuasion*, 23 décembre 2020, www.persuasion.community/p/why-im-losing-trust-in-the-institutions. Voir aussi la description détaillée de cette mesure au début du chapitre 12.

un témoignage en *amicus curiae* pour les défendre : James W. Lytle, « Litigation Challenges Prioritization of Race or Ethnicity in Allocating Covid-19 Therapies », *Bill of Health*, 28 mars 2022, blog.petrieflom.law.harvard.edu/2022/03/28/new-york-state-covid-therapy-litigation/

plutôt que par des hommes : Dans le langage de l'administration Biden, le « plan de sauvetage de l'Amérique » incluait « la création d'une période initiale de priorisation, pour l'attribution d'aides venues du Fonds de revitalisation de la restauration, des entrepreneurs issus des minorités historiquement discriminées, des femmes et des vétérans de l'armée ». « The Small Business Boom Under the Biden-Harris Administration », White House, avril 2022, www.whitehouse.gov/wp-content/uploads/2022/04/President-Biden-Small-Biz-Boom-full-report-2022.04.28.pdf

Page 16

les personnes s'identifiant comme trans : « San Francisco Launches New Guaranteed Income Program for Trans Community », City and County of San Francisco, 16 novembre 2022, sf.gov/news/san-francisco-launches-new-guaranteed-income-program-trans-community

« attaques en meute » : Par exemple, Gil Cedillo, membre du conseil municipal de Los Angeles, quand il a dénoncé la « *cancel culture* » après des appels à sa démission lancés en réponse à ses commentaires sur les Noirs et les peuples autochtones, ne se livrait qu'à une manœuvre de diversion piteuse afin de se présenter en victime. Voir Julia Wick, « "Why I Did Not Resign": Gil Cedillo Suggests He's a Victim of "Cancel Culture" », *Los Angeles Times*, 12 décembre 2022, www.latimes.com/california/story/2022-12-12/former-councilmember-gil-cedillo-issues-three-page-letter ; Los Angeles Times Editorial Board, « Resign, Councilmembers Nury Martinez, Kevin De León, and Gil Cedillo », *Los Angeles Times*, 10 octobre 2022, www.latimes.com/opinion/story/2022-10-10/nury-martinez-kevin-deleon-gil-cedillo-should-resign. La procédure d'*impeachment* contre le président Trump pour incitation à l'insurrection n'était pas non plus une tentative « d'annuler le président et tous ceux qui ne pensent pas comme eux », comme l'avait affirmé le député Jim Jordan. Associated Press, « Watch: Jordan Says Second Trump Impeachment Is a Product of "Cancel Culture" », PBS, 13 janvier 2021, www.pbs.org/newshour/politics/watch-jordan-says-second-trump-impeachment-is-a-product-of-cancel-culture

l'Associated Press : « AP Deletes "the French" Tweet and Apologises After It Is Widely Mocked », BBC News, 28 janvier 2023, www.bbc.com/news/world-europe-64436973

le Massachusetts Institute of Technology : Yascha Mounk, « Why the Latest Campus Cancellation Is Different », *The Atlantic*, 19 octobre 2021, www.theatlantic.com/ideas/archive/2021/10/why-latest-campus-cancellation-different/620352/

la Coca-Cola Company : Sur l'ACLU et Coca-Cola, voir le chapitre 5.

le National Health Service britannique : Voir Andrew Gregory, « NHS to Close Travistock Gender Identity Clinic for Children », *The Guardian*, 28 juillet 2022, www.theguardian.com/society/2022/jul/28/nhs-closing-down-london-gender-identity-clinic-for-children ; et Keira Bell, « My Story », *Persuasion*, 7 avril 2021, www. persuasion.community/p/keira-bell-my-story

De la page 16 à la page 17

le Centre national des arts du Canada : Claire Clarkson, « National Arts Centre Event for Patrons Identifying as Black Only », *Canada Today*, 27 janvier 2023, canadatoday.news/on/national-arts-center-event-for-patrons-identifying-as-black-only-197957/

orientation sexuelle : Pour des défenses contemporaines de ce courant de pensée à gauche, voir Amartya Sen, *Identity and Violence: The Illusion of Destiny*, New York, Norton, 2006 ; Kwame Anthony Appiah, *Cosmopolitanism: Ethics in a World of Strangers*, New York, Norton, 2006 ; Tony Judt, *Ill Fares the Land*, New York, Penguin Books, 2010 ; Brian Barry, *Culture and Equality: An Egalitarian Critique of Multiculturalism*, Cambridge, Mass., Harvard University Press, 2002.

la cruelle histoire de l'humanité : Cette politique de l'unité est évidente dans le discours de Barack Obama lors de la convention du Parti démocrate de 2004 : « Aux côtes de notre célèbre individualisme, il y a un autre ingrédient qui compose la saga américaine : cette foi de ne former qu'un peuple. [...] Il n'y a pas une Amérique libérale et une Amérique conservatrice, il n'y a que les États-Unis d'Amérique. Il n'y a pas une Amérique noire et une Amérique blanche, une Amérique latina et une Amérique asiatique. Il n'y a que les États-Unis d'Amérique. » Barack Obama, « Keynote Address at the 2004 Democratic National Convention » (discours prononcé à Boston, 27 juillet 2004), American Presidency Project, www.presidency.ucsb.edu/documents/keynote-address-the-2004-democratic-national-convention

discriminations raciales ou religieuses : Voir le chapitre 3. Frederick Douglass a critiqué la même déconnexion entre les idées et la pratique un siècle plus tôt : « Les bénédictions qui vous font louer ce jour ne sont pas communes à tous. Le riche héritage de la justice, de la liberté, de la prospérité et de l'indépendance, légué par vos pères, vous vous le partagez, moi non. Ce soleil qui vous a donné la vie et la guérison, à moi il n'a donné que le fouet et la mort. Ce 4 Juillet est le vôtre, pas le mien. Réjouissez-vous. Moi, je porterai le deuil. » Frederick Douglass, « What to the Slave Is the Fourth of July? » (discours à Rochester, État de New York, 1852).

les minorités ethniques et sexuelles : La tradition ici aussi est ancienne. Voir par exemple, Sojourner Truth, « Ain't I a Woman? » (discours à Akron, Ohio, 1851). Mais les critiques venues de la gauche depuis l'angle de diverses communautés, dont les femmes et les minorités ethniques, étaient plus prononcées dans les années 1960 et 1970.

Page 18

Voir Frantz Fanon, *Les Damnés de la terre*, Paris, La Découverte, 2002 ; Robin Archer, *Out of Apathy: Voices of the New Left Thirty Years On: Papers Based on a Conference Organized by the Oxford University Socialist Discussion Group*, Londres, Verso, 1989 ; Lynne Segal, Sheila Benson et Dorothy Wedderburn, « Women in the New Left », site Verso, 26 octobre 2017, www.versobooks.com/blogs/3460-women-in-the-new-left

militantisme et de fierté identitaires : Ce sentiment se constate beaucoup dans le mouvement Black Power. Comme l'ont écrit Stokely Carmichael et Charles V. Hamilton, le Black Power est « un appel aux Noirs de ce pays à s'unir, à reconnaître leur héritage, à construire un sentiment d'appartenance à une communauté. C'est un appel aux Noirs pour qu'ils se mettent à définir leurs propres buts, à diriger leurs propres organisations et à soutenir ces organisations. » Stokely Carmichael et Charles V. Hamilton, *Black Power: The Politics of Liberation in America*, New York, Random House, 1992, p. 23.

se battre pour leur libération collective : Voir le chapitre 2 sur l'« essentialisme stratégique ».

des petites filles et des petits garçons blancs : Martin Luther King, « I Have a Dream », 28 août 1963, transcription dans « Read Martin Luther King Jr.'s "I Have a Dream" Speech in Its Entirety », NPR, 16 janvier 2023, www.npr.org/2010/01/18/122701268/i-have-a-dream-speech-in-its-entirety

comportements groupes concernés : Voir le chapitre 12 pour une discussion sur les politiques « conscientes de la race ».

« politiques identitaires » : Voir par exemple Christine Emba, « In Defense of Identity Politics », *Washington Post*, 6 décembre 2016, www.washingtonpost.com/news/in-theory/wp/2016/12/06/in-defense-of-identity-politics ; David French, « Identity Politics Are Ripping Us Apart », *National Review*, 19 mai 2016, www.nationalreview.com/2016/05/identity-politics-race-ripping-us-apart/

« wokes » : John McWhorter, « How "Woke" Became an Insult », *The New York Times*, 17 août 2021, www.nytimes.com/2021/08/17/opinion/woke-politically-correct.html

la place de ces étiquettes depuis : Voir par exemple Perry Bacon, « What We Really Mean When We Say "Woke", "Elites", and Other Politically Fraught Terms », *Washington Post*, 19 septembre 2022, www.washingtonpost.com/opinions/2022/09/19/decoding-political-phrases-midterms-perry-bacon/

De la page 19 à la page 21

l'orientation sexuelle et le handicap (liste non limitative) : Il peut paraître naturel d'ajouter la religion à cette liste. Pour une discussion plus détaillée du rôle que jouent, ou ne jouent pas, la religion et l'orientation sexuelle dans le mouvement, voir la note de bas de page p. 331. **[Proofreader: Cross-ref to footnote that begins with "It might be tempting to add another prism to this list: religion"]**

les personnes trans persiste : Pour de bons résumés, voir Madeline E. Heilman et Suzette Caleo, « Gender Discrimination in the Workplace », *Oxford Handbooks Online*, 2018, doi.org/10.1093/oxfordhb/9780199363643.013.7 ; Elizabeth A. Nowicki et Robert Sandieson, « A Meta-analysis of School-Age Children's Attitudes Towards Persons with Physical or Intellectual Disabilities », *International Journal of Disability, Development, and Education* 49, n° 3 (2002): 243-65, doi.org/10.1080/1034912022000007270 ; Devah Pager et Hana Shepherd, « The Sociology of Discrimination: Racial Discrimination in Employment, Housing, Credit, et Consumer Markets », *Annual Review of Sociology*, 34, n° 1 (janvier 2008): 181-209, doi.org/10.1146/annurev.soc.33.040406.131740 ; Wesley Myers *et al.*, « The Victimization of LGBTQ Students at School: A Meta-analysis », *Journal of School Violence* 19, n° 4 (juillet 2020): 421-32, doi.org/10.1080/15388220.2020.1725530

toutes été abolies : « Voting Rights Act (1965) », National Archives and Records Administration, www.archives.gov/milestone-documents/voting-rights-act# ; « Civil Rights Act (1964) », National Archives and Records Administration, www.archives.gov/milestone-documents/civil-rights-act ; *Loving v. Virginia*, 388 U.S. 1 (1967).

Une classe moyenne noire a émergé : Voir Yascha Mounk, *La Grande Expérience*, Paris, Éditions de l'Observatoire, 2022, chapitre 8.

Blancs : Palash Ghosh, « Black Americans Earn 30 % Less Than White Americans, While Black Households Have Just One-Eighth Wealth of White Households », *Forbes*, 10 décembre 2021, www.forbes.com/sites/palashghosh/2021/06/18/blacks-earn-30-less-than-whites-while-black-households-have-just-one-eighth-of-wealth-of-white-households/?sh=57a2b847550c

violences policières : Ashley Nellis, « The Color of Justice: Racial and Ethnic Disparity in State Prisons », Sentencing Project,

13 octobre 2021, www.sentencingproject.org/reports/the-color-of-justice-racial-and-ethnic-disparity-in-state-prisons-the-sentencing-project/ ; Laura Meckler, « Study Finds Black and Latino Students Face Significant "Funding Gap" », *Washington Post*, 22 juillet 2020, www.washingtonpost.com/education/study-finds-black-and-latino-students-face-significant-funding-gap/2020/07/21/712f376a-ca-ca-11ea-b0e3-d55bda07d66a_story.html ; Erika Harrell, « Black Victims of Violent Crime », Bureau of Justice Statistics Special Report, août 2007 ; Gabriel L. Schwartz et Jaquelyn L. Jahn, « Mapping Fatal Police Violence Across U.S. Metropolitan Areas: Overall Rates and Racial/Ethnic Inequities, 2013-2017 », *PLOS One* 15, n° 6 (2020), doi.org/10.1371/journal.pone.0229686

quelques décennies : Sur les écoles, voir par exemple Ludmila Nunes, « New Directions for Diversity, Equity, and Inclusion in Higher Education », Association for Psychological Science, 6 janvier 2021, www.psychologicalscience.org/observer/words-to-action. Sur les entreprises, voir par exemple Pippa Stevens, « Companies Are Making Bold Promises About Greater Diversity, but There's a Long Way to Go », CNBC, 15 juin, 2020, www.cnbc.com/2020/06/11/companies-are-making-bold-promises-about-greater-diversity-theres-a-long-way-to-go.html. Ces deux articles disent bien qu'il y a des progrès à faire, mais ils reconnaissent les efforts des écoles et des entreprises pour mieux intégrer la diversité.

académique ou artistique : Voir par exemple Ross Perlin, *Intern Nation: How to Earn Nothing and Learn Little in the Brave New Economy*, New York, Verso, 2012.

tarauder des planches de bois dur : Dans *Le Savant et le Politique*, traduction Julien Freund.

membres des groupes marginalisés : Pour un récit plus détaillé des origines de cette affirmation, voir les parties I et II. Pour une description plus poussée des trois principes fondamentaux de la synthèse identitaire, voir la partie IV.

aux membres de notre espèce : Voir les chapitres 7 et 11.

ceux qu'on considère comme extérieurs : Jonathan Haidt, *The Righteous Mind: Why Good People Are Divided by Politics and Religion*, New York, Penguin Press, 2013, p. 189-220.

dépendants du contexte : Voir ma discussion du paradigme du groupe minimal dans Yascha Mounk, *La Grande Expérience*, chapitre 1.

De la page 25 à la page 29

la solidarité humaine universelle : Voir Yascha Mounk, *Le Peuple contre la démocratie*, Paris, Éditions de l'Observatoire, 2018, chapitres 1 et 6.

contre toutes les autres : Quand les partisans de la synthèse identitaire encouragent les gens à se définir par leur ethnie d'origine, leur genre ou leur identité sexuelle, ils pensent avant tout aux communautés marginalisées. Mais quand de prestigieuses institutions tentent de promouvoir le même genre d'esprit communautaire, et que les politiques publiques favorisent explicitement les besoins des membres de certaines communautés, leurs effets ont peu de chances d'être aussi limités. Dans une société organisée le long de lignes de fractures communautaires, les membres du groupe historiquement dominant seront, tôt ou tard, amenés à assumer eux aussi leur identité raciale, genrée ou sexuelle, réclamant la plus grosse part possible du gâteau à leur tour. Et comme ce groupe dominant a de fortes chances de rester, par définition, puissant et peuplé encore longtemps, il aura de fortes chances de réussir. La synthèse identitaire ne se contente pas d'encourager des formes de compétition qui ont toutes les chances de déclencher de nouveaux conflits sociaux, il se pourrait bien qu'au bout du compte elle complique la tâche des groupes marginalisés dans leur quête de justice et d'égalité.

« réels » ou « authentiques » : Les personnes nées dans une minorité marginalisée au sein d'une minorité, comme les intouchables en Inde ou les musulmans ismaéliens, ont de fortes chances de rencontrer un problème lié : beaucoup supposeront qu'ils s'identifient avec une communauté en réalité plus large que la leur, et qui les maltraite bien souvent.

cherché à susciter la controverse : Voir par exemple mon article sur Emmanuel Cafferty, électricien latino licencié après qu'un militant a pris une photo de lui faisant le signe OK de la main, un geste longtemps inoffensif récupéré depuis peu par des factions obscures en signe de ralliement au mouvement White power. Yascha Mounk, « Stop Firing the Innocent », *The Atlantic*, 27 juin 2020, www.theatlantic.com/ideas/archive/2020/06/stop-firing-innocent/613615

en passant par les États-Unis : Yasmeen Serhan, « The Trump-Modi Playbook », *The Atlantic*, 25 février 2020, www.theatlantic.com/international/archive/2020/02/donald-trump-narendra-modi-autocrats/607042/ ; Steven Erlanger, « What Should Europe Do About

De la page 29 à la page 31

Viktor Orban and "Illiberal Democracy" ? », *The New York Times*, 23 décembre 2019, www.nytimes.com/2019/12/23/world/europe/tusk-orban-migration-eu.html

discours et interviews télévisées à ce sujet : Voir par exemple Yascha Mounk, *Le Peuple contre la démocratie* ; Yascha Mounk, *La Grande Expérience* ; Yascha Mounk, « Pitchfork Politics », *Foreign Affairs*, 18 août 2014. www.foreignaffairs.com/articles/united-states/2014-08-18/pitchfork-politics ; Roberto Stefan Foa et Yascha Mounk, « The Danger of Deconsolidation: The Democratic Disconnect », *Journal of Democracy* 27, n° 3 (2016): 5-17; Roberto Stefan Foa et Yascha Mounk, « The Signs of Deconsolidation », *Journal of Democracy* 28, n° 1 (2017): 5-15 ; Yascha Mounk, « The Week Democracy Died: Seven Days in July That Changed the World as We Know It », *Slate*, 14 août 2016, www.slate.com/articles/news_and_politics/cover_story/2016/08/the_week_democracy_died_how_brexit_nice_turkey_and_trump_are_all_connected.html ; Yascha Mounk, « How a Teen's Death Has Become a Political Weapon », *New Yorker*, 21 janvier 2019, www.newyorker.com/magazine/2019/01/28/how-a-teens-death-has-become-a-political-weapon ; Yascha Mounk, *The Populist Curtain*, BBC Radio 4, www.bbc.co.uk/programmes/m00048p9 ; Jordan Kyle et Yascha Mounk, « The Populist Harm to Democracy: An Empirical Assessment », Tony Blair Institute for Global Change, 26 décembre, 2018 ; Yascha Mounk, « Attack of the Zombie Populists », *The Atlantic*, 26 octobre 2022, www.theatlantic.com/ideas/archive/2022/10/boris-johnson-donald-trump-zombie-populists/671865/ ; Yascha Mounk, *The Good Fight*, podcast, open.spotify.com/show/3nhfO2XVPsv2wZafZ5n7Hk

les institutions d'élite : Voir le chapitre 7.

les démagogues s'épanouissent : Yascha Mounk, « The Doom Spiral of Pernicious Polarization », *The Atlantic*, 21 mai 2022, www.theatlantic.com/ideas/archive/2022/05/us-democrat-republican-partisan-polarization/629925/

la politique électorale : Pour une version plus détaillée de cet argument, voir Kenan Malik, « Racism Rebranded: How Far-Right Ideology Feeds off Identity Politics », *The Guardian*, 8 janvier 2023, www.theguardian.com/world/2023/jan/08/racism-rebranded-how-far-right-ideology-feeds-off-identity-politics-kenan-malik-not-so-black-and-white

De la page 32 à la page 42

« marxisme culturel » : Alexander Zubatov, « Just Because Anti-Semites Talk About "Cultural Marxism" Doesn't Mean It Isn't Real », *Tablet*, 29 novembre 2018, www.tabletmag.com/sections/news/articles/just-because-anti-semites-talk-about-cultural-marxism-doesnt-mean-it-isnt-real. Pour une version très partagée de cette opinion, voir Ruminate, « Postmodernism and Cultural Marxism | Jordan B Peterson », vidéo YouTube, 43'46'', 7 juillet 2017, www.youtube.com/watch?v=wLoG9zBvvLQ

PARTIE I
AUX ORIGINES DE LA SYNTHÈSE IDENTITAIRE

« marxisme culturel » : Voir, par exemple, James Lindsay, « The Complex Relationship Between Marxism and Wokeness », *New Discourses*, 28 juillet 2020, newdiscourses.com/2020/07/complex-relationship-between-marxism-wokeness/

1. Le Paris de l'après-guerre et le procès de la vérité

les nations d'Europe de l'Est et d'Europe centrale : Voir par exemple Anne Applebaum, *Iron Curtain: The Crushing of Eastern Europe, 1944-56*, Londres, Allen Lane, 2012.

le projet politique du marxisme : Tony Judt, *Postwar*, New York, Penguin Press, 2005, p. 401.

Troisième Reich : Voir Julian Jackson, *France: The Dark Years, 1940-1944*, Oxford, Oxford University Press, 2001.

les nombreux communistes de ses rangs : Voir par exemple H. R. Kedward, *The French Resistance and Its Legacy*, Londres, Bloomsbury Academic, 2022, p. 455-61.

fortes sympathies communistes : Louis Althusser, par exemple, a longtemps été membre du Parti communiste. Comme le dit le philosophe William Lewis : « Durant les années 1950, Althusser menait deux vies qui ne s'entremêlaient que peu : la première, celle d'un philosophe universitaire et pédagogue brillant, même si peu connu, et l'autre, celle d'un membre loyal du Parti communiste. » William Lewis, « Louis Althusser », dans *Stanford Encyclopedia of Philosophy*, 22 août 2022, plato.stanford.edu/entries/althusser/

« l'horizon philosophique indépassable de notre temps » : Cité dans Judt, *Postwar*, p. 401. Sur Sartre, voir aussi Annie Cohen-Solal, Norman MacAfee, et Annapaola Cancogni, *Jean-Paul Sartre: A Life*, New York, New Press, 1985.

De la page 43 à la page 44

« 98, c'est-à-dire 70 %, furent arrêtés et fusillés » : « Khrushchev's Secret Speech, "On the Cult of Personality and Its Consequences", Delivered at the Twentieth Party Congress of the Communist Party of the Soviet Union », 25 février 1956, Wilson Center Digital Archive, digitalarchive.wilsoncenter.org/document/115995. Il a aussi dit que « des 1 966 délégués pourvus du droit de vote ou du droit de conseil, 1 108 ont été arrêtés pour crimes anti-révolutionnaires ».

aux États-Unis et ailleurs : Se rappelant la réaction de sa famille après le discours de Khrouchtchev, Vivian Gornick écrit en 2017 : « J'avais 20 ans en février 1956 quand il s'est adressé au 20e Congrès du Parti communiste soviétique et a révélé au monde les horreurs innombrables du règne de Staline. Nuit après nuit, les visiteurs autour de la table dans la cuisine de mon père enrageaient, pleuraient ou s'asseyaient simplement là à regarder dans le vide. J'étais moi-même pleine d'une rage adolescente. "Mensonges ! leur criais-je. Mensonges, traîtrise et meurtre ! Tout ça au nom du socialisme ! Au nom du *socialisme* !" Hébétés et déçus, ils me disaient d'attendre un peu, ce ne pouvait être la vérité pleine et entière, c'était tout simplement impossible. Et pourtant. » Vivian Gornick, « When Communism Inspired Americans », *The New York Times*, 29 avril 2017, www.nytimes.com/2017/04/29/opinion/sunday/when-communism-inspired-americans.html

loyauté indéfectible envers le Kremlin : Quand l'Union soviétique a envahi la Hongrie en 1956, Sartre, tout en dénonçant l'invasion, notait que « le retour aux anciens partis, la chasse aux membres de la police secrète et, sans doute aussi, aux fonctionnaires communistes, la décision de changer le nom du Parti communiste, le retour des émigrés, l'apparition des "émigrés de l'intérieur", l'existence possible d'une conspiration réactionnaire au sein de l'armée, tout montrait que l'insurrection hongroise s'orientait vers la liquidation entière de ce qu'on appelle les bases socialistes du régime ». Entretien dans *L'Express*, 9 novembre 1956.

un enfant très malheureux : Pour un aperçu de la vie et de l'œuvre de Foucault, voir Didier Eribon, *Michel Foucault*, Paris, Flammarion, 1989 ; David Macey, *Michel Foucault*, Londres, Hutchinson, 1993 ; James Miller, *The Passion of Michel Foucault*, Cambridge, Mass, Harvard University Press, 1993.

« isolement féroce et hautain » : James Miller, *Passion*, p. 39.

De la page 44 à la page 45

Histoire de la folie à l'âge classique : James Miller, *Passion*, p. 39-40.

commit plusieurs tentatives de suicide : James Miller, *Passion*, p. 40-56.

un disciple de Georg Wilhelm Friedrich Hegel : Leonard Lawlor et John Nale, éd., « Jean Hyppolite (1907-1968) », dans *The Cambridge Foucault Lexicon*, Cambridge, Royaume-Uni, Cambridge University Press, 2014, p. 639-40.

une loyauté absolue envers Staline : James Miller, *Passion*, p. 57. Voir aussi David Scott Bell et Byron Criddle, *The French Communist Party in the Fifth Republic*, Oxford, Oxford University Press, 1994, surtout les chapitres 4 et 5.

un allié ou un adversaire : James Miller, *Passion*, p. 57.

Lui serait un adversaire : Dans le reste des années 1950, Foucault travailla comme diplomate pour plusieurs instituts culturels français dans toute l'Europe, tout en poursuivant le travail sur sa thèse de doctorat. Après un poste à Uppsala, il arriva en Pologne pour diriger l'Institut français de l'université de Varsovie, en 1956. Son expérience de la vie dans un État socialiste satellite l'aida à comprendre à quel point la population détestait se trouver ainsi sous le joug du régime soviétique, et à quel point ce régime qui promettait l'émancipation du prolétariat se révélait répressif en pratique. Allant au-delà encore du rejet de l'orthodoxie communiste, Foucault se mit à douter de l'ensemble du projet. « Le marxisme est dans la pensée du XIXe siècle comme un poisson dans l'eau : c'est-à-dire que partout ailleurs il cesse de respirer », écrit-il dans *Les Mots et les Choses*, Paris, Gallimard, 1966.

République islamique d'Iran, sont effrayantes : Cette pétition pour abaisser l'âge du consentement a été signée par de nombreux contemporains de Foucault, dont Gilles Deleuze, Jacques Derrida, Simone de Beauvoir, Jean-Paul Sartre et Jean-François Lyotard. Elle ne mentionne pas d'âge spécifique et parle en termes sympathiques de « l'Affaire de Versailles », lors de laquelle des adultes avaient eu des relations sexuelles avec des enfants de 12 et 13 ans. « Lettre ouverte à la Commission de révision du Code pénal pour la révision de certains textes régissant les rapports entre adultes et mineurs », *Archives Françoise-Dolto*, Association des Archives et Documentation Françoise-Dolto, Paris. Sur le soutien de Foucault à l'ayatollah Khomeyni, voir Jeremy Stangroom, « Michel Foucault's Iranian Folly », *Philosophers' Magazine*, 15 octobre 2015, www.philosophersmag.com/opinion/80-michel-foucault-s-iranian-folly

polonais dans les années 1980 : James Miller, *Passion*, p. 327.

progrès moral et scientifique : Michel Foucault, *Histoire de la folie à l'âge classique*, Paris, Plon, 1961.

maladies mentales : Dans les époques passées, les érudits pensaient que ceux dont les comportements déviaient des normes admises étaient « au contact des forces mystérieuses de la tragédie cosmique » (à la Renaissance) ou avaient choisi de renoncer à la raison (au XVIIe siècle). Par contraste, les scientifiques modernes, qui considèrent la folie comme une « maladie mentale », donnant au médecin le rôle de soigner les patients de leurs afflictions, s'estiment plus tolérants et plus humains. Voir par exemple Gary Gutting et Johanna Oksala, « Michel Foucault », dans *Stanford Encyclopedia of Philosophy*, 5 août 2022, plato.stanford.edu/entries/foucault/

on considérait comme des aberrations : « C'est-à-dire que d'un côté, elle est immédiatement perçue comme différence : d'où les formes de jugement spontané et collectif qu'on demande non aux médecins, mais aux hommes de bon sens, pour déterminer l'internement d'un fou ; et d'autre part l'internement ne peut pas avoir d'autre fin qu'une correction (c'est-à-dire la suppression de la différence, ou l'accomplissement de ce rien qu'est la folie dans la mort). » Michel Foucault, *Histoire de la folie à l'âge classique*, Paris, Plon, 1961.

une illusion : James Miller, *Passion*, p. 62.

la même logique : Entre ces études de la folie et des systèmes punitifs, Foucault publia l'un de ses livres les plus ambitieux sur le plan méthodologique, celui qui devint un best-seller surprise et le transforma en star internationale : *Les Mots et les Choses*. Certaines des opinions qu'il y exprime sur la nature socialement contingente de la vérité sont discutées plus bas.

devant des foules en liesse : Michel Foucault, *Surveiller et Punir*, Gallimard, 1975, p. 9-10.

punir mieux : Michel Foucault, *Surveiller et Punir*, Gallimard, 1975, p. 84.

le *Panopticon* : Jeremy Bentham, *The Panopticon Writings*, éd. Miran Bozovic, Londres, Verso, 1995, p. 29-95.

De la page 47 à la page 48

son véritable objectif : « À l'autre extrémité [de la discipline], avec le panoptisme, on a la discipline-mécanisme : un dispositif fonctionnel qui doit améliorer l'exercice du pouvoir en le rendant plus rapide, plus léger, plus efficace, un dessin des coercitions plus subtiles pour une société à venir. » (Michel Foucault, *Surveiller et Punir*, p. 211.) « Dans cette société panoptique dont l'incarcération est l'armature omniprésente, le délinquant n'est pas hors la loi ; il est, et même dès le départ, dans la loi, au cœur même de la loi, ou du moins en plein milieu de ces mécanismes qui font passer insensiblement de la discipline à la loi, de la déviation à l'infraction. » (Michel Foucault, *Surveiller et Punir*, p. 308.)

de l'école à l'entreprise : « Porté par l'omniprésence des dispositifs de discipline, prenant appui sur tous les appareillages carcéraux, il est devenu une des fonctions majeures de notre société. Les juges de normalité y sont présents partout. Nous sommes dans la société du professeur-juge, du médecin-juge, de l'éducateur-juge, du "travailleur social"-juge ; tous font régner l'universalité du normatif. » (Michel Foucault, *Surveiller et Punir*, p. 311.)

les effets du pouvoir : Michel Foucault, *Surveiller et Punir*, Gallimard, 1975, p. 174.

le sexe : Michel Foucault, *Histoire de la sexualité*, Paris, Gallimard, 1976.

« libération sexuelle » : Voir par exemple Anne-Claire Rebreyend, « May 68 and the Changes in Private Life: A "Sexual Liberation"? », dans *May 68*, Londres, Palgrave Macmillan, 2011, p. 148-60. Alternativement, parmi de très nombreux traitements populaires du thème, voir le film *The French Dispatch*.

version de l'histoire : Comme le dit Michel Foucault pour préparer son analyse : « Or, par rapport à ce que j'appellerais cette "hypothèse répressive", on peut élever trois doutes considérables. Premier doute : la répression du sexe est-elle bien une évidence historique ? Ce qui se révèle à un tout premier regard – et qui autorise par conséquent à poser une hypothèse de départ – est-ce bien l'accentuation ou peut-être l'instauration depuis le XVIIe siècle d'un régime de répression sur le sexe ? » (Michel Foucault, *Histoire de la sexualité*, tome 1, *La Volonté de savoir*, p. 18.)

pensée contemporaine sur ce sujet : « Mais la médecine, elle, est entrée en force dans les plaisirs du couple : elle a inventé toute une pathologie organique, fonctionnelle ou mentale, qui naîtrait des pratiques sexuelles "incomplètes" ; elle a classé avec soin toutes les formes de plaisirs annexes ; elle les a intégrés au "développement" et aux "perturbations" de l'instinct ; elle en a entrepris la gestion. » (Michel Foucault, *Histoire de la sexualité*, tome 1, *La Volonté de savoir*, p. 56.)

typiquement moderne, disait Foucault : « L'homosexualité est apparue [après l'*Archiv für Neurologie*, de Carl Westphal, en 1870] comme une des figures de la sexualité lorsqu'elle a été rabattue de la pratique de la sodomie sur une sorte d'androgynie intérieure, un hermaphrodisme de l'âme. Le sodomite était un relaps, l'homosexuel est maintenant une espèce. » (Michel Foucault, *Histoire de la sexualité*, tome 1, *La Volonté de savoir*, p. 59.)

le produit d'une identité : Cité dans Mark Jordan, « Our Identities, Ourselves? », *Boston Review*, 27 mai 2020, www.bostonreview.net/articles/mark-d-jordan-our-identities-ourselves/

contemporains à la libération sexuelle : Comme l'exprime Jeffrey Weeks, partisan de Foucault : « Nous ne pouvons plus accepter les politiques libératrices de Reich et Marcuse, non plus que nous ne pouvons continuer de croire en la libération sexuelle transcendantale. » Jeffrey Weeks, « The Contribution of Michel Foucault to Recent Sexual Theory » (article pour la conférence « History of the Present: Sex, Law, Literature, and Contemporary Social Issues », University of California, Berkeley, 29-31 mars 1985, p. 7).

il en ira toujours de même : « De là le fait que le point essentiel (en première instance du moins) n'est pas tellement de savoir si au sexe on dit oui ou non, si on formule des interdits ou des permissions, si on affirme son importance ou si on nie ses effets, si on châtie ou non les mots dont on se sert pour le désigner ; mais de prendre en considération le fait qu'on en parle, ceux qui en parlent, les lieux et points de vue d'où on en parle, les institutions qui incitent à en parler, qui emmagasinent et diffusent ce qu'on en dit, bref, le "fait discursif" global, la "mise en discours", du sexe. » (Michel Foucault, *Histoire de la sexualité*, tome 1, *La Volonté de savoir*, p. 19-20.)

oppressives que les anciennes : « Là où il y a pouvoir, il y a résistance et pourtant, ou plutôt par là même, celle-ci n'est jamais en position d'extériorité par rapport au pouvoir. » (Michel Foucault, *Histoire de la sexualité*, tome 1, *La Volonté de savoir*, p. 95.)

De la page 49 à la page 51

bon nombre de ses disciples : Dans la préface à l'édition allemande d'*Histoire de la sexualité*, Foucault répond à ses critiques : « C'est ce qu'il s'est passé en France, où les critiques soudain disposés à voir d'un bon œil la lutte contre la répression (sans toutefois y mettre trop de zèle) m'ont reproché de nier que la sexualité avait été réprimée. » Foucault clarifie ensuite sa position : il n'a jamais nié cette répression, mais il la comprend dans le contexte du pouvoir, qui s'exerce toujours plus largement. Préface à l'édition allemande d'*Histoire de la sexualité* (Frankfurt, Suhrkamp, 1983).

qui passa à la postérité : Pour une bonne et récente discussion de l'influence de Foucault sur la conception du pouvoir, voir Colin Koopman, « Why Foucault's Work on Power Is More Important Than Ever », *Aeon*, 15 mars 2017, aeon.co/essays/why-foucaults-work-on-power-is-more-important-than-ever

la pensée féministe : De façon notable, de nombreux partisans de la synthèse identitaire conceptualisent le monde de la même manière, plaçant les « personnes de couleur » en lieu et place de la classe subjuguée que les marxistes réservaient aux travailleurs ou les féministes aux femmes.

c'est qu'il vient de partout : Michel Foucault, *Histoire de la sexualité,* tome 1, *La volonté de savoir*, Gallimard, 1976.

« là où il y a pouvoir, il y a résistance » : Michel Foucault, *Histoire de la sexualité,* tome 1, *La volonté de savoir*, Gallimard, 1976.

Refus : Michel Foucault, *Histoire de la sexualité,* tome 1, *La volonté de savoir*, Gallimard, 1976. Ayant abandonné le projet d'une libération ou d'une émancipation totale, ce que Foucault peut offrir de mieux au lecteur est celui de nouvelles formes de résistance qui produiront « des clivages qui se déplacent, brisant des unités et suscitant des regroupements, sillonnant les individus eux-mêmes, les découpant et les remodelant, traçant en eux, dans leur corps et dans leur âme, des régions irréductibles » (p. 127).

à l'égard des métarécits : Jean-François Lyotard, *La Condition postmoderne*, éditions de Minuit, 1979.

la valeur même de la démocratie : La méthode scientifique, nous dit Lyotard dans *La Condition postmoderne*, clame détenir une validité universelle : elle se tient pour le standard objectif capable de mesurer la véracité de toutes sortes d'affirmations sur le monde, même celles qui ne sont pas présentées sous le registre scientifique.

De la page 51 à la page 55

Si la science contemporaine est capable de corroborer les articles de foi d'une religion populaire ou les hypothèses d'un narrateur au cœur d'une histoire passionnante, alors cela est légitime. Sinon, ce sont des erreurs ou des superstitions.

Mais ces standards de jugement, selon Lyotard, se détruisent eux-mêmes au bout du compte. Si toutes les affirmations ne peuvent être valides que si une évaluation scientifique rigoureuse les a justifiées, il doit en aller de même de ces standards qui constituent la méthode scientifique elle-même. Or, soumettre ces standards à l'expérience est impossible. Il est possible de tester le point d'ébullition de l'eau de façon expérimentale en appliquant la méthode scientifique, mais il n'existe pas de test empirique pour les règles qui constituent la méthode scientifique elle-même. Voir Jean-François Lyotard, *La Condition postmoderne*, éditions de Minuit, 1979.

« il n'y a plus de représentation » : Michel Foucault, *Les Intellectuels et le pouvoir*, discussion enregistrée avec Gilles Deleuze in *L'Arc*, n° 49, 2e trimestre 1972.

elles le disent fort bien : Michel Foucault, *Les Intellectuels et le pouvoir*, discussion enregistrée avec Gilles Deleuze in *L'Arc*, n° 49, 2e trimestre 1972.

pour un débat chaudement attendu : Martin Mortenson, « Noam Chomsky-Noam vs. Michel Foucault (Eng. subs) », vidéo YouTube à 6'50'', mise en ligne le 17 avril 2007, www.youtube.com/watch?v=kawGakdNoT0. Voir aussi Noam Chomsky et Michel Foucault, *The Chomsky-Foucault Debate: On Human Nature*, New York, New Press, 1974.

d'aussi amoral ; pas immoral : amoral : Yascha Mounk, « Noam Chomsky on Identity Politics, Free Speech, and China », *The Good Fight*, 6 novembre 2021, podcast, 54'07'', www. persuasion.community/p/chomsky#details

2. La fin de l'empire et l'« essentialisme stratégique »

tiers de la population mondiale : En 1914, un groupe de pays européens contrôlait environ 84 % des terres émergées, selon une estimation (Philip Hoffman, *Why Did Europe Conquer the World?*, Princeton, N.J., Princeton University Press, 2015, p. 2).

du Soudan à la Birmanie : Mark Harrison, dir., *The Economics of World War II: Six Great Powers in International Comparison*, Cambridge, U.K. : Cambridge University Press, 1998, p. 3.

De la page 55 à la page 56

un pouvoir cruel et sans merci : Sur la colonisation belge du Congo, voir Adam Hochschild, *King Leopold's Ghost: A Story of Greed, Terror, and Heroism in Colonial Africa*, Boston, Mariner Books, 1998. Sur la colonisation portugaise en Angola, voir Inge Tvedten, *Angola: Struggle for Peace and Reconstruction*, Boulder, Colorado, Westview Press, 1997, chapitre 2.

Empire britannique : Voir Michael Collins, « Decolonization », dans *The Encyclopedia of Empire*, Chichester, Royaume-Uni, John Wiley & Sons, 2016.

indépendants d'Europe s'étaient tournés : Par exemple, le chef du mouvement nationaliste indien, Jawaharlal Nehru. Voir C. A. Bayly, « The Ends of Liberalism and the Political Thought of Nehru's India », *Modern Intellectual History* 12, n° 3 (2015): 605-26, doi.org/10.1017/s1479244314000754

l'Union soviétique : Étudiant en France dans les années 1920, Hô Chi Minh s'est tourné vers le socialisme. Il est resté influencé par le marxisme-léninisme en tant que président du Nord-Vietnam. Voir Sophie Quinn-Judge, *Ho Chi Minh: The Missing Years, 1919–1941*, Berkeley, University of California Press, 2003.

des principaux instigateurs du libéralisme : Les penseurs libéraux les plus célèbres, comme Emmanuel Kant et Adam Smith, étaient des opposants résolus au colonialisme. Les critiques soulignent toutefois souvent que d'autres philosophes de la même tradition, dont Adam Ferguson et Alexis de Tocqueville, ont agi en complices du projet colonial et l'ont même parfois activement défendu.

John Stuart Mill, qui travailla pour la Compagnie des Indes la majeure partie de sa vie, incarne cette ambivalence. Il s'est vigoureusement opposé aux vieilles notions selon lesquelles la loi naturelle donnait aux monarques européens le droit de régner sur des pays lointains, de même qu'aux théories racialistes nouvelles qui tenaient les Asiatiques et les Africains pour des êtres inférieurs. Dans son œuvre phare, *Considérations sur le gouvernement représentatif*, Mill explique dans les plus grands détails pourquoi le gouvernement permanent d'une colonie, même le mieux intentionné du monde, nuirait gravement au peuple colonisé ; les administrateurs coloniaux ne pourraient jamais comprendre totalement les conditions locales, prévenait-il, ils seraient toujours plus attachés à leurs propres valeurs et intérêts qu'à ceux de leurs gouvernés.

Page 56

Mais, en même temps, Mill acceptait en effet une défense temporaire du colonialisme fondée sur l'argument des peuples asiatiques et africains impréparés à se gouverner eux-mêmes. Comme il le dit dans l'ouvrage, « Les territoires périphériques d'une certaine importance en taille et en population, tenus en colonie, autrement dit plus ou moins sujets à l'exercice de la puissance souveraine d'un État les gouvernant sans pour autant disposer d'une représentation égale en son assemblée législative (ou tout simplement pas représentée du tout), peuvent se diviser en deux catégories. Certains sont composés de peuples d'une civilisation semblable à celle du pays souverain, capables et mûrs pour un gouvernement représentatif, comme le sont les possessions britanniques en Amérique et en Australie. D'autres, comme l'Inde, sont encore bien loin de cet état ». [Traduction personnelle, NdT.] Voir John Stuart Mill, *Considérations sur le gouvernement représentatif* (1861). Pour une discussion des opinions de Mill sur l'Inde, et plus largement sur l'entreprise coloniale, voir Duncan Bell, « John Stuart Mill on Colonies », *Political Theory* 38, n° 1 (2010): 34-64.

socialisme : Les intellectuels radicaux qui cherchaient à aligner leurs pays avec le monde communiste se sont souvent saisis des justifications libérales de la colonisation pour discréditer toute cette tradition. Cependant, ils faisaient face à un autre problème : les opinions de Karl Marx sur la colonisation ont une structure qui rappelle terriblement celles de John Stuart Mill. Marx ne pensait pas que les pays européens avaient un droit inhérent à régner sur les autres et se lamentait que les contradictions internes du capitalisme, son besoin constant d'ouvrir de nouveaux marchés ponctué de crises de surproduction périodiques pousseraient les nations occidentales à se lancer dans des aventures coloniales. Mais, dans le même temps, il pensait aussi que le colonialisme était une étape nécessaire vers le progrès des nations. Dans son analyse de l'Inde, Marx avance que la région a besoin de vastes projets d'infrastructure, par exemple des travaux d'irrigation, afin de réaliser les progrès économiques nécessaires pour devenir une nation moderne et se préparer au socialisme. Selon lui, ni la forme traditionnelle du gouvernement de l'Inde, qu'il qualifie de « despotisme oriental », ni une réforme agraire qui donnerait aux paysans la propriété du petit bout de terre qu'ils cultivent ne suffiraient à soutenir l'investissement

De la page 57 à la page 58

nécessaire. La moins mauvaise des options, concluait Marx, était une forme de domination coloniale qui aiderait à moderniser l'économie indienne et préparerait le pays à la révolution communiste. Voir Karl Marx, « The British Rule in India », *New-York Daily Tribune*, 25 juin 1853, www.marxists.org/archive/marx/works/1853/06/25.htm

un style qui leur soient spécifiques : Frantz Fanon, *Les Damnés de la terre*, p. 98. Comme Fanon le dit très clairement, « On a pu penser généralement que l'heure était venue pour le monde, et singulièrement pour le tiers-monde, de choisir entre le système capitaliste et le système socialiste. Les pays sous-développés, qui ont utilisé la compétition féroce qui existe entre les deux systèmes pour assurer le triomphe de leur lutte de libération nationale, doivent cependant refuser de s'installer dans cette compétition. » Comme la littérature secondaire sur la question le montre très bien, cette ambivalence du marxisme était typique chez les plus influents des penseurs postcoloniaux. Selon Julian Go, par exemple, « Du Bois, Fanon, Césaire, Cabral, et autres ont tous lu Marx ou des auteurs marxistes, ils déployaient tous des idées marxistes dans leurs écrits et s'affiliaient aux partis communistes ou socialistes », mais ces penseurs reprochaient certaines choses à la tradition marxiste et posaient que « le problème était l'échec du communisme marxiste à prendre la différence suffisamment au sérieux, un problème qui naissait de ses tendances universalistes ». Julian Go, « Waves of Postcolonial Thought », in *Postcolonial Thought and Social Theory*, New York, Oxford University Press, 2016.

une famille commerçante et prospère : Pour un résumé de la vie et de la pensée d'Edward Said, voir Timothy Brennan, *Places of Mind: A Life of Edward Said*, New York, Farrar, Straus and Giroux, 2021, et les écrits autobiographiques d'Edward Said, dont *Out of Place: A Memoir*, New York, Vintage, 2012, et *Reflections on Exile and Other Essays*, Londres, Granta Books, 2013.

comme le prince de Galles : Pankaj Mishra, « The Reorientations of Edward Said », *New Yorker*, 19 avril 2021, www.newyorker.com/magazine/2021/04/26/the-reorientations-of-edward-said

un goût prononcé pour la musique classique : Pankaj Mishra, « The Reorientations of Edward Said », article cité.

fondé par un pasteur évangélique : « Dès la fin de mon premier mois dans cette école, j'avais dégringolé jusqu'au statut de trouble-fête et de fauteur de troubles ; je parlais en classe, fréquentais les autres chefs de file de la rébellion, toujours une réponse ironique, irrespectueuse ou indifférente à la bouche, une attitude que je considérais comme une forme de résistance contre les Britanniques. » Edward Said, *Out of Place*, p. 186. [Traduction personnelle, NdT.]

celles du monde arabe : Edward Said, « Between Worlds », in *Reflections on Exile and Other Essays.*

WASP et élitaire : Cité dans Pankaj Mishra, « The Reorientations of Edward Said ».

« Said a appelé la sécurité » : Pankaj Mishra, « The Reorientations of Edward Said ».

Victoria College : « Avec un nom de famille arabe banal comme “Said”, relié à un prénom britannique improbable [...] j'étais un élève pris dans une anormalité inconfortable tout au long de mes jeunes années : un Palestinien qui allait à l'école en Égypte, avec un prénom anglais, un passeport américain et absolument aucune certitude quant à sa propre identité. » Edward Said, « Between Worlds », p. 512. [Traduction personnelle, NdT.]

la cause palestinienne : Comme Edward Said l'écrit dans L'*Orientalisme*, « Ma propre expérience de ces questions est, en partie, ce qui m'a fait écrire ce livre. La vie d'un Arabe de Palestine en Occident, particulièrement en Amérique, est déprimante. [...] Les ombres du racisme, des stéréotypes culturels, de l'impérialisme politique, d'une idéologie déshumanisante qui opprime l'Arabe et le musulman sont très puissantes en effet, et ce sont ces ombres que tout Palestinien en est venu à ressentir comme un destin, unique et calamiteux ». Edward Said, *Orientalism*, Londres, Penguin, 2003, p. 27. [Traduction personnelle, NdT.]

histoire de ces pays : Edward Said, *Reflections on Exile and Other Essays*, p. 3.

discours chez Michel Foucault : Edward Said, *Orientalism*, p. 3.

la production du savoir : Edward Said, *Orientalism*, p. 10.

des institutions académiques : Edward Said, *Orientalism*, p. 14.

le besoin temporaire de colonialisme : Voir aussi la note **socialisme** p. 471.

De la page 60 à la page 62

pouvoir pernicieux et persistant de ces discours : « Pour mes lecteurs issus de ce qu'ils appellent le "tiers-monde", cette étude se présente comme une étape vers la compréhension non pas tant des politiques occidentales et du statut du monde non occidental en leur sein, que de la force du discours culturel de l'Ouest, une force trop souvent considérée comme simplement décorative ou "superstructurelle". Mon but est d'illustrer la structure terrible de la domination culturelle et, particulièrement pour les peuples colonisés, les dangers et les tentations d'employer ces structures sur eux-mêmes ou sur les autres. » Edward Said, *Orientalism*, p. 25. [Traduction personnelle, NdT.]

presque quatre-vingt mille fois : « Orientalism », Google Scholar, consulté le 10 juillet 2022, scholar.google.com/scholar?cluster=12103548631685263959&hl=en&as_sdt=0,44

de littérature dans tout le pays : Voir Paul Ardoin, « Poststructuralism and Its Discontents », in *Oxford Research Encyclopedia of Literature* (2021), doi.org/10.1093/acrefore/9780190201098.013.1002. Pour un traitement plus littéraire de la question, voir Jeffrey Eugenides, *The Marriage Plot*, New York, Farrar, Straus and Giroux, 2011.

la professionnalisation des études littéraires : Edward Said a donné une conférence sur ce sujet en 1982. Comme Timothy Brennan le note dans sa biographie de Said, « les mêmes théories qui, dix ans plus tôt, tenaient de l'aventure intellectuelle avaient laissé place à un jargon codifié et dûment accrédité où l'université n'intervenait que comme chaîne de montage de théoriciens professionnels douteux ». Brennan, *Places of Mind*, p. 219.

"textualité" : Edward Said, *The World, the Text, and the Critic*, Cambridge, Massachusetts, Harvard University Press, 1983, p. 3.

les espoirs déçus : Edward Said, *World*, p. 87.

« pouvoir partout » : Edward Said, *World*, p. 244.

« justifier le quiétisme en politique » : Edward Said, *World*, p. 245.

des fins explicitement politiques : Dans les années 1990, un anthropologue a donné un résumé utile de l'emploi de l'analyse du discours dans sa discipline : « Dans la plupart des modèles de morale, il existe un moyen de corriger le mal. Dans le modèle moral de l'anthropologie en ce moment, il s'agit de démasquer l'hégémonie symbolique qui cache et légitime l'oppression. L'acte moral correcteur est la dénonciation. On peut aussi agir moralement en prêtant voix à ceux qui résistent à l'oppression ; cela sert au moins à identifier l'oppression et les oppresseurs. De nos jours, on peut mener une carrière morale en anthropologie : mener une carrière morale en anthropologie, c'est asseoir sa réputation sur ce qu'on a dénoncé. » Roy D'Andrade, « Moral Models in Anthropology », *Current Anthropology* 36, n° 3 (juin 1995) : 400, www.jstor.org/stable/2744050

étude critique des médias : Cette adoption de l'analyse du discours dans des domaines tels que les études féministes et les études du handicap est souvent sévèrement critiquée par les universitaires matérialistes de l'« ancienne école ». Voir par exemple la critique du « tournant culturel » postmoderne par Stevi Jackson, des « choses » aux « mots » : Stevi Jackson, « Why a Materialist Feminism Is (Still) Possible—and Necessary », *Women's Studies International Forum* 24, n° 3-4 (2001): 283-93, doi.org/10.1016/s0277-5395(01)00187-x. Susan Bordo a formulé la même critique : « Sur la sexualisation et l'objectification du corps féminin, le féminisme contemporain (à quelques exceptions notables) est remarquablement silencieux. Certaines formes de féminisme postmoderne font pire que demeurer silencieuses, elles font corps avec cette culture à un point effrayant, célébrant l'agentivité créatrice des individus et niant tout schéma systémique. » Susan Bordo, *Unbearable Weight: Feminism, Western Culture, and the Body*, Berkeley, University of California Press, 2013.

« damnés de la terre » : C'est bien sûr une allusion aux *Damnés de la terre* de Fanon, texte fondateur de la tradition postcoloniale.

parler à leur place : Gayatri Spivak, « Can the Subaltern Speak? », in *Marxism and the Interpretation of Culture*, éd. Cary Nelson et Lawrence Grossberg, Londres, Macmillan, 1988.

son doctorat à l'université Cornell : Jon Simons, *From Agamben to Žižek: Contemporary Critical Theorists*, Édimbourg, Edinburgh University Press, 2013, p. 210. Pour un aperçu des travaux de Spivak, voir aussi Stephen Morton, *Gayatri Chakravorty Spivak*, New York, Routledge, 2002 ; Sangeeta Ray, *Gayatri Chakravorty Spivak: In Other Words*, Malden, Wiley-Blackwell, 2009. On trouve aussi des recueils utiles de ses entretiens, dont Gayatri Chakravorty Spivak, *The Postcolonial Critic: Interviews, Strategies, Dialogues*, éd. Sarah Harasym, New York, Routledge, 2014.

fondateur de ce courant philosophique : Jacques Derrida, *De la grammatologie*, Paris, Éditions de Minuit, 1967.

De la page 64 à la page 65

ne bénéficiaient pas de ce luxe : Gayatri Chakravorty Spivak, « Criticism, Feminism, and the Institution: An Interview with Gayatri Chakravorty Spivak », interview par Elizabeth Gross, *Thesis Eleven* 10-11, n° 1 (février 1985): 178, doi.org/10.1177/072551368501000113

bien utiles en pratique : Cela implique le rejet de l'universel en l'être humain ou en sa dignité, d'une manière plus radicale encore que celle de Foucault. « Quand j'ai lu Derrida, j'ai d'abord été très intéressée de voir qu'il déconstruisait la tradition philosophique de l'intérieur plutôt que de l'extérieur, parce que, bien sûr, le système éducatif indien nous élevait dans l'idée que le héros de ce système philosophique était l'être humain universel et on nous expliquait que si nous consentions à internaliser cet être universel, alors nous deviendrions humain. » Gayatri Spivak, « Criticism, Feminism, and the Institution », p. 180.

de temps en temps : Gayatri Chakravorty Spivak, « Criticism, Feminism, and the Institution », p. 178.

Spivak : Gayatri Chakravorty Spivak, « Criticism, Feminism, and the Institution », p. 184.

des femmes par les femmes : Gayatri Chakravorty Spivak, « Criticism, Feminism, and the Institution », p. 184. Non sans ironie, certains universitaires influencés par l'idée de l'essentialisme stratégique considéreraient aujourd'hui l'idée que toutes les femmes (et seulement les femmes) ont un clitoris comme très offensante. Voir la note **les femmes et seulement elles** p. 471.

la démarche de Spivak : Pour une appréciation critique de l'influence de l'essentialisme stratégique, voir Diana Fuss, *Essentially Speaking: Feminism, Nature, and Difference*, New York, Routledge, 1989.

les femmes ou les personnes handicapées : Pour une discussion plus détaillée sur l'influence de cet essentialisme stratégique sur les espaces militants et le discours populaire, voir le chapitre 8 sur l'épistémologie du point de vue.

avoir la peau noire : C'est la position qu'ont adoptée Barbara et Karen Fields sur la race. Voir Karen E. Fields et Barbara Jeanne Fields, *Racecraft: The Soul of Inequality in American Life*, Londres, Verso, 2022. Pour une discussion plus poussée de leurs travaux, voir le chapitre 11.

De la page 66 à la page 70

une grande partie de la gauche : Pour une discussion plus détaillée de l'influence de l'essentialisme stratégique sur ce que j'appelle le « séparatisme progressiste », voir le chapitre 11.

3. Le rejet du mouvement pour les droits civiques et l'apparition de la théorie critique de la race

des écoles pour les Noirs : *Brown v. Board of Education of Topeka*, 347 U.S. 483 (1954).

les électeurs noirs : Voir le *Title VII* et le 24e amendement pour l'emploi et les tests d'alphabétisation, respectivement. « Title VII of the Civil Rights Act of 1964 », EEOC, www.eeoc.gov/statutes/title-vii-civil-rights-act-1964; Twenty-fourth Amendment, U.S. Constitution, constitution.congress.gov/constitution/amendment-24/

***diners* de Caroline du Nord** : Voir par exemple Russell Freedman, *Freedom Walkers: The Story of the Montgomery Bus Boycott*, New York, Holiday House, 2009.

une superbe symphonie de fraternité : Traduction de l'ambassade américaine au Mali. https://ml.usembassy.gov/fr/dream-le-texte-integral-en-francais-du-discours-de-martin-luther-king/

Géorgie à la Virginie : La Géorgie est actuellement représentée au Sénat par Raphael Warnock, pasteur noir auparavant *senior pastor* de l'Ebenezer Baptist Church, où Martin Luther King était *co-pastor* de 1960 à 1968. (Il a gagné l'élection au deuxième tour contre Herschel Walker, un autre Africain-Américain ; Jon Ossoff, l'autre sénateur de Géorgie, a un père juif.) Les femmes noires représentent 16,9 % de l'assemblée législative de Géorgie. La Virginie était le premier État à élire un gouverneur noir, Douglas Wilder, en 1990 ; son *lieutenant governor* actuel, Winsome Earle-Sears, est une femme noire. « Lieutenant Governor of Virginia Winsome Earle-Sears », Seal of the Commonwealth of Virginia, consulté le 29 janvier 2023, www.ltgov.virginia.gov/ ; Douglas Wilder, Library of Virginia, consulté le 19 mars 2023, www.lva.virginia.gov/exhibits/political/douglas_wilder.htm ; Taylor Reimann, « Georgia Leads the Nation in Black Female Legislators », Georgia Public Broadcasting, 16 octobre 2021, www.gpb.org/news/2021/11/16/georgia-leads-the-nation-in-black-female-legislators

les mariages mixtes : Justin McCarthy, « U.S. Approval of Interracial Marriage at New High of 94 % », Gallup, 10 septembre 2021, news.gallup.com/poll/354638/approval-interracial-marriage-new-high.aspx

De la page 70 à la page 71

soixante-trois élus afro-américains : Katherine Schaeffer, « U.S. Congress Continues to Grow in Racial, Ethnic Diversity », Pew Research Center, 9 janvier 2023, www.pewresearch.org/fact-tank/2023/01/09/u-s-congress-continues-to-grow-in-racial-ethnic-diversity/. Notez que c'est relativement proche de la proportion totale d'Afro-Américains dans la population générale. Les élus noirs représentent 12 % des élus au Congrès ; les Afro-Américains représentent 14 % de la population générale, selon le recensement de 2020.

presque exclusivement noirs : « Le comté de Wayne (à Detroit) a perdu 26,6 % de sa population blanche dans les années 1970. Le comté de Cook (à Chicago) 15,5 %, et le comté de Cuyahoga (à Cleveland) 20,1 %. » Emily Badger, « Mapping 60 Years of White Flight, Brain Drain, and American Migration », Bloomberg, 1er novembre 2013, www.bloomberg.com/news/articles/2013-11-01/mapping-60-years-of-white-flight-brain-drain-and-american-migration. Voir aussi Matt Nowlin, Kelly Davila et Unai Miguel Andres, « Neighborhood Change, 1970-2016 », SAVI, été 2018, www.savi.org/feature_report/neighborhood-change-1970-2016 ; Patrick Reardon, « City About Equal in Terms of Race », *Chicago Tribune*, 23 septembre 1986, www.chicagotribune.com/news/ct-xpm-1986-09-23-8603110287-story.html

des classes ségréguées : Charles T. Clotfelter, *After Brown: The Rise and Retreat of School Desegregation*, Princeton, Princeton University Press, 2006.

très inférieur aux Américains blancs : En 2011, le revenu médian du foyer noir (32 229 dollars) représentait moins des deux tiers de celui du foyer blanc (52 214 dollars) (Carmen DeNavas-Walt, Bernadette D. Proctor, et Jessica C. Smith, *Income, Poverty, and Health Insurance Coverage in the United States: 2012*, U.S. Census Bureau, septembre 2013, p. 7, 32, 34). En 2019, le patrimoine du foyer blanc médian (188 200 dollars) était huit fois plus élevé que celui du foyer noir médian (24 100 dollars) (Emily Moss *et al.*, « The Black-White Wealth Gap Left Black Households More Vulnerable », Brookings, 8 décembre 2020, www.brookings.edu/blog/up-front/2020/12/08/the-black-white-wealth-gap-left-black-households-more-vulnerable/).

surreprésenté dans leurs rangs : Audrey Murrell, « The "Privilege Bias" and Diversity Challenges in College Admissions », *Forbes*, 7 mai 2019, www.forbes.com/sites/audreymurrell/2019/05/07/the-privilege-bias-and-diversity-challenges-in-college-admissions/?sh=a2f2b4a139a0

De la page 71 à la page 73

les premiers à y pénétrer : Voir par exemple Richard D. Kahlenberg, « How Low-Income Students Are Fitting In at Elite Colleges », *The Atlantic*, 24 février 2016, www.theatlantic.com/education/archive/2016/02/the-rise-of-first-generation-college-students/470664/ ; Martha Burwell et Bernice Maldonado, « How Does Your Company Support "First-Generation Professionals"? », *Harvard Business Review*, 7 janvier 2022, hbr.org/2022/01/how-does-your-company-support-first-generation-professionals

un mélange de pauvreté et d'insécurité : Stuart M. Butler et Jonathan Grabinsky, « Tackling the Legacy of Persistent Urban Inequality and Concentrated Poverty », Brookings, 16 novembre 2020, www.brookings.edu/blog/up-front/2020/11/16/tackling-the-legacy-of-persistent-urban-inequality-and-concentrated-poverty/

derrière les barreaux : Fin 2018, il y avait 465 200 détenus noirs dans les prisons fédérales ou les prisons d'État. John Gramlich, « Black Imprisonment Rate in the U.S. Has Fallen by a Third Since 2006 », Pew Research Center, 6 mai 2020, www.pewresearch.org/fact-tank/2020/05/06/share-of-black-white-hispanic-americans-in-prison-2018-vs-2006/

mourir de violences policières : Schwartz et Jahn, « Mapping Fatal Police Violence Across U.S. Metropolitan Areas ».

discours haineux : Zachary Laub, « Hate Speech on Social Media: Global Comparisons », Council on Foreign Relations, 7 juin 2019, https://www.cfr.org/backgrounder/hate-speech-social-media-global-comparisons ; Kim Hart, « Hate Speech Soars for Young Social Media Users », Axios, 17 mars 2021, https://www.axios.com/2021/03/17/hate-speech-social-media-youth-2020

« Report: Online Hate Increasing Against Minorities, Says Expert », OHCHR, 23 mars 2021, www.ohchr.org/en/stories/2021/03/report-online-hate-increasing-against-minorities-says-expert

l'histoire des États-Unis : « William Henry Hastie », Howard University School of Law, consulté le 24 mars 2023, law.howard.edu/brownat50/BrownBios/BioJudgeWmHastie.html

les armes de la loi : *Urban Agenda*, « Derrick Bell on Racism », vidéo YouTube filmée en 1994, à 1'42", www.youtube.com/watch?v=RVy8w0Sz9LY&t=102s

« un peu de nettoyage » : *Urban Agenda*, « Derrick Bell on Racism », 1'42".

De la page 73 à la page 76

Derrick Bell : Pour un aperçu de la vie et des travaux de Derrick Bell, voir par exemple l'ouvrage dirigé par Richard Delgado et Jean Stefancic, *The Derrick Bell Reader*, New York, New York University Press, 2005. Voir aussi Jelani Cobb, « The Man Behind Critical Race Theory », *New Yorker*, 13 septembre 2021, www.newyorker.com/magazine/2021/09/20/the-man-behind-critical-race-theory

le seul étudiant noir de sa classe : Fred A. Bernstein, « Derrick Bell, Law Professor and Rights Advocate, Dies at 80 », *The New York Times*, 6 octobre 2011, www.nytimes.com/2011/10/06/us/derrick-bell-pioneering-harvard-law-professor-dies-at-80.html

de petites entreprises : « In Memoriam: Derrick Bell, 1930-2011 », NYU School of Law, consulté le 30 janvier 2023, www.law.nyu.edu/news/DERRICK_BELL_MEMORIAM

une franche hostilité : Jelani Cobb, « Man Behind Critical Race Theory ».

en faveur de nos enfants : Derrick Bell, « Serving Two Masters: Integration Ideals and Client Interests in School Desegregation Litigation », *Yale Law Journal* 85, n° 4 (mars 1976): 470, doi.org/10.2307/795339. Voir aussi p. 482-83 pour plus de contexte.

« servir deux maîtres » à la fois : Derrick Bell, « Serving Two Masters ». Voir en particulier p. 482, 512-15.

leur propre intransigeance : Derrick Bell, « Serving Two Masters », p. 482.

véritablement égales : Comme le disait Derrick Bell, « On peut se demander pourquoi les avocats des droits civiques ont été si réticents à reconnaître la futilité grandissante de la "déségrégation totale" et, plus important, le nombre croissant de défections dans la communauté noire. » (Derrick Bell, « Serving Two Masters », p. 488.) Dans un livre de 2004, Bell a expliqué son opinion de façon plus explicite encore : Derrick A. Bell, *Silent Covenants: Brown v. Board of Education and the Unfulfilled Hopes for Racial Reform*, Oxford, Oxford University Press, 2006, p. 20-28.

du mouvement des droits civiques : Voir en particulier Derrick Bell, « The Real Cost of Racial Equality », *Civil Liberties Review* 1 (1974): 79-95 ; Derrick A. Bell Jr., « *Brown v. Board of Education* and the Interest-Convergence Dilemma », *Harvard Law Review* 93, n° 3 (janvier 1980) : 518-533 ; Derrick Bell, « Racial Realism », *Connecticut Law Review* 24, n° 2 (hiver 1992) : 363 ; et son très allégorique « The

Page 77

Chronicle of the Space Traders », dans Delgado et Stefancic, *Derrick Bell Reader*, p. 57-73.

des écrits de Frederick Douglass : Pour une bonne introduction aux discours et aux écrits de Frederick Douglass, voir son autobiographie *The Life and Times of Frederick Douglass: From 1817-1882*, Londres, Christian Age Office, 1881, de même que, sous la direction de Philip S. Foner et Yuval Taylor, *Frederick Douglass: Selected Speeches and Writings*, Chicago, Chicago Review Press, 2000. Pour son opinion sur la Constitution et la Déclaration d'indépendance, voir en particulier « What to the Slave Is the Fourth of July? ». Comme il l'écrit ici, rejetant l'idée que la Constitution ait pu sanctifier l'esclavage, « Je tiens qu'il n'existe aucun mandat, aucune licence, aucune permission de la chose haïssable ; mais, interprétée comme elle se doit d'être interprétée, la Constitution est un GLORIEUX DOCUMENT DE LA LIBERTÉ. Lisez son préambule, considérez ses fins. L'esclavage en fait-il partie ? Se tient-il à son seuil ? Est-il entré dans le temple ? Non, à chacune des trois questions. » C'est pourquoi, à la fin de son discours, Douglass souligne que « malgré le tableau bien sombre que j'ai brossé aujourd'hui de la nation, je ne désespère pas de ce pays ». Il tire plutôt « un encouragement de la Déclaration d'indépendance, des grands principes qu'elle contient, et du génie des institutions américaines ».

sermons de Martin Luther King : De même, on entend parfois dire que Martin Luther King Jr. serait devenu bien plus radical dans son rejet des idéaux et des institutions américains lors du dernier mois de sa vie, avant son tragique assassinat. Mais il avait clairement exprimé sa foi durable en leur capacité d'inspirer des changements positifs à l'aube de sa mort : « Car si [je les avais abandonnés], je n'aurais pas été là en 1960, quand les étudiants partout dans le Sud se sont mis à s'asseoir aux comptoirs des restaurants. Et je savais que, en s'asseyant, ils se levaient, en réalité, pour ce qu'il y a de meilleur dans le rêve américain et ramenaient la nation tout entière aux grands puits de la démocratie, ces puits profonds creusés par les pères fondateurs dans la Déclaration d'indépendance et la Constitution. » Martin Luther King Jr., « I've Been to the Mountaintop » (discours à Memphis, 3 avril 1968).

discours de Barack Obama : Cette position est caractéristique du positionnement de Barack Obama, dans ses écrits, ses discours et sa carrière politique. Mais elle est peut-être le mieux exprimée

De la page 77 à la page 78

dans ses deux discours les plus célèbres sur la race, qui encadrent sa carrière à la présidence. Le premier a été tenu alors qu'il n'était que candidat. Il y décrivait sa vision de la race en Amérique après la controverse relative au révérend Jeremiah Wright, dont les sermons étaient, de bien des façons, une traduction théologique de la théorie critique de la race. Comme Obama l'a dit, à Philadelphie en mars 2008, « la réponse à la question de l'esclavage était déjà contenue dans la Constitution, une Constitution qui a, en son cœur même, l'idéal de l'égalité en droit des citoyens ; une Constitution qui promet à son peuple la liberté et la justice, une union qui pourrait et devrait se perfectionner avec le temps » (Barack Obama, « A More Perfect Union » [discours à Philadelphie du 18 mars 2008], NPR, www.npr.org/templates/story/story.php?storyId=88478467). Obama est revenu sur ce thème à la fin de son second mandat, lors du cinquantième anniversaire de la marche sur Selma. Comme il l'a dit alors, « Quelle meilleure expression de la foi en l'expérience américaine, quelle marque plus extraordinaire de patriotisme pourrait-il y avoir que de penser que l'Amérique est encore inachevée, que nous sommes assez forts pour soutenir l'autocritique, que chaque génération pourra regarder nos imperfections et décider qu'il est en notre pouvoir de rebâtir cette nation afin de la rendre plus proche de nos idéaux les plus élevés ? » (Barack Obama, « Remarks by the President at the 50th Anniversary of the Selma to Montgomery Marches », 7 mars 2015, National Archives and Records Administration, obamawhitehouse.archives.gov/the-press-office/2015/03/07/remarks-president-50th-anniversary-selma-montgomery-marches)

« encaisser ce chèque » : Martin Luther King, « I Have a Dream », 28 août 1963, traduction de l'ambassade américaine au Mali. https://ml.usembassy.gov/fr/dream-le-texte-integral-en-francais-du-discours-de-martin-luther-king/

de critiques postmodernes à cette question : Sur les relations entre l'étude critique du droit et l'étude critique de la race qui émergeait alors, de même que sur l'influence au sens large du postmodernisme sur cette tradition, voir Kimberlé Williams Crenshaw, « Twenty Years of Critical Race Theory: Looking Back to Move Forward », *Connecticut Law Review* 43, n° 5 (juillet 2011) : 1253-352. Pour des critiques de l'étude critique du droit par des universitaires issus des études critiques de la race, voir « Part 2: Critical Race Theory and Critical Legal Studies: Contestation and Coalition », in *Critical Race Theory: The Key Writings That Formed the Movement*, éd. Kimberlé Crenshaw *et al.*, New York, New Press, 1995, p. 63-126. Voir surtout Harlon T. Dalton, « The Clouded Prism: Minority Critique of the Critical Legal Studies Movement ».

l'intérêt racial égoïste des Blancs : Derrick Bell, « Interest-Convergence Dilemma ». Voir aussi Derrick Bell, *Silent Covenants*.

de futurs conflits armés : Derrick Bell, « Interest-Convergence Dilemma », p. 524-525.

riche de profits potentiels : Derrick Bell, « Interest-Convergence Dilemma », p. 525.

les cœurs des pays émergents : Derrick Bell, « Interest-Convergence Dilemma », p. 524.

ils convergeront vers ceux des Blancs : Derrick Bell, « Interest-Convergence Dilemma », p. 523.

préserver la domination blanche : Derrick Bell, « The Racism Is Permanent Thesis: Courageous Revelation or Unconscious Denial of Racial Genocide », *Capital University Law Review* 22, n° 3 (1993) : 573. En raison de contrecoups majeurs inévitables, prédisait Bell, même les avancées fondamentales de l'ère des droits civiques ne pourront être que « temporaires ». Derrick Bell, « Racism Is Permanent Thesis », p. 578.

la nation voudrait et pourrait soigner : Derrick Bell, « Racism Is Permanent Thesis », p. 571, 573.

« We Shall Overcome » : Noah Adams, « The Inspiring Force of "We Shall Overcome" », NPR, 28 août, 2013, www.npr.org/2013/08/28/216482943/the-inspiring-force-of-we-shall-overcome

« l'hymne de ralliement du mouvement des droits civiques » : Derrick Bell, « Racism Is Permanent Thesis », p. 572.

« ni moins réelle ni moins oppressive » : Derrick Bell, « Racial Realism », p. 374.

l'égalité raciale aujourd'hui défunte : Derrick Bell, « Racial Realism », p. 374.

la couleur de leur peau : Notons toutefois que Bell jugea les mesures sensibles à la race implémentées de son vivant insuffisantes. Par exemple, il reconnaissait que la discrimination positive avait aidé les Afro-Américains, mais maintenait en 2000 que « comme beaucoup d'autres réformes de la société américaine, souvent obtenues après les efforts des Noirs, elle a bien plus aidé les Blancs, surtout les femmes blanches ». Derrick Bell, « Epilogue: Affirmative Action:

De la page 80 à la page 82

Another Instance of Racial Workings in the United States », *Journal of Negro Education* 69, n° 1/2 [2000] : 145-49, www.jstor.org/stable/2696270

attiré un public conséquent : Registre officiel de l'université Harvard, *Harvard Law School Catalogue 1970/71* 67, n° 19 (septembre 1970) : 112-113, iiif.lib.harvard.edu/manifests/view/drs:427001963$1i

les litiges en matière de droits civiques : Lauren Michele Jackson, « The Void That Critical Race Theory Was Created to Fill », *New Yorker*, 27 juillet 2021, www.newyorker.com/culture/cultural-comment/the-void-that-critical-race-theory-was-created-to-fill

la plus pure tradition de Bell : Lauren Michele Jackson, « The Void ».

Bell, Crenshaw, Richard Delgado et Mari Matsuda : Lauren Michele Jackson, « The Void ».

une université d'été dans le Wisconsin : Angela Onwuachi-Willig, « Celebrating Critical Race Theory at 20 », *Iowa Law Review* 94 (2009).

Un nouveau mouvement était né : Isaac Gottesman, *The Critical Turn in Education: From Marxist Critique to Poststructuralist Feminism to Critical Theories of Race*, New York, Routledge, 2016, p. 124.

l'un de ses concepts clés : Pour un aperçu des principaux écrits de Kimberlé Crenshaw, et en particulier du terme qu'elle a créé, voir Kimberlé Crenshaw, *On Intersectionality: Essential Writings*, New York, New Press, 2017.

les injustices qui touchent au genre : Amanda Cassandra, « Kimberle Crenshaw: A Legal Jet-Setter », *New York Amsterdam News*, 5 août 2005, p. 5.

« l'intersectionnalité » : Kimberlé Crenshaw, « Demarginalizing the Intersection of Race and Sex: A Black Feminist Critique of Antidiscrimination Doctrine, Feminist Theory, and Antiracist Politics », *University of Chicago Legal Forum* 1989, n° 1 (1989) : 139-167. Crenshaw a bien inventé le terme « intersectionnalité », mais l'idée sous-jacente était déjà présente dans la théorie et le militantisme féministes depuis plusieurs décennies. L'une des principales expressions antérieures de cette idée nous vient du Combahee River Collective, un groupe de féministes noires de Boston. Comme elles l'ont écrit dans une déclaration devenue célèbre, « il y a toujours eu des militantes noires, certaines connues, comme Sojourner Truth, Harriet Tubman, Frances E. W. Harper, Ida B. Wells Barnett et Mary Church Terrell, et des milliers et des milliers d'inconnues. Celles-ci partageaient ce sentiment que leur identité sexuelle, combinée à leur identité raciale, rendait leur vie et leur lutte politique singulières ». Combahee River Collective, « The Combahee River Collective Statement », Library of Congress, avril 1977, https://www.loc.gov/item/lcwaN0028151/

d'acquérir cette ancienneté : Kimberlé Crenshaw, « Demarginalizing the Intersection », p. 141.

les problèmes d'intersectionnalité prévaudra : Kimberlé Crenshaw, « Demarginalizing the Intersection », p. 143.

son article initial : Ses premiers articles sur le sujet incluent « Mapping the Margins: Intersectionality, Identity Politics, and Violence Against Women of Color », *Stanford Law Review* 43, n° 6 (1991) et « Demarginalizing the Intersection ».

plus large et protéiforme : Le concept d'intersectionnalité n'est pas immunisé aux reproches issus des études critiques féministes, en particulier en raison de son ambiguïté. Jennifer Nash en est l'exemple actuel le plus célèbre. Voir Jennifer C. Nash, *Black Feminism Reimagined: After Intersectionality*, Durham, N.C., Duke University Press, 2019.

dans les expériences vécues : Donna Haraway, « Situated Knowledges: The Science Question in Feminism and the Privilege of Partial Perspective », *Feminist Studies* 14, n° 3 (1988), doi.org/10.2307/3178066

restructurée par ses conditions particulières : Aikaterini Antonopoulou, « Situated Knowledges and Shifting Grounds: Questioning the Reality Effect of High-Resolution Imagery », *Becoming a Feminist Architect* 7, n° 1 (novembre 2017) : 53. Pour l'article original, voir Donna Haraway, « Situated Knowledges ».

cela ne peut pas exister : Derrick Bell, « Who's Afraid of Critical Race Theory? », *University of Illinois Law Review* 1995, n° 4 (1995): 901.

l'universalité : Charles R. Lawrence, « The Word and the River: Pedagogy as Scholarship as Struggle », *Southern California Law Review* 65, n° 2551 (1992): 2231-98.

sud-américaine ou une femme noire : Donna Haraway, « Situated Knowledges ».

De la page 84 à la page 85

de l'expérience humaine : Comme l'indique le manuel sur les études des femmes et du genre *Feminisms Matter* dans son chapitre sur l'intersectionnalité, « le savoir lui-même est situé dans des expériences et des contextes vécus ». Victoria Bromley, *Feminisms Matter: Debates, Theories, Activism*, Toronto, University of Toronto Press, 2012, p. 48.

raciales ou religieuses : Kimberlé Crenshaw, « Demarginalizing the Intersection », 166-167. Dans le monde militant, par exemple, les jeunes employés s'inquiétaient de plus en plus que l'Institut Guttmacher, une ONG qui travaille sur l'hygiène et la santé en matière de sexualité et de maternité, se limite trop à la liberté contraceptive. Comme le disait l'un d'entre eux, « on se demandait pourquoi l'ONG était si focalisée sur l'avortement », alors même que la Cour suprême des États-Unis venait de renverser *Roe v. Wade*. Voir Ryan Grim, « Meltdowns Have Brought Progressive Advocacy Groups to a Standstill at a Critical Moment in World History », *Intercept*, 13 juin 2022, theintercept.com/2022/06/13/progressive-organizing-infighting-callout-culture/

le conflit israélo-palestinien : Par exemple, la militante et coprésidente de la Marche des femmes de 2017, Linda Sarsour, a nié qu'on puisse être à la fois sioniste et féministe. « Cela n'aurait pas de sens de dire "Y a-t-il de la place pour ceux qui soutiennent l'État d'Israël et ne le critiquent pas dans le mouvement ? » Il ne peut y en avoir au sein du féminisme. Soit vous vous battez pour le droit de toutes les femmes, dont les Palestiniennes, soit vous ne vous battez pour aucune d'entre elles. Il n'y a aucun moyen d'éviter ça. » Collier Meyerson, « Can You Be a Zionist Feminist? Linda Sarsour Says No », *Nation*, 13 mars 2017, www.thenation.com/article/archive/can-you-be-a-zionist-feminist-linda-sarsour-says-no/ Voir aussi Eric Levitz, « The Women's Strike Can't Make Room for All Women », *Intelligencer*, 8 mars 2017, nymag.com/intelligencer/2017/03/the-womens-strike-cant-make-room-for-all-women.html

« le racisme est permanent » : Larissa MacFarquhar, « The Color of the Law », *Lingua Franca*, juillet/août 1996, linguafranca.mirror.theinfo.org/9607/criticalrace.html

De la page 90 à la page 92

4. La synthèse identitaire

leur siège à la grande table : Steven Best, « Culture Turn », dans *The Blackwell Encyclopedia of Sociology* (2008), doi.org/10.1002/9781405165518.wbeosc201

prête à s'imposer : Chris Rojek et Bryan Turner, « Decorative Sociology: Towards a Critique of the Cultural Turn », *Sociological Review* 48, n° 4 (2000), 365, doi.org/10.1111/1467-954x.00236

des minorités ethniques et sexuelles aux États-Unis : Chris Rojek et Bryan Turner, « Decorative Sociology ».

des lieux destinés à ces études qui les passionnaient le plus : Les nouveaux départements universitaires comme les Études féministes étaient très liés à l'activité militante, dès leur création. Comme le dit l'universitaire féministe célèbre Jean Robinson, « quand les Études féministes sont nées dans les années 1970, la politique était leur sage-femme ». Citée dans Scott Jaschik, « The Evolution of American Women's Studies » *Inside Higher Ed*, 27 mars 2009, www.insidehighered.com/news/2009/03/27/evolution-american-womens-studies

ni d'ailleurs entre elles : Toutes ces disciplines n'insistent pas de la même manière et, pour certaines, ne se placent même pas au sein du même consensus, sur les thèmes qui nous intéressent. Des universitaires comme Judith Butler, par exemple, se félicitent depuis longtemps de la fluidité des catégories identitaires, surtout celles de genre. Par contraste, des universitaires parmi les Études afro-américaines et les Études latines tendent à insister sur l'immuabilité des catégories raciales. Bien que socialement construites, elles ne sont pas sujettes au changement par simple volonté individuelle.

de l'université de Boston : De même, des départements d'études de genre sont aujourd'hui très divisés entre ceux qui défendent l'importance sociale du sexe biologique, comme Kathleen Stock, et ceux qui trouvent cela discriminatoire, comme Katrina Karkazis.

le but de la recherche scientifique : Pour une excellente défense contemporaine de cette position, voir Jonathan Rauch, *The Constitution of Knowledge: A Defense of Truth*, Washington D.C., Brookings Institution Press, 2021.

De la page 93 à la page 94

le discours juridique dominant : Mari Matsuda *et al.*, *Words That Wound: Critical Race Theory, Assaultive Speech, and the First Amendment*, New York, Routledge, 2018, p. 6. De même, Derrick Bell soutient que les affirmations de vérité objective ne sont là que pour faire passer « les choix privilégiés des privilégiés pour les autorités universelles et le bien universel ». Derrick Bell, « Who's Afraid of Critical Race Theory? », p. 901.

main dans la main : Richard Delgado, *The Rodrigo Chronicles: Conversations About America and Race*, New York, New York University Press, 1995, p. 144. Plutôt que la recherche futile de vérités universelles, les adhérents de la synthèse identitaire militent pour adopter le relativisme et le subjectivisme. Comme Charles Lawrence le soutient, « nous devons apprendre à faire confiance à nos sens, nos sentiments et nos expériences, à leur conférer de l'autorité ». Charles Lawrence, *The Word and the River*, p. 2253. Delgado évoque un argument similaire : ceux qui se disent guidés par des formes objectives d'enquête, dit-il, « racontent des histoires, eux aussi. Mais celles qu'ils racontent, sur le mérite, la causalité, la faute, la responsabilité, la justice raciale, ils ne les prennent pas du tout pour des histoires, mais pour la vérité ». Richard Delgado, « On Telling Stories in School », *Vanderbilt Law Review* 46, n° 3 (avril 1993) : 666.

du postcolonialisme aux études latines : Linda Martin Alcoff, par exemple, affirme que la philosophie « latine n'est pas seulement différente de la philosophie anglo-américaine et de la philosophie européenne, elle fournit une critique des abstractions essentialistes idéalisées qui poursuivent des vérités décontextualisées ». Deborah R. Vargas et Linda Martin Alcoff, « Philosophy », in *Keywords for Latina/o Studies*, éd. Deborah R. Vargas, Nancy Raquel Mirabal et Lawrence La Fountain-Stokes, New York, New York University Press, 2017, p. 159.

« le désaveu de la rationalité occidentale » : Comme le résume María Lugones ici : « Decolonial », dans Deborah R. Vargas, Nancy Raquel Mirabal et Lawrence La Fountain-Stokes, *Keywords for Latina/o Studies*, p. 44.

la manière de le décrire : Cette focalisation sur le discours, comme le dit la philosophe Martha Nussbaum, « est à l'opposé complet de l'attention matérialiste à la vie des universitaires féministes, tournée vers une politique verbale et symbolique qui n'entretient que le plus ténu des liens avec la situation réelle de femmes réelles ». Martha C. Nussbaum, « The Professor of Parody », *New Republic*, 22 février 1999, newrepublic.com/article/150687/professor-parody

face à leurs oppresseurs : Voir aussi la note **étude critique des médias** p. 423.

« appropriation culturelle » : « Elimination of Harmful Language Initiative », Stanford University, 19 décembre 2022, s.wsj.net/public/resources/documents/stanfordlanguage.pdf

de façon critiquable : Pour une discussion complète du sens et des problèmes de l'« appropriation culturelle », voir le chapitre 9.

Studenten* par *Studierende : Julia Goncalves, « StudentInnen, Student*innen, or Student_innen: How Six German Universities are Constructing Gender Equitable Language and Increasing Female Linguistic and Visual Representation » (2020), Chancellor's Honors Program Projects, trace.tennessee.edu/utk_chanhonoproj/2381

envers les personnes non binaires : Certains, qui partagent globalement les objectifs de la gauche, critiquent aujourd'hui cette stratégie, qu'ils jugent inefficace. Comme l'a écrit un éminent universitaire dans son domaine, « les auteurs dans le domaine des études critiques du handicap paraissent dans l'ensemble plus intéressés par les textes et les discours que par la vie ordinaire des personnes handicapées » (Tom Shakespeare, *Disability Rights and Wrongs Revisited*, New York, Routledge, 2014, p. 52). En conséquence, souligne un autre, les universitaires focalisés sur l'analyse du discours ont « détourné l'attention critique de l'identification et du dépassement des forces matérielles qui contraignent le handicap vers une attention politiquement inoffensive portée à la culture, à la langue et au discours » (Colin Barnes, *Understanding the Social Model of Disability: Past, Present, and Future*, New York, Routledge, 2012, p. 23). Ce serait pourtant une erreur de sous-estimer l'importance considérable de cette forme d'analyse dans le monde, à l'université et au-delà. La lutte pour le contrôle du discours est une bataille centrale du militantisme contemporain, et le pouvoir que la synthèse identitaire a acquis, pour le meilleur et pour le pire, dans les institutions d'élite, semble indiquer que cette stratégie serait bien moins inefficace que ces critiques le suggèrent.

De la page 95 à la page 99

diront-ils souvent : Comme le reconnaissent certains militants de la synthèse identitaire, un concept peut être à la fois socialement construit et presque impossible à changer. Cependant, tel que le concept de construction sociale est employé la plupart du temps, il implique qu'un fait qui paraît naturel est en réalité sujet à des modifications possibles par un agent humain. Il va d'ailleurs souvent de pair avec un appel au passage à l'acte, à modifier ou à renverser la construction en question.

encourageaient ses lecteurs à en jouer : Voir Judith Butler, *Gender Trouble: Feminism and the Subversion of Identity*, 2e éd., New York, Routledge, 1999.

de signes bien réels d'atténuation : Voir Derrick Bell, *Faces at the Bottom of the Well: The Permanence of Racism*, New York, Basic Books, 2018.

Ta-Nehisi Coates et Ibram X. Kendi : Ta-Nehisi Coates, *Between the World and Me*, New York, Spiegel & Grau, 2014, surtout p. 149-52.

des femmes aux personnes handicapées : La philosophe Martha Nussbaum a émis une critique cinglante de Judith Butler et de son féminisme : « Le nouveau féminisme dit à ses membres qu'il y a bien peu de place pour un changement social de grande ampleur, peut-être aucune. Nous sommes toutes plus ou moins prisonnières des structures de pouvoir qui ont défini notre identité de femmes ; nous ne pouvons pas modifier ces structures en profondeur, pas plus que nous ne pouvons leur échapper. Tout ce que nous pouvons espérer, c'est trouver des espaces dans ces structures de pouvoir depuis lesquels les parodier, se moquer d'elles, les transgresser en paroles. Ainsi, la politique verbale symbolique, en plus d'être proposée en exemple de realpolitik, se présente comme la seule politique réellement possible. » Martha Nussbaum, « Professor of Parody ».

« pour les gays, le pire est à venir » : Larry Kramer, « For Gays, the Worst Is Yet to Come. Again », *The New York Times*, 11 juillet 2018, www.nytimes.com/2018/07/11/opinion/gay-rights-larry-kramer.html

d'origine ou d'orientation sexuelle : Voir les exemples dans le chapitre 12.

vraiment la misère : Richard Delgado et Jean Stefancic, *Critical Race Theory: An Introduction*, 2e éd., New York, New York University Press, 2012, p. 27.

De la page 99 à la page 100

« conscientes du racisme » : Voir le chapitre 12.

une identité particulière : Ce rejet des solutions neutres est tout spécialement prononcé dans les contextes juridique et politique, avec des échos fréquents dans les champs des études critiques. Mais l'insistance à répondre aux biais existants par le rejet de la possibilité même d'un cadre neutre, plutôt que par des tentatives de rendre ce cadre plus inclusif, est aussi patente dans des contextes plus surprenants. Comme le dit Christopher Gabbard, universitaire éminent du domaine des études critiques du handicap : « Le point de vue du handicap éclaire le libéralisme classique pour ce qu'il est : une idéologie du validisme, parce que traversée de la croyance en l'infériorité des personnes handicapées par rapport à celles pourvues de corps et d'esprits fonctionnels. » Christopher Gabbard, « Human », in *Keywords for Disability Studies*, dirigé par Rachel Adams, Benjamin Reiss et David Serlin, New York, New York University Press, 2015, p. 101. La solution, selon les experts du domaine, n'est pas principalement de changer l'environnement physique de manière à ce que les sourds ou les aveugles puissent participer pleinement à la société, mais de rejeter l'idée qu'il serait préférable d'être voyant qu'être aveugle, ou d'entendre que d'être sourd.

se renforcent les unes les autres : Selon Judy Tzu-Chun Wu, par exemple, l'un des objectifs pratiques principaux de la synthèse identitaire est de « comprendre comment le genre, la race, la sexualité, la classe et autres différences et hiérarchies sociales sont mutuellement liées ». Judy Tzu-Chun Wu, « Gender », dans *Keywords for Asian American Studies*, dirigé par Cathy Schlund-Vials, K. Scott Wong et Linda Trinh Võ, New York, New York University Press, 2015.

contre toutes les autres : Voir Kat Rosenfield, « How Feminism Ate Itself », UnHerd, 22 septembre 2021, unherd.com/2021/09/how-feminism-ate-itself

le plus directement affecté : Cette déférence envers les victimes est une conséquence de l'épistémologie du point de vue. Voir la section suivante sur cette notion dans ce chapitre, ainsi que la discussion plus complète du concept dans le chapitre 8.

leur champ d'activité traditionnel : Mark Hemingway, « Advocacy Groups' Leftward "Mission Creep" Is Creeping Up on Free Speech », RealClearInvestigations, 1er mai 2019, www.realclearinvestigations.com/articles/2019/04/30/how_rights_groups_mission_creep_creeps_up_on_free_speech.html

De la page 101 à la page 105

la prévalence du harcèlement sexuel : Pamela Duncan et Alexandra Topping, « Men Underestimate Level of Sexual Harassment Against Women-Survey » *The Guardian*, 6 décembre 2018, www.theguardian.com/world/2018/dec/06/men-underestimate-level-of-sexual-harassment-against-women-survey

le savoir situé : Donna Haraway, « Situated Knowledges ». Comme le note Chela Sandoval, universitaire éminente du champ des études de genre, la composante épistémologique de l'intersectionnalité « dénie que toute perspective puisse constituer la seule réponse et pose au contraire une subjectivité changeante, tactique et stratégique, capable de se recentrer selon les formes d'oppression à confronter ». Chela Sandoval, « U.S. Third World Feminism: The Theory and Method of Oppositional Consciousness in the Postmodern World », *Genders*, n° 10 (printemps 1991) : 14.

un dialogue par-delà les différences : Patricia Hill Collins, « Toward a New Vision: Race, Class, and Gender as Categories of Analysis and Connection », *Race, Sex, and Class* 1, n° 1 (1993): 36, www.jstor.org/stable/41680038

ce fagot de brindilles sur mon épaule ? : Légère adaptation de la version Eliot/Jacobs de la fable d'Ésope « Le Vieillard et la Mort ».

« est un sujet aussi ennuyeux que possible » : Edward Said, « Between Worlds », p. 567.

un humanisme supérieur : Edward Said, « The Politics of Knowledge », in *Reflections on Exile and Other Essays*, p. 384.

la culture humaine » : Edward Said, « Identity, Authority, and Freedom: The Potentate and the Traveler », dans *Reflections on Exile and Other Essays*, p. 403.

« d'apartheid pédagogique » : Adam Shatz, « Palestinianism », *London Review of Books*, 6 mai 2021, www.lrb.co.uk/the-paper/v43/n09/adam-shatz/palestinianism

pendant des siècles : Edward Said, « Politics of Knowledge », p. 31.

« ayatollahs de l'identité à l'université » : Sara Danius et Stefan Jonsson, « An Interview with Gayatri Chakravorty Spivak », *Boundary 2* 20, n° 2 (1993) : 44, doi.org/10.2307/303357

je l'ai abandonné : Sara Danius et Stefan Jonsson, « Interview ». Comme Gayatri Spivak le soutient ailleurs : « Une des raisons qui ont favorisé la popularité de l'essentialisme stratégique dans notre culture individualiste, c'est qu'il confère un alibi à l'essentialisme. Ce qui est passé au premier plan, c'est d'être capable de parler depuis son espace, plutôt que les implications du mot stratégie. C'est pour ça que j'ai changé d'avis. Je crois que c'est un slogan trop risqué pour la culture universitaire individualiste où il a été récupéré et célébré. » Gayatri Chakravorty Spivak, « In a Word. Interview », par Ellen Rooney, *Differences* 1, n° 2 (été 1989): 127-28.

je conçois l'intersectionnalité : Jane Coaston, « The Intersectionality Wars », Vox, 28 mai 2019, www.vox.com/the-highlight/2019/5/20/18542843/intersectionality-conservatism-law-race-gender-discrimination

PARTIE II
LA VICTOIRE DE LA SYNTHÈSE IDENTITAIRE

du cercle universitaire : Kimberlé Crenshaw, « Twenty Years of Critical Race Theory ».

le chapitre du racisme pourrait enfin se clore : Kimberlé Crenshaw, « Twenty Years of Critical Race Theory », p. 1318.

"intérêts universaux" : Kimberlé Crenshaw, « Twenty Years of Critical Race Theory », p. 1324.

des éléments clés de la TCR : Kimberlé Crenshaw, « Twenty Years of Critical Race Theory », p. 1324.

« les critiques du racisme perdent du terrain » : Kimberlé Crenshaw, « Twenty Years of Critical Race Theory », p. 1333. « Tandis que le militantisme pour la justice raciale est de plus en plus sous pression face aux victoires à la fois légales et politiques de l'insensibilité aux couleurs, les avocats, les chercheurs, les militants se sentent acculés dans leurs derniers retranchements » (Kimberlé Crenshaw, « Twenty Years of Critical Race Theory », p. 1261-1262). Kimberlé Crenshaw se montrait prudemment optimiste sur la capacité des théoriciens critiques de la race à renverser la vapeur, mais très inquiète de l'« abandon presque total du cadre de la justice raciale » dans le discours public contemporain (Kimberlé Crenshaw, « Twenty Years of Critical Race Theory », p. 1341). Toutefois, elle a exprimé ses espoirs que « hors de l'université sont présents les éléments d'un contre-discours à cet accord sociétal prématuré qui avance sous la bannière du postracialisme » (Kimberlé Crenshaw, « Twenty Years of Critical Race Theory », p. 1262).

De la page 115 à la page 117

5. La synthèse identitaire se popularise

Friedman : Friedman cite le prix en dollars de 1996. En 2022, ce serait 559 dollars. Thomas L. Friedman, *The Lexus and the Olive Tree*, Londres, HarperCollins, 2000, p. 8.

face aux régimes dictatoriaux : Pour plus d'informations, voir Clay Shirky, *Here Comes Everybody*. Pour prendre un exemple de la capacité d'Internet à entraîner le changement, Shirky parle des manifestations *flashmobs* de 2009 contre le président autocrate de Biélorussie, Alexander Loukachenko. « Tant de gens ont accès au Web que le gouvernement se trouve incapable de prévoir la formation des *flashmobs*. Et comme la plupart des participants ont des appareils photo, il ne peut les briser sans attirer l'attention, ce qu'il cherche à éviter à tout prix. Dans cette situation, le gouvernement biélorusse ne peut que surréagir (un couvre-feu à Oktyabrskaya, une prohibition des crèmes glacées, une coupure d'Internet) ou attendre que la suivante se forme, avant de la disperser. » Clay Shirky, *Here Comes Everybody: The Power of Organizing Without Organizations*, New York, Penguin Press, 2008, p. 170.

communauté identitaire : Cela ne signifie pas qu'il faudrait blâmer Internet de tous les maux, sociaux et politiques. En 2014, je considérais comme allant de mon devoir de dégonfler l'optimisme béat de mes étudiants. Si j'enseignais le même cours aujourd'hui, je les pousserais à se montrer tout aussi sceptiques du nouveau consensus selon lequel les réseaux sociaux sont responsables de tout ce qui va mal depuis dix ans. Car il se trouve que les preuves de ce nouveau consensus ne sont pas beaucoup plus solides que celles du vieux. Une métaétude est en cours sur les travaux universitaires relatifs aux liens entre la politique et les réseaux sociaux. Elle montre qu'il n'y a pas de consensus établi actuellement sur la manière dont les réseaux sociaux mèneraient à des dysfonctionnements politiques. Voir Jonathan Haidt et Chris Bail, « Social Media and Political Dysfunction: A Collaborative Review », manuscrit non publié, New York University, https://docs.google.com/document/d/1vVAtMCQnz8WVxtSNQev_e1cGmY9rnY96ecYuAj6C548/edit

vidéos courtes : Josh Halliday, « David Karp, Founder of Tumblr, on Realising His Dream », *The Guardian*, 29 janvier, 2012, www.theguardian.com/media/2012/jan/29/tumblr-david-karp-interview

De la page 117 à la page 118

aussi spécifiques soient-ils : « Une fois son interface comprise, vous vous trouviez à portée de clic d'un incroyable bazar d'entrées de journal et de mèmes pop et malins, sans parler des commentaires allant dans tous les sens que les autres utilisateurs inscrivaient au bas de ces artefacts. Vous pouviez aussi effectuer des recherches par mots-clés et suivre les mots-clés qui vous intéressaient. Et vos domaines d'intérêt pouvaient être extrêmement particuliers. » Emma Sarappo, « How Tumblr Taught Social Justice to a Generation of Teenagers », *Pacific Standard*, 13 décembre 2018, psmag.com/social-justice/how-tumblr-taught-social-justice-to-a-generation-of-teenagers

pour 1,1 milliard de dollars : Joanna Stern, « Yahoo Buys Tumblr Social Network Service for $1.1 Billion », ABC News, 20 mai 2013, abcnews.go.com/Technology/yahoo-buys-tumblr-social-network-service-11-billion/story?id=19215310

En raison de son architecture : En plus des fonctionnalités de mots-clés, la diffusion très large de nouvelles identités et de nouvelles idées sur Tumblr était aussi favorisée par la structure inhabituellement dense du site. Comme l'avait noté un analyste, Tumblr « a une structure significativement différente de celle de la blogosphère traditionnelle. Son réseau est bien plus dense et mieux connecté. Près de 29,03 % des connexions de Tumblr sont réciproques, contre seulement 3 % pour la blogosphère. La distance moyenne entre deux utilisateurs sur Tumblr est de 4,7 ; c'est environ la moitié de celle de la blogosphère. La composante géante des composants connectés forme 99,61 % des nœuds, contre 75 % dans la blogosphère ».

(*Sherlock Holmes* et *Doctor Who* rassemblaient alors énormément de monde.) : Katherine Dee, « Tumblr Transformed American Politics », *American Conservative*, 11 août 2021, www.theamerican-conservative.com/articles/tumblr-transformed-american-politics/

son orientation sexuelle : La lourde insistance sur la composante d'exploration intime et sexuelle est aussi due au fait que le site ne censurait pas les contenus lors des premières années de son existence ; il n'a commencé à le faire qu'en 2018, un an après le rachat par Verizon. Shannon Liao, « Tumblr Will Ban All Adult Content on December 17th », *The Verge*, 3 décembre 2018, www.theverge.com/2018/12/3/18123752/tumblr-adult-content-porn-ban-date-explicit-changes-why-safe-mode

De la page 118 à la page 120

leurs abonnés anorexiques : Carolyn Gregoire, « The Hunger Blogs: A Secret World of Teenage "Thinspiration" », *HuffPost*, 9 février 2012, www.huffpost.com/entry/thinspiration-blogs_n_1264459. Pour une discussion sur le déménagement du mouvement de la « minspiration » sur TikTok, voir Laura Pitcher, « 2000s Tumblr Eating Disorder Content Didn't Disappear—It Changed », *Nylon*, consulté le 19 mars 2023, www.nylon.com/beauty/tumblr-eating-disorder-content-is-on-tiktok-how-to-navigate-it

expérience vécue de ces identités : Katherine Dee, « Tumblr Transformed American Politics ».

***Pacific Standard* en 2018** : Emma Sarappo, « How Tumblr Taught Social Justice to a Generation of Teenagers ».

être plus *woke*, plus éveillé : Lu a clarifié sa déclaration : « Je ne considère pas être *woke* comme une mauvaise chose. » Emma Sarappo, « How Tumblr Taught Social Justice to a Generation of Teenagers ».

la décennie 2010 qui introduisait le concept : « La plupart des gens que j'ai interrogés m'ont dit que la première fois qu'ils étaient tombés sur des contenus reliés à la politique des identités, c'était sur Tumblr », écrit Katherine Dee. Katherine Dee, « Tumblr Transformed American Politics ».

Foucault, Said ou Crenshaw : L'idéologie Tumblr n'atteint pas le niveau de sophistication des travaux académiques qui forment le noyau de la synthèse identitaire, mais elle était bien influencée par des penseurs tels que Kimberlé Crenshaw et les domaines des études critiques. Comme un jeune chercheur l'a découvert, la plupart des utilisateurs au statut important dans les débats sur le féminisme sur Tumblr avaient « des licences en études critiques féministes ou études de genre, plusieurs d'entre eux étaient en master et poursuivaient leur carrière universitaire ». Fredrika Thelandersson, « Tumblr Feminism: Third-Wave Subjectivities in Practice » (thèse de master, New York University, 2013), p. 2.

du point de vue et l'intersectionnalité : « L'essentialisme stratégique », débarrassé de ses derniers vestiges stratégiques, était important aussi. Les posteurs citaient toujours du bout du clavier l'idée que la race était une construction sociale, mais les utilisateurs étaient encouragés à se définir, d'abord et avant tout, par leurs identités attribuées.

De la page 120 à la page 122

les minorités sexuelles : Pour un traitement plus profond de la relation entre l'épistémologie du point de vue et cette version vulgarisée de la théorie du point de vue, voir le chapitre 8.

de leur identité : « Comme l'expérience intersectionnelle est plus grande que la somme du racisme et du sexisme, une analyse qui ne tiendrait pas compte de l'intersectionnalité ne pourrait correctement déterminer la manière dont les femmes noires sont discriminées. » Kimberlé Crenshaw, « Demarginalizing the Intersection ».

c'est de la merde : La citation paraît bien être tirée de Tumblr et non du blog féministe Tiger Beatdown. Voir, par exemple, Aja Romano, « This Feminist's Most Famous Quote Has Been Sold All over the Internet. She Hasn't Seen a Cent », Vox, 12 août 2016, www.vox.com/2016/8/12/12406648/flavia-dzodan-my-feminism-will-be-intersectional-merchandise

des bénévoles : Matthew Newton, « Thought Catalog and the New Age of Confessional Media », *Forbes*, 8 février 2012, www.forbes.com/sites/matthewnewton/2012/02/08/thought-catalog-and-the-new-age-of-confessional-media/?sh=50fabd0c320d

c'est de la qualité : Zach Schonfeld, « Thought Catalog's Reckoning », *Newsweek*, 20 mai 2016, www.newsweek.com/thought-catalogs-reckoning-332545

les plus visités des États-Unis : Tim Herrera, « Inside the Contradictory World of Thought Catalog, One of the Internet's Most Reviled Sites », *Washington Post*, 21 octobre 2014, www.washingtonpost.com/news/the-intersect/wp/2014/10/21/inside-the-contradictory-world-of-thought-catalog-one-of-the-internets-most-reviled-sites/

(parce que privilège blanc) : Il est intéressant de noter que l'autrice de l'article, Macy Sto Domingo, se dit directement inspirée par « White Privilege: Unpacking the Invisible Knapsack », un article de la féministe et théoricienne critique de la race bien connue Peggy McIntosh. Macy Sto Domingo, « 18 Things White People Seem to Not Understand (Because, White Privilege) », Thought Catalog, 5 avril 2014, thoughtcatalog.com/macy-sto-domingo/2014/04/18-things-white-people-seem-to-not-understand-because-white-privilege/

De la page 122 à la page 125

synthèse identitaire : Voir par exemple Jen Caron, « IT HAPPENED TO ME: There Are No Black People in My Yoga Classes and I'm Suddenly Feeling Uncomfortable About It », *xoJane*, 28 janvier 2014, https://web.archive.org/web/20140131063708/http://www.xojane.com/it-happened-to-me/it-happened-to-me-there-are-no-black-people-in-my-yoga-classes-and-im-uncomfortable-with-it, et Laura Beck, « The Problem with White Dolls », *Jezebel*, 27 mars 2013, jezebel.com/the-problem-with-white-dolls-5992550

le mouvement : Randa Jarrar, « Why I Can't Stand White Belly Dancers », *Salon*, 4 mars 2014, www.salon.com/2014/03/04/why_i_cant_stand_white_belly_dancers/ ; Kali Holloway, « 10 Ways White People Are More Racist Than They Realize », *Salon*, 11 mars 2015 www.salon.com/2015/03/04/10_ways_white_people_are_more_racist_than_they_realize_partner

l'oppression en costume trois-pièces : Roopa Singh, « 4 Thoughts for Your Yoga Teacher Who Thinks Appropriation Is Fun », Everyday Feminism, 8 mars 2015, everydayfeminism.com/2015/03/letter-to-my-yoga-teacher/ ; Kerry Truong, « People of Color Can't Cure Your Racism, but Here Are 5 Things You Can Do Instead », Everyday Feminism, 8 mars 2015, everydayfeminism.com/2015/03/poc-cant-cure-your-racism/ ; Carmen Rios, « You Call It Professionalism; I Call It Oppression in a Three-Piece Suit », Everyday Feminism, 15 février 2015, everydayfeminism.com/2015/02/professionalism-and-oppression/

c'est peut-être sexiste : Aliya Khan, « 6 Ways to Respond to Sexist Microaggressions in Everyday Conversations », Everyday Feminism, 18 janvier 2015, everydayfeminism.com/2015/01/responses-to-sexist-microaggressions/ ; Melissa A. Fabello, « White Privilege, Explained in One Simple Comic », Everyday Feminism, 21 septembre 2014, everydayfeminism.com/2014/09/white-privilege-explained/ ; Jenika McCrayer, « So You're a 'Breasts Man' ? Here Are 3 Reasons That Could Be Sexist », Everyday Feminism, 5 avril 2015, everydayfeminism.com/2015/04/breasts-man/

changer la nature du journalisme : Ezra Klein, « Vox Is Our Next », *The Verge*, 26 janvier 2014, www.theverge.com/2014/1/26/5348212/ezra-klein-vox-is-our-next

honnête et équilibré : Voici comment Ezra Klein exprimait l'importance d'un journalisme d'explication au lancement de Vox :

De la page 125 à la page 126

« Une information nouvelle n'est pas toujours, elle n'est même pas habituellement, l'information la plus importante pour comprendre un sujet… Le monde de l'actualité, toutefois, n'est qu'un sous-ensemble du monde du "informons notre public", et c'est de celui-ci que nous voulons faire partie. Notre mission est de créer un site tout aussi capable d'expliquer le monde que d'en donner l'actualité. » Ezra Klein, "Vox Is Our Next".

Twitter et Facebook : En 2017, trois ans après la fondation de Vox, les piles de cartes étaient supprimées (« Vox's Ezra Klein Explains It All », Yahoo, consulté le 18 décembre 2022, www.yahoo.com/lifestyle/vox-ezra-klein-explains-232044265.html). Matthew Yglesias a développé ce point sur son blog : « Pour servir les intérêts des annonceurs, il faut remplir les besoins des plateformes, ce qui veut dire que nous n'étions pas maîtres de notre destin. Quels que fussent les qualités et les défauts des piles de cartes, le concept était mort-né, parce que cela ne fonctionnait pas avec Facebook sur le plan technique. » À sa place, écrit Yglesias, l'algorithme de Facebook paraissait favoriser « la politique identitaire hard-core » du moment, incitant les auteurs et les publications à adopter ces idées radicales. Matthew Yglesias, « What I Learned Co-founding *Vox* », *Slow Boring*, 7 décembre 2022, www.slowboring.com/p/what-i-learned-co-founding-vox

la communauté d'appartenance : Eleanor Barkhorn, « First Person, Vox's New Section Devoted to Narrative Essays, Explained », Vox, 12 juin 2015, https://web.archive.org/web/20150614001232/https://www.vox.com/2015/6/12/8767221/vox-first-person-explained

institutions américaines : « A Letter on Justice and Open Debate », *Harper's*, 7 juillet 2020, harpers.org/a-letter-on-justice-and-open-debate/ (Avec plus d'une centaine d'autres auteurs et artistes, allant de Salman Rushdie à Noam Chomsky, je comptais aussi parmi les signataires.)

« moins sécurisés » pour elle : Emily VanDerWerff, sur Twitter, 7 juillet 2020, 12:12 PM. L'autrice, qui s'appelle maintenant Emily St. James, a répété à plusieurs reprises qu'elle ne voulait pas qu'Yglesias soit puni pour avoir cosigné la lettre.

De la page 126 à la page 130

newsletter sur Substack : Conor Friedersdorf, « Why Matthew Yglesias Left *Vox* », *The Atlantic*, 13 novembre 2020, www.theatlantic.com/ideas/archive/2020/11/substack-and-medias-groupthink-problem/617102/

New York Times : Ezra Klein (@ezraklein), « Après presque huit années incroyables passées à construire, éditer et travailler à @voxdotcom, je le quitte pour rejoindre @nytopinion », Twitter, 20 novembre 2020, 1:25 PM, twitter.com/ezraklein/status/1329853360258748416?s=20

politique américaine : Matthew Yglesias, « What I Learned Co-founding Vox ».

les médias dominants : Au début des années 2010, ce genre de contenus était publié en très grande majorité par de jeunes pousses du Web vues comme très en dehors du mainstream (lui constitué des publications les plus prestigieuses, la plupart anciennes). Mais à mesure que des sites comme *xoJane* et Thought Catalog ont crû en popularité, les publications mainstream ont voulu se conserver une part du gâteau. CNN, par exemple, a étendu ses publications à la première personne en 2013. Voir Eve Fairbanks, « How Personal Essays Conquered Journalism—and Why They Can't Cut It », *Washington Post*, 10 octobre 2014, www.washingtonpost.com/posteverything/wp/2014/10/10/how-personal-essays-conquered-journalism-and-why-they-cant-cut-it/

une amitié possible avec des Blancs : Ekow N. Yankah, « Can My Children Be Friends with White People? », *The New York Times*, 11 novembre 2017, www.nytimes.com/2017/11/11/opinion/sunday/interracial-friendship-donald-trump.html

une augmentation de 1 000 % : Zach Goldberg, « How the Media Led the Great Racial Awakening », *Tablet*, 4 août 2020, www.tabletmag.com/sections/news/articles/media-great-racial-awakening

la société américaine : Les politologues disent depuis longtemps que les croyances populaires sur la race sont profondément informées par les médias. Comme Paul Kellstedt l'a montré en 2000, à partir d'articles de *Newsweek*, « le *comment* est très important ». (Paul M. Kellstedt, « Media Framing and the Dynamics of Racial Policy Preferences », *American Journal of Political Science* 44, n° 2 [2000] : 245-60, doi.org/10.2307/2669308.) Ce n'est donc pas une surprise que le changement rapide du discours racial dans les médias mainstream ait eu apparemment un effet massif sur les opinions de leur public relatives à la race.

De la page 130 à la page 135

« conscientes de la race », dans l'électorat : Comme le dit Goldberg, « les médias de l'élite libérale et leurs lecteurs, surtout leurs lecteurs blancs, ont subi un changement profond ». Toutefois, il nous prévient : « Ces découvertes, même si elles sont séduisantes, ne prouvent pas que la couverture médiatique dans les institutions libérales d'élite comme *The New York Times* et le *Washington Post* provoque ce changement dans les attitudes face à la race. Ce qu'elles montrent, c'est que les journaux ici cités parlent beaucoup plus d'inégalités raciales et de problèmes de racisme qu'auparavant, depuis au moins les années 1970, et qu'ils orientent de plus en plus leur couverture à l'aide de termes et du jargon inspirés du mouvement "*woke*". De plus, elles montrent que le virage à gauche des libéraux blancs sur les questions raciales a suivi de près cette tendance de la couverture médiatique, plutôt qu'il ne l'aurait précédée. Expliquer les raisons sous-jacentes de cette transformation irait au-delà du champ de cet article. » Goldberg, « How the Media Led the Great Racial Awakening ».

la population au sens large : Matthew Yglesias, « The Great Awokening », Vox, 1er avril 2019, www.vox.com/2019/3/22/18259865/great-awokening-white-liberals-race-polling-trump-2020

leurs parents et leur famille : Zach Goldberg (@ZachG932), « Updated whites vs. racial/ethnic outgroup feeling thermometer differential scores », Twitter, 25 mars 2021, 5:30 PM, twitter.com/zachg932/status/1375198311355969542. La même dynamique est à l'œuvre dans bien des lieux de travail. Comme l'a dit le directeur noir d'une organisation progressiste à un journaliste, « les plus zélés sur les questions raciales, dans mon organisation, ce sont les Blancs ». Ryan Grim, « Meltdowns ».

l'électeur noir moyen : Matthew Yglesias, « The Great Awokening ».

6. La courte marche au travers des institutions

« longue marche au travers des institutions » : « Afin d'étendre la base du mouvement étudiant, Rudi Dutschke a proposé la stratégie de la longue marche au travers des institutions. » Herbert Marcuse, *Counterrevolution and Revolt*, Boston, Beacon Press, 1972, p. 55.

organiser la production : Herbert Marcuse, *Counterrevolution and Revolt*, p. 55.

De la page 136 à la page 138

une influence significative : Quand Gerhard Schröder est devenu président du Mouvement de la jeunesse du Parti social-démocrate, en 1971, par exemple, il se qualifiait lui-même de « marxiste dévoué ». Après sa longue marche au travers des institutions, une fois devenu chancelier d'Allemagne, ses vieilles convictions s'étaient érodées. Schröder représente aujourd'hui l'aile modérée du Parti social-démocrate, opposé à des têtes de file de la gauche comme Oskar Fontaine. Son penchant pour les costumes onéreux et sa relation de confiance avec les dirigeants des grandes entreprises du pays lui ont valu le surnom de *Der Genosse der Bosse*, le « camarade des patrons ». Quand il a quitté ses fonctions, en 2005, la seule chose qui restait de ses convictions de jeunesse était son anti-américanisme virulent ; il est devenu ensuite le lobbyiste du régime dictatorial de Poutine, rejoignant le conseil d'administration des entreprises russes du secteur de l'énergie Rosneft et Gazprom. Katrin Bennhold, « The Former Chancellor Who Became Putin's Man in Germany », *The New York Times*, 23 avril 2022, www.nytimes.com/2022/04/23/world/europe/schroder-germany-russia-gas-ukraine-war-energy.html

des années 1970, 1980 et 1990 : Par exemple, le politologue Russell Dalton emploie l'idée d'une longue marche au travers des institutions pour expliquer le retour à des partis politiques idéologiquement polarisés dans les années 1970, venus supplanter les partis disposés au consensus de la période d'après-guerre. Russell J. Dalton, « Generational Change in Elite Political Beliefs: The Growth of Ideological Polarization », *Journal of Politics* 49, n° 4 (1987): 976-97, doi.org/10.2307/2130780

des médias, se sont multipliées : Dans les études féministes et les études de genre, par exemple, le nombre de diplômes proposé a bondi de 300 % entre 1990 et 2015. David Rutz, « Gender Studies Degrees Increased More Than 300 Percent Since 1990 », *Washington Free Beacon*, 6 mars 2017, freebeacon.com/politics/report-genders-studies-degrees-increased-300-percent-1990/

dans leurs matières mineures : Dans une enquête de 2015, 76 % des universités disaient exiger une certaine distribution de matières, obligeant les étudiants à en choisir d'autres au-delà de leur matière principale. Scott Jaschik, « Distribution Plus », *Inside Higher Ed*, 19 janvier 2016, www.insidehighered.com/news/2016/01/19/survey-colleges-finds-distribution-requirements-remain-popular-new-features

De la page 138 à la page 141

professeurs engagés n'a augmenté que de 76 % : Michael Delucchi *et al.*, « What's That Smell? Bullshit Jobs in Higher Education », *Review of Social Economy*, 17 juin 2021, p. 1-22, doi.org/10.1080/00346764.2021.1940255

le personnel administratif de 139 % : Delucchi *et al.*, « What's That Smell? », p. 3.

tombés en minorité : En 2018, il y avait 832 119 professeurs et 1 086 070 employés administratifs et autres. En 1976, c'était 434 000 et 247 322, respectivement. Delucchi *et al.*, « What's That Smell? »

« Restez sains, restez *woke* » : Samuel J. Abrams, « Think Professors Are Liberal? Try School Administrators », *The New York Times*, 16 octobre 2018, www.nytimes.com/2018/10/16/opinion/liberal-college-administrators.html

la race humaine : Robby Soave, « The University of California's Insane Speech Police », *Daily Beast*, 14 avril 2017, www.thedailybeast.com/the-university-of-californias-insane-speech-police

***via* une hot-line anonyme** : Nick Gillespie, « Finally: An Anonymous, Online, Geo-Tagged System to Report Microaggressions at College! », Reason, 25 mars 2015, https://reason.com/2015/03/25/anonymous-online-geo-system-to/

elle n'accepte d'étudiants de premier cycle : Philip Mousavizadeh, « A "Proliferation of Administrators": Faculty Reflect on Two Decades of Rapid Expansion », *Yale Daily News*, 10 novembre 2021, yaledailynews.com/blog/2021/11/10/reluctance-on-the-part-of-its-leadership-to-lead-yales-administration-increases-by-nearly-50-percent/

plutôt que conservateurs : Voir, par exemple, Samuel J. Abrams, « Think Professors Are Liberal? » ; Samuel J. Abrams et Amna Khalid, « Are Colleges and Universities Too Liberal? What the Research Says About the Political Composition of Campuses and Campus Climate », AEI, 21 octobre 2020, www.aei.org/articles/are-colleges-and-universities-too-liberal-what-the-research-says-about-the-political-composition-of-campuses-and-campus-climate/

de tactiques illibérales : « Elite Schools Are the Most Problematic on Speech », RealClearEducation, 9 novembre 2020, www.realcleareducation.com/articles/2020/11/09/elite_schools_are_the_most_problematic_on_speech_110505.html

De la page 141 à la page 143

De même, une étude de FIRE a classé Harvard, Princeton et Cornell « sous la moyenne » pour la liberté d'expression, Brown « légèrement sous la moyenne » et Dartmouth « dans la moyenne ». Columbia et l'université de Pennsylvanie occupaient le bas du classement des 203 facultés classées. « 2022 College Free Speech Rankings », Foundation for Individual Rights and Expression, consulté le 16 décembre 2022, www.thefire.org/research-learn/2022-college-free-speech-rankings

sur les réseaux sociaux : Cela peut être parce qu'elles sont en compétition pour débaucher les meilleurs, parce qu'elles sont particulièrement sensibles à la critique sur les réseaux sociaux, ou parce qu'elles s'engagent réellement pour les valeurs progressistes.

des communistes et des anti-ségrégationnistes : Pour une histoire de l'ACLU, voir Samuel Walker, *In Defense of American Liberties: A History of the ACLU*, New York, Oxford University Press, 1990.

Goldberger : David Goldberger, « The Skokie Case: How I Came to Represent the Free Speech Rights of Nazis », American Civil Liberties Union, 2 mars 2020, www.aclu.org/issues/free-speech/rights-protesters/skokie-case-how-i-came-represent-free-speech-rights-nazis

Comme le dit Goldberger dans le même article, les lois de l'Illinois qui ont servi de base pour l'interdiction initiale du meeting nazi « utilisaient des termes si généraux qu'elles auraient pu justifier, par exemple, des poursuites criminelles à l'encontre d'un leader du mouvement Black Lives Matter en raison d'un discours qui blâmait le racisme des Blancs pour les violences policières envers des Afro-Américains ».

en défense de ces principes : « ACLU History », American Civil Liberties Union, consulté le 16 décembre 2022, www.aclu.org/about/aclu-history

une caricature d'elle-même : Lara Bazelon, « The ACLU Has Lost Its Way », *The Atlantic*, 10 mai 2022, www.theatlantic.com/ideas/archive/2022/05/aclu-johnny-depp-amber-heard-trial/629808/

de priorités progressistes : Larry Neumeister, « ACLU Is Seeing a Trump-Era Surge in Members and Donations », AP News, 12 février 2017, apnews.com/article/1dbcc13bc0104edaabb1d55c13483101

étudiants noirs ou hispaniques : L'ACLU a publié une lettre d'un étudiant au Smith College qui appelait à organiser les dortoirs « selon les affinités » pour les minorités raciales sur le campus (Lucas

De la page 143 à la page 144

Ropek, « Woman at Center of Smith College Incident Calls for "Affinity Housing" for Students of Color », MassLive, 14 septembre 2018, www.masslive.com/news/2018/09/smith_college_student_pens_let.html). Sur le mouvement Defund the Police, voir « Transformational Public Safety: Reducing the Roles, Resources, and Power of Police », American Civil Liberties Union, 8 juin 2021, www.aclu.org/news/topic/transformational-public-safety-reducing-the-roles-resources-and-power-of-police. Sur la dette étudiante, voir « Cancel Student Debt: $50k for Every Borrower », American Civil Liberties Union, consulté le 16 décembre 2022, action.aclu.org/petition/cancel-student-debt-50k-every-borrower. Sur l'accès internet, voir ACLU (@ACLU), « Broadband access is about more than the internet – it's an issue of systemic equality », Twitter, 31 mars 2021, 5:21 PM, twitter.com/ACLU/status/1377370379753156608

faible revenus : « Broadband Access for All Now », American Civil Liberties Union, consulté le 16 décembre 2022, action.aclu.org/send-message/broadband-access-all-now

un nombre inchangé depuis dix ans : Michael Powell, « Once a Bastion of Free Speech, the A.C.L.U. Faces an Identity Crisis », *The New York Times*, 6 juin 2021, www.nytimes.com/2021/06/06/us/aclu-free-speech.html

« mission globale » : Joseph Goldstein, « After Charlottesville, A.C.L.U. Braces for the Next Alt-Right Case », *The New York Times*, 4 octobre 2017, www.nytimes.com/2017/10/04/us/aclu-charlottesville-white-supremacists.html

rapidement devenu viral : Alex Blasdel, « How the Resurgence of White Supremacy in the US Sparked a War over Free Speech », *The Guardian*, 31 mai 2018, www.theguardian.com/news/2018/may/31/how-the-resurgence-of-white-supremacy-in-the-us-sparked-a-war-over-free-speech-aclu-charlottesville

avant qu'elle n'ait pu parler : Jeremy Bauer-Wolf, « ACLU Speaker Shouted Down at William & Mary », *Inside Higher Ed*, 5 octobre 2017, www.insidehighered.com/quicktakes/2017/10/05/aclu-speaker-shouted-down-william-mary

« que les donateurs pliaient bagage » : Joan Biskupic, « ACLU Takes Heat for Its Free-Speech Defense of White Supremacist Group », CNN, 17 août 2017, www.cnn.com/2017/08/16/politics/aclu-free-speech-white-supremacy/index.html

De la page 144 à la page 146

Dix mois après : Le mémo de l'ACLU n'est pas daté. Mais les premiers articles de presse à son sujet ont fait surface dix mois après les manifestations de Charlottesville. Voir par exemple Robby Soave, « Leaked Internal Memo Reveals the ACLU Is Wavering on Free Speech », *Reason*, 21 juin 2018, reason.com/2018/06/21/aclu-leaked-memo-free-speech/

l'expression en question : Le guide de sélection « a été développé par un comité mixte formé des équipes de l'ACLU au niveau national et des directeurs juridiques de six associations affiliées », le tout présidé par le directeur juridique national de l'ACLU, David Cole. « ACLU Case Selection Guidelines: Conflicts Between Competing Values or Priorities », ACLU.org, consulté le 12 janvier 2023, www.aclu.org/sites/default/files/field_document/aclu_case_selection_guidelines.pdf

de ceux qui les expriment : Communication personnelle. Voir aussi Michael Powell, « Once a Bastion ».

dans un livre controversé : Abigail Shrier, *Irreversible Damage: The Transgender Craze Seducing Our Daughters*, Washington D.C., Regnery, 2020.

Twitter : Le tweet de Strangio a été effacé depuis. Pour une capture, voir Glenn Greenwald, « The Ongoing Death of Free Speech: Prominent ACLU Lawyer Cheers Suppression of a New Book », 15 novembre 2020, greenwald.substack.com/p/the-ongoing-death-of-free-speech

qui favoriseraient indûment l'accusé : ACLU (@ACLU), Twitter, 16 novembre 2018, 10:40 AM, twitter.com/ACLU/status/1063456843706585089

de meurtres ou de terrorisme : Conor Friedersdorf, « The ACLU Declines to Defend Civil Rights », *The Atlantic*, 19 novembre 2018, www.theatlantic.com/ideas/archive/2018/11/aclu-devos-title-ix/576142/ ; Robby Soave, « The ACLU Condemns DeVos's Title IX Reforms, Says These Due Process Safeguards "Inappropriately Favor the Accused" », *Reason*, 16 novembre 2018, reason.com/2018/11/16/aclu-betsy-devos-title-ix-due-process/

le premier amendement sur le bas-côté : Michael Powell, « Once a Bastion of Free Speech, the A.C.L.U. Faces an Identity Crisis ».

l'ACLU : « Les levées de fonds ont probablement joué un rôle, mais j'ai le sentiment que l'idéologie était le premier facteur », a dit récemment Wendy Kaminer, membre du conseil d'administration de l'ACLU de longue date. « Je crois que c'est un changement idéologique. » Hemingway, « Advocacy Groups' Leftward 'Mission Creep' Is Creeping Up on Free Speech ».

les foudres de ses collègues : Michael Powell, « Once a Bastion of Free Speech, the A.C.L.U. Faces an Identity Crisis ».

des écosystèmes terrestres : Sierra Club, consulté le 12 janvier 2023, www.sierraclub.org/about-sierra-club

« détruire le mur » : Sierra Club, consulté le 12 janvier 2023, addup.sierraclub.org/campaigns/tell-the-biden-administration-honor-communities-on-the-border-tear-down-the-wall

« couper les budgets de la police » : Heather Smith, « What Does It Mean to Defund the Police? », Sierra Club, 17 juin 2020, www.sierraclub.org/sierra/what-does-it-mean-defund-police

« noires ou basanées » : « American Philanthropy Turns Left », *The Economist*, 4 septembre 2021, www.economist.com/united-states/2021/09/04/american-philanthropy-turns-left

« la philanthropie vire à gauche » : « American Philanthropy Turns Left ».

« l'équité raciale » entre 2011 et 2021 : Anna Koob, « What Does Candid's Grants Data Say About Funding for Racial Equity in the United States? », Candid (blog), 24 juillet 2020, blog.candid.org/post/what-does-candids-grants-data-say-about-funding-for-racial-equity-in-the-united-states/?utm

leurs villas gigantesques : Voir Sean Campbell, « Black Lives Matter Secretly Bought a $6 Million House », *Intelligencer*, 4 avril 2022, nymag.com/intelligencer/2022/04/black-lives-matter-6-million-dollar-house.html. Voir aussi Ailsa Chang, Jason Fuller et Kathryn Fox, « Secret $6 Million Home Has Allies and Critics Skeptical of BLM Foundation's Finances », NPR, 7 avril 2022, https://www.npr.org/2022/04/07/1091487910/blm-leaders-face-questions-after-allegedly-buying-a-mansion-with-donation-money

Pour aller plus loin, William Bredderman, « Inside Shaun King's Shadowy $6.7 Million Nonprofit », *Daily Beast*, 21 septembre 2022, www.thedailybeast.com/inside-shaun-kings-shadowy-dollar67-million-nonprofit-grassroots-law-project-formed-after-george-floyds-death

l'abolition de la police : Thomas B. Edsall, « The Law of Unintended Political Consequences Strikes Again », *The New York Times*,

De la page 149 à la page 150

5 janvier 2022, www.nytimes.com/2022/01/05/opinion/progressive-philanthropy-critics.html. Une proposition de loi soumise au vote pour abolir la police de Minneapolis, par exemple, a reçu des dons importants de l'Open Society Policy Center ; une majorité de votants des quartiers riches et blancs de la ville a soutenu l'initiative, tandis qu'une majorité claire des habitants des quartiers plus défavorisés, noirs pour la plupart, a voté contre. Comme l'a noté le journaliste Jonathan Chait dans le magazine *New York*, le fort soutien de grosses fondations pour des groupes militants fondés autour des politiques identitaires a eu une influence majeure sur la composition idéologique de la gauche. « Dans les années récentes, une cohorte de nouveaux slogans et de nouveaux plans, le Green New Deal, l'abolition de la police, l'abolition de la police aux frontières, etc., sont passés du monde du militantisme des ONG aux émissions politiques de MSNBC et Fox News. » Jonathan Chait, « Joe Biden's Big Squeeze », *Intelligencer*, 22 novembre 2021, nymag.com/intelligencer/2021/11/joe-biden-agenda.html

d'inclusion pour nos employés : « Employee Enrichment for Inclusivity », Coca-Cola Company, consulté le 12 janvier 2023, www.coca-colacompany.com/social-impact/diversity-and-inclusion/racial-equity/internal-action/employee-enrichment

« l'effort de toute une vie » : Dan MacGuill, « Did Coca-Cola's Diversity Training Tell Workers "Try to Be Less White" ? », Snopes, 23 février 2021, www.snopes.com/fact-check/coca-cola-training-less-white/

de nombreuses grandes entreprises suivaient : Une déclaration officielle de Coca-Cola disait : « La vidéo en question était accessible depuis une plateforme tierce et ne faisait pas partie du programme. Son visionnage n'était pas requis. » La vidéo était bien sûr proposée par LinkedIn, pas directement par Coca-Cola, mais les employés affirment que la déclaration de Coca-Cola était inexacte. La formation était bel et bien obligatoire. Paul Bond, « LinkedIn Removes Diversity Lesson Telling Employees to "Be Less White" », *Newsweek*, 23 février 2021, www.newsweek.com/linkedin-removes-diversity-lesson-less-white-1571205

American Express et CVS : Daniel Bergner, « "White Fragility" Is Everywhere. But Does Antiracism Training Work? », *The New York Times*, 6 août 2021, www.nytimes.com/2020/07/15/magazine/white-fragility-robin-diangelo.html

De la page 150 à la page 152

de son importance : Raafi-Karim Alidina, « Diversity and Inclusion: How to Foster Interfaith Understanding in the Workplace », HRZone, 14 février 2020, www.hrzone.com/lead/culture/diversity-and-inclusion-how-to-foster-interfaith-understanding-in-the-workplace

majorité à Stanford et Berkeley : Arooj Ahmed, « The List of Top Ten US Colleges That Apple, Facebook, and Google Hire From », Digital Information World, 24 juin 2020, www.digitalinformationworld.com/2020/06/the-list-of-top-ten-us-colleges-that-apple-facebook-and-google-hire-from.html

des universités d'élite comme Harvard sont surreprésentés : Weng Cheong, « The Hiring Policy at McKinsey, One of the World's Most Elite Management Consultancies, Is Defined by One Thing: Harvard », *Business Insider*, 22 décembre, 2020, www.businessinsider.com/mckinsey-hiring-policy-2013-9

la London School of Economics : Jeff Schmitt, « The Top Feeder Schools to Google, Goldman Sachs, and More », Poets & Quants for Undergrads, 7 janvier 2015, poetsandquantsforundergrads.com/rankings/the-top-feeder-schools-to-google-goldman-sachs-and-more/2/

« le militantisme des *insiders* » : Pour un aperçu des travaux universitaires sur l'activisme des *insiders*, voir Forrest Briscoe et Abhinav Gupta, « Social Activism in and Around Organizations », *Academy of Management Annals* 10, n° 1 (2016): 671-727, doi.org/10.5465/19416520.2016.1153261 et Tom C. W. Lin, « Incorporating Social Activism », *Boston University Law Review* 98, n° 6 (2018): 1535-606.

de la scène viendront s'y substituer : *Future of Work: Adapting to the Democratised Workplace*, Herbert Smith Freehills, consulté le 19 mars, 2023, 4, www.herbertsmithfreehills.com/latest-thinking/the-new-world-of-work-report-warns-of-an-unprecedented-rise-in-workplace-activism-v2

de leurs employés dans le futur : *Future of Work*, 8.

c'était soixante : Adrian Ma, « "Social Movements Are Contagious": Protests Within Mass. Companies Are Part of a Growing Trend », WBUR News, 4 août 2020, www.wbur.org/news/2020/08/04/company-protests-black-lives-matter-whole-foods

Cette pression interne a souvent été accompagnée d'interventions stratégiques venues de groupes d'intérêts extérieurs. Human Rights

De la page 152 à la page 153

Campaign, groupe militant LGBT très important, a développé un index pour mesurer à quel degré les grandes entreprises remplissent ses critères, et les incite ainsi à faire mieux. Comme l'avance Apoorva Ghosh, le « Corporate Equality Index » sert de « certificat de diversité qui pousse les corporations du classement Fortune 500 voulant garder et attirer les employés de talent et projeter une image de diversité accueillante à leur client et à leur marché, le haut score sur cet index leur servant de preuve pour asseoir leur crédibilité en la matière ». Ce mécanisme a été particulièrement puissant au sein des entreprises de la tech, des cabinets de consultant et des banques d'investissement. Toutes ces entreprises se battent férocement pour décrocher les meilleurs de chaque promotion, en partie en leur promettant que la culture d'entreprise est conforme à leurs valeurs, ce qui leur permettra de « faire le bien en se faisant du bien ». De fait, Ghosh a découvert que l'inclusion de nouveaux critères sur l'index avait un effet très rapide et significatif, les grandes entreprises se dépêchant de proposer de meilleures couvertures santé à leurs employés transgenres afin de conserver leur bonne note. Comme Ghosh l'écrit dans le contexte du militantisme LGBT, « les *insiders* militants vendent leur proposition aux entreprises en leur assurant que ces changements de politique et de pratiques les aideront à retenir et attirer des employés LGBT talentueux ». Voir Apoorva Ghosh, « The Politics of Alignment and the "Quiet Transgender Revolution" in Fortune 500 Corporations, 2008 to 2017 », *Socio-economic Review* 19, n° 3 (2021): 1095-125.

de se défendre publiquement : *Future of Work*, 10.

aux recrues potentielles : En plus de Ghosh, voir Forrest Briscoe et Sean Safford, « The Nixon-in-China Effect: Activism, Imitation, and the Institutionalization of Contentious Practices », *Administrative Science Quarterly* 53, n° 3 (2008): 460-91, doi.org/10.2189/asqu.53.3.460

"Ne voulons-nous pas être aussi bons que nos concurrents ?" : Apoorva Ghosh, « The Politics of Alignment », p. 1099.

les mêmes pratiques : Gabriel Rossman, « Why Woke Organizations All Sound the Same », *City Journal*, automne 2021, www.city-journal.org/why-woke-organizations-all-sound-the-same

chez leurs concurrentes : « Afin de juger si une institution a discriminé un groupe protégé, les tribunaux et le législateur se servent souvent d'une approche des "bonnes pratiques", ce qui veut dire que, si votre concurrent a adopté la dernière mode sortie des universités ou du monde des RH, vous êtes poussé à faire de même. » (Richard Hanania, « Woke Institutions Is Just Civil Rights Law », *Richard Hanania's Newsletter*, 1er juin 2021, richardhanania.substack.com/p/woke-institutions-is-just-civil-rights). De même, un article de 2019 de la *Harvard Business Review* a découvert que les procès en discrimination aboutissaient à une diversité accrue, mesurable, parmi les cadres, et à des efforts d'inclusion plus poussés en général. Il y a de nombreux mécanismes à l'œuvre ici, mais l'un d'eux est certainement l'impression que les efforts de diversité protègent de futurs procès en discrimination. Elizabeth Hirsch, « Do Lawsuits Improve Gender and Racial Equality at Work? », *Harvard Business Review*, 14 novembre 2019, hbr.org/2019/11/do-lawsuits-improve-gender-and-racial-equality-at-work

« bonne pratique » : Gabriel Rossman, « Why Woke Organizations All Sound the Same ».

7. La dissidence découragée

une défaite électorale : Jessica Taylor, « Trump Calls for "Total and Complete Shutdown of Muslims Entering" U.S. », NPR, 7 décembre 2015, www.npr.org/2015/12/07/458836388/trump-calls-for-total-and-complete-shutdown-of-muslims-entering-u-s ; Mark Berman, « Trump Tells Police Not to Worry About Injuring Suspects During Arrests », *Washington Post*, 7 juillet 2017, www.washingtonpost.com/news/post-nation/wp/2017/07/28/trump-tells-police-not-to-worry-about-injuring-suspects-during-arrests/ ; Jeremy Diamond, « Trump on "Lock Her Up" Chant: "I'm Starting to Agree" », CNN, 29 juillet 2016, www.cnn.com/2016/07/29/politics/donald-trump-lock-her-up/index.html ; Alan Rappeport, « Donald Trump Wavers on Disavowing David Duke », *The New York Times*, 28 février 2016, archive.nytimes.com/www.nytimes.com/politics/first-draft/2016/02/28/donald-trump-declines-to-disavow-david-duke/ ; Jeremy Diamond, « Donald Trump: "I Will Totally Accept" Election Results "if I Win" », CNN, 20 octobre 2016, www.cnn.com/2016/10/20/politics/donald-trump-i-will-totally-accept-election-results-if-i-win/index.html

l'envie d'assaillir le Capitole : Michael D. Shear et Helene Cooper, « Trump Bars Refugees and Citizens of 7 Muslim Countries », *The New York Times*, 27 janvier 2017, www.nytimes.com/2017/01/27/us/politics/trump-syrian-refugees.html ; Joshua Block, Chase Strangio

Page 158

et James Esseks, « Breaking Down Trump's Trans Military Ban: News & Commentary », American Civil Liberties Union, 30 mars 2018, www.aclu.org/news/lgbtq-rights/breaking-down-trumps-trans-military-ban ; Michael Shear et Matt Apuzzo, « F.B.I. Director James Comey Is Fired by Trump », *The New York Times*, 9 mai 2017, www.nytimes.com/2017/05/09/us/politics/james-comey-fired-fbi.html ; Steve Inskeep, « Timeline: What Trump Told Supporters for Months Before They Attacked », NPR, 8 février 2021, www.npr.org/2021/02/08/965342252/timeline-what-trump-told-supporters-for-months-before-they-attacked

des manifestations dans tout le pays : Perry Stein, Steve Hendrix et Abigail Hauslohner, « Women's Marches: More Than One Million Protesters Vow to Resist President Trump », *Washington Post*, 22 janvier 2017, www.washingtonpost.com/local/womens-march-on-washington-a-sea-of-pink-hatted-protesters-vow-to-resist-donald-trump/2017/01/21/ae4def62-dfdf-11e6-acdf-14da832ae861_story.html

des milliers d'Américains : Lauren Gambino *et al.*, « Thousands Protest Against Trump Travel Ban in Cities and Airports Nationwide », *The Guardian*, 29 janvier 2017, www.theguardian.com/us-news/2017/jan/29/protest-trump-travel-ban-muslims-airports

leurs ressources financières : Joanna Walters, « Progressive Causes See "Unprecedented" Upswing in Donations After US Election », *The Guardian*, 25 décembre 2016, www.theguardian.com/us-news/2016/dec/25/progressive-donations-us-election-planned-parenthood-aclu

les fonctionnaires que Trump voudrait nommer : Ezra Levin, Leah Greenberg et Angel Padilla, « To Stop Trump, Democrats Can Learn from the Tea Party », *The New York Times*, 2 janvier 2017, www.nytimes.com/2017/01/02/opinion/to-stop-trump-democrats-can-learn-from-the-tea-party.html

des assemblées d'État et même du Congrès : Durant les élections de mi-mandat de 2018, des 125 districts disputés ou occupés par un Démocrate qui ne se représentait pas, 73 des Démocrates investis ne s'étaient jamais présentés à des élections. Elena Schneider, « "Something Has Actually Changed": Women, Minorities, First-Time Candidates Drive Democratic House Hopes », *Politico*, 11 septembre 2018, www.politico.com/story/2018/09/11/white-men-democratic-house-candidates-813717

De la page 159 à la page 161

le Congrès parviendrait à le démettre : Ed Pilkington, « "Faithless Electors" Explain Their Last-Ditch Attempt to Stop Donald Trump », *The Guardian*, 19 décembre 2016, www.theguardian.com/us-news/2016/dec/19/electoral-college-faithless-electors-donald-trump

l'éviction de Donald Trump : Au début de la présidence Trump, même les bookmakers donnaient à Trump environ une chance sur deux de ne pas finir son mandat. Voir Gwynn Guilford, « Betting Markets Put the Odds of a Trump Impeachment or Resignation at around 48 % », Quartz, 12 février 2017, https://qz.com/908600/will-donald-trump-be-impeached-or-resign-betting-markets-put-the-odds-at-around-48-percent

aux lignes des partis : Mitt Romney était le seul sénateur à différer de son groupe, il a voté pour démettre Trump en raison d'« abus de pouvoir » (mais a voté pour l'acquitter des accusations d'obstruction du Congrès). Richard Cowan, « Breaking with Republicans, Romney Votes "Guilty" in Trump Impeachment Trial », Reuters, 5 février 2020, www.reuters.com/article/us-usa-trump-impeachment-romney/breaking-with-republicans-romney-votes-guilty-in-trump-impeachment-trial-idUSKBN1ZZ2Q6

environ un quarantième : Les organisateurs donnaient le nombre de 25 000 participants, mais c'était probablement surestimé. Austa Somvichian-Clausen, « After Low Attendance, Is the Women's March Still Relevant? », *Hill*, 22 janvier 2020, thehill.com/changing-america/respect/equality/479358-after-low-attendance-is-the-womens-march-still-relevant/

près de chez eux : Ryan Grim, « Meltdowns ».

une autre personne l'avait prononcé : Voir par exemple Joe Pompeo, « "It's Chaos": Behind the Scenes of Donald McNeil's New York Times Exit », *Vanity Fair*, 10 février 2021, www.vanityfair.com/news/2021/02/behind-the-scenes-of-donald-mcneils-new-york-times-exit ; Maxwell Tani et Lachlan Cartwright, « Star NY Times Reporter Accused of Using "N-Word", Making Other Racist Comments », *Daily Beast*, 28 janvier 2021, www.thedailybeast.com/star-new-york-times-reporter-donald-mcneil-accused-of-using-n-word-making-other-racist-comments

De la page 161 à la page 165

des mouvements de protestation violents : Matthew Yglesias, « The Real Stakes in the David Shor Saga », Vox, 29 juillet 2020, www.vox.com/2020/7/29/21340308/david-shor-omar-wasow-speech

un geste de la main effectué au volant de son camion : Yascha Mounk, « Stop Firing the Innocent ». Ce sont trois exemples qui ont fait la une. Mais comme le montre une compilation récente des incidents de ce genre, il y en a eu des centaines de milliers dans le pays. Voir Philip K. Fry (@SoOppressed), « Since so many claim that cancel culture doesn't exist, I propose a challenge: For every additional 1 000 followers I get, I will present 10 examples of cancel culture », Twitter, 12 juillet 2020, 4:01 PM, twitter.com/sooppressed/status/1282404647160942598

paralysés ces deux dernières années : Ryan Grim, « Meltdowns ».

le constat de Ryan Grim : Comme nous avertit le chef du parti Working Families, Maurice Mitchell, de nombreux militants se plaignent que « nos espaces sont toxiques ou problématiques, ils partagent souvent des anecdotes troublantes et convaincantes en matière de preuves. Les cadres jugent leur rôle intenable, ils disent qu'il est impossible de diriger une campagne, que leurs organisations sont totalement bloquées ». Maurice Mitchell, « Building Resilient Organizations: Toward Joy and Durable Power in a Time of Crisis », *Nonprofit Quarterly*, 29 novembre, 2022, nonprofitquarterly.org/building-resilient-organizations-toward-joy-and-durable-power-in-a-time-of-crisis/

(J'ai parlé de Maurice Mitchell dans la conclusion.)

de mon temps à ces histoires : Ryan Grim, « Meltdowns ».

nos lieux de travail : Ryan Grim, « Meltdowns ».

le bureau au fond du couloir ? : Roy D'Andrade, « Moral Models in Anthropology », p. 408.

quand il sera temps : David Stout, « Solomon Asch Is Dead at 88; a Leading Social Psychologist », *The New York Times*, 29 février 1996, www.nytimes.com/1996/02/29/us/solomon-asch-is-dead-at-88-a-leading-social-psychologist.html

une erreur manifeste : Solomon Asch, « Effects of Group Pressure upon the Modification and Distortion of Judgments », in *Groups, Leadership, and Men: Research in Human Relations*, éd. Harold Steere Guetzkow, New York, Carnegie Press, 1951, p. 177-190.

De la page 165 à la page 167

Comme le dit Asch, « savoir si un groupe va oui ou non succomber à la pression sous certaines conditions peut être d'une importance décisive » (Asch, « Effects of Group Pressure », p. 177). D'autres psychologues ont confirmé ses découvertes dans une grande variété de cultures. Rod Bond et Peter B. Smith, « Culture and Conformity: A Meta-analysis of Studies Using Asch's (1952b, 1956) Line Judgment Task », *Psychological Bulletin* 119, n° 1 (1996): 111-37, doi.org/10.1037/0033-2909.119.1.111

de contextes différents : Rod Bond et Peter B. Smith, « Culture and Conformity ».

Dans cette expérience : Cass R. Sunstein, David Schkade et Daniel Kahneman, « Are Juries Less Erratic Than Individuals? Deliberation, Polarization, and Punitive Damages » (John M. Olin Program in Law and Economics Working Paper n° 81, 1999).

5 ou 10 millions de dollars : Sunstein a découvert que, dans un large spectre de cas, la compensation moyenne donnée par un individu était de 385 000 dollars, tandis que la compensation moyenne déterminée par une décision collégiale atteignait 1 510 000 dollars. Sunstein, Schkade et Kahneman, « Are Juries Less Erratic Than Individuals? »

la « loi de polarisation des groupes » : Cass R. Sunstein, « The Law of Group Polarization » (John M. Olin Program in Law and Economics Working Paper n° 91, 1999).

les dissidences : Levi Adelman et Nilanjana Dasgupta, « Effect of Threat and Social Identity on Reactions to Ingroup Criticism: Defensiveness, Openness, and a Remedy », *Personality and Social Psychology Bulletin* 45, n° 5 (2018): 740, doi.org/10.1177/0146167218796785. Les effets déterminants de quelques dissidents sur l'opinion du groupe étaient déjà évidents dans l'expérience de Solomon qui a ouvert tout ce champ de recherche. Quand tous les autres membres du groupe choisissent la mauvaise ligne, le sujet de l'expérience la choisit aussi 36,8 % des fois (contre 1 % s'il est seul). Mais si un seul autre membre du groupe choisit la bonne ligne avant le sujet, celui-ci devient alors bien plus disposé à défier la majorité : le nombre de mauvaises réponses tombe au quart du taux d'erreur ordinaire.

la dissension interne : « Contrairement à la sagesse populaire qui voudrait que les dissidents soient le plus souvent réduits au silence, un nombre croissant d'études montre que les groupes acceptent

De la page 167 à la page 168

très bien la dissidence dans leurs rangs. » Jolanda Jetten et Matthew J. Hornsey, « Deviance and Dissent in Groups », *Annual Review of Psychology* 65 (2014): 473, doi.org/10.1146/annurev-psych-010213-115151

des étrangers qui ne partageraient pas ses objectifs : « Les études montrent avec régularité que les membres de l'endogroupe qui critiquent le groupe sont moins mal jugés que les étrangers qui formulent exactement les mêmes critiques. » Jetten et Hornsey, « Deviance and Dissent in Groups », p. 473. Voir, par exemple, Aimée A. Kane, Linda Argote et John M. Levine, « Knowledge Transfer Between Groups via Personnel Rotation: Effects of Social Identity and Knowledge Quality », *Organizational Behavior and Human Decision Processes* 96, n° 1 (2005): 56-71, doi.org/10.1016/j.obhdp.2004.09.002

« cascades de popularité » : L'idée des cascades de popularité a été introduite par Timur Kuran et Cass Sunstein pour désigner le phénomène par lequel « si la perception particulière d'un événement paraît devenir la norme sociale admise, ceux qui cherchent à construire ou préserver leur réputation vont la soutenir en paroles et en actes, quelle que soit leur opinion réelle ». Timur Kuran et Cass R. Sunstein, « Availability Cascades and Risk Regulation », *Stanford Law Review* 51, n° 4 (1999): 687, doi.org/10.2307/1229439

un conflit aux enjeux si élevés : « La rébellion morale représente une menace pour les groupes sur trois points : a) la position morale du rebelle est vue comme une critique implicite de ceux qui n'adoptent pas la même, si bien que les membres du groupe anticipent de sa part une condamnation ; b) les actions du rebelle déclenchent des questions chez les autres membres, sur leurs hypothèses et leurs attitudes, qui entraînent un état de dissonance ; c) le rebelle prive ceux qui conspirent dans l'immoralité de pouvoir se dire qu'ils n'ont pas le choix. » Jetten et Hornsey, « Deviance and Dissent in Groups », p. 470.

ses membres se sentent menacés : « L'avantage de l'endogroupe pour accepter les critiques s'efface quand les membres perçoivent une menace sur le groupe. Les résultats suggèrent aussi que le mécanisme psychologique qui régule la réponse de défense face aux critiques est attributionnel. La menace déclenche un doute plus grand quant à ce qui motive les critiques, ce qui élimine pour le membre critique l'avantage de l'endogroupe, par rapport aux critiques de l'exogroupe. » Adelman and Dasgupta, « Effect of Threat and Social Identity on Reactions to Ingroup Criticism », p. 740.

aux critiques exprimées en interne : Levi Adelman et Nilanjana Dasgupta, « Effect of Threat and Social Identity on Reactions to Ingroup Criticism », p. 741. On note que la préférence pour les critiques de l'endogroupe sur celles de l'exogroupe disparaît en telles circonstances : « Les personnes répondent mieux à la critique au sein de leur groupe quand elle vient d'un camarade de l'endogroupe en l'absence de conflit, mais cette préférence diminue ou s'efface quand un conflit est apparent. »

leurs motifs comme malveillants : Levi Adelman et Nilanjana Dasgupta, « Effect of Threat and Social Identity on Reactions to Ingroup Criticism », p. 742.

« diversions profitant à Trump » : Cette idée que toute critique rendrait service à l'extrémisme de droite est une composante clé des attaques contre ceux qui s'inquiètent des tendances illibérales à gauche. Par exemple, dans un fil Twitter où il me critique, ainsi que d'autres, l'historien Thomas Zimmer affirme : « Ils insisteront : ils continueront à ridiculiser les critiques de gauche, à les traiter d'"alarmistes", à sous-estimer la menace à droite et tous les avertissements contre le fascisme comme "hystériques", à agiter la menace du radicalisme "*woke*" et de la gauche "illibérale". » Le fait que j'aie beaucoup parlé (de même que les autres auteurs cités) des dangers de l'extrémisme de droite ne compte pas, la critique de l'endogroupe est une preuve suffisante de trahison. Thomas Zimmer (@tzimmer_history), Twitter, 26 novembre 2022, 2:06 PM, twitter.com/tzimmer_history/status/1596581239036805120

du côté des terroristes : « Address to a Joint Session of Congress and the American People », 20 septembre 2001, National Archives and Records Administration, georgewbush-whitehouse.archives.gov/news/releases/2001/09/20010920-8.html

Pour une critique de ce discours, voir par exemple Michael Kinsley, « Lying in Style », *Washington Post*, 19 avril 2002, https://www.washingtonpost.com/archive/opinions/2002/04/19/lying-in-style/e99ef2a5-daf4-4d21-a5be-d52cd97a1123/ de même que (plus amusant) Dan Skinner, « Calling Bush's Views Manichean Is an Insult to the Manicheans », History News Network, http://hnn.us/articles/7202.html consulté le 24 mars 2023.

soit antiracistes : Ibram X. Kendi, « Racist or Antiracist », UUA.org, 4 août 2020, www.uua.org/worship/words/reading/racist-or-antiracist

Page 171

métrique désirable : Le manque de clarté sur la dimension de la disparité raciale à réduire est l'un des nombreux problèmes de la théorie de Kendi. Comme Amartya Sen le dit dans son ouvrage devenu classique, *Equality of What?*, réduire les inégalités à une dimension (par exemple, le revenu) n'est possible qu'au prix d'un accroissement des inégalités dans une autre (par exemple, le salaire horaire). De même, dans bien des contextes, une action qui réduit les disparités raciales à une dimension (par exemple, les notes au lycée) pourra les accroître dans une autre (par exemple, les notes au collège). Sans un jeu de critères précis sur le genre de disparités qu'une mesure antiraciste cherche à réduire, nombre d'entre elles seront finalement à la fois racistes (elles aggraveront les disparités) et antiracistes (elles en réduiront d'autres).

entre les Blancs et les Noirs : Comme le dit Kendi, « une mesure raciste produit ou préserve une inégalité raciale entre groupes raciaux ». Ibram X. Kendi, *How to Be an Antiracist*, New York, Random House Large Print, 2020, p. 19. Un article d'un universitaire de la Brookings Institution remarque que cette opinion revient à nier le fait que « les mesures peuvent avoir des résultats variés sur le plan racial sans être racistes ». La couverture maladie universelle, par exemple, entraînerait des résultats variés sur le plan des disparités raciales, et serait donc considérée raciste tant que « les communautés noires auront des assurances santé moins nombreuses ou de moins bonne qualité, ou si les patients noirs étaient réticents à tirer avantage du système universel pour une raison ou pour une autre, par exemple des mauvais traitements ou des discriminations passées ». William G. Gale, « Reflections on What Makes a Policy Racist », Brookings Institution, 4 novembre 2021, www.brookings.edu/wp-content/uploads/2021/11/Reflections-on-What-Makes-a-Policy-Racist-1.pdf

la Constitution américaine : « Les contrôles standardisés sont devenus l'arme raciste la plus efficace jamais conçue pour dégrader objectivement les esprits noirs et basanés et exclure légalement leurs corps des écoles prestigieuses. » (« Read Ibram X. Kendi's Testimony in Support of the Working Group Recommendation to #Suspendthetest », Boston Coalition for Education Equity, 21 octobre 2020, www.bosedequity.org/blog/read-ibram-x-kendis-testimony-in-support-of-the-working-group-recommendation-to-suspendthetest.) « Historiquement,

De la page 171 à la page 172

le capitalisme et le racisme sont liés, c'est pourquoi je les appelle les jumeaux siamois et les historiens comme moi parlent de "capitalisme racial" au singulier. Mais certaines formes d'antiracisme autoproclamé ne sont pas anticapitalistes, ce qui, selon moi, signifie que ce ne sont pas des antiracismes. » (Ibram X. Kendi [@ DrIbram], Twitter, 6 septembre 2020, 5:44 PM, twitter.com/dribram/status/1302724276412387334.)

"pas racistes" : Othering & Belonging Institute, « Ibram X. Kendi on How to Be an Antiracist, at UC Berkeley I #400Years », vidéo YouTube, 2:04'24", 18 septembre 2019, www.youtube.com/watch?v=µmxa43H8m034

un point c'est tout : Sandee LaMotte, « Robin DiAngelo: How "White Fragility" Supports Racism and How Whites Can Stop It », CNN, 7 juin 2020, https://edition.cnn.com/2020/06/07/health/white-fragility-robin-diangelo-wellness/index.html

l'équilibre racial antérieur : John McWhorter, « The Dehumanizing Condescension of "White Fragility" », *The Atlantic*, 15 juillet 2020, www.theatlantic.com/ideas/archive/2020/07/dehumanizing-condescension-white-fragility/614146/

pendant plus d'un an : Stephanie Merry et Ron Charles, « Books About Race and Racism Are Dominating Bestseller Lists », *Washington Post*, 4 juin 2020, www.washingtonpost.com/entertainment/books/books-about-race-and-racism-are-dominating-bestseller-lists/2020/06/04/e6efdab6-a69b-11ea-bb20-ebf0921f3bbd_story.html ; Jemima McEvoy, « Books About Racism Dominate Best-Seller Lists amid Protests », *Forbes*, 11 juin 2020, www.forbes.com/sites/jemimamcevoy/2020/06/11/black-lives-matter-dominates-best-seller-lists-amid-protests/

moins vendu : Stephanie Merry et Ron Charles, « Books About Race and Racism ».

« pour les enfants entre 1 et 6 ans » : Ibram X. Kendi et Ashley Lukashevsky, *Antiracist Baby*, New York, Kokila, 2020.

au *Late Show* de Stephen Colbert : Donovan X. Ramsey, « Being Antiracist Is Work, Even for Ibram X. Kendi », *Wall Street Journal*, 6 juillet 2020, www.wsj.com/articles/being-antiracist-is-work-even-for-ibram-x-kendi-11594039803

les plus grandes entreprises du pays : Voir, par exemple, Diana Shi, « Reading List: Books for Building an Anti-racist Workplace », *Fast Company*, 4 juin 2020, www.fastcompany.com/90512400/7-important-books-for-building-an-anti-racist-workplace

De la page 180 à la page 186

PARTIE III
LES DÉFAUTS DE LA SYNTHÈSE IDENTITAIRE

leur exclusion temporaire : Communication personnelle avec un élève du lycée.

la synthèse identitaire : Étant donné le nombre de revendications, aux vastes implications pratiques, formulées par des auteurs et des militants qui se réclament de la synthèse identitaire dans sa version vulgarisée, dans toutes sortes de domaines, j'aurais pu facilement inclure une discussion d'autres sujets controversés, tels que la nature du genre ou les mérites de la méritocratie. (Je parle un peu des deux au chapitre 13.) Inversement, il est parfaitement évident que ceux qui adhèrent aux principes fondamentaux de la synthèse identitaire ne soutiennent pas pour autant d'un bloc l'ensemble de ces idées ; de fait, parmi les pionniers, beaucoup, de Kimberlé Crenshaw à Michel Foucault, auraient probablement de cinglantes critiques à formuler sur la plupart.

Il y a pourtant une logique qui unifie les thèses discutées dans les pages suivantes. Toutes les cinq sont défendues par des militants et des auteurs qui ancrent leurs positions dans le langage et les valeurs de la synthèse identitaire vulgarisée, toutes les cinq touchent à des sujets de grande importance en pratique, toutes les cinq ont rapidement gagné en influence partout dans le monde, et toutes les cinq s'opposent directement ou indirectement aux normes libérales universalistes qu'elles cherchent à supplanter. En les évaluant, nous pourrons décider si la synthèse identitaire vulgarisée pourrait nous aider à dépasser les injustices durables de nos démocraties contemporaines, ou si elle risque de nous égarer, voire d'aggraver les injustices présentes.

8. Comment se comprendre

"Parce que c'est tellement japonais !" : Joseph Stein, « Fiddler on the Roof and Me », *The Guardian*, 18 mai 2007, www.theguardian.com/stage/theatreblog/2007/may/18/fiddlerontheroofandme

de l'expérience humaine : Joseph Stein, « Fiddler on the Roof and Me ».

ce qui est humain ne m'est étranger : Térence, *Heautontimoroumenos*, acte I, scène 1, v. 77.

De la page 186 à la page 187

vivace à gauche : Même les premiers penseurs et militants postcoloniaux s'accrochent encore à cet espoir, par exemple Frantz Fanon : « Nous estimons qu'un individu doit tendre à assumer l'universalisme inhérent à la condition humaine. » (*Peau noire, masques blancs*, Paris, Seuil, 1952, introduction.)

« We are the World » : Michael Jackson, « We Are the World » (Columbia Records, 1985).

des biais implicites : Voir le chapitre 5.

« d'écrire sur ce qu'ils connaissent » : Comme le raconte Jared Marcel Pollen, « le vieil adage des ateliers d'écriture, "Écris sur ce que tu connais", souvent employé à guider la créativité vers la vitalité de l'expérience propre, devient à présent une sorte d'injonction, prononcée sur le même ton de menace que "Prends conscience de ton privilège" ou "Reste à ta place" ». « Truth, Social Justice, and the American Writer », *Smart Set*, 6 avril 2020, www.thesmartset.com/truth-social-justice-and-the-american-writer/

les origines ethniques n'étaient pas les leurs : Scottie Andrew, « Tom Hanks Says "Philadelphia" Wouldn't Get Made Today with a Straight Actor in a Gay Role », CNN, 16 juin 2022, www.cnn.com/2022/06/16/entertainment/tom-hanks-gay-character-philadelphia-cec/index.html ; Hannah Sparks, « Eddie Redmayne Says Trans Role in "The Danish Girl" Was "a Mistake" », *New York Post*, 22 novembre 2021, nypost.com/2021/11/22/why-eddie-redmayne-regrets-trans-role-in-the-danish-girl/ ; Eric Deggans, « Jenny Slate and Kristen Bell Will Stop Playing Biracial Cartoon Characters », NPR, 25 juin 2020, www.npr.org/sections/live-updates-protests-for-racial-justice/2020/06/25/883622069/jenny-slate-and-kristen-bell-will-stop-playing-biracial-cartoon-characters

des animaux qui parlent : Jordan Moreau, « "BoJack Horseman" Star Alison Brie Apologizes for Voicing Vietnamese American Character », Decider, 28 juin 2020, decider.com/2020/06/28/bojack-horseman-star-alison-brie-apologizes-for-voicing-vietnamese-american-character/

mon point de vue : « 8 Lessons from "The Future of Solidarity: How White People Can Support the Movement for Black Lives" », Catalyst Project, 18 avril 2016, uucsj.org/wp-content/uploads/2016/05/How-White-People-Can-Support-the-Movement-for-Black-Lives.pdf

De la page 187 à la page 191

les mots se transformaient : Reni Eddo-Lodge, *Why I'm No Longer Talking to White People About Race*, New York, Bloomsbury, 2019.

nos perceptions des hallucinations : René Descartes, *Discours de la méthode* (1637).

correctement justifiée : La conception « tripartite » traditionnelle de la « connaissance » ajoute une troisième condition, au-delà de la croyance vraie : le croyant doit être amené à prendre la proposition pour vraie. Si, par exemple, je crois qu'une pièce va tomber sur pile, et que c'est effectivement ce qu'il se passe, ma croyance était vraie, mais je ne le « savais » pas. Voir Jonathan Jenkins Ichikawa et Matthias Steup, « The Analysis of Knowledge », in *Stanford Encyclopedia of Philosophy*, 7 mars 2017, plato.stanford.edu/entries/knowledge-analysis/#KnowJustTrueBeli

notre communauté d'appartenance : Donna Haraway, « Situated Knowledges ».

l'« épistémologie du point de vue » : Les fondateurs de l'épistémologie du point de vue ont critiqué la méthode traditionnelle d'acquisition de la connaissance comme supposant qu'existe un « point de vue de nulle part » sans réalité. La recherche scientifique traditionnelle, disaient-ils, est écrite depuis la perspective de l'humanité en général : « Le sujet capable de connaître est un agent idéalisé doué de la faculté divine de parler avec autorité de tout ce qui est dans le monde sans être situé, ni dans le monde ni dans une perspective humaine. » (Sandra G. Harding, *The Feminist Standpoint Theory Reader: Intellectual and Political Controversies*, Londres, Routledge, 2009, p. 4). Mais en pratique, cela revient à dire que la perspective de l'homme blanc, qui a effectué la majorité du travail scientifique, est une autorité neutre. Ce point aveugle ne peut être corrigé qu'en reconnaissant que le point de vue du chercheur peut améliorer (ou contraindre) sa capacité à parvenir à des intuitions importantes.

des relations sociales : Sandra G. Harding, *Feminist Standpoint Theory Reader*, p. 4.

la théorie du point de vue est très appropriée : Sandra G. Harding, *Feminist Standpoint Theory Reader*, p. 3.

des cercles universitaires : Sandra G. Harding, *Feminist Standpoint Theory Reader*, p. 3.

De la page 191 à la page 192

communautés ou la justice : Lidal Dror, « Is There an Epistemic Advantage to Being Oppressed? », *Noûs*, 23 juin 2022, 2, doi.org/10.1111/nous.12424

faits sociaux importants : Comme le dit Lidal Dror dans une critique, ce qu'il appelle la « thèse de l'inversion » édicte que « les personnes socialement marginalisées, en vertu de leur position sociale, disposent d'une position épistémique supérieure à celle des personnes non opprimées quand il s'agit de connaître le fonctionnement des marginalisations sociales qui les concernent ». Lidal Dror, « Epistemic Advantage », p. 2.

d'élever les enfants : Selon cette opinion, le rôle des femmes dans la reproduction et comme l'être aimant du foyer leur confère un avantage épistémique pour comprendre les échecs du patriarcat à remplir les besoins des personnes. Pour une discussion de cet argument, voir Elizabeth Anderson, « Feminist Epistemology and Philosophy of Science », dans *Stanford Encyclopedia of Philosophy*, 13 février 2020, plato.stanford.edu/entries/feminism-epistemology/

des femmes sans enfant : Pour l'argument classique contre l'idée d'un noyau expérientiel de la femme, qu'il soit fondé sur l'expérience de la maternité ou de l'objectivation sexuelle, voir Elizabeth V. Spelman, *Inessential Woman: Problems of Exclusion in Feminist Thought*, Boston, Beacon Press, 1988.

des mères célibataires : Les membres de groupes privilégiés peuvent aussi faire des choix, tels que rejoindre un mouvement social en faveur des plus pauvres, qui enrichiront leurs intuitions de l'expérience de groupes défavorisés. Charles Mills, par exemple, a déclaré que l'expérience des piquets de grève donnait aux ouvriers une connaissance expérientielle de l'oppression de classe, mais un militant du droit des travailleurs issu de la classe moyenne aura la même expérience et pourrait en tirer les mêmes intuitions. Charles Mills, *Blackness Visible*, Ithaca, N.Y., Cornell University Press, 1998, p. 31-32. Voir aussi la discussion sur cet aspect dans Lidal Dror, « Epistemic Advantage », p. 4.

les femmes et seulement elles : Rachel Fraser, entretien avec Yascha Mounk, *Persuasion*, 11 septembre 2021, podcast, www.persuasion.community/p/-you-just-wont-understand#details

Page 193

Il est intéressant de noter que les tentatives antérieures, par certains des penseurs les plus influents de la synthèse identitaire, de définir la femme au moyen de caractères communs, ont très mal vieilli selon les critères des militants progressistes actuels. Quand elle a pour la première fois évoqué l'essentialisme stratégique lors d'un entretien, par exemple, Spivak a proposé de définir les femmes par le fait qu'elles étaient pourvues d'un clitoris, une proposition qui serait aujourd'hui fortement réprouvée par la plupart. Voir la section « L'essentialisme stratégique » dans le chapitre 2.

des universités d'élite : Comme Lidal Dror le précise, c'est tout spécialement important parce que certaines injustices ne sont pas immédiatement apparentes depuis la perspective d'une personne seule. Les inégalités structurelles, en particulier, ne deviennent visibles qu'en comparant différentes personnes dans des situations similaires. Comme l'écrit Dror (« Epistemic Advantage », p. 7), « l'oppression et l'injustice étant surtout structurelles, donc impossibles à évaluer sans examiner comment les institutions se comportent à l'égard de classes entières, certains privilégiés disposant d'un accès supérieur à une information coûteuse à acquérir et analyser seront dans une position épistémologiquement privilégiée. Même quand les marginalisés disposent de bonnes preuves localisées, ils ne sont pas toujours dans la bonne position pour accéder à ces informations générales indispensables pour aboutir à certains jugements sur le fonctionnement de la marginalisation sociale, aux contraires des privilégiés ».

du fonctionnement de cette oppression : Lidal Dror, « Epistemic Advantage », p. 5. Quiconque penserait que ce point est purement abstrait devrait lire les travaux de Friedrich Engels, héritier d'une grande famille qui possédait des usines textiles en Allemagne et en Angleterre. Voir Friedrich Engels, *The Condition of the Working Class in England*, Leipzig, Otto Wigand, 1845.

tant qu'on ne l'a pas vécu soi-même : Il y a même une limite aux sentiments que je peux ressentir en *choisissant* de me placer dans une position qui me donnera accès aux mêmes expériences. Comme le dit Jarvis Cocker dans « Common people », un riche qui choisit de vivre comme les pauvres (ou de rejoindre un piquet de grève) aura toujours une bouée de sauvetage.

Rent a flat above a shop
Cut your hair and get a job

De la page 193 à la page 195

Smoke some fags and play some pool
Pretend you never went to school
But still you'll never get it right
'Cause when you're laid in bed at night
Watching roaches climb the wall
If you called your dad he could stop it all.
(Pulp, « Common People »)

il faut avoir goûté une myrtille : Comme le propose Uma Narayan, « à la différence des "*outsiders*" préoccupés, dont la connaissance de l'expérience de l'oppression est toujours plus ou moins abstraite et théorique, la connaissance des "*insiders*" est enrichie des réactions et des réponses émotionnelles que confère l'expérience vécue de l'oppression » (Uma Narayan, « Working Together Across Difference: Some Considerations on Emotions and Political Practice », *Hypatia* 3, n° 2 [1988] : 31-47, doi.org/10.1111/j.1527-2001.1988.tb00067.x). Mais comme le précise Lidal Dror, dans les débats contemporains, « l'avantage épistémique supposé ne se limite pas à la connaissance expérientielle du sentiment d'oppression. Les opprimés y sont supposés avoir une position épistémique supérieure à celle des non-marginalisés pour connaître les faits descriptifs et normatifs relatifs aux relations sociales, aux institutions sociales, aux pensées sociales, au fonctionnement des systèmes de pouvoir, à ce qui est oppressif dans les systèmes qui les marginalisent socialement. » (« Epistemic Advantage », p. 2).

« connaissance propositionnelle » : Lidal Dror, « Epistemic Advantage », p. 15.

criminalise leur achat : Rachel Fraser, entretien avec Yascha Mounk.

le modèle nordique : Molly Smith et Juno Mac, *Revolting Prostitutes: The Fight for Sex Workers' Rights*, Londres, Verso, 2018. Notez que je ne prends pas position sur la question de savoir si le modèle nordique est oui ou non une bonne politique.

le rôle de l'expérience en politique : Rachel Fraser, entretien avec Yascha Mounk.

d'être opprimé sont très limitées : Lidal Dror, « Epistemic Advantage », p. 3.

le travail académique : Rachel Fraser, entretien avec Yascha Mounk.

De la page 196 à la page 197

une voix pour les queers : Ian Schwartz, « Rep. Ayanna Pressley: "We Don't Need Any More Brown Faces That Don't…" », Real Clear Politics, 14 juillet 2019, www.realclearpolitics.com/video/2019/07/14/rep_ayanna_pressley_we_dont_need_any_more_brown_faces_that_dont_want_to_be_a_brown_voice.html

« voix pour les Noirs » légitime : Pressley n'est pas la seule, ici. Comme Lidal Dror le précise, les universitaires ont souvent tenté de tracer une distinction semblable entre quelqu'un qui « se trouve être noir » et quelqu'un qui exprime un point de vue « réellement noir ». « Les théoriciens du point de vue distinguent souvent la simple perspective d'un groupe marginalisé (disons les femmes), et le point de vue des personnes marginalisées (disons le point de vue féministe), où le point de vue souligne une façon de voir les choses collectivement aboutie, idéologiquement engagée, accessible dans et en dehors du groupe. Ces théoriciens en concluent alors que l'avantage épistémique ne revient qu'à ceux qui possèdent ce point de vue, pas à ceux qui n'ont que la perspective en question. » (« Epistemic Advantage », p. 4.)

porte-parole d'une communauté particulière : Supposons que nous ayons réussi, malgré ces difficultés, à nommer un porte-parole pour chaque groupe défavorisé. Nous avons identifié la « voix queer ». Nous avons aussi identifié la « voix musulmane ». Mais il se trouve que ces deux-là ont un désaccord profond sur une importante question de politique publique. Nous voilà face à un nouveau problème : que choisir entre les deux ?

La réponse pourrait sembler évidente. Il faudrait écouter attentivement les expériences et les arguments des deux, puis décider quelle position choisir en nous fondant sur nos opinions et nos valeurs. Mais la théorie du point de vue nous l'interdit. Nous ne sommes pas capables de comprendre vraiment les expériences des plus opprimés que nous, nous devrions nous abstenir d'évaluer la justice de leurs demandes. Dans ce cas, comment ceux qui ne sont ni queer ni musulmans pourront-ils trancher entre les demandes contradictoires de ces deux groupes ?

Dans le monde réel, la réponse est simple. Même s'ils disent que c'est impossible, pratiquement tous les adeptes de la théorie du point de vue se pensent parfaitement capables de comprendre les expériences des autres, suffisamment pour savoir si, par exemple, les

Page 198

femmes noires handicapées sont plus opprimées que les hommes gay blancs. Mais cela ne fait que montrer qu'ils ne pratiquent pas ce qu'ils prêchent : face au problème du jugement contradictoire, ils écoutent les demandes et les expériences des deux groupes avant de prendre une décision raisonnable.

la Harvard Kennedy School : Douglas Elmendorf, « Updates on Diversity, Inclusion, and Belonging at HKS », 20 octobre 2022, www.hks.harvard.edu/announcements/updates-diversity-inclusion-and-belonging-hks

président des États-Unis : Soo Kim, « Joe Biden Saying "Latinx" Sparks Widespread Mockery, Wave of Jokes », *Newsweek*, 25 juin 2021, www.newsweek.com/joe-biden-saying-latinx-sparks-widespread-mockery-wave-jokes-1604032

« hispaniques » : Marc Caputo et Sabrina Rodriguez, « Democrats Fall Flat with "Latinx" Language », *Politico*, 6 décembre 2021, www.politico.com/news/2021/12/06/hispanic-voters-latinx-term-523776 ; voir aussi les commentaires de Ruben Gallego, député latino en quête de l'investiture démocrate pour se présenter à l'élection sénatoriale d'Arizona en 2024 : « Commencer par ne pas employer le terme Latinx. Ensuite, être à leurs côtés toute l'année, pas seulement pour les élections. C'est ce qu'on a fait en Arizona. » Ruben Gallego (@RubenGallego), Twitter, 4 novembre 2020, 2:28 PM, twitter.com/rubengallego/status/1324071039085670401

de cette communauté d'identité particulière : La préoccupation peut paraître abstraite, mais, en pratique, déterminer qui sera le représentant légitime est presque toujours source de biais et d'opportunisme.

Prenons le cas de Sharice Davids, ancienne professionnelle de MMA entrée au Congrès en 2018 aux côtés des autres membres du « Squad », Alexandria Ocasio-Cortez et Ilhan Omar. En tant que jeune lesbienne et autochtone, à la vie fascinante et au charisme indéniable, Davids devrait être l'étoile montante de ce parti qui célèbre la jeunesse et la diversité. Mais bien que Pressley, Omar et surtout Ocasio-Cortez aient souvent fait la une des magazines, Davids est bien peu connue hors de son district. Pourquoi ?

Voici une explication. Les membres du Squad viennent toutes de districts qui penchent lourdement à gauche. Leurs opinions les placent à l'extrême gauche du parti. Davids, qui représente le 3e district du Kansas, vient d'une partie du pays politiquement bien plus

Page 198

hétérogène. Sa campagne a suivi une ligne modérée, elle est membre de la Nouvelle Coalition démocrate, plutôt centriste, et elle a obtenu son investiture dans une primaire difficile contre le candidat que soutenait Bernie Sanders.

Ce qui explique en partie pourquoi les membres du Squad sont devenues le visage de la délégation démocrate au Congrès, tandis que la plupart des Américains n'ont jamais entendu parler de Davids, c'est que leurs opinions sont mieux alignées sur celles des éditeurs, des producteurs, des présentateurs et des éditorialistes des médias de gauche les plus influents du pays. Après tout, le destin étrange du socialisme américain a toujours été d'être plus populaire chez les diplômés des universités d'élite qui se retrouvent à travailler pour le *New York Times* ou MSNBC que parmi les femmes de ménage, les soudeurs et les employés de fast-food.

Il y a aussi, à l'œuvre, quelque chose de plus profond. Aux États-Unis, les journalistes, les consultants politiques et les philanthropes tendent à associer les électeurs et les politiciens non blancs aux politiques d'extrême gauche. Quand ils entendent Pressley ou Ocasio-Cortez, ils prennent les opinions exprimées comme étant typiques d'une génération montante d'électeurs non blancs. Quand ils écoutent Davids, ils la considèrent comme une exception, quelqu'un qui se trouve être autochtone, mais n'est pas, comme le dit Pressley, « une voix autochtone ». L'ironie de l'histoire, c'est que cette perception est erronée. Loin d'être plus radicaux que les Démocrates blancs, par exemple, les Démocrates noirs ou basanés sont en réalité significativement plus modérés, voire conservateurs. Même sur des questions où les Afro-Américains tendent à être plus progressistes que la moyenne des Démocrates, comme la justice raciale et la réforme de la police, leurs opinions sont bien plus conventionnelles que celles des voix censées les représenter. Quand AOC et les autres membres du Squad scandent volontiers « Defund the Police », « Coupez les budgets de la police », les sondages montrent que la majorité des Afro-Américains y sont opposés et voudraient au contraire plus de policiers dans leurs quartiers. (Kim Parker and Kiley Hurst, « Growing Share of Americans Say They Want More Spending on Police in Their Area », Pew Research Center, 26 octobre 2021, www.pewresearch.org/fact-tank/2021/10/26/growing-share-of-americans-say-they-want-more-spending-on-police-in-their-area/)

Ces distorsions sont, malheureusement, la règle plutôt que l'exception. Le désir d'avoir une « voix noire » ou une « voix basanée » à la table est compréhensible. Mais est-ce vraiment une surprise qu'une conception politique qui englobe quarante millions d'Afro-Américains et soixante millions de Latinos dans le même raccourci simpliste échoue à représenter vraiment les opinions de ceux pour qui elle prétend parler ? (Cette note s'inspire de Yascha Mounk, « Lessons of the 2020 Election: What Democrats and Republicans Must Now Do to Win », *Wall Street Journal*, 20 novembre 2020, www.wsj.com/articles/lessons-of-the-2020-election-what-democrats-and-republicans-must-now-do-to-win-11605887801)

parler pour la majorité : Bayard Rustin, « The Failure of Black Separatism », *Harper's Magazine*, janvier 1970, p. 27.

prétendre clore ainsi le débat : Cette méthode politique risque aussi de perpétuer de profondes inégalités de statut. Alors qu'il devrait être issu de valeurs et d'intérêts partagés, l'objectif politique commun n'est plus guère qu'une déclaration des uns qui reconnaissent les autres comme plus opprimés qu'eux. Censée briser des inégalités profondes, la théorie du point de vue rend ses bénéficiaires putatifs conscients à jamais d'avoir reçu une forme d'aumône politique, autrement dit de la reconnaissance mutuelle de leur infériorité sociale. Pour un point de vue semblable dans un autre contexte, voir Elizabeth S. Anderson, « What Is the Point of Equality? », *Ethics* 109, n° 2 (1999): 287-337.

9. Les joies de l'influence réciproque

de produits de beauté : Cao Fei, *Plant Contest*, Hood Museum of Art, consulté le 30 janvier 2023, hoodmuseum.dartmouth.edu/objects/2018.37.32

une quatrième corde à sa lyre : Pour l'utilisation canonique de Terpandre dans l'histoire de la pensée politique, voir Benjamin Constant, *De la liberté des Anciens comparée à celle des Modernes* (1819) : « Terpandre ne peut chez les Spartiates ajouter une corde à sa lyre sans que les Éphores ne s'offensent. »

les missions commerciales étrangères : Voir, par exemple, Sue Gronewald: « The Ming Voyages », Asia for Educators, Columbia University, afe.easia.columbia.edu/special/china_1000ce_mingvoyages.htm#, consulté le 24 mars 2023.

De la page 205 à la page 207

l'authenticité de la culture allemande : *Encyclopædia Britannica*, s.v. « Wagner's Anti-Semitism », consulté le 24 mars 2023, www.britannica.com/biography/Richard-Wagner-German-composer/Wagners-anti-Semitism

« mondialisation » : Voir par exemple Ben Zimmer, « The Origins of the "Globalist" Slur », *The Atlantic*, 14 mars 2018, www.theatlantic.com/politics/archive/2018/03/the-origins-of-the-globalist-slur/555479/

« la protection du mode de vie européen » : Matina Stevis-Gridneff, « "Protecting Our European Way of Life" ? Outrage Follows New E.U. Role », *The New York Times*, 12 septembre 2019, www.nytimes.com/2019/09/12/world/europe/eu-ursula-von-der-leyen-migration.html

« intouchable » : « On peut apprécier une culture tout en admettant qu'elle est intouchable. » Nadia Khamsi, « Respecting the Lodge », Indigenous Land, Urban Stories, consulté le 24 janvier 2023, indigenouslandurbanstories.ca/portfolio-item/sweat-lodge/

la culture populaire : Sean Johnson Andrews, « The Birmingham School of Cultural Studies », in *Oxford Research Encyclopedia of Communication*, 27 octobre 2020, doi.org/10.1093/acrefore/9780190228613.013.44

pour quelles conséquences ? : Sabine Wilms, « Orientalism, Cultural Appropriation, and Critical Thinking (Part One) », Happy Goat Productions, 22 janvier 2017, www.happygoatproductions.com/blog/2017/1/22/orientalism-cultural-appropriation-and-critical-thinking-part-one ; Vinay Lal, « History of British India [LEC 02] », YouTube, 26 janvier 2014, www.youtube.com/watch?v=q3eiZjzhRGg (à 46'18")

troublantes ou douloureuses : Robert S. Nelson et Richard Shiff, *Critical Terms for Art History*, 2e éd., Chicago, University of Chicago Press, 2003, p. 172.

ne correspondait pas à la leur : Voir par exemple Andrew R. Chow, « Lucky Lee's Restaurant Sparks Cultural Appropriation Debate », *Time*, 10 avril 2019, time.com/5567450/lucky-lees-chinese-food-appropriation/ ; Alexandra Alter, « Y.A. Author Pulls Her Debut After Pre-publication Accusations of Racism », *The New York Times*, 31 janvier 2019, www.nytimes.com/2019/01/31/books/amelie-wen-zhao-blood-heir-ya-author-pulls-debut-accusations-racism.html

De la page 207 à la page 209

un dessert traditionnel juif : Shiryn Ghermezian, « *Bon Appetit* Magazine Edits Hamantaschen Article to “Better Convey” Purim Holiday and Jewish Culture », Algemeiner.com, 12 février 2021, www.algemeiner.com/2021/02/12/bon-appetit-magazine-edits-hamantaschen-article-to-better-convey-purim-holiday-and-jewish-culture/

d’appropriation culturelle : Armin Langer, « Lasst die Kippa uns Juden! », *Spiegel Online*, 25 avril 2018, www.spiegel.de/kultur/gesellschaft/berlin-deutsche-sollten-keine-kippa-tragen-a-1204689.html

le carnaval de Notting Hill : Eromo Egbejule, « World Jollof Day: Jamie Oliver’s #Ricegate and Other Scandals », *The Guardian*, 22 août 2016, www.theguardian.com/world/2016/aug/22/world-jollof-day-jamies-oliver-rice-scandals ; Frances Perraudin, « Gordon Ramsay Defends New Restaurant in Cultural Appropriation Row », *The Guardian*, 14 avril 2019, www.theguardian.com/food/2019/apr/14/gordon-ramsay-defends-lucky-cat ; « Adele Accused of Cultural Appropriation over Instagram Picture », *The Guardian*, 1er septembre 2020, www.theguardian.com/music/2020/sep/01/adele-accused-of-cultural-appropriation-over-instagram-picture

le succès impossible : Brian Ward, « Champion or Copycat? Elvis Presley’s Ambiguous Relationship with Black America », *Conversation*, 14 août 2017, theconversation.com/champion-or-copycat-elvis-presleys-ambiguous-relationship-with-black-america-82293

en tenue d’ouvriers du bâtiment : Samantha Schmidt, « Baylor Frat Holds “Cinco de Drinko” Party. Students Reportedly Dressed as Maids, Construction Workers », *Washington Post*, 3 mai 2017, www.washingtonpost.com/news/morning-mix/wp/2017/05/03/baylor-frat-holds-drinko-de-mayo-party-dressed-as-maids-construction-workers-students-say/

que je m’en sorte mieux qu’elle : Samantha Schmidt, « Baylor Frat ».

au profit d’individus privilégiés : Voir la discussion de ces thèses et leur critique dans Kristen A. Carpenter, Sonia K. Katyal, et Angela R. Riley, « In Defense of Property », *Yale Law Journal* 118, n° 6 (avril 2009): 1022-255, www.yalelawjournal.org/article/in-defense-of-property

de différentes communautés : Erich Hatala Matthes, « Cultural Appropriation and Oppression », *Philosophical Studies* 176, n° 4 (2018): 1003-13, doi.org/10.1007/s11098-018-1224-2

De la page 209 à la page 214

des groupes concernés : C. Thi Nguyen et Matthew Strohl, « Cultural Appropriation and the Intimacy of Groups », *Philosophical Studies* 176, n° 4 (janvier 2019): 981-1002, doi.org/10.1007/s11098-018-1223-3

la jouissance légitime de ses fruits : John Locke, *Second Treatise of Government*, éd. C. B. Macpherson, Indianapolis, Hackett, 1980, p. 11-12.

« authentiques » : Voir Conor Friedersdorf, « Oberlin College's Food Fight », *The Atlantic*, 21 décembre 2015, www.theatlantic.com/politics/archive/2015/12/the-food-fight-at-oberlin-college/421401/

Pour un autre exemple, impliquant deux femmes qui tenaient un camion de burritos, voir Tim Carman, « Should White Chefs Sell Burritos? A Portland Food Cart's Revealing Controversy », *Washington Post*, 26 mai 2017, www.washingtonpost.com/news/food/wp/2017/05/26/should-white-chefs-sell-burritos-a-portland-restaurants-revealing-controversy/

elles sont mortes : Kwame Anthony Appiah, « The Case for Contamination », *The New York Times*, 1er janvier 2006, www.nytimes.com/2006/01/01/magazine/the-case-for-contamination.html

la paysanne inconnue qui a créé : « Démêler tous les fils de l'histoire du rebozo est complexe. Ses influences sont mondiales : soie et écharpes chinoises, *ikat* du Sud-Est asiatique, châles débarqués des galions de Manille, vêtements tricotés préhispaniques, motifs espagnols et maures. » Marion Oettinger et Lee Boltin, *Folk Treasures of Mexico: The Nelson A. Rockefeller Collection in the San Antonio Museum of Art and the Mexican Museum, San Francisco*, Houston, Arte Público Press, 2010.

d'en faire bon usage : Voir Montse Olmos et Mayte Acolt, « The Rebozo & Beyond: Cultural Appropriation & Birth », *Your Birth Partners*, 3 mai 2021, podcast, yourbirthpartners.org/rebozo-appropriation/ ; et « The Rebozo Craze and Non-Latinx Birth Workers: Bini Birth », Bini Birth | Childbirth Education & Doula Training, 13 janvier 2020, binibirth.com/the-rebozo-craze-and-non-latinx-birth-workers/

des castes inférieures (et vice-versa) : En effet, certains soutiennent cette position : Sammitha Sreevathsa, « Classical Dance and Appropriation: How to Think About a Field Whose Foundations Rest on Cultural Violence », *Firstpost*, 1er décembre 2019, www.firstpost.com/living/classical-dance-and-appropriation-how-to-think-about-a-field-whose-foundations-rest-on-cultural-violence-7708381.html

De la page 214 à la page 218

de la cuisine maya : « Cochinita Pibil », DishRoots, 30 juillet 2018, www.dishroots.com/post/cochinita-pibil

du contenu de sa boîte à pique-nique : « Un endroit tendance tenu par des Blancs à Ossington vend du bouillon d'os en face de Golden Turtle Pho. Il sexualise aussi la sauce et fait des dumplings pour gagner de l'argent ? Ça me rend malade. » (Evy Kwong [@EVYSTADIUM], Twitter, 18 novembre 2020, 12:15 PM, twitter.com/EVYSTADIUM/status/1329110893133783040). Voir aussi « UPDATE: Permission, le magasin qui partageait l'espace avec ce *truc* annonce mettre immédiatement fin à son partenariat » (Evy Kwong [@EVYSTADIUM], Twitter, 19 novembre 2020, 1:45 PM, twitter.com/EVYSTADIUM/status/1329496148353101826)

l'accès à la célébrité : Matthew Swayne, « How the 1950s Racism Helped Make Pat Boone a Rock Star », InnerSelf.com, consulté le 24 mars 2023, innerself.com/social/culture-wars/14776-how-the-1950s-racism-helped-make-pat-boone-a-rock-star.html

des fruits de leurs efforts créatifs : Michael Harriot, « The 10 Biggest Cultural Thefts in Black History », *Root*, 30 mai 2019, www.theroot.com/the-10-biggest-cultural-thefts-in-black-history-1835106474. De même, le terme d'appropriation culturelle ne désigne pas assez ce qu'il y a d'injuste dans le fait que des œuvres d'art des anciennes colonies britanniques telles que l'Inde et le Kenya sont possédées par le British Museum. Le problème n'est pas qu'il serait inapproprié de posséder ou de présenter des œuvres d'un pays dans les institutions d'un autre, mais que l'acquisition des œuvres en question s'est faite dans des conditions particulièrement injustes. C'est une affaire de vol et des affres plus larges de la domination coloniale en général, une réalité difficile que les histoires d'appropriation culturelle masquent plus qu'elles ne révèlent.

de s'épanouir et de rayonner : « La Bagdad des VIIIe et IXe siècles jouissait d'une atmosphère pluraliste, cosmopolite et multiconfessionnelle. On y voyait des rassemblements multiethniques de musulmans, de chrétiens, de juifs, de zoroastriens, de païens, d'Arabes, de Perses, de même que plusieurs populations asiatiques. » Reuven Snir, « "The Eye's Delight": Baghdad in Arabic Poetry », *Orientalia Suecana* 70 (2021): 12-52, doi.org/10.33063/diva-437598

De la page 221 à la page 222

10. Parlez librement

un documentaire radiophonique : Yascha Mounk, *The Populist Curtain*.

prendre garde à ce qu'on dit : Pour en savoir plus sur l'état de la liberté d'expression dans le monde, voir le rapport annuel de l'ONG Freedom House. Dans son rapport 2022, par exemple, Freedom House donne à la Turquie un score de 5/16 dans la catégorie « liberté d'expression et de conscience ». Sous l'égide du président Erdoğan, « les médias subissent souvent la censure, des amendes, des fermetures, des journalistes sont régulièrement détenus », et le gouvernement « surveille plus de 45 millions de comptes sur les réseaux sociaux », punissant arbitrairement ceux qui critiquent le gouvernement. « Turkey: Freedom in the World 2022 Country Report », Freedom House, consulté le 5 janvier 2023, freedomhouse.org/country/turkey/freedom-world/2022

de racisme ou de sexualité : Sur les récents efforts pour bannir des contenus de l'enseignement public, voir David French, « Free Speech for Me but Not for Thee », *The Atlantic*, 11 avril 2022, newsletters.theatlantic.com/the-third-rail/email/1eff62d6-d95e-49f2-8e85-5a8ac4333206. Sur les restrictions à la liberté d'expression relative à l'avortement, voir Yascha Mounk, « Why Freedom of Speech Is the Next Abortion Fight », *The Atlantic*, 1er septembre 2022, www.theatlantic.com/ideas/archive/2022/08/freedom-speech-mississippi-abortion-rights/671202/

qu'elles en deviennent inquiétantes : Voir par exemple Adam Steinbaugh, « Why Florida's Betrayal of the First Amendment to "Stop Woke" Should Concern Everyone, Including Conservatives », Foundation for Individual Rights and Expression, 29 novembre 2022, www.thefire.org/news/why-floridas-betrayal-first-amendment-stop-woke-should-concern-everyone-including ; Conor Friedersdorf, « Ron DeSantis's Speech Policing Could Hurt the Right Too », *The Atlantic*, 22 novembre 2022, www.theatlantic.com/ideas/archive/2022/11/ron-desantis-individual-freedom-act-free-speech/672211 ; Yascha Mounk, « How to Save Academic Freedom From Ron DeSantis », *The Atlantic*, 7 mars 2023, https://www.theatlantic.com/ideas/archive/2023/03/ron-desantis-book-illiberal-policies-florida-education/673297/

De la page 222 à la page 223

les classes de personnes : « Tennessee SB0623: 2021-2022: 112th General Assembly », LegiScan, 2021, legiscan.com/TN/text/SB0623/id/2409134

« d'une manière inadaptée à l'âge des élèves » : Ian Millhiser, « The Constitutional Problem with Florida's "Don't Say Gay" Bill », Vox, 15 mars 2022, www.vox.com/2022/3/15/22976868/dont-say-gay-florida-unconstitutional-ron-desantis-supreme-court-first-amendment-schools-parents

des interdictions semblables : Voir David Schultz, « State Constitutional Provisions on Expressive Rights », *The First Amendment Encyclopedia*, Septembre 2017, www.mtsu.edu/first-amendment/article/874/state-constitutional-provisions-on-expressive-rights

« Offenser est un délit » : Yascha Mounk (@Yascha_Mounk), Twitter, 21 février 2021, 8:51 PM, twitter.com/Yascha_Mounk/status/1363667618608087042. Dans la loi anglaise, l'outrage n'est pas un délit. Mais le fait que des policiers aient produit et affiché publiquement ce slogan montre à quel point sont devenues floues les frontières de ce qui peut être dit, et combien facilement de malheureux citoyens pourraient devenir l'objet d'enquête en raison de comportements qui n'ont rien d'illégal. Bien que la tournure exacte de la phrase affichée par la police de Meyerside la rende erronée, de nombreux citoyens britanniques ont bien été punis pour ce qu'ils avaient dit, souvent dans des circonstances très inquiétantes. Voir par exemple Kenan Malik, « The "Nazi Pug": Giving Offence Is Inevitable and Often Necessary in a Plural Society », *The Guardian*, 25 mars 2018, theguardian.com/commentisfree/2018/mar/25/being-offensive-should-not-be-illegal-in-society-that-defends-free-speech ; Scott Shackford, « She Posted Rap Lyrics to Remember a Dead Teen, so the U.K. Prosecuted Her for Hate Speech », *Reason*, 23 avril 2018, reason.com/2018/04/23/she-posted-rap-lyrics-to-remember-a-dead/

ce symbole est interdit en Allemagne : Derek Scally, « Man Faces Court for Anti-Nazi Use of Swastika », *Irish Times*, 27 septembre 2006, www.irishtimes.com/news/man-faces-court-for-anti-nazi-use-of-swastika-1.1007969. Bien qu'un juge ait fini par admettre que l'autocollant ne violait pas la loi allemande contre les croix gammées, l'ambiguïté de ces lois demeure glaçante. Voir aussi DW Staff, « Anti-Nazi Images », *DW*, 15 mars 2007, www.dw.com/en/germany-allows-anti-nazi-swastikas/a-2385967

De la page 223 à la page 224

homophobe : « Queer. de: Darf Benedikt XVI. posthum als homophober Hetzer bezeichnet werden? », *Der Spiegel*, 9 janvier 2023, www.spiegel.de/panorama/darf-benedikt-xvi-posthum-als-homophober-hetzer-bezeichnet-werden-a-8815a43d-2956-4cd4-b2e5-458ff63a0ee0

« T'es tellement con. » : Adam Satariano et Christopher F. Schuetze, « Where Online Hate Speech Can Bring the Police to Your Door », *The New York Times*, 23 septembre 2022, www.nytimes.com/2022/09/23/technology/germany-internet-speech-arrest.html

qu'ils banniraient : Par exemple, Mark Zuckerberg a témoigné devant le Congrès que Facebook avait fait « du combat contre la désinformation et de la fourniture d'informations vérifiées à ses usagers une priorité pour l'entreprise ». Danielle Abril, « What Big Tech CEOs Will Tell an Angry Congress about Policing Misinformation and Extremism », *Fortune*, 24 mars 2021, https://fortune.com/2021/03/24/facebook-alphabet-twitter-ceos-congressional-hearing-testimony-misinformation-extrimism-online-big-tech-congress/

« désinformation » : Pour une déclaration sur certains des problèmes inhérents au concept de « désinformation », qui conclut qu'il peut s'avérer utile s'il était appliqué avec plus de rigueur, voir Conor Friedersdorf, « How "Big Disinformation" Can Overcome Its Skeptics », *The Atlantic*, 21 avril 2022, https://www.theatlantic.com/ideas/archive/2022/04/anti-disinformation-laws-social-media/629612/. Notez aussi que le grand public n'a pas les idées beaucoup plus claires sur ce qui constitue de la « désinformation » ou des « fake news ». Selon un sondage de 2017 de l'institut Gallup et de la fondation Knight, 48 % des personnes interrogées estimaient que « présenter de fausses informations comme si elles étaient vraies en pleine connaissance de cause » était « toujours » de la désinformation, tandis que 46 % jugeaient que cela en était « parfois ». Plus étonnant, 28 % des personnes interrogées disaient que « des informations exactes présentant des politiciens ou des partis politiques sous une mauvaise lumière » étaient « toujours » de la désinformation, 50 % répondant ici « parfois ». « Unsurprisingly, It's Hard to Define "Fake News" », News Literacy Project, consulté le 24 mars 2023, newslit.org/tips-tools/did-you-know-negative-light/

sans justification : Cristiano Lima, « Facebook No Longer Treating "Man-Made" Covid as a Crackpot Idea », *Politico*, 26 mai 2021, www.politico.com/news/2021/05/26/facebook-ban-covid-man-made-491053

Page 224

l'élection présidentielle américaine : Elizabeth Dwoskin, « Facebook and Twitter Take Unusual Steps to Limit Spread of New York Post Story », *Washington Post*, 15 octobre 2020, www.washingtonpost.com/technology/2020/10/15/facebook-twitter-hunter-biden/. On peut raisonnablement disconvenir de l'importance de l'article de départ sur Hunter Biden dans le *New York Post*. Mais les médias dominants ont pris la décision extraordinaire de suspendre le compte d'un journal bien connu au prétexte que la thèse centrale de l'article, à savoir l'authenticité des informations récupérées dans l'ordinateur de Hunter Biden était fausse. Cependant, comme l'ont confirmé plus tard des articles du *New York Times* et d'autres, ce n'était pas le cas. Voir par exemple Katie Brenner, Kenneth P. Vogel, and Michael S. Schmidt, « Hunter Biden Paid Tax Bill, but Broad Federal Investigation Continues », *The New York Times*, 16 mars 2022, www.nytimes.com/2022/03/16/us/politics/hunter-biden-tax-bill-investigation.html

qu'elles considéraient comme offensants : Pour donner quelques exemples, en août 2021, Comedy Central a supprimé l'épisode de *The Office* intitulé « Diversity Day », qui se moque de la vacuité des efforts d'inclusivité et de diversité des entreprises. (Carly Mayberry, « Comedy Central Caves to Cancel Culture, Removes Episode from "The Office" Line-Up », *Newsweek*, 30 août 2021, www.newsweek.com/comedy-central-caves-cancel-culture-removes-episode-office-line-1623873). En juin 2020, HBO Max a acquis les droits de diffusion de *South Park*, mais n'a pas autorisé le visionnage de cinq des épisodes les plus controversés (Randall Colburn, « South Park Is Now on HBO Max-with Five Episodes Missing », The A.V. Club, 25 juin 2020, https://www.avclub.com/hbo-max-removes-all-south-park-episodes-referencing-the-1844162728). Enfin, de nombreux épisodes de *30 Rock* ont été supprimés des plateformes, dont Hulu et Amazon Prime, parce qu'ils contiennent un portrait satirique d'un personnage arborant un « blackface » (Ryan Reed, « "30 Rock" Episodes Featuring Blackface Removed from Streaming, Syndication », *Rolling Stone*, 22 juin 2020, rollingstone.com/tv-movies/tv-movie-news/30-rock-blackface-episodes-pulled-1019167/).

jugés irrespectueux : L'auteur Kosoko Jackson a annulé la publication d'*A Place for Wolves*, roman jeunesse aux critiques avant parution laudatrices, en raison de l'indignation publique provoquée

De la page 224 à la page 225

par une critique sur Goodreads, qui dénonçait le portrait que l'ouvrage faisait des musulmans. Katy Waldman, « In Y.A., Where Is the Line Between Criticism and Cancel Culture? », *New Yorker*, 21 mars 2019, www.newyorker.com/books/under-review/in-ya-where-is-the-line-between-criticism-and-cancel-culture

« dangereux » : Par exemple, un spectacle de Dave Chappelle au First Avenue de Minneapolis a été annulé après que des employés du lieu s'y étaient opposés. Derek Saul, « Minnesota Venue Cancels Dave Chappelle Show as Transphobia Controversy Boils Over », *Forbes*, 22 juillet 2022, www.forbes.com/sites/dereksaul/2022/07/21/minnesota-venue-cancels-dave-chappelle-show-as-transphobia-controversy-boils-over/?sh=6a4dcbc52c1d

de tirage national : Voir la désinvitation du géophysicien Dorian Abbot lors d'une conférence au MIT en raison de son opposition à la discrimination positive. Michael Powell, « M.I.T.'s Choice of Lecturer Ignited Criticism. So Did Its Decision to Cancel », *The New York Times*, 20 octobre 2021, www.nytimes.com/2021/10/20/us/dorian-abbot-mit.html ; et Yascha Mounk, « Why the Latest Campus Cancellation Is Different », *The Atlantic*, 10 octobre 2021, www.theatlantic.com/ideas/archive/2021/10/why-latest-campus-cancellation-different/620352/

peur des conséquences : Emily Ekins, « Poll: 62 % of Americans Say They Have Political Views They're Afraid to Share », Cato Institute, 22 juillet 2020, www.cato.org/publications/survey-reports/poll-62-americans-say-they-have-political-views-theyre-afraid-share

de sujets controversés avec leurs camarades : « Largest Ever Free Speech Survey of College Students Ranks Top Campuses for Expression », Foundation for Individual Rights and Expression, 29 septembre 2020, www.thefire.org/largest-ever-free-speech-survey-of-college-students-ranks-top-campuses-for-expression/

« peur d'exprimer ce qu'ils pensent vraiment » : Les résultats complets de ce sondage interne n'ont pas été publiés. Selon des articles qui y ont eu accès, 51 % des personnes interrogées seulement étaient d'accord avec la phrase « on peut échanger librement sur ses opinions au sein de l'entreprise, les gens n'ont pas peur d'exprimer ce qu'ils pensent vraiment ». Voir Jon Levine, « Half of New York Times Employees Feel They Can't Speak Freely: Survey », *New York Post*, 13 février 2021, nypost.com/2021/02/13/new-york-times-employees-feel-they-cant-speak-freely-survey/

De la page 225 à la page 227

ceux qui s'en écartent : John Stuart Mill, *De la liberté*, traduction Charles Brooks Dupont-White (1860) [légèrement modifiée par le traducteur, NdT].

l'esclavage dans les années 1850 : Voir Frederick Douglass, « A Plea for Free Speech in Boston (1860) », National Constitution Center, consulté le 21 janvier 2023, constitutioncenter.org/the-constitution/historic-document-library/detail/frederick-douglass-a-plea-for-free-speech-in-boston-1860

la guerre du Vietnam : Voir l'affaire classique *Tinker v. Des Moines*, où la Cour suprême a maintenu le droit des élèves de protester contre la guerre du Vietnam dans les établissements scolaires. Tinker v. Des Moines Independent Community School District, 393 U.S. 503 (1969).

la liberté d'expression : Martin Luther King a parlé des attaques contre la liberté d'expression durant la guerre du Vietnam, non sans émotion. « La cinquième victime de la guerre du Vietnam est le principe de l'objection. Une sombre répression issue de l'envie de réduire au silence les appels à la paix dépeint tous ceux qui plaident pour l'arrêt des bombardements en presque traîtres, en idiots ou en ennemis vénaux de nos soldats et de nos institutions. La liberté d'expression et le privilège de l'objection et de la discussion sont des droits que les bombardements au Vietnam éteignent. Quand ceux qui se lèvent pour la paix sont ainsi vilipendés, il est temps de se demander où l'on va, et si la liberté d'expression ne serait pas devenue l'une des principales victimes de la guerre. » Martin Luther King Jr., « Martin Luther King Jr. on the Vietnam War » (discours à Beverly Hills, 25 février 1967 [traduction personnelle, NdT]), *The Atlantic*, www.theatlantic.com/magazine/archive/2018/02/martin-luther-king-jr-vietnam/552521/

« terreur des tyrans » : Frederick Douglass, « Plea for Free Speech in Boston (1860) ».

« service rendu aux puissants » : Alexandria Ocasio-Cortez (@AOC), Twitter, 18 mars 2022, 5:50 PM, twitter.com/aoc/status/1504938290386030598

de stigmatiser les minorités : Owen Jones (@OwenJones84), Twitter, 11 septembre 2022, 1:11 PM, twitter.com/OwenJones84/status/1569010714420838401

des injures racistes : Ellen Pao (@ekp), Twitter, 5 avril 2022, 7:31 PM, twitter.com/ekp/status/1511486807451463680

De la page 227 à la page 228

Tolérance répressive : Herbert Marcuse, « Repressive Tolerance », in *A Critique of Pure Tolerance*, éd. Robert Paul Wolff et Barrington Moore, 5e éd., Boston, Beacon Press, 1969, p. 81-123.

la propagande médiatique : La société contemporaine, nous dit Herbert Marcuse, était caractérisée par « la tolérance d'une bêtification systémique des enfants comme des adultes au travers de la publicité et de la propagande ». (« Repressive Tolerance », p. 83.) [Traduction personnelle, NdT.]

la servitude : Herbert Marcuse, « Repressive Tolerance », p. 83.

de la Sécurité sociale, de l'aide médicale, etc : Une réforme radicale du système éducatif, selon Marcuse, serait aussi essentielle : il devrait y avoir « de nouvelles restrictions strictes sur les enseignements et les pratiques des institutions scolaires qui, par leurs méthodes et leurs concepts, servent à enfermer l'esprit dans l'univers des discours et des comportements établis ». (« Repressive Tolerance », p. 100-101.) [Traduction personnelle, NdT.]

la tolérance véritable : Herbert Marcuse a répété cette position dans la postface de son livre, publiée en 1968 : « La tolérance serait réduite dans le cas de mouvements qui ont démontré leur agressivité ou leur comportement destructeur (destructeur des efforts de paix, de justice, de liberté pour tous). De telles discriminations seraient également appliquées aux mouvements qui s'opposent à l'extension des mesures sociales en faveur des pauvres, des faibles, des handicapés. Quant aux critiques virulentes qui ne manqueront pas d'être émises sur le fait que de telles mesures sacrifieraient le principe libéral sacré de l'égalité quand il s'agit de "l'autre camp", je maintiens qu'en certaines situations, soit il n'y a d'"autre camp" qu'en un sens rigoureusement formel, soit "l'autre camp" a démontré qu'il était celui de la "régression" et empêchait toute amélioration possible de la condition humaine. » (« Repressive Tolerance », p. 120.) [Traduction personnelle, NdT.]

des hommes libres : Herbert Marcuse, « Repressive Tolerance », p. 108.

de la liberté d'expression : Stanley Fish, *There Is No Such Thing as Free Speech: And It's a Good Thing Too*, New York, Oxford University Press, 1994.

« remplis du contenu et de la direction » : Stanley Fish, *No Such Thing*, p. 102.

De la page 228 à la page 229

se voir régulée : La conclusion de l'argument paraît être que nous devrions abandonner toute discussion du principe de liberté d'expression. Toutefois, Stanley Fish lui-même, à plusieurs reprises, en est venu à une conclusion moins radicale : « La morale n'est pas que nous devrions abandonner les discussions sur le premier amendement, car même si le standard qu'il définit ne remplit pas et ne peut pas remplir sa fonction principale (l'élimination des considérations politiques dans les décisions sur la liberté d'expression), il en remplit une autre non négligeable : il ralentit les décisions dans un domaine où la crainte de décisions trop hâtives est justifiée, du fait d'une longue histoire d'abus de pouvoir. On dit souvent que l'histoire montre (ce qui est aussi une formule) que même une restriction minime sur la liberté d'expression ouvre trop facilement la voie à d'autres restrictions plus grandes ; dans la mesure où il s'agit d'un fait empirique (ce dont on peut débattre), on pourra retrouver un peu de réconfort et de protection dans une procédure qui exige de multiples démarches et beaucoup de travail argumentatif avant qu'une régulation de la liberté d'expression ne soit autorisée. » Stanley Fish, *No Such Thing*, p. 113-114. [Traduction personnelle, NdT.]

très subjectif : « Le problème de cette définition, c'est qu'elle n'établit pas de distinction entre les mots susceptibles de déclencher des représailles et ceux qui ne seraient qu'une façon de parler, mais entre les mots qui provoqueront la colère d'un groupe (qu'on décrit comme celui des "personnes dans la moyenne") et les mots qui provoqueront la colère d'autres groupes, constitués là de personnes qui, actuellement, ne sont pas considérées comme "dans la moyenne". Si on demande quels mots provoquent la colère de ces derniers, quels sont leurs *mots dangereux*, la réponse sera tout et n'importe quoi, car comme l'a dit il y a longtemps le juge Holmes (dans l'affaire *Gitlow v. New York*), toute idée est une incitation pour quelqu'un, et comme les idées sont emballées dans des phrases, dans des mots, toute phrase est potentiellement, dans certaines situations qui pourraient très bien se produire demain, susceptible de déclencher des représailles, et donc candidate à la régulation. » Stanley Fish, *No Such Thing*, p. 106. [Traduction personnelle, NdT.]

une question politique : Stanley Fish a formulé une deuxième attaque contre la liberté d'expression, subtilement différente de la première. Selon celle-ci, les institutions qui se vantent de traiter la

Page 229

liberté d'expression comme une valeur indépassable sont toujours hypocrites, car quand l'exercice de la liberté d'expression rentre en conflit avec l'objectif plus large de l'institution en question, celle-ci lui fixe des limites. Dans la célèbre défense de John Milton en faveur de la liberté d'expression, *Areopagitica*, le poète introduit une exception importante, par exemple : « le papisme et la superstition flagrante » devraient, selon lui, être expulsés du cadre de la liberté d'expression. Ce genre d'argument, selon Stanley Fish, est une caractéristique des défenses de la liberté d'expression et non une faille particulière à celle de Milton. « Quand vient le problème (et il viendra toujours) et que l'institution (que ce soit l'État, l'Église ou l'Université) se trouve confrontée à un comportement susceptible de subvertir sa fonction centrale, elle répondra en déclarant que, bien sûr, il ne s'agissait pas de tolérer *ça*, que *ça* doit être extirpé de la libre expression. » (Stanley Fish, *No Such Thing*, p. 104.) C'est une règle invariable, selon Fish : « Je veux dire que toutes les affirmations de la liberté d'expression sont du même genre que celle de Milton, leur force dépend d'une exception qui creuse littéralement l'espace dans lequel l'expression pourra émerger ensuite. » Stanley Fish, *No Such Thing*, p. 103. [Traduction personnelle, NdT.]

de fond que l'on s'est fixés : Stanley Fish, *No Such Thing*, p. 102. L'objection qui consiste à pointer l'arbitraire des restrictions de la liberté d'expression est séduisante, mais elle ne résiste pas à un examen plus serré.

Comme le pointe l'un des plus vieux paradoxes de la philosophie, il est très difficile de tracer une ligne entre un homme chauve et un autre qui ne l'est pas. Prenez un homme et sa chevelure luxuriante, ôtez-lui les cheveux, un à la fois. Il paraîtra toujours irrationnel de déclarer que l'arrachage d'un seul cheveu l'a soudain rendu chauve. Doit-on ainsi considérer qu'un homme auquel on aurait arraché tous les cheveux n'est pas chauve ? Ce paradoxe souligne bien l'existence de cas compliqués, dont la description complète sera toujours affaire de jugement et pourra même comporter un peu d'arbitraire, mais elle ne démontre pas que Zac Efron est chauve, ni que Bruce Willis soit doté d'une luxuriante chevelure. (En philosophie, les énigmes logiques ainsi énoncées au moyen de termes flous sont souvent rassemblées sous le nom de « paradoxe sorite ».)

Il en va de même de la liberté d'expression. Il existe de nombreux cas compliqués qui aboutissent à une authentique question de jugement subjectif pour savoir si l'expression concernée tombe sous le

De la page 229 à la page 230

droit à la liberté d'expression. Imaginez quelqu'un de très énervé contre une mesure adoptée par l'école de sa ville. Il appelle le directeur, lui dit : « Vous paierez pour ça ! » Est-ce une forme extrême de critique légitime ? Ou une menace concrète envers la sécurité du directeur, qui tombe sous le coup de la loi ? C'est réellement compliqué de répondre. Des gens tous raisonnables peuvent aboutir à des conclusions différentes et Stanley Fish a raison de dire que le jeu du pouvoir aidera à fixer les frontières exactes de la liberté d'expression. Mais cela ne signifie pas qu'il serait impossible de distinguer un parent formulant des critiques à propos du règlement de l'école (exercice légitime de sa liberté d'expression) de quelqu'un qui lancerait une fausse alerte à la bombe (ce qui sera considéré comme illégal).

le doute et la haine mettent dans la porte : Nadia Whittome (@NadiaWhittomeMP), Twitter, 23 juillet 2020, 1:47 PM, twitter.com/nadiawhittomemp/status/1286357272025796608

des formes d'expression asservie : Twitter Together (@Twitter Together), Twitter, 11 juin 2020, 7:29 PM, twitter.com/TwitterTogether/status/1271223142493507584

communautés marginalisées : Francesca Truitt, « Black Lives Matter Protests American Civil Liberties Union », *Flat Hat News*, 2 octobre 2017, flathatnews.com/2017/10/02/black-lives-matter-protests-american-civil-liberties-union/. Un article universitaire publié dans le journal de l'American Association of University Professors est encore plus explicite dans son rejet de la liberté d'expression : « Au bout du compte, le problème est moins une question de liberté d'expression que de valeurs. Nous devons nous poser ces questions fondamentales : accordons-nous de la valeur à une expression libre qui fait la promotion du racisme, de l'homophobie, de la transphobie, de la misogynie, de la culture du viol, des violences faites aux femmes, du mépris des handicapés ? » Reshmi Dutt-Ballerstadt, « When Free Speech Disrupts Diversity Initiatives: What We Value and What We Do Not », *AAUP Journal of Academic Freedom* 9 (2018): 18.

les hiérarchies d'oppression existantes : Voir par exemple « A More Specific Letter on Justice and Open Debate », Objective, 10 juillet 2020, objectivejournalism.org/2020/07/a-more-specific-letter-on-justice-and-open-debate/

De la page 230 à la page 231

plus équitables et plus responsables : Dana Brownlee, « Is "Cancel Culture" Really Just Long Overdue Accountability for the Privileged? », *Forbes*, 1er juillet 2021, www.forbes.com/sites/danabrownlee/2021/07/01/is-cancel-culture-really-just-long-overdue-accountability-for-the-privileged/?sh=7f03df33a22b. L'autrice et universitaire Roxane Gay est d'accord : « La culture de l'annulation est le croque-mitaine inventé pour justifier les mauvais comportements et se plaindre qu'ils aient des conséquences. » Molly Schwartz, « Roxane Gay Says Cancel Culture Does Not Exist », *Mother Jones*, March 5, 2021, www.motherjones.com/media/2021/03/roxane-gay-says-cancel-culture-does-not-exist/

Deux arguments sont particulièrement fréquents : Dans les deux paragraphes suivants, je suis le plan de Mill dans *De la liberté*. Il y aussi un troisième argument classique en faveur de la liberté d'expression, soutenu par les libéraux « déontologiques » plutôt que les « conséquentialistes ». Cet argument souligne que le gouvernement n'a pas le droit de se ranger du côté d'un groupe de citoyens aux dépens des autres sur les questions de morale et de religion. Donner aux autorités un pouvoir de censure des discours nocifs reviendrait dans ce cas, selon eux, à violer l'autonomie morale des citoyens ordinaires. Cette idée remonte au vieux débat sur ce qui justifie l'exercice de la violence étatique. Certains philosophes, comme Thomas Hobbes, estiment que l'État est nécessaire pour nous protéger les uns des autres. D'autres, comme John Locke, qu'il est là pour trancher les conflits parce que personne n'est objectif quand ses propres intérêts sont en jeu. D'autres encore, dont ceux qui s'inquiétaient de ce qu'on appelle aujourd'hui les « États faillis », estiment que l'État doit fournir les services publics de base, tels que la nourriture et le logement, aux plus vulnérables.

Mais ce qu'ont en commun toutes les théories libérales de l'État, c'est la conviction que nous sommes tous nés égaux devant la loi et que telles sont les limites de l'action de l'État. Le but de nos institutions n'est ni de déterminer la vérité sur des problèmes moraux ou théologiques ni de nous dire comment mener nos vies. Même si les citoyens des démocraties libérales acceptent de se plier à un ensemble de lois, ils se réservent le droit de décider de ce qui est bien et de ce qui est mal, de ce que serait l'enfer et ce que serait le paradis, par eux-mêmes.

Page 232

Cette liberté morale fondamentale de penser par nous-mêmes serait gravement atteinte si l'État avait le droit de censurer ce que les citoyens expriment. Des citoyens autonomes libres de déterminer leur réponse sur les questions les plus fondamentales doivent préserver ce droit de décider quoi dire, et de qui écouter. Tout État qui s'arrogerait le droit de déterminer des mots trop dangereux pour être prononcés par ses citoyens outrepasserait les limites de l'autorité légitime. Plutôt que poser les conditions qui nous permettent à tous de vivre dans la paix et la prospérité, il se réservait injustement le rôle d'éducateur professant la bonne parole à des brebis égarées.

une vérité : John Mill, *De la liberté*, traduction Charles Brooks Dupont-White (1860). Les vérités vivantes sont capables de résister aux attaques et de nous pousser à l'action. Mais une fois qu'elles deviennent sacro-saintes, que tout désaccord rencontre la censure, elles se transforment en formules vidées de leur sens que nous répétons sans comprendre. Quand un changement de circonstances rendra plus pertinents les arguments contradictoires, « quelques phrases apprises par cœur » auront peu de chances de tenir le choc. Comme les tabous ne sont pas éternels, le prix de la protection d'une idée aujourd'hui pourrait être de l'affaiblir demain.

Ajoutons qu'il est facile de comprendre de travers la nature et les conséquences d'une opinion qui n'est jamais contestée, ou trop rarement. Prenons un exemple tiré du chapitre précédent : si nous acceptons que l'appropriation culturelle est une mauvaise chose sans réfléchir au pourquoi, nous nous retrouverons à « problématiser » sans nécessité des formes d'influence mutuelles complètement inoffensives en réalité, tout en manquant ce qui, dans d'autres pratiques qui ne tombent pas dans la catégorie « appropriation culturelle », pourrait être profondément injuste.

elle se verra finalement défiée : C'est pourquoi, selon Mill, ceux fermement attachés à une opinion particulière devraient accueillir favorablement le désaccord, même quand leur opinion est parfaitement fondée. « S'il n'existe pas des adversaires pour toutes les vérités importantes, on doit se les figurer et leur fournir les arguments les plus forts que puisse imaginer le plus habile avocat du diable. » John Mill, *De la liberté*, traduction Charles Brooks Dupont-White (1860).

De la page 232 à la page 233

de la respectabilité morale de l'homosexualité : En 1996, 27 % des Américains soutenaient le mariage homosexuel. En 2021, c'était 70 %, le chiffre le plus élevé jamais enregistré. Justin McCarthy, « Record-High 70 % in U.S. Support Same-Sex Marriage », Gallup, 8 juin 2021, news.gallup.com/poll/350486/record-high-support-same-sex-marriage.aspx

la robe de la justice : Le troisième argument des philosophes en défense de la liberté d'expression conserve toute sa pertinence aujourd'hui, lui aussi. Je m'inquiète moi aussi que les États qui ne respectent pas les limites de leur autorité légitime courent le danger de violer l'autonomie morale de leurs citoyens. Les États modernes remplissent légitimement une grande variété de rôles très ambitieux, depuis le maintien de la loi et de l'ordre à l'État providence. Mais un fonctionnaire qui déterminerait ce qu'on peut lire comprendrait très mal sa fonction, qui est de nous servir, mes compatriotes et moi, et non de juger de nos opinions.

de liberté d'expression : Aux États-Unis, le gouvernement d'Abraham Lincoln a significativement réduit la liberté d'expression et la liberté de la presse durant la guerre de Sécession. De même, au Royaume-Uni, Winston Churchill a réduit la liberté d'expression durant la Seconde Guerre mondiale. Des limites étroites, telles que les informations concernant les mouvements de troupes ou la position des abris anti-bombardement, qui représentent clairement une menace à la sécurité de l'État, peuvent être justifiées en cas de force majeure, mais des limites extensives ne vont jamais sans sérieux problèmes, même en temps de guerre. De fait, les démocraties battent souvent les autocraties sur le champ de bataille en partie parce que l'attention que le public porte aux échecs militaires contribue à corriger leurs défauts. Voir par exemple David Runciman, *The Confidence Trap: A History of Democracy in Crisis from World War I to the Present*, Princeton, Princeton University Press, 2013. Voir aussi George Orwell, « The Freedom of the Press », *Times Literary Supplement*, 15 septembre 1972, www.orwellfoundation.com/the-orwell-foundation/orwell/essays-and-other-works/the-freedom-of-the-press/ ; George Orwell, « Poetry and the Microphone », *New Saxon Pamphlet*, n° 3 (mars 1945), www.orwellfoundation.com/the-orwell-foundation/orwell/essays-and-other-works/poetry-and-the-microphone/

De la page 233 à la page 235

du vrai serait incroyablement naïf : Notez que cette possibilité ne contredit pas l'argument bien compris de John Mill.

Il savait parfaitement que même dans une société de libre expression le mensonge pouvait persister des dizaines d'années ou même des siècles. Ce qu'il maintenait, c'est que l'absence de censure conserve la possibilité que la vérité émerge avec le temps, ce qui ne serait pas possible si certaines opinions n'avaient tout simplement pas voix au chapitre. C'est un argument empirique là encore dont certains nuanceront certainement l'acuité, mais il est bien plus subtil et complexe que ce que suggèrent les critiques faciles du « marché des idées ».

les sociologues des organisations : C'est au sociologue Robert Michels qu'on doit la formulation la plus célèbre de cet argument, sous la forme de ce qu'il appelle le « déplacement d'objectif » : « Il existe un mécanisme de "déplacement de l'objectif", par lequel les objectifs radicaux et idéalistes des débuts de l'organisation sont remplacés par d'autres, plus modestes, destinés à préserver l'organisation et le pouvoir de la direction en place. » (Martin Slattery, « The Iron Law of Oligarchy », in *Key Ideas in Sociology*, Cheltenham, Nelson Thornes, 2003, p. 52-55). Les conclusions de Michels sont controversées, mais le phénomène de déplacement des objectifs « a été démontré dans de très nombreux contextes ». Kees Huizinga et Martin de Bree, « Exploring the Risk of Goal Displacement in Regulatory Enforcement Agencies: A Goal-Ambiguity Approach », *Public Performance and Management Review* 44, n° 4 (2021) : 868-98, doi.org/10.1080/15309576.2021.1881801

leurs propres points de vue : Ce que Stanley Fish et Herbert Marcuse ont en commun est la conviction que les codes de discours ont toutes les chances d'être écrits par ceux dont les jugements moraux et politiques sont supérieurs à ceux des citoyens qui leur sont soumis. Stanley Fish : « À l'étudiant en journalisme qui se plaint, à la veille de la promulgation d'un code de l'expression à l'université du Wisconsin, qu'une voix dans sa tête examine à présent tout ce qu'il écrit, on pourrait répondre : "Il y a toujours eu une voix dans ta tête et il sera peut-être préférable que ce soit la voix de ce code plutôt que la voix de ce qui s'y trouvait avant" », (Stanley Fish, *No Such Thing*, p. 111). Mais cette confiance placée dans la supériorité du jugement du censeur tourne autour de l'hypothèse implicite que

Page 236

ce seront des gens comme Fish et Marcuse qui se trouveront dans ce rôle, qui écriront les codes, or cela a bien peu de chances d'être le cas si leur rejet de la liberté d'expression était appliqué à grande échelle. Il en va de même aujourd'hui. Les opposants progressistes à la liberté d'expression tiennent deux positions simultanées. Teintés du pessimisme fondamental de la synthèse identitaire, ils tiennent nos sociétés pour profondément racistes, viles, soumises à la domination des Blancs. Dans le même temps, ils sont en faveur de la création d'autorités bureaucratiques, que ce soit sur les campus ou dans la Silicon Valley, qui restreindraient l'expression. Ils ne paraissent jamais songer que la première position sape gravement la deuxième. Si les États-Unis étaient profondément racistes, sexistes, transphobes et suprémacistes, pourquoi feraient-ils confiance aux plus puissants du pays pour prendre des décisions bien intentionnées sur les expressions à bannir ?

La réponse est sociologique plutôt que philosophique. Les groupes militants progressistes commencent souvent à pousser pour des limites à la liberté d'expression dans les espaces et les institutions où ils ont beaucoup de pouvoir, comme les campus d'université. Ils appliquent ensuite cette préférence à la société entière, apparemment sans réaliser qu'un principe qui sert leur objectif politique dans une institution qu'ils dirigent dans les faits aura certainement des conséquences très différentes dans un pays si grand et si divers où leurs opinions politiques ne sont pas particulièrement populaires.

de guerres civiles augmentent considérablement : Sur l'influence corrosive de la polarisation partisane sur la stabilité démocratique, voir Jennifer McCoy *et al.*, « Reducing Pernicious Polarization: A Comparative Historical Analysis of Depolarization », Carnegie Endowment for International Peace, 5 mai 2022, carnegieendowment.org/2022/05/05/reducing-pernicious-polarization-comparative-historical-analysis-of-depolarization-pub-87034 ; Yascha Mounk, « Doom Spiral of Pernicious Polarization ».

de la justesse de leur cause : Les sociologues ont accepté depuis longtemps l'idée que les élites politiques sont moins disposées à accepter le mécanisme des élections démocratiques quand une défaite dans les urnes se traduit par des coûts trop importants. Selon Daron Acemoglu et James A. Robinson, par exemple, les élites économiques des dictatures acceptent plus facilement une transition démocratique quand les revenus et le patrimoine sont relativement bien répartis, car dans ces circonstances l'établissement de règles

Page 237

démocratiques a moins de chances d'aboutir à des politiques fortes de redistribution. Voir Daron Acemoglu et James A. Robinson, « A Theory of Political Transitions », *American Economic Review* 91, n° 4 (2001): 938-63. Voir aussi Carles Boix, *Democracy and Redistribution*, Cambridge, U.K., Cambridge University Press, 2003.

Il s'agit là d'un coût économique. Mais par extension, le coût attendu sur des facteurs non économiques, par exemple la liberté d'expression ou la peur d'aller en prison, quand une faction politique adverse arrive au pouvoir, doit aussi gouverner la réaction des perdants d'une élection. La littérature empirique sur la justice de transition, par exemple, suggère que certaines formes d'amnistie pour les responsables de crimes politiques dans les régimes auparavant non démocratiques contribuent à la stabilité des systèmes qui leur succèdent, car elles réduisent les incitations à militer contre les institutions nouvelles. Comme l'a découvert une méta-analyse récente, « les poursuites renforcent la protection de l'intégrité physique, les amnisties renforcent la protection des droits civiques et politiques ». Geoff Dancy *et al.*, « Behind Bars and Bargains: New Findings on Transitional Justice in Emerging Democracies », *International Studies Quarterly* 63, n° 1 (mars 2019): 99-110, doi.org/10.1093/isq/sqy053

l'empêcher d'y accéder : Ce récit clarifie également la réponse à donner à l'une des plus fréquentes objections contre la liberté d'expression absolue dans certaines sphères. Selon elle, les enjeux de la compétition politique sont trop élevés pour permettre à de mauvais joueurs de participer. Alors que les extrémistes ont le vent en poupe et que les démocraties libérales sont menacées sur tous les continents, il peut paraître dangereux de permettre aux ennemis de la liberté d'avoir leur mot à dire. Mais cet argument fonctionne dans les deux sens. Le fait que le gouvernement suivant sera peut-être hostile aux institutions garantissant la liberté ou les droits des communautés minoritaires est aussi la raison pour laquelle il serait dangereux de généraliser les restrictions de la liberté d'expression.

Une caractéristique de cet argument est qu'il s'applique à la fois aux restrictions formelles et informelles de la liberté d'expression. Les enjeux des élections s'élèvent considérablement si certains craignent à juste titre qu'une victoire de leurs adversaires les mènera à la prison pour avoir critiqué le gouvernement (comme c'est souvent le cas dans les « régimes autoritaires compétitifs », tels que la Thaïlande et le Pakistan). Mais des manières plus informelles de rogner la liberté

De la page 237 à la page 241

d'expression augmentent de leur côté les incitations à se maintenir au pouvoir par des moyens illégaux. Si un politicien et ses soutiens craignent que perdre le pouvoir ne les prive de l'opportunité de se défendre sur les réseaux sociaux, ce qui signifierait la fin de leur accès à une audience de masse, ils peuvent aussi craindre avoir ensuite la moindre chance de regagner leur place à la faveur d'élections.

des effets secondaires délétères : « Les mesures qui régulent l'utilisation des terres et la production de logements rendent très difficiles de construire des logements aux endroits les plus appropriés. » Jenny Schuetz, « Dysfunctional Policies Have Broken America's Housing Supply Chain », Brookings, 22 février 2022, www.brookings.edu/blog/the-avenue/2022/02/22/dysfunctional-policies-have-broken-americas-housing-supply-chain/

cinquante ans plus tôt : L'exposition a d'abord été organisée à Hambourg, au printemps 1995, où elle a provoqué un débat houleux, car elle dégonflait le mythe populaire tenace selon lequel aucun soldat ordinaire n'avait pris part à l'Holocauste. Pour un aperçu (en anglais) de l'exposition et du débat suscité, voir Michael Z. Wise, « Bitterness Stalks Show on Role of the Wehrmacht », *The New York Times*, 6 novembre 1999, www.nytimes.com/1999/11/06/arts/bitterness-stalks-show-on-role-of-the-wehrmacht.html

ce qu'il est permis d'exprimer : Par exemple, Joseph Kelly a été condamné pour la violation du Communications Act de 2003 au Royaume-Uni après ce tweet : « Le seul bon soldat britannique est un soldat mort, brûle mon vieux, brûle. » David Meikle, « Scot Posted "Only Good Brit Soldier Is a Deed One" After Captain Tom Death », *Daily Record*, 31 janvier 2022, www.dailyrecord.co.uk/news/scottish-news/scot-posted-only-good-brit-26099298

contre des trolls : Yascha Mounk, « Is Germany Overstepping with Its Online Hate Speech Law? », *New Republic*, 3 avril 2018, newrepublic.com/article/147364/verboten-germany-law-stopping-hate-speech-facebook-twitter

plus disposés à employer la violence : Selon un argument largement repris contre le premier amendement, les restrictions absolues sur la régulation de l'expression libre rendent les institutions complices des pires formes d'expression qu'elles autorisent ainsi. Quand des États permettent à leurs citoyens de nier l'Holocauste, quand des universités autorisent des conférenciers racistes, ils donneraient à ces opinions un vernis de légitimité. Cependant, il existe

Page 241

des moyens de désavouer les discours toxiques sans pour autant les interdire. Par exemple, des fonctionnaires qui puniraient quelqu'un pour avoir exprimé une opinion détestable violeraient le premier amendement, mais comme le dit le politologue Corey Brettschneider, l'obligation de préserver la libre expression n'empêche pas l'État de désavouer de telles opinions de manière très officielle. De même, j'estime que les présidents d'université devraient s'assurer que les conférenciers controversés puissent s'exprimer, mais quand les opinions de ces derniers sont particulièrement haïssables, rien n'empêche les présidents de se joindre aux manifestations pacifiques de protestation. Voir Corey Lang Brettschneider, *When the State Speaks, What Should It Say? How Democracies Can Protect Expression and Promote Equality*, Princeton, Princeton University Press, 2016 ; Yascha Mounk, « Corey Brettschneider on Free Speech », *The Good Fight*, 23 juillet 2022, podcast, www. persuasion.community/p/brettschneider#details

au moins sur le papier : Un bon point de départ est la déclaration de l'université de Chicago (adoptée depuis par d'autres). « L'université s'engage à ce que le débat ou la délibération ne soient pas perturbés en raison des idées exprimées, même quand celles-ci sont jugées outrageantes, immorales, mauvaises ou imprudentes par certains membres de la communauté universitaire ou même par leur majorité. » « Report of the Committee on Freedom of Expression », University of Chicago, consulté le 22 janvier 2023, provost.uchicago.edu/sites/default/files/documents/reports/FOE-CommitteeReport.pdf

parfaitement erroné : Stanley Fish pourrait juger cette position incohérente. Selon lui, les universités ne peuvent adopter des normes de liberté d'expression qu'en vue de poursuivre des buts sociaux plus larges. Et dès qu'elles clarifieront ce but plus large, certaines formes d'expression les contrediront. Mais il manque ici une distinction entre des exemples particuliers d'expression et les règles qui seraient nécessaires à leur contrôle. Il existe évidemment de nombreuses formes d'expression des professeurs qui ne servent pas les objectifs traditionnels de l'université, qui est de produire du savoir. Mais autoriser les présidents à licencier les professeurs pour des opinions « fausses », ce qui veut dire en pratique « impopulaires », nuirait encore bien plus à cet objectif. En d'autres termes, la bonne question

De la page 243 à la page 245

est celle du règlement à adopter. Au contraire de ce que suggère Fish, le meilleur règlement à adopter pour des universités au service de leur objectif principal, c'est le maintien de la liberté académique.

les villes de Seattle et Washington : À Washington D.C., l'« affiliation partisane » est une classe protégée. Voir « Protected Traits in DC », D.C. Office of Human Rights, consulté le 25 janvier 2023, ohr.dc.gov/protectedtraits. À Seattle, voir Unfair Public Accommodations Practices, Seattle Municipal Code, consulté le 25 janvier 2023, library.municode.com/wa/seattle/codes/municipal_code?nodeId=TIT14HURI_CH14.06UNPUACPR&showChanges=true

s'exposer à la ruine financière : Pour une défense de ce point de vue, voir Zaid Jilani, « A Better Remedy for Cancel Culture », *Persuasion*, 6 juillet 2020, www. persuasion.community/p/a-better-remedy-for-cancel-culture

faire fonctionner une entreprise : Pour une discussion de ce point, voir Todd Zywicki, « Cancel Culture Comes to Banking », *Newsweek*, 13 janvier 2022, www.newsweek.com/cancel-culture-comes-banking-opinion-1668200

la pandémie de Covid-19 : Cristiano Lima, « Facebook No Longer Treating "Man-Made" Covid as a Crackpot Idea ».

de la communauté du renseignement : Julian E. Barnes, « Intelligence Review Yields No Firm Conclusion on Origins of Coronavirus », *The New York Times*, 27 août 2021, www.nytimes.com/2021/08/27/us/politics/covid-origin-lab-leak.html

le débat public : L'hypocrisie apparaît au grand jour chez Elon Musk aussi, qui a suspendu les comptes de plusieurs journalistes pour l'avoir « mis en danger » en révélant sa position, malgré l'absence totale de preuves d'un danger quelconque. Paul Farhi, « Musk Suspends Journalists from Twitter, Claims "Assassination" Danger », *Washington Post*, 15 décembre 2022, www.washingtonpost.com/media/2022/12/15/twitter-journalists-suspended-musk/

leur capacité de censure : Pour une déclaration forte de ce point de vue, voir David French: « The "Twitter Files" Show It's Time to Reimagine Free Speech Online », *Persuasion*, 12 décembre 2022, www. persuasion.community/p/the-twitter-files-show-its-time-to. Il est normal que les plateformes se concentrent sur des contenus particuliers, et qu'elles se définissent comme progressistes ou conservatrices. Mais ici l'analogie avec l'édition traditionnelle est encore plus claire. Les plateformes explicitement partisanes devraient pouvoir effacer les contenus qu'elles n'aiment pas, et c'est pour cette raison qu'elles devraient, comme les maisons d'édition, être exclues des protections de la Section 230.

de données personnelles sans consentement : Pour une discussion sur la manière dont les plateformes pourraient continuer à censurer certaines formes d'expression, comme la diffamation ou la pédopornographie, qui sont illégales, sans pour autant agir en censeurs idéologiques, voir David French, « A Better Way to Ban Alex Jones », *The New York Times*, 7 août 2018, www.nytimes.com/2018/08/07/opinion/alex-jones-infowars-facebook.html

ceux qui s'en écartent : John Stuart Mill, *De la liberté*, traduction Charles Brooks Dupont-White (1860).

des questions d'opinion : Jonathan Rauch, « The Cancel Culture Checklist », *Persuasion*, 6 août 2020, www. persuasion.community/p/the-cancel-culture-checklist-c63. La liste complète de Rauch inclut deux autres critères : la prétention morale (« l'indignation qui ne sert qu'à plaire aux pairs, dominer les autres, ou les deux ») et l'absence d'attention à la vérité (se moquer de la justesse de l'accusation).

de pousser à la conformité : Jonathan Rauch, « Cancel Culture Checklist ».

11. Apologie de l'intégration

un environnement plus vaste : John Dewey, *Democracy and Education: An Introduction to the Philosophy of Education*, New York, Free Press, 1916, p. 21-22.

divisé par la race : Larry King, « Interview with Barack Obama », *Larry King Live*, CNN, 19 octobre 2006, edition.cnn.com/TRANSCRIPTS/0610/19/lkl.01.html

s'épanouissent ensemble : Barack Obama, « Presidential Proclamation—60th Anniversary of Brown v. Board of Education », National Archives and Records Administration, 15 mai 2014, obamawhitehouse.archives.gov/the-press-office/2014/05/15/presidential-proclamation-60th-anniversary-brown-v-board-education

de Kila Posey à Atlanta : Voir l'introduction.

réservés aux étudiants noirs ou latinos : Voir Dion J. Pierre, « Demands for Segregated Housing at Williams College Are Not News », *National Review*, 8 mai 2019, www.nationalreview.com/2019/05/american-colleges-segregated-housing-graduation-ceremonies/

De la page 252 à la page 255

« les étudiants de couleur » : Meimei Xu, « Black, Latinx, BGTLQ, and First-Gen Graduates Celebrate in University-Wide Affinity Ceremonies », *Harvard Crimson*, 27 mai 2022, www.thecrimson.com/article/2022/5/27/affinity-graduations-2022/ (Les événements étaient organisés par les étudiants, mais l'administration a fourni des fonds et les a soutenus.)

de leurs origines ethniques : Adam Barnes, « Controversy Erupts after Ivy League University Excludes White People from New Class », *The Hill*, 5 mai 2021, https://thehill.com/changing-america/respect/equality/551951-controversy-erupts-after-ivy-league-university-excludes/

Noirs : Après une vague d'indignation, un porte-parole du National Arts Centre a assuré au public qu'« il n'y aurait pas de vérification à l'entrée pour Black Out Night ». David Millward, « Theatres Spark Outrage with Black-Only Audience Policy », *Telegraph*, 29 janvier 2023, www.telegraph.co.uk/world-news/2023/01/29/theatres-spark-outrage-black-only-audience-policy/

aux sikhs ou aux musulmans : Pour une discussion du multiculturalisme et des écoles confessionnelles au Royaume-Uni, voir Yascha Mounk, *La Grande Expérience*, p. 158-159.

« à accepter la responsabilité de leur blanchité » : Cheryl E. Matias et Janiece Mackey, « Breakin' Down Whiteness in Antiracist Teaching: Introducing Critical Whiteness Pedagogy », *Urban Review* 48, n° 1 (2015): 48, doi.org/10.1007/s11256-015-0344-7

ceux qui nous ressemblent : Miller McPherson, Lynn Smith-Lovin et James M. Cook, « Birds of a Feather: Homophily in Social Networks », *Annual Review of Sociology* 27 (août 2001): 415-44, doi.org/10.1146/annurev.soc.27.1.415

« la race est l'enfant du racisme et non son père » : Coates, *Between the World and Me*, p. 7.

des constructions sociales : Kimberlé Crenshaw, « Mapping the Margins », p. 1296.

de tenir pour acquises : Fields et Fields, *Racecraft*, p. 74.

au Texas sous la ségrégation : Thomas Chatterton Williams, *Self-Portrait in Black and White: Unlearning Race*, New York, W.W. Norton, 2020, p. 49. Voir aussi Conor Friedersdorf, « Unraveling Race », *The Atlantic*, 16 novembre 2019, www.theatlantic.com/ideas/archive/2019/11/thomas-chatterton-williams-self-portrait-black-white/601408/

De la page 255 à la page 256

le résidu du racisme : Isaac Chotiner, « Thomas Chatterton Williams on Race, Identity, and "Cancel Culture" », *New Yorker*, 22 juillet 2020, www.newyorker.com/news/q-and-a/thomas-chatterton-williams-on-race-identity-and-cancel-culture

d'une forme d'essentialisme stratégique : Pour plus d'informations sur Spivak et le rôle du concept d'« essentialisme stratégique » dans la synthèse identitaire, voir le chapitre 2.

la race et le genre : Kimberlé Crenshaw, « Mapping the Margins », p. 1296-98. Ces idées sont devenues le standard dans les institutions qui organisent des ateliers sur la race et l'identité dans les écoles de l'élite américaine. Prenons le matériel de formation de Pollyanna, ONG qui travaille avec Harvard-Westlake, Horace Mann et Vermont Academy, pour introduire son « programme d'alphabétisation raciale ». La présentation débute par le rejet de la race en tant que catégorie biologique. Comme l'avance l'anthropologue Alan Goodman, « la race n'est pas un concept biologique, c'est plutôt une idée que nous avons attribuée à la biologie ». Elle pivote ensuite très vite vers l'importance de l'affirmation plutôt que du déni de cette construction sociale qu'est la race : « Même si elle est biologiquement et génétiquement fausse, la race est l'une des constructions sociales les plus puissances de ces 400 dernières années. » Pour cette raison, l'organisation encourage ses élèves à adopter une approche « à la fois/et » : la race a été « créée comme outil de discrimination », mais il faut la voir comme « une source pertinente pour sa propre identité ». Les citations sont tirées de Monique Vogelsang, « Middle School Parent/Guardian Event: Overview of Racial Literacy Curriculum », Pollyanna, bbk12e1-cdn.myschoolcdn.com/ftpimages/98/misc/misc_238556.pdf. La liste des écoles où Pollyanna intervient est extraite de Charles Fain Lehman, « NYC Prep School Adopts Questionable Anti-racism Curriculum », *City Journal*, 15 mars 2021, www.city-journal.org/nyc-prep-school-admins-adopt-questionable-anti-racism-curriculum

de ces catégories s'atténuerait : Cette ambiguïté sur le rôle de l'identité est tout aussi évidente dans les travaux d'universitaires comme Tommie Shelby, qui cherchent à combiner une vision empathique du nationalisme noir avec la défense de principes libéraux : voir Tommie Shelby, *We Who Are Dark: The Philosophical Foundations of Black Solidarity*, Cambridge, Belknap Press of Harvard

De la page 256 à la page 257

University Press, 2007. Shelby propose une solidarité fondée sur l'expérience commune de l'oppression, par opposition à la position « L'identité collective des Noirs est nécessaire pour faire naître une solidarité noire réelle ». Tommie Shelby, « Foundations of Black Solidarity: Collective Identity or Common Oppression? », *Ethics* 112, n° 2 (2002): 233, doi.org/10.1086/340276

aux différences d'orientation sexuelle : Cette opinion est nourrie du profond pessimisme de Derrick Bell, qui assurait que « les Noirs n'obtiendraient jamais l'égalité réelle dans ce pays ». Derrick Bell, « Racism Is Here to Stay: Now What? », *Howard Law Journal* 35, n° 1 (automne 1991): 79. Voir aussi le chapitre 3.

un poste pour des raisons racistes : Dans le contexte universitaire, l'idée philosophique de souffrance a été soumise à un rude examen, certains affirmant même que le concept serait incohérent. Voir par exemple Ben Bradley, « Doing Away with Harm », *Philosophy and Phenomenological Research* 85, n° 2 (2012) : 390-412, doi.org/10.1111/j.1933-1592.2012.00615.x

de biais implicites : Le concept de biais implicite a été adopté par des figures politiques centrales, telles que Barack Obama et Hillary Clinton. Il y a pourtant peu de preuves d'une corrélation forte entre les biais implicites et les comportements discriminants, de même qu'en soutien de la promesse qu'une réduction des biais implicites ferait diminuer ces comportements. Voir par exemple Jesse Singal, *The Quick Fix: Why Fad Psychology Can't Cure Our Social Ills*, New York, Farrar, Straus and Giroux, 2021, chapitre 6 ; Heather Mac Donald, « The False "Science" of Implicit Bias », *Wall Street Journal*, 9 octobre 2017, www.wsj.com/articles/the-false-science-of-implicit-bias-1507590908 ; Patrick S. Forscher *et al.*, « A Meta-analysis of Procedures to Change Implicit Measures », *Journal of Personality and Social Psychology* 117, n° 3 (2019): 522-59, doi.org/10.1037/pspa0000160

« microagressions » : Voir par exemple Derald Wing Sue *et al.*, « Racial Microaggressions in Everyday Life: Implications for Clinical Practice », *American Psychologist* 62, n° 4 (2007), de même que les exemples d'application de cette idée, comme « Tool: Recognizing Microaggressions and the Messages They Send ».

« sécurité » : Pour plus d'informations là-dessus, voir Greg Lukianoff et Jonathan Haidt, *The Coddling of the American Mind: How Good Intentions and Bad Ideas Are Setting Up a Generation for Failure*, New York, Penguin Press, 2019.

De la page 257 à la page 258

« sécuritarisme » : Greg Lukianoff et Jonathan Haidt, *Coddling of the American Mind*, p. 6.

extrêmement bariolés : En 2015, les minorités raciales représentaient 43 % des élèves nouvellement inscrits dans les universités d'élite, bien plus que quelques décennies plus tôt. « Ivy League Schools Brace for Scrutiny over Race in Admissions », NBCNews.com, 7 août 2017, www.nbcnews.com/news/nbcblk/ivy-league-schools-brace-scrutiny-over-race-admissions-n790276

des quatre coins du monde : Selon un rapport récent, 46 % des nouveaux membres des conseils d'administration des entreprises du S&P 500 venaient de communautés raciales ou ethniques sous-représentées en 2022. Voir Hope King, « Gender Representation on S&P 500 Boards Reach New Milestone », *Axios*, 2 novembre 2022, www.axios.com/2022/11/02/board-diversity-sp-500-spencer-stuart. Toutefois, la composition globale des cadres dirigeants aux États-Unis est toujours beaucoup moins diverse que la composition démographique du pays.

ces institutions leur demeurait inhospitalière : L'un des premiers cas de harcèlement sexuel aux États-Unis (*Miller v. Bank of America*, 1976) impliquait Margaret Miller, jeune femme afro-américaine qui travaillait pour la Bank of America.

Son chef s'est présenté devant chez elle sans y avoir été invité, pour lui dire : « Je n'avais jamais ressenti ça pour une fille noire avant », lui promettant un meilleur poste si elle se montrait « coopérative » sexuellement. Après son refus, il l'a fait licencier. Il y a moins de données sur le harcèlement racial, mais il est certain que le harcèlement sexuel a été très fréquent au moment de l'entrée des femmes dans les entreprises. Un sondage pour la conférence du Coal Employment Project' en 1980 a montré que 54 % des femmes mineurs avaient reçu des avances de leur chef, 76 % celles d'un collègue, et 17 % avaient été « physiquement attaquées ». Carrie N. Baker, « Race, Class, and Sexual Harassment in the 1970s », *Feminist Studies* 30, n° 1 (printemps 2004): 10, 16, www.jstor.org/stable/3178552

beaucoup ont choisie, au début : À partir des années 1960, les formations en diversité se concentraient sur les lois antidiscriminatoires (surtout l'Equal Pay Act de 1963 et le titre VII du Civil Rights Act de 1964) votées ces années-là. Dans les années 1980, leurs objectifs ont été légèrement plus ambitieux, ils cherchaient à créer

De la page 258 à la page 262

la coopération et le respect dans l'entreprise. Bridget Read, « Inside the Booming Diversity-Equity-and-Inclusion Industrial Complex », *Cut*, 26 mai 2021, www.thecut.com/article/diversity-equity-inclusion-industrial-companies.html. Voir aussi Frank Dobbin et Alexandra Kalev, « Why Doesn't Diversity Training Work? The Challenge for Industry and Academia », *Anthropology Now* 10, n° 2 (avril 2018): 48-55, doi.org/10.1080/19428200.2018.1493182

la sécurité de ses étudiants : Coalition Against, « An Open Letter to the Trustees of Williams », *Williams Record*, 17 avril 2019, williamsrecord.com/73648/opinions/an-open-letter-to-the-trustees-of-williams/

« la culture d'entreprise de la ville de Seattle » : Matt Markovich, « Segregated Diversity Training at Seattle City Hall Stirs Controversy », KOMO, 9 juillet 2020, komonews.com/news/local/segregated-diversity-training-seattle-city-hall-stirs-controversy

un livre publié en 1966 : Daniel Patrick Moynihan, *Miles to Go: A Personal History of Social Policy*, Cambridge, Harvard University Press, 1996.

comme une race ? : John Yemma, « "Whiteness Studies" an Attempt at Healing », *Boston Globe*, 21 décembre 1997, A1. Il est rassurant de savoir que beaucoup s'opposèrent à Flint sur ce point. Noel Ignatiev, maître de conférences de l'Institut W. E. B. Du Bois de Harvard, disait dans le même article que « concéder une validité quelconque à la blanchité en tant que catégorie revient à perpétuer une injustice ».

cette étiquette racée : Robin J. DiAngelo, *White Fragility: Why It's So Hard to Talk to White People About Racism*, Boston, Beacon Press, 2018, p. xiv.

« assumer leurs racines européennes » : Sperry, « Elite K-8 School Teaches White Students They're Born Racist ».

La Grande Expérience : Voir Yascha Mounk, *La Grande Expérience*, surtout le chapitre 3.

des étudiants de licence étaient blancs : « Johns-Hopkins University Diversity: An In-Depth Look », *CollegeVine* (blog), 1er janvier 2021, blog.collegevine.com/johns-hopkins-university-diversity-statistics/

l'histoire humaine : Pour une introduction à cet aspect de la psychologie des groupes, voir Jonathan Haidt, *Righteous Mind*, chapitres 9 et 10. Voir aussi Yascha Mounk, *La Grande Expérience*, chapitre 1.

De la page 263 à la page 264

dix kilomètres plus loin : Pour de bons articles de sciences sociales sur ces questions, voir Muzafer Sherif, B. Jack White, et O. J. Harvey, « Status in Experimentally Produced Groups », *American Journal of Sociology* 60, n° 4 (1955): 370-79, doi.org/10.1086/221569 ; Orlando Patterson, « Context and Choice in Ethnic Allegiance: A Theoretical Framework and Caribbean Case Study », in *Ethnicity: Theory and Experience*, dirigé par Nathan Glazer et Daniel Patrick Moynihan, Cambridge, Harvard University Press, 1975, p. 305 ; Yan Chen et Sherry Xin Li, « Group Identity and Social Preferences », *American Economic Review* 99, n° 1 (janvier 2009) : 431-57, doi.org/10.1257/aer.99.1.431 ; Rogers Brubaker et Frederick Cooper, « Beyond "Identity" », *Theory and Sociology* 29, n° 1 (février 2000) : 1-47; Daniel N. Posner, « The Political Salience of Cultural Difference: Why Chewas and Tumbukas Are Allies in Zambia and Adversaries in Malawi », *American Political Science Review* 98, n° 4 (2004) : 529-45, doi.org/10.1017/s0003055404041334

préjugés irrationnels : Gordon W. Allport, *The Nature of Prejudice*, Boston, Addison-Wesley, 1954.

c'était bien le cas : La méta-analyse de Thomas Pettigrew et Linda Tropp de 2006 portait sur 515 études sur la théorie du contact intergroupe. Elle a montré que le contact réduisait en général les préjugés, surtout quand les quatre conditions d'Allport étaient remplies. Thomas F. Pettigrew et Linda R. Tropp, « A Meta-analytic Test of Intergroup Contact Theory », *Journal of Personality and Social Psychology* 90, n° 5 (mai 2006): 751-83, doi.org/10.1037/0022-3514.90.5.751

dans les baraquements : « Plus étaient fréquents et profonds les contacts avec les civils allemands, plus étaient favorables les opinions sur les Allemands en général. » Samuel A. Stouffer, *The American Soldier: Combat and Its Aftermath*, New York, John Wiley and Sons, 1949, p. 570.

des cités ségréguées de Newark : Morton Deutsch et Mary Evans Collins, *Interracial Housing: A Psychological Evaluation of a Social Experiment*, Minneapolis, University of Minnesota Press, 1951. Pour un cas similaire, voir aussi Daniel M. Wilner, Rosabelle Price Walkley et Stuart W. Cook, *Human Relations in Interracial Housing*, Minneapolis, University of Minnesota Press, 1955.

De la page 264 à la page 269

de rencontres coopératives : Fiona A. White *et al.*, « Improving Intergroup Relations Between Catholics and Protestants in Northern Ireland via E-contact », *European Journal of Social Psychology* 49, n° 2 (2019): 429-38, doi.org/10.1002/ejsp.2515

les préjugés ne s'atténuaient pas : Gordon Allport, *Nature of Prejudice*, p. 274.

des effets positifs : Il est important de noter que même si ces conditions contribuent à assurer et à maximiser les effets positifs du contact intergroupe, le contact a un effet positif en général, même quand les conditions ne sont pas totalement remplies. Comme le disent Pettigrew et Tropp, « ce sont des conditions facilitatrices qui améliorent la tendance des contacts positifs à émerger. » (« Meta-analytic Test », p. 766.)

un cadre de direction : Cette formulation de quatre conditions pour le fonctionnement optimal des contacts intergroupes est due à Allport, *Nature of Prejudice*, et aux travaux ultérieurs de Thomas Pettigrew, surtout Thomas F. Pettigrew, « Intergroup Contact Theory », *Annual Review of Psychology* 49 (février 1998): 65-85, doi.org/10.1146/annurev.psych.49.1.65. Pour plus de détails sur la théorie des contacts intergroupes, voir Yascha Mounk, *La Grande Expérience*, p. 87-92.

la mission qu'ils partagent : Sans surprise, il existe de nombreuses preuves en faveur de la réduction des préjugés intergroupes dans les équipes de sport. Voir Kendrick T. Brown *et al.*, « Teammates on and off the Field? Contact with Black Teammates and the Racial Attitudes of White Student Athletes », *Journal of Applied Social Psychology* 33, n° 7 (2003) : 1379-403, doi.org/10.1111/j.1559-1816.2003.tb01954.x

inclus dans l'activité : Elliot Aronson et Shelley Patnoe, *Cooperation in the Classroom: The Jigsaw Method*, Londres, Pinter & Martin, 2011.

les conflits sociaux sous le tapis : Comme un mannequin bien connu l'affirme, « dire que nous sommes tous américains revient à nier les expériences raciales des personnes de couleur et à nier la nécessité de les redresser en actes ». Derald Wing Sue, *Microaggressions in Everyday Life*, Hoboken, John Wiley & Sons, 2020, p. 38.

« culture de la suprématie blanche » : Par exemple, un guide des microagressions de l'université de Californie à Santa Cruz indique que demander « Comment es-tu devenu si bon en maths ? » fait entendre aux « personnes de couleur qu'elles sont en général moins intelligentes que les Blancs ». « Tool: Recognizing Microaggressions and the Messages They Send ».

de microagression : Schow, « University Introduces Website to Report Microaggressions ».

celle qui sépare les Noirs des non-Noirs : Michael Lind, *The Next American Nation: The New Nationalism and the Fourth American Revolution*, New York, Free Press, 1995.

En 1960, 85 % le demeuraient : « Historical Census Statistics on Population Totals by Race, 1790 to 1990, and by Hispanic Origin, 1970 to 1990, for the United States, Regions, Divisions, and States », Census.gov.

« Irlandais » : Selon certains chercheurs, le changement date de l'entre-deux-guerres. Ronald Bayor, par exemple, explicite l'opinion orthodoxe selon laquelle, bien que de nombreux Blancs s'associaient encore à leur groupe ethnique, « entre les deux guerres mondiales, ou au plus tard dans les années 1950, ces immigrés surtout venus du sud et de l'est de l'Europe (ainsi que les Allemands, puis, plus tard, les Irlandais) ont vu leur identité fondée sur la nationalité s'effacer petit à petit et, suite aux tensions avec les Afro-Américains, se condenser en un groupe d'identité blanche ». Ronald H. Bayor, « Another Look at "Whiteness": The Persistence of Ethnicity in American Life », *Journal of American Ethnic History* 29, n° 1 (janvier 2009): 13-30, doi.org/10.2307/40543562

politiquement profitable : Les partisans de la synthèse identitaire ont de bonnes chances de trouver ça naïf, et d'estimer que les Américains d'ascendance européenne se pensent déjà, avant tout, comme Blancs. Mais ce n'est pas très convaincant. Après tout, la plupart des demandes du séparatisme progressiste sont fondées sur la présupposition que des pédagogues éclairés doivent encourager les gens à « assumer leur race et leur héritage européen ». De tels encouragements à s'autodéfinir comme d'abord et avant tout Blanc ne seraient pas nécessaires si c'était déjà le cas. Mais, quel que soit le degré exact auquel certains Américains se revendique déjà comme Blancs, la question à se poser est : faut-il diminuer ou augmenter ce degré ?

la couleur de peau : Bien des conflits dans l'histoire ont vu s'affronter des groupes hétérogènes et multiethniques les uns contre

De la page 271 à la page 272

les autres, qui n'avaient rien à voir avec notre conception moderne de la race. Par exemple, « les chercheurs s'accordent généralement pour dire que les cultures grecque et romaine ne pensaient pas en termes de race et d'ethnies, mais plutôt en termes de frontières, de conquête et d'alliances, de langue et de communication ». Rebecca Stuhr et Cheyenne Riehl, « Diversity in the Stacks: Ethnicity in the Ancient World », Penn Libraries, 2 septembre 2020, www.library.upenn.edu/blogs/libraries-news/diversity-stacks-ethnicity-ancient-world

leur principale communauté d'appartenance : « Le biais minimal de l'endogroupe a été identifié chez l'enfant, aussi jeune que 3 ans, ce qui souligne bien la nature très profonde de ce biais chez l'humain. » Scott Barry Kaufman, « In-Group Favoritism Is Difficult to Change, Even When the Social Groups Are Meaningless », *Scientific American* (blog), 7 juin 2019, blogs.scientificamerican.com/beautiful-minds/in-group-favoritism-is-difficult-to-change-even-when-the-social-groups-are-meaningless/

les Britanniques : Je parle ici beaucoup des États-Unis, mais ce genre de méfaits qui revient à encourager les Blancs à « assumer » leur identité est encore plus présent au Royaume-Uni. Comme le souligne Tomiwa Owolade, quand des Britanniques parlent de race, « nous prenons aujourd'hui l'accent américain ». (Tomiwa Owolade, « Please Stop Imposing American Views About Race on Us », *Persuasion*, 1er octobre 2020, www. persuasion.community/p/please-stop-imposing-american-views)

En vérité, l'histoire britannique est très différente. Aux États-Unis, les ouvriers se définissaient beaucoup comme Blancs pour insister sur le gouffre social qui les séparait des esclaves puis (plus tard) des immigrés non blancs. La Grande-Bretagne était jusque récemment bien plus homogène, ethniquement parlant. Faute de besoin de distinction dans leur propre pays, les résidents ne se définissaient pas comme Blancs. Cela indique que tenter de minimiser l'auto-identification des Blancs pourrait rencontrer plus de succès au Royaume-Uni qu'aux États-Unis et que les tentatives de la renforcer pourraient se révéler encore plus contre-productives.

les ennemis de demain : Bayard Rustin, « The Failure of Black Separatism », p. 31.

les injustices du passé : Pour la version longue de cet argument, voir Yascha Mounk, *La Grande Expérience*, chapitre 9.

Page 273

d'ordre de grandeur : Entre 1990 et 2015, le pourcentage d'immigrés en Union européenne a presque doublé, passant de 5,6 à 10,4 %. (« European Union Immigration Statistics 1960-2023 », MacroTrends, consulté le 23 janvier 2023, www.macrotrends.net/countries/EUU/european-union/immigration-statistics). Cette hausse est encore plus frappante quand on compare les chiffres de l'après-guerre et ceux de 2022.

en Afrique qu'en Amérique latine : En 1980, les États-Unis étaient blancs à 80 %. En 2019, ils le sont à 60 %. William H. Frey, « The Nation Is Diversifying Even Faster Than Predicted, According to New Census Data », Brookings, 1er juillet 2020, www.brookings.edu/research/new-census-data-shows-the-nation-is-diversifying-even-faster-than-predicted/

de millions de façons : Il y a encore dix ans, la majorité des élèves noirs du Nord-Est étudiaient dans une école noire à 90-100 %. Dans les grandes villes, où la population noire est nombreuse, 89 % des entreprises de propriétaires noirs employaient une main-d'œuvre à 75 % non blanche au moins, tandis que 58 % des entreprises de propriétaires blancs n'employaient que des Blancs. Elizabeth Anderson, *The Imperative of Integration*, Princeton, Princeton University Press, 2013, p. 26.

complètement homogène : Plus de 90 % des fidèles se rendent dans une église où 80 % au moins de la congrégation a la même couleur de peau. Elizabeth Anderson, *Imperative of Integration*, p. 26.

moins prononcée : Elizabeth D. Huttman, *Urban Housing Segregation of Minorities in Western Europe and the United States*, Durham, Duke University Press, 1991.

de leur pays de naissance : Yascha Mounk, *La Grande Expérience*, chapitre 8.

des préjugés nocifs : « Les enfants européens-américains qui vont dans une école homogène font preuve de préjugés raciaux dans leur interprétation de situations ambiguës, de même que dans leur évaluation des amitiés interraciales. Toutefois, ces préjugés n'ont pas été mis en évidence dans les interprétations ni les évaluations des Européens-Américains ou des Africains-Américains venus d'écoles hétérogènes. » Heidi McGlothlin and Melanie Killen, « How Social Experience Is Related to Children's Intergroup Attitudes », *European Journal of Social Psychology* 40, n° 4 (2010): 625-34, doi.org/10.1002/ejsp.733

De la page 274 à la page 275

historiquement marginalisées : Par exemple, « habiter dans des quartiers noirs ségrégués est associé à une mauvaise santé. Plus le pourcentage de Noirs dans le quartier est élevé, plus le taux de mortalité est élevé, pour les résidents noirs comme pour les résidents blancs, une fois redressé en fonction des conditions socio-économiques ». Anderson, *Imperative of Integration*, 30. Voir les sections 2.2-2.4 de *The Imperative of Integration* plus largement.

Imperative of Integration : Elizabeth Anderson, *Imperative of Integration*, p. 34.

une condescendance plus insidieuse : Par exemple, la réaction à la coéducation à Dartmouth au début des années 1970 a souvent été désastreuse. Une équipe sportive avait fait circuler une liste intitulée « Pourquoi la bière vaut mieux que la femme ». Elle incluait des items comme « Si elle devient plate, vous pouvez la jeter » et « Elle ne réclame pas l'égalité ». « Why Beer Is Better Than Women », consulté le 24 mars 2023, « Women of Dartmouth » Vertical File, Rauner Special Collections Library, Dartmouth College, exhibits.library.dartmouth.edu/s/coeducation/item/2721

les plus importants : L'équilibre est crucial, ici. Pour un individu donné, il est légitime de passer la plupart de son temps avec des membres de son groupe défini par la religion, la culture ou une ethnicité commune. Mais si la majorité des citoyens faisait ce choix, les conséquences seraient terribles pour l'avenir des démocraties diverses. Pour lire plus à ce sujet, voir Yascha Mounk, *La Grande Expérience*, surtout le chapitre 6.

de cette fierté en leurs racines communes : Pour des raisons connexes, des institutions qui concernent principalement une religion ou un groupe ethnique peuvent être légitimes. Les parents qui entretiennent de fortes convictions religieuses, par exemple, ont le droit d'élever leurs enfants dans des écoles privées qui insistent sur leurs valeurs. De même, les universités historiquement noires, comme Howard et Morehouse, ont été fondées à une époque où leurs étudiants étaient exclus des autres établissements d'éducation supérieure du pays. Elles jouent encore aujourd'hui un rôle important pour la mobilité sociale des étudiants afro-américains. Pour une défense précise du nationalisme noir depuis une perspective libérale, voir Shelby, *We Who Are Dark*.

de milieux très différents la première année : Dalton Conley, « When Roommates Were Random », *The New York Times*, 29 août 2011, www.nytimes.com/2011/08/29/opinion/when-roommates-were-random.html

de rencontres organisées pour cela : « Cette décennie passée, les étudiants se sont mis à se "rencontrer", en général en ligne, bien avant d'arriver sur le campus. La plupart des universités ont un groupe Facebook dédié pour les nouvelles promotions (généralement non affilié à l'institution). Les futurs étudiants y discutent, planifient leur semestre et, dans certains cas, trouvent leur camarade de chambre parfait. » Jeremy Bauer-Wolf, « Duke University Blocks Students from Picking Their Roommates Freshman Year », *Inside Higher Ed*, 2 mars 2018, www.insidehighered.com/news/2018/03/02/duke-university-blocks-students-picking-their-roommates-freshman-year

de probabilités d'intégrer : À la fin de leur premier semestre, les étudiants de première année auxquels on avait affecté au hasard un camarade de chambre aux origines différentes des leurs ont indiqué avoir une opinion plus positive des autres communautés que ceux dont le camarade de chambre était de même origine. Natalie J. Shook, Patricia D. Hopkins, et Jasmine M. Koech, « The Effect of Intergroup Contact on Secondary Group Attitudes and Social Dominance Orientation », *Group Processes and Intergroup Relations* 19, n° 3 (juin 2015): 328-42, doi.org/10.1177/1368430215572266

que de séparer : Comme l'avance Ron Daniels, président de l'université Johns-Hopkins, vers le début du XXIe siècle les étudiants se sont mis à « dériver dans des enclaves de familiarité. Les universités ont béni ces dérives en abandonnant les politiques de logement, de restauration et d'organisation des cours qui autrefois servaient à rassembler et mélanger les étudiants ». Ronald J. Daniels, *What Universities Owe Democracy*, avec Grant Shreve et Phillip Spector, Baltimore, Johns Hopkins University Press, 2021, p. 195.

12. La voie de l'égalité

des respirateurs artificiels aux patients : Lisa Rosenbaum, « Facing Covid-19 in Italy—Ethics, Logistics, and Therapeutics on the Epidemic's Front Line », *New England Journal of Medicine* 382, n° 20 (2020) : 1873-75, doi.org/10.1056/nejmp2005492

De la page 279 à la page 281

avoir été exposés au virus : Dans la plupart des pays, les résidents des établissements de soins ou d'accueil à long terme, tels que les Ehpad, ont aussi fait partie du premier groupe de vaccinés, en raison du très grand nombre de morts par Covid-19 dans ces environnements.

des victimes se trouvaient parmi les retraités : « Depuis le début de la pandémie, les personnes âgées de plus de 65 ans courent plus de risques de mourir ou d'être hospitalisées pour Covid-19 que les autres. Elles représentent 80 % du total des morts du Covid-19 au 29 septembre 2021, le même taux qu'observé en juillet 2020. » Meredith Freed, Juliette Cubanski, et Tricia Neuman, « COVID-19 Deaths Among Older Adults During the Delta Surge Were Higher in States with Lower Vaccination Rates », KFF, 1er octobre 2021, www.kff.org/policy-watch/covid-19-deaths-among-older-adults-during-the-delta-surge-were-higher-in-states-with-lower-vaccination-rates/

avant les personnes âgées : Voir par exemple Matthew Yglesias, « Give the Vaccine to the Elderly », *Slow Boring*, 18 décembre 2020, www.slowboring.com/p/vaccinate-elderly ; Kelsey Piper, « Who Should Get the Vaccine First? The Debate over a CDC Panel's Guidelines, Explained », Vox, 22 décembre 2020, www.vox.com/future-perfect/22193679/who-should-get-covid-19-vaccine-first-debate-explained

de triage médical sont complexes : Les paragraphes suivants sont une version étendue et complétée de Yascha Mounk, « Why I'm Losing Trust in the Institutions ».

Kathleen Dooling : Kathleen Dooling, « Phased Allocation of COVID-19 Vaccines », Centers for Disease Control, 23 novembre 2020, www.cdc.gov/vaccines/acip/meetings/downloads/slides-2020-11/COVID-04-Dooling.pdf

d'une valeur oscillant entre 0,5 et 6,5 % : Dans le cas d'un vaccin qui bloquerait l'*infection*, la priorité aux aînés éviterait entre 0,5 et 2 % de morts en plus que la priorité donnée aux personnes à risque ou aux travailleurs essentiels. Dans le cas d'un vaccin bloquant la *maladie*, elle éviterait entre 2 et 6,5 % de morts supplémentaires. Kathleen Dooling, « Phased Allocation », p. 20-21.

très différents : Kathleen Dooling, « Phased Allocation », p. 22.

trois points aux deux : Kathleen Dooling, « Phased Allocation », p. 23.

de plus de 65 ans : Kathleen Dooling, « Phased Allocation », p. 31.

un point aux personnes âgées : Kathleen Dooling, « Phased Allocation », p. 32.

L'ACIP accepta à l'unanimité sa recommandation : Yascha Mounk, « Why I'm Losing Trust in the Institutions ».

des politiques publiques américaines : Ross Douthat, « When You Can't Just "Trust the Science" », *The New York Times*, 19 décembre 2020, www.nytimes.com/2020/12/19/opinion/sunday/coronavirus-science.html ; Yglesias, « Give the Vaccine to the Elderly ».

Covid : Voir aussi Yglesias, « Give the Vaccine to the Elderly ». Les conséquences du plan que soutenait le CDC ont finalement été très significatives. En descendant la pyramide des âges par petits incréments, les autres pays se sont assurés que la plupart des personnes éligibles à chaque étape obtenaient bien un rendez-vous de vaccination. Aux États-Unis, par comparaison, la plupart des États ont adopté des procédures qui rendaient éligibles un très grand nombre de personnes simultanées. Le résultat prévisible a été que ceux disposant d'un vaste réseau leur permettant de connaître les rendez-vous disponibles et d'une connexion haut débit pour rafraîchir les pages le plus rapidement possible ont obtenu la majorité des rendez-vous. Au bout du compte, la règle censée favoriser l'équité a non seulement entraîné des morts supplémentaires en ne plaçant pas les plus vulnérables en tête de file, mais elle a aussi contribué à une répartition plus inéquitable des vaccins disponibles.

dans le plan de départ : Selon ce nouveau guide, les travailleurs essentiels placés en phase 1b avaient toujours la priorité sur les personnes âgées de 65 à 74 ans, sur les personnes âgées de 16 à 64 ans avec comorbidités, et sur les personnes en phase 1c. « Categories of Essential Workers: Covid-19 Vaccination », Centers for Disease Control and Prevention, consulté le 24 mars 2023, www.cdc.gov/vaccines/covid-19/categories-essential-workers.html

la plupart des résidents blancs : Galewitz, « Vermont to Give Minority Residents Priority for COVID Vaccines ».

« racistes » : Jordan Williams, « Vermont Governor Condemns "Racist" Response to State Prioritizing Vaccinating Minority Communities », *Hill*, 6 avril 2021, thehill.com/homenews/state-watch/546672-vermont-governor-condemns-racist-response-to-state-prioritizing/

De la page 283 à la page 286

haut de la file : « Small Business Boom Under the Biden-Harris Administration », document pdf téléchargeable ici :

https://www.whitehouse.gov/briefing-room/statements-releases/2023/05/04/fact-sheet-vice-president-harris-celebrates-small-business-and-manufacturing-boom/

d'entrer dans le pays : « Chinese Exclusion Act (1882) », National Archives and Records Administration, consulté le 24 mars 2023, www.archives.gov/milestone-documents/chinese-exclusion-act

dans des camps d'internement : Pour un résumé de l'histoire des camps d'internement de Japonais-Américains, voir Roger Daniels et Eric Foner, *Prisoners Without Trial: Japanese Americans in World War II*, New York, Hill and Wang, 1995.

de traditions très variés : Par exemple, des membres de la communauté juive étaient présents dès le début du mouvement des droits civiques ; le travailleur social Henry Moskowitz était ainsi l'un des quatre juifs fondateurs de la National Association for the Advancement of Colored People (NAACP), en 1909. « NAACP: A Century in the Fight for Freedom Founding and Early Years », Library of Congress, 21 février 2009, https://www.loc.gov/exhibits/naacp/founding-and-early-years.html

cent ans plus tôt : Barack Obama, « Remarks by the President at the 50th Anniversary of the Selma to Montgomery Marches ».

les Démocrates, soit par les Républicains : Dans *Fisher v. University of Texas*, l'une des plus récentes affaires concernant les règles d'inscription à l'université « conscientes de la race », le juge Kennedy a été le seul juge nommé par les Républicains à se ranger avec la majorité pour maintenir le droit de l'université du Texas à tenir compte de la race dans son mécanisme d'admission. *Fisher v. University of Texas*, 579 U.S. (2016).

un point d'aboutissement logique : *Grutter v. Bollinger*, 539 U.S. 306, 342 (2003).

servir ces intérêts approuvés aujourd'hui : *Grutter*, 539 U.S. at 343.

« aveugle aux couleurs » : Maia Niguel Hoskin, « Color-Blindness Perpetuates Structural Racism », *Forbes*, 28 septembre 2022, www.forbes.com/sites/maiahoskin/2022/09/28/newsflash-color-blindness-perpetuates-structural-racism/?sh=61bd6d11ae91 ; « What Does Racism Look Like? Colorblindness », Fitchburg State University: Anti-Racism Resources, consulté le 24 mars 2023, fitchburgstate.libguides.com/c.php?g=1046516&p=7616506

De la page 286 à la page 288

« microagression » : Brendan O'Neill, « College Codes Make "Color Blindness" a Microaggression », *Reason*, 5 août 2015, reason.com/2015/08/05/speech-codes-and-humanism/

cache le racisme : Kendi, *How to Be an Antiracist*, p. 9.

« est raciste de fait » : Dani Bostick, « How Colorblindness Is Actually Racist », *Huffington Post*, 11 juillet 2016, www.huffpost.com/entry/how-colorblindness-is-act_b_10886176

« disparitarisme » : Yascha Mounk, « Adolph Reed Jr. on Race and Class in America », *Persuasion*, 21 mai 2022, www. persuasion.community/p/reed#details

de la vision de cette administration : « Remarks by Vice President Harris at Oakland Generation Fund Event », White House, 12 août 2022, www.whitehouse.gov/briefing-room/speeches-remarks/2022/08/12/remarks-by-vice-president-harris-at-oakland-generation-fund-event/

« programme ambitieux d'équité impliquant tout le gouvernement » : « Executive Order on Advancing Racial Equity and Support for Underserved Communities Through the Federal Government », White House, 20 janvier 2021, www.whitehouse.gov/briefing-room/presidential-actions/2021/01/20/executive-order-advancing-racial-equity-and-support-for-underserved-communities-through-the-federal-government/

« sensibles à la race » : Même quand elles ne sont pas « conscientes de la race », les Démocrates décrivent à présent leurs politiques comme si elles l'étaient. Voir par exemple Marc Novicoff, « Stop Marketing Race-Blind Policies as Racial Equity Initiatives », *Slow Boring*, 20 février 2021, www.slowboring.com/p/race-blind-policies-racial-equity

raisons religieuses : L'exemple des sikhs et des casques a été discuté en détail par les théoriciens de la politique lors des débats sur le « multiculturalisme » durant les années 1990. Voir par exemple Will Kymlicka, *Multicultural Citizenship: A Liberal Theory of Minority Rights*, Oxford, Clarendon Press, 1996, p. 31.

de son lieu de résidence : Les mesures sensibles ou conscientes de la race visent l'équité dans les deux cas. La formule « politiques sensibles à la race » désigne habituellement les mesures qui organisent un traitement différencié des individus selon leur race attribuée. Celle de « consciente de la race » désigne d'ordinaire l'évaluation des

De la page 288 à la page 290

effets d'une mesure sur les différents groupes démographiques, sans qu'elle soit pour autant relative aux identités attribuées des individus. La décision du Vermont de rendre les citoyens non blancs éligibles au vaccin avant les Blancs est une politique « sensible à la race » ; la recommandation de l'ACIP de donner la priorité aux travailleurs essentiels plutôt qu'aux personnes âgées parce que les premiers sont ethniquement plus hétérogènes que les seconds est un exemple de mesure « consciente de la race ».

mortalité du Covid-19 : En France, au 16 avril 2020, les personnes âgées de plus de 65 ans représentaient 92 % des personnes mortes du Covid-19. Voir : https://www.hcsp.fr/Explore.cgi/AvisRapportsDomaine?clefr=942

percevoir le racisme : Comme le dit Heather McGhee, « plutôt que les rendre aveugles, l'insensibilité à la couleur rend les gens aveugles au racisme, peu disposés à reconnaître quand ses effets se font sentir sur le plan des opportunités ». Heather McGhee, « Why Saying "I Don't See Race at All" Just Makes Racism Worse », Ideas. Ted.Com, 3 mars 2021, ideas.ted.com/why-saying-i-dont-see-race-at-all-just-makes-racism-worse/

des groupes historiquement désavantagés : Pour un article, parmi les nombreux qui s'intéressent aux politiques insensibles à la race, voir Adia Harvey Wingfield, « The Failure of Race-Blind Economic Policy », *The Atlantic*, 16 février 2017, www.theatlantic.com/business/archive/2017/02/race-economic-policy/516966/

« aveugles au racisme » : Ralph Leonard (@buffsoldier_96), « La résolution de se montrer insensible aux couleurs et ainsi de traiter chacun en tant que citoyen, pas en tant que porteur d'une "culture" spécifique ni simple représentation d'une "race", est précieuse ». Twitter, 19 juillet 2019, 4:52 PM, twitter.com/buffsoldier_96/status/1152320415752228867

dans lequel elles sont nées : Ralph Leonard, « The colour blind resolve ».

sur leurs origines : Ralph Leonard, « The colour blind resolve ».

la cocaïne par les Blancs : Joseph J. Palamar *et al.*, « Powder Cocaine and Crack Use in the United States: An Examination of Risk for Arrest and Socioeconomic Disparities in Use », *Drug and Alcohol Dependence* 149 (2015): 108-16, doi.org/10.1016/j.drugalcdep.2015.01.029

De la page 291 à la page 294

plus capitale : Leonard emploie lui-même le terme « *race-blind* », « aveugles à la race », pour les politiques qu'il m'arrive d'appeler « neutres ». Cela ne constitue pas une différence philosophique très profonde. Mais comme l'insensibilité aux couleurs est aujourd'hui souvent comprise comme une insensibilité au racisme, cette expression a de bonnes chances d'entraîner précisément cette confusion entre perception et action que je cherche à éviter.

banque d'investissement : Pour une défense de la méritocratie bien comprise, voir le chapitre 13.

nombreuse et florissante : Voir par exemple Richard V. Reeves et Camille Busette, « The Middle Class Is Becoming Race-Plural, Just Like the Rest of America », Brookings, 27 février 2018, www.brookings.edu/blog/social-mobility-memos/2018/02/27/the-middle-class-is-becoming-race-plural-just-like-the-rest-of-america/

pauvre blanche qui va s'agrandissant : Voir par exemple Lauren Gurley, « Who's Afraid of Rural Poverty? The Story Behind America's Invisible Poor », *American Journal of Economics and Sociology* 75, n° 3 (mai 2016): 589-604, doi.org/10.1111/ajes.12149

d'un Blanc sur dix : « Poverty Rate by Race/Ethnicity », KFF, 2021, www.kff.org/other/state-indicator/poverty-rate-by-raceethnicity/

Américains blancs : En 2010, les Noirs avaient quatre fois plus de chances que les Blancs de vivre dans des quartiers où le taux de pauvreté dépassait les 40 %. Sean F. Reardon, Lindsay Fox et Joseph Townsend, « Neighborhood Income Composition by Household Race and Income, 1990-2009 », *Annals of the American Academy of Political and Social Science* 660, n° 1 (septembre 2015): 78-97, doi.org/10.1177/0002716215576104

de crimes horribles : Il y aurait certainement de nombreuses difficultés pratiques qui se poseraient lors des décisions d'allocation de tels dédommagements. Peut-être ces difficultés sont-elles insurmontables et obèrent à elles seules tout le projet. Ou peut-être sont-elles une bonne raison d'élargir leur allocation aux communautés qui comptent de nombreux descendants d'esclaves, même si cela signifierait que certaines personnes appartenant bien à cette catégorie n'obtiendraient aucune aide, tandis que d'autres s'y trouveraient incluses par inadvertance.

De la page 296 à la page 298

Cependant, même si nous acceptons la nécessité de ce genre de compromis et de concessions pratiques pour rendre ces réparations faisables, le principe qui les sous-tend est très différent de celui qui motive les politiques sensibles à la race. Dans le langage de la philosophie politique, ces indemnités s'exerceraient dans le domaine de la « justice réparatrice ». Il s'ensuit que même ceux qui les estiment nécessaires ne devraient pas pour autant en conclure que les politiques publiques devraient de manière générale se montrer sensibles à des caractères immuables tels que la race.

la population générale : Adolph Reed Jr. et Walter Benn Michaels, « The Trouble With Disparity », Common Dreams, 15 août 2020, www.commondreams.org/views/2020/08/15/trouble-disparity. Comme le disent Reed et Michaels, « non seulement nous concentrer sur l'élimination des disparités raciales ne nous mènera pas vers une société plus égale, mais de plus ce n'est même pas le meilleur moyen d'éliminer les disparités en question. Il est pratiquement impossible d'imaginer une stratégie sérieuse qui aboutirait à des victoires sur les conditions de travail des Noirs qui ne seraient pas dans le même temps des victoires pour tous les travailleurs ».

« nivellement par le bas » : Pour un résumé de cette objection, voir la section 6.1, « Kinds of Egalitarianism », dans Stefan Gosepath, « Equality », in *Stanford Encyclopedia of Philosophy*, 26 avril 2021, plato.stanford.edu/entries/equality/

d'autres cultes : Soumya Shankar, « India's Citizenship Law, in Tandem with National Registry, Could Make BJP's Discriminatory Targeting of Muslims Easier », *Intercept*, 30 janvier 2020, theintercept.com/2020/01/30/india-citizenship-act-caa-nrc-assam/

les divisions historiques : Un autre problème est que beaucoup de ces mesures conçues pour aider des groupes défavorisés finissent par leur nuire de manière inattendue. Les opportunités compétitives, comme les bourses et les places dans les universités d'élite, par exemple, sont précieuses en partie du fait qu'elles servent de signal aux employeurs futurs. Si un postulant a gagné une distinction prestigieuse ou qu'il a été admis au cours d'une procédure très sélective, c'est qu'il a beaucoup de talent.

Des économistes estiment que la discrimination positive brouille ce signal. Selon eux, les employeurs qui savent que les notes moyennes des étudiants noirs admis dans ces universités sont significativement

Page 298

plus faibles que celles des autres groupes démographiques accordent moins de valeur à ces accomplissements, même quand ils examinent le parcours d'un postulant qui n'a jamais bénéficié de la discrimination positive. Des politiques qui aident certains membres d'un groupe historiquement désavantagé peuvent dans le même temps nuire à d'autres membres du même groupe.

Voir Bruce Wydick, « Affirmative Action in College Admissions: Examining Labor Market Effects of Four Alternative Policies », *Contemporary Economic Policy* 20, n° 1 (2002): 12-24, doi.org/10.1093/cep/20.1.12 ; Bruce Wydick, « Do Race-Based Preferences Perpetuate Discrimination Against Marginalized Ethnic Groups? », *Journal of Developing Areas* 42, n° 1 (2008): 165-81, doi.org/10.1353/jda.0.0024 ; Terry Eastland, « The Case Against Affirmative Action », *William and Mary Law Review* 1992, n° 34 (1992): 33-52, doi.org/10.3817/0992093145

leurs camarades blancs : Selon une étude qui examinait les données d'admission de l'automne 1997, les Asiatiques admis dans les universités d'élite obtenaient en moyenne 140 points de plus aux examens que les étudiants blancs admis eux aussi. Voir aussi Scott Jaschik, « The Numbers and the Arguments on Asian Admissions », *Inside Higher Ed*, 7 août 2017, www.insidehighered.com/admissions/article/2017/08/07/look-data-and-arguments-about-asian-americans-and-admissions-elite

les étudiants asiatiques-américains : Jay Caspian Kang, « Where Does Affirmative-Action Leave Asian-Americans? », *The New York Times Magazine*, 28 août 2019, www.nytimes.com/2019/08/28/magazine/affirmative-action-asian-american-harvard.html. En théorie, il est évidemment possible de séparer ces deux points. Harvard et Princeton pourraient donner aux étudiants noirs ou basanés un coup de pouce sans augmenter artificiellement la difficulté d'admission pour les étudiants asiatiques-américains. Mais les sciences sociales suggèrent aussi que, en pratique, il ne sera jamais facile de s'assurer qu'une mesure sensible à la race qui favorise un groupe minoritaire sous-représenté pour l'accès à des positions de pouvoir n'aura pas d'effet pervers sur d'autres groupes minoritaires sous-représentés eux aussi, voire n'obtiendrait pas des effets directement opposés à ses intentions de départ.

ce qu'elle porte ses fruits : Il est intéressant de noter que les mêmes mesures ont reçu plus de soutien quand elles étaient rédigées dans le vocabulaire de la lutte des classes plutôt que celui des inégalités raciales.

De la page 299 à la page 301

Voir Micah English et Joshua Kalla, « Racial Equality Frames and Public Policy Support: Survey Experimental Evidence », OSF Preprints, 23 avril 2021, doi: 10.31219/osf.io/tdkf3

de pouvoir entre groupes organisés ? : Cité dans Carol M. Allen, *Ending Racial Preferences: The Michigan Story*, Lanham, Lexington Books, 2009, p. 2.

au sein de l'Éducation nationale : « California Proposition 187 », Ballotpedia, consulté le 24 mars 2023, ballotpedia.org/California_Proposition_187,_Prohibit_Persons_in_Violation_of_Immigration_Law_from_Using_Public_Healthcare,_Schools,_and_Social_Services_Initiative_(1994)

discrimination positive : « California Proposition 209, Affirmative Action Initiative (1996) », Ballotpedia, consulté le 24 mars 2023, ballotpedia.org/California_Proposition_209,_Affirmative_Action_Initiative_(1996)

asiatique ou hispanique : Hans Johnson, Eric McGhee et Marisol Cuellar Mejia, « California's Population », Public Policy Institute of California, janvier 2022, www.ppic.org/publication/californias-population/ ; Eric McGhee, « California's Political Geography 2020 », Public Policy Institute of California, février 2020, www.ppic.org/publication/californias-political-geography/

plus grosses entreprises de Californie : Parmi les soutiens, citons Twitter, Wells Fargo et Reddit. La liste complète est ici : « California Proposition 16, Repeal Proposition 209 Affirmative Action Amendment (2020) », Ballotpedia, consulté le 25 janvier 2023, ballotpedia.org/California_Proposition_16,_Repeal_Proposition_209_Affirmative_Action_Amendment_(2020)

la discrimination positive : Les soutiens ont rassemblé 25 millions de dollars, contre 1,75 million à leurs opposants. « California Proposition 16, Repeal Proposition 209 Affirmative Action Amendment (2020) ».

des origines ethniques : « Live Election Results: 2020 California Results », *Politico*, consulté le 24 mars 2023, www.politico.com/2020-election/results/california/

« droit à la vie privée » : Voir par exemple Sherif Girgis, « Dobbs's History and the Future of Abortion and Privacy Law », *SCOTUSblog*, 28 juin 2022, www.scotusblog.com/2022/06/dobbss-history-and-the-future-of-abortion-and-privacy-law/

De la page 301 à la page 309

jurisprudence : Pour une version très connue de ce même sentiment, voir Jeremy Waldron, « The Core of the Case Against Judicial Review », *Yale Law Journal* 115 (2005) : 1346-406.

« protège les *personnes*, pas les groupes » : *Adarand Constructors Inc. v. Peña*, 515 U.S. 200 (1995).

raison impérieuse : *Adarand Constructors Inc.*, 515 U.S. at 227.

« intérêt impérieux » : *Adarand Constructors Inc.*, 515 U.S. at 227.

« taillés sur mesure » : *Adarand Constructors Inc.*, 515 U.S. at 227.

cet outil hautement suspect : *City of Richmond v. J. A. Croson Co.*, 488 U.S. 469 (1989).

la discrimination positive : Adam Liptak, « Supreme Court Seems Ready to Throw Out Race-Based College Admissions », *The New York Times*, 31 octobre 2022, www.nytimes.com/2022/10/31/us/supreme-court-harvard-unc-affirmative-action.html

la discrimination positive : https://www.scotusblog.com/case-files/cases/students-for-fair-admissions-inc-v-president-fellows-of-harvard-college/

13. Du racisme structurel, du genre et de la méritocratie

le racisme structurel : Le racisme structurel est souvent pensé comme semblable ou synonyme du racisme institutionnel. Le terme « racisme institutionnel » remonte à Stokely Carmichael et Charles V. Hamilton, dans *Black Power* : « Le racisme institutionnel est moins explicite, bien plus subtil, moins facile à relier à des individus spécifiques qui commettraient des actes précis. Il est pourtant tout aussi destructeur de vies humaines. Il trouve son origine dans les rapports de force bien établis et respectés dans la société et est ainsi bien moins sujet aux condamnations publiques. Cinq cents bébés noirs meurent chaque année par manque de nourriture, de logements décents et d'accès aux soins, des milliers d'autres sont détruits, blessés, abîmés physiquement, émotionnellement, intellectuellement par la pauvreté et la discrimination de la communauté noire, voilà des conséquences du racisme institutionnel. » Carmichael et Hamilton, *Black Power*, p. 1. [Traduction personnelle, NdT.]

selon leur race : *Cambridge Dictionary*, s.v. « systemic racism », consulté le 24 mars 2023, dictionary.cambridge.org/dictionary/english/systemic-racism

De la page 310 à la page 312

ces pratiques racistes : « Dismantling Racism Works Web Workbook », dRworksBook, consulté le 24 mars 2023, www.dismantlingracism.org/ Voir aussi Yascha Mounk, « The Political Inconvenience of the Jersey City Shooting », *The Atlantic*, 12 décembre 2019, www.theatlantic.com/ideas/archive/2019/12/political-inconvenience-jersey-city-shooting/603472/

raciste envers une personne blanche : Manisha Krishnan, « Dear White People, Please Stop Pretending Reverse Racism Is Real », *Vice*, 2 octobre 2016, www.vice.com/en/article/kwzjvz/dear-white-people-please-stop-pretending-reverse-racism-is-real

de la suprématie blanche : Farah Stockman, « Women's March Roiled by Accusations of Anti-Semitism », *The New York Times*, 23 décembre 2018, www.nytimes.com/2018/12/23/us/womens-march-anti-semitism.html

les Afro-Américains : Ari Blaff, « Whitewashing Success », *Tablet*, 15 novembre 2021, www.tabletmag.com/sections/news/articles/whitewashing-asian-americans

les tensions entre ces deux communautés : Voir par exemple Masood Farivar, « Anti-Asian Hate Crime Crosses Racial and Ethnic Lines », VOA, 24 mars 2021, www.voanews.com/a/usa_anti-asian-hate-crime-crosses-racial-and-ethnic-lines/6203679.html ; pour une explication de la façon dont le même mécanisme encourage les médias à atténuer leur emphase sur les attaques contre les juifs, voir Yascha Mounk, « Political Inconvenience of the Jersey City Shooting ».

les épaules des femmes : Voir par exemple Butler, *Gender Trouble*.

du genre associés : Ce profond malheur est évident à la lecture de récits des participants transgenres à une enquête Pew de 2022. « Enfant, à la maternelle ou au CP, j'étais fasciné que certains étaient des filles et d'autres des garçons, j'y pensais tout le temps. J'ai commencé à me sentir très mal à l'aise d'exister en tant que petite fille. » (Homme trans, la trentaine.) « Je l'ai su très jeune. Je ne me rappelle plus l'âge exact, mais j'ai toujours su. Dès que je mettais des vêtements de garçon, j'étais mal à l'aise. » (Femme trans, un peu moins de 40 ans.) Voir Travis Mitchell, « The Experiences, Challenges, and Hopes of Transgender and Nonbinary U.S. Adults », Pew Research Center's Social & Demographic Trends Project, 7 juin 2022, www.pewresearch.org/social-trends/2022/06/07/the-experiences-challenges-and-hopes-of-transgender-and-nonbinary-u-s-adults/

De la page 313 à la page 315

« la création de lois anti-transgenres » : Agustín Fuentes, « Biological Science Rejects the Sex Binary, and That's Good for Humanity », *Scientist*, 12 mai 2022, www.the-scientist.com/news-opinion/biological-science-rejects-the-sex-binary-and-that-s-good-for-humanity-70008

la capacité de tomber enceinte : Vera Regitz-Zagrosek, « Sex and Gender Differences in Health », *EMBO Reports* 13, n° 7 (2012): 596-603, doi.org/10.1038/embor.2012.87

de mâle ou de femelle : Voir Leonard Sax, « How Common Is Intersex? A Response to Anne Fausto-Sterling », *Journal of Sex Research* 39, n° 3 (janvier 2002): 174-78, doi.org/10.1080/00224490209552139. La détermination du pourcentage exact est compliquée, car cela dépend de la définition précise de l'intersexualité. Toutefois, selon la plupart des experts, « les enfants pourvus d'organes génitaux si atypiques qu'ils nécessitent l'examen par un spécialiste de la différenciation sexuelle représentent entre 1 pour 1 500 et 1 pour 2 000 naissances. » « How Common Is Intersex? », Intersex Society of North America, consulté le 18 janvier 2023, isna.org/faq/frequency/

un poste gouvernemental : GLAAD (@glaad), Twitter, 24 mars 2021, twitter.com/glaad/status/1374840653704728578

un traitement approprié : Ce n'est pas un argument abstrait. Voir par exemple cet article dans un journal médical de premier plan qui recommande « d'abandonner les questions sur l'assignation sexuelle à la naissance » : Ash B. Alpert, Roman Ruddicket Charlie Manzano, « Rethinking Sex-Assigned-at-Birth Questions », *British Medical Journal* 373, n° 8294 (2021), doi.org/10.1136/bmj.n1261

des femmes biologiques : Stephanie Burnett, « Do Trans Athletes Have an Unfair Advantage? », *DW*, 24 juillet 2021, www.dw.com/en/fact-check-do-trans-athletes-have-an-advantage-in-elite-sport/a-58583988

jusqu'en haut : Cet élément du rêve américain était présent très tôt. L'historien James Truslow Adams, qui a inventé ce terme, écrivait qu'il s'agit du « rêve d'une terre où la vie serait meilleure, plus riche, mieux remplie pour tout le monde, pourvoyeuse d'opportunités pour chacun selon ses talents et ses accomplissements. C'est un rêve difficile à interpréter pour les Européens des classes supérieures, trop d'entre nous ont grandi en s'en méfiant. Ce n'est pas seulement un rêve de voitures puissantes et d'autoroutes interminables, mais d'ordre social fondé sur la promesse que chaque homme et chaque femme atteindra la position la plus élevée que ses capacités naturelles lui

De la page 316 à la page 317

permettront, qu'il et elle seront reconnus par les autres pour ce qu'ils sont, sans égard pour les circonstances fortuites de leur naissance ou de leur statut ». James Truslow Adams, *The Epic of America*, Boston, Little, Brown, 1931, p. 404. [Traduction personnelle, NdT.]

plus ou moins stagné : Drew DeSilver, « For Most U.S. Workers, Real Wages Have Barely Budged in Decades », Pew Research Center, 7 août 2018, www.pewresearch.org/fact-tank/2018/08/07/for-most-us-workers-real-wages-have-barely-budged-for-decades/

en flèche : « The Cost of Living in America: Helping Families Move Ahead », White House, 11 août 2021, www.whitehouse.gov/cea/written-materials/2021/08/11/the-cost-of-living-in-america-helping-families-move-ahead/

un niveau de vie décent : Voir par exemple Ben S. Bernanke et Peter Olson, « Are Americans Better Off Than They Were a Decade or Two Ago? », Brookings, 19 octobre 2016, www.brookings.edu/blog/ben-bernanke/2016/10/19/are-americans-better-off-than-they-were-a-decade-or-two-ago/ ; Devon Haynie, « A Global Anomaly, the U.S. Declines in Annual Quality of Life Report », *U.S. News & World Report*, 11 septembre 2020, www.usnews.com/news/best-countries/articles/2020-09-11/a-global-anomaly-the-us-declines-in-annual-quality-of-life-report

« La méritocratie nous fait du mal à tous » : Sean Illing, « How Meritocracy Harms Everyone—Even the Winners », Vox, 21 octobre 2019, www.vox.com/identities/2019/10/21/20897021/meritocracy-economic-mobility-daniel-markovits

nous nous serions construits tout seuls : Michael J. Sandel, *The Tyranny of Merit*, New York, Farrar, Straus and Giroux, 2020, p. 14.

Critical Race Theory: An Introduction : Richard Delgado et Jean Stefancic, *Critical Race Theory*, 2e éd., p. 104.

éluder le racisme : Naa Oyo Kwate et Ilan H. Meyer, « The Myth of Meritocracy and African American Health », *American Journal of Public Health* 100, n° 10 (2010): 1831-34, doi.org/10.2105/ajph.2009.186445

« c'est indéniablement raciste » : Tim Enwall, « Open Letter to My White CEO, VC Colleagues: "Meritocracy" Is Likely a Racist Belief », Medium, 14 juin 2020, tenwall.medium.com/open-letter-to-my-white-ceo-vc-colleagues-meritocracy-is-likely-a-racist-belief-ad7a72dbee92

la sueur de leur front : Michael J. Sandel, *The Tyranny of Merit*.

De la page 318 à la page 326

une allure d'escargot : Les effets négatifs des systèmes non méritocratiques sur le développement économique et la bonne gouvernance sont largement observés. Par exemple, les politologues ont expliqué les difficultés économiques de la Grèce en partie par le manque de méritocratie dans sa bureaucratie. Voir par exemple Francis Fukuyama, *Political Order and Political Decay: From the Industrial Revolution to the Globalization of Democracy*, New York, Farrar, Straus and Giroux, 2015, p. 76-77.

c'est qu'ils ne le sont pas assez : Pour la meilleure explication de sa position, voir Adrian Wooldridge, *The Aristocracy of Talent: How Meritocracy Made the Modern World*, New York, Skyhorse, 2021.

PARTIE IV
EN DÉFENSE DE L'UNIVERSALISME

la cause du libéralisme philosophique : Pour l'histoire canonique du libéralisme, voir Edmund Fawcett, *Liberalism: The Life of an Idea*, Princeton, Princeton University Press, 2018. Pour une histoire intellectuelle qui se concentre davantage sur les changements de signification du mot, voir Helena Rosenblatt, *The Lost History of Liberalism: From Ancient Rome to the Twenty-first Century*, Princeton, Princeton University Press, 2018. Pour les textes classiques de la tradition libérale, voir par exemple Benjamin Constant, *De la liberté des Anciens comparée à celle des Modernes* ; John Rawls, *Political Liberalism*, New York, Columbia University Press, 1993. Pour une défense récente du libéralisme d'un point de vue philosophique, voir Francis Fukuyama, *Liberalism and Its Discontents*, New York, Farrar, Straus and Giroux, 2022 ; d'un point de vue empirique, Deirdre McCloskey, *Why Liberalism Works: How True Liberal Values Produce a Freer, More Equal, Prosperous World for All*, New Haven, Yale University Press, 2019.

les questions économiques : John Lichfield, « Call Emmanuel Macron Any Name You Like—but Not "Liberal" », *Politico*, 5 février 2019, www.politico.eu/article/call-emmanuel-macron-any-name-you-like-but-not-liberal-lef-right-division-politics/

des valeurs philosophiques précises : Michael Goldfarb, « Liberal? Are We Talking About the Same Thing? », BBC News, 20 juillet 2010, www.bbc.com/news/world-10658070

De la page 326 à la page 331

principaux médias : Pour une autre version de cet argument, voir David Greenberg, « Stop Calling Bernie Sanders and Alexandria Ocasio-Cortez Liberals », *Washington Post*, 12 septembre 2019, www.washingtonpost.com/outlook/2019/09/12/stop-calling-bernie-sanders-alexandria-ocasio-cortez-liberals/

14. Réponse à la synthèse identitaire

le principal obstacle au progrès racial : Richard Delgado et Jean Stefancic, *Critical Race Theory: An Introduction*, 3e éd., New York, New York University Press, 2017, p. 25.

leurs attaques sur les libéraux : « Chercher des libéraux des Lumières pour progresser face au racisme c'est comme chercher des ségrégationnistes de Jim Crow pour progresser face au racisme. » Ibram X. Kendi (@DrIbram), Twitter, 20 juillet 2020, 9:11 AM, twitter.com/dribram/status/1281576823256743936

dans la vie quotidienne ou dans les sciences : Hannes Leitgeb et André Carus, « Rudolf Carnap—Methodology », in *Stanford Encyclopedia of Philosophy* (Fall 2022 éd.), éd. Edward N. Zalta and Uri Nodelman, plato.stanford.edu/entries/carnap/methodology.html#RatiReco. Une telle reconstruction rationnelle, admettait Carnap, ne pourra jamais saisir toute la complexité de l'original. De fait, le même corpus d'idées pourra donner lieu à des reconstructions différentes. Comme le note la *Stanford Encyclopedia of Philosophy*, « le résultat d'une reconstruction rationnelle diffère de ses données d'entrée et permet de multiples possibilités de procédure ». (Leitgeb et Carus, « Carnap ».) Cela ne veut pas dire qu'une telle reconstruction serait arbitraire pour autant ; « les nouvelles définitions devraient être supérieures aux anciennes, en clarté et en exactitude ; surtout, elles devraient épouser une structure systématique des concepts ». Rudolf Carnap, *Der logische Aufbau der Welt,* Berlin, Weltkreis, 1928. [Traduction personnelle, NdT.]

fondations logiques : Chaque chapitre m'a conduit par son thème à me concentrer sur différents aspects de l'idéologie. Il y a néanmoins d'importants recoupements. Par exemple, la préférence pour les normes, les mesures et les lois qui établissent des distinctions explicites selon l'identité est le fil rouge qui reparaît dans chacun des chapitres de ce livre : en tant que « rejet des solutions neutres »

Page 332

dans la partie I, sous la forme de l'emphase placée sur l'équité dans la partie II ou sur les « politiques publiques sensibles à la race » dans la partie III, enfin dans cette dernière partie en tant que besoin pour l'État de traiter ses citoyens selon leurs identités attribuées.

aux caractères religieux de leurs protagonistes : William R. Downing éd., « What Is Church History? », in *Notes on Historiography and Early Church History*, Morgan Hill, Calif. : Sovereign Grace Baptist Church of Silicon Valley, 2014, p. 6 ; William R. Downing éd., « The Canon of Scripture », in *Notes on Historiography and Early Church History*, p. 112-19.

la conscience de classe : Pour la défense canonique de la philosophie marxiste de l'histoire depuis le point de vue de la philosophie analytique, voir G. A. Cohen, *Karl Marx's Theory of History: A Defence*, New York, Oxford University Press, 1978. Pour une histoire classique fondée sur des présupposés (largement) marxistes, voir Eric Hobsbawm, *L'Ère des révolutions : Europe, 1789-1848*, Paris, Fayard, 1962 ; et Eric Hobsbawm, *L'Ère du capital : 1848-1875*, Paris, Fayard, 1978.

de la synthèse identitaire : Voir par exemple le concept d'identité dans l'archéologie moderne : Stone Age Herbalist, « The Rise of Archaeologists Anonymous », UnHerd, 3 décembre 2022, unherd.com/2022/12/the-rise-of-archaeologists-anonymous/

« interruptions relationnelles » : Une linguiste influente a établi la distinction entre trois genres d'interruptions : (1) les interruptions neutres non relationnelles, qui peuvent par exemple servir à clarifier ce que dit celui qui parlait ; (2) les interruptions relationnelles de rapport, qui servent à affirmer ce que dit celui qui parlait et à renforcer le lien ; et (3) les interruptions relationnelles de pouvoir, qui servent à établir un pouvoir sur l'interlocuteur. Ce troisième genre est commun et peut entretenir une dynamique pernicieuse en effet, mais toute communication efficace requiert les interruptions de type 1 et les amitiés sincères comportent presque toujours des interruptions de type 2. Voir Julia A. Goldberg *et al.*, « Interrupting the Discourse on Interruptions: An Analysis in Terms of Relationally Neutral, Power-, and Rapport-Oriented Acts », *Journal of Pragmatics* 14, n° 6 (décembre 1990), www.sciencedirect.com/science/article/pii/037821669090045F

de la suprématie blanche : Jesse Singal, « "White Fragility" Is a Completely Bizarre and Pernicious Book and It's a Terrible Sign That So Many Americans Love It », *Blocked and Reported*, épisode 17,

De la page 333 à la page 334

19 juin 2020, podcast, www.blockedandreported.org/p/early-access-episode-17-white-fragility-cb8#details. De même, la plupart des spectateurs ont vu la gifle de Will Smith à Chris Rock lors de la cérémonie des Oscars 2022 comme la rupture évidente d'une norme importante, à savoir ne pas répondre à une blague même impolie par la violence physique. Mais de nombreux partisans de la synthèse identitaire estimaient que l'acte de Smith était justifié du fait que Rock avait fait une blague sur les cheveux de sa femme, Jada, qui est noire. De fait, certaines membres du « Squad », l'aile gauche des Démocrates au Parlement, ont d'abord écrit des tweets de soutien à Smith. « Reps. Ayanna Pressley, Jamaal Bowman Tweet, Then Delete, Defense of Will Smith's Oscars Slap », NBCNews.com, 28 mars 2022, www.nbcnews.com/politics/politics-news/reps-ayanna-pressley-jamaal-bowman-tweet-delete-defense-will-smiths-os-rcna21787

les privilèges des groupes dominants : Voir le chapitre 12 pour une discussion des politiques conscientes de la race. Voir les chapitres 1 et 3 pour les origines intellectuelles du rejet de valeurs universelles et des règles neutres.

pour penser qu'ils n'essaieraient jamais : Voir par exemple Harry Blain, « Why the Left Needs to Re-embrace the First Amendment », openDemocracy, 15 mai 2017, www.opendemocracy.net/en/transformation/why-left-needs-to-re-embrace-first-amendment/

du pouvoir des privilégiés : Voir la partie III. Comparer aussi à Billie Murray, « The Anti-democratic Consequences of the "More-Speech" System », *Communication and Democracy* 56, n° 2 (2022): 198-204, doi.org/10.1080/27671127.2022.2141720

de médicaments anti-Covid essentiels : Voir l'introduction et le chapitre 12.

d'identité spécifiques de leur interlocuteur : Pour comprendre comment ces trois hypothèses s'articulent, il est utile de relire les travaux de Derrick Bell, père fondateur de la théorie critique de la race. Comme je l'ai décrit dans la partie I, Bell était un avocat des droits civiques qui en est venu à considérer que les efforts de déségrégation dans le sud des États-Unis étaient une grave erreur. Cette position peut sembler très contre-intuitive au premier abord. Mais l'examen des trois hypothèses fondamentales de la synthèse identitaire nous aide à expliquer le cheminement par lequel il en est arrivé à cette conclusion.

Page 334

Derrick Bell a commencé sa carrière universitaire par une analyse critique des origines de *Brown v. Board of Education*, la décision de la Cour suprême qui a déclaré inconstitutionnelle toute ségrégation raciale dans l'éducation publique. À l'époque, les experts du droit expliquaient cette décision comme dérivant de la tension profonde entre les règles universelles de la Constitution et du 14e amendement d'une part, et les pratiques évidemment discriminatoires qui persistaient dans le Sud d'autre part. Dans le même temps, des historiens et des sociologues soulignaient la discipline et l'organisation du mouvement des droits civiques et les transformations sociales de l'après-guerre. Cependant, Bell jugeait ses explications naïves, car elles ne se concentraient pas sur les intérêts de groupes identitaires, pourtant au centre de ces développements historiques. Comme les Blancs jouissaient de pratiquement tous les pouvoirs dans l'Amérique des années 1950, une décision comme *Brown v. Board of Education* ne pouvait être que dans leur propre intérêt racial. La raison réelle de la déségrégation, disait-il, était donc de servir les intérêts des Blancs par le lustre qu'elle apportait à l'image de l'Amérique dans le monde et les possibilités de développement qu'elle ouvrait au Sud, dans la « *Sunbelt* ». (Voir Derrick Bell, « Interest-Convergence Dilemma », p. 524-27.) Selon Bell, la clé de compréhension principale de l'une des décisions les plus importantes de l'histoire de la Cour suprême était à chercher, comme le premier postulat de la reconstruction rationnelle de la synthèse identitaire l'impliquerait, dans l'examen des motifs des juges « au prisme des identités de groupe telles que la race, la religion, le genre et l'orientation sexuelle » auxquels ils appartenaient.

Bell avançait ensuite que l'interprétation conventionnelle des effets de *Brown v. Board of Education* était tout aussi naïve. Libéraux et progressistes célébraient cette décision comme une belle avancée. Ils supposaient qu'une règle universelle, qui promettait d'ouvrir pour tous les enfants l'accès aux mêmes écoles sans distinction de race, suffirait pour aboutir au traitement égal de chacun. En réalité, disait Bell, *Brown v. Board* n'avait pratiquement rien fait pour améliorer le sort des Afro-Américains. En réalité, ces règles d'apparence neutre donnaient un énorme avantage aux professeurs blancs sur les professeurs noirs, forçaient des élèves noirs à parcourir de longs trajets pour se rendre dans des écoles où ils subiraient des discriminations et ne faisaient rien contre les parents blancs qui envoyaient leurs enfants dans des écoles sans élèves noirs ou presque. Selon Bell, les

De la page 335 à la page 337

nouvelles règles neutres, comme l'impliquait le deuxième postulat de la reconstruction rationnelle de la synthèse identitaire, « ne servaient qu'à occulter la domination qu'exercent des groupes privilégiés sur les marginalisés ». Ces prémisses menaient Bell à conclure que la solution traditionnelle au problème de la ségrégation scolaire était malavisée. Les règles neutres ne servant qu'à perpétuer l'oppression des groupes d'identité désavantagés, ce serait une erreur d'aller toujours plus loin dans la déségrégation, comme il avait pourtant lui-même tenté de le faire en tant qu'avocat de la NAACP. Les militants devraient plutôt se concentrer sur la création d'écoles séparées, mais égales. (Derrick Bell, « Interest-Convergence Dilemma », 528-32.) Il est aujourd'hui grand temps de remédier à cette erreur en adoptant des politiques publiques « sensibles à la race » qui cherchent explicitement à remédier aux oppressions en traitant différemment les membres de différents groupes. Bell en était venu à penser, comme l'implique le troisième postulat de la reconstruction rationnelle de la synthèse identitaire, que « pour construire un monde plus juste, nous devons adopter des normes et des lois grâce auxquelles les comportements des citoyens entre eux et les actions de l'État envers ceux-ci dépendront explicitement des groupes d'identité auxquels ils appartiennent ».

synthèse identitaire : Cette réponse libérale à la synthèse identitaire n'est pas, toutefois, une reconstruction rationnelle du libéralisme.

la monarchie et la république : La situation est rendue encore plus complexe par le fait que les groupes ne sont pas l'alpha et l'oméga de la vie humaine. Même si certains sont la plupart du temps poussés avant tout par leur fidélité à un groupe défini par des critères ethniques, religieux, idéologiques ou culturels, d'autres individus suivent leur intérêt particulier, ou estiment que la justice exige qu'ils servent les intérêts d'un groupe auquel ils n'appartiennent pas eux-mêmes, ou essaient de traiter équitablement tout le monde sans égard pour les groupes d'identité.

une dimension singulière : Pour l'une des meilleures critiques de ce point de vue « monomaniaque », voir Jonathan Haidt, « Monomania Is Illiberal and Stupefying », *Persuasion*, 1er octobre 2021, www.persuasion.community/p/haidt-monomania-is-illiberal-and

exprimer leurs griefs : Voir par exemple Dietrich Rueschemeyer, « Why and How Ideas Matter », in *The Oxford Handbook of Contextual Political Analysis*, dirigé par Robert E. Goodin et Charles Tilly, Oxford, Oxford University Press, 2006, p. 227-51.

De la page 337 à la page 338

les principes qu'ils professent : Voir L. Taylor Phillips, Pamela M. Hong et Clayton D. Peoples, « How and Why the Wealthy Try to Cover Up Their Privileges », Society for Personality and Social Psychology, 12 avril 2021, spsp.org/news-center/character-context-blog/how-and-why-wealthy-try-cover-their-privileges

les violences policières et l'incarcération de masse : Voir Becky Pettit et Bruce Western, « Mass Imprisonment and the Life Course: Race and Class Inequality in U.S. Incarceration », *American Sociological Review* 69, n° 2 (2004): 151-69, doi.org/10.1177/000312240406900201

du monde de l'entreprise : À 21 ans, en 1848, un homme nommé Jyotirao Phule de Pune, en Inde, est tombé sur le *Rights of Man* de Thomas Paine. L'effet produit fut énorme. Comme le mentionna un bon ami de Phule, au contraire de nombre de ses contemporains, « Jotiba et ses amis ne sont pas devenus chrétiens. La raison, c'est qu'ils s'étaient procuré un ou deux livres d'un grand prophète de la vérité venu d'Amérique. Ce prophète, c'était Thomas Paine ». Inspiré par l'universalisme de Paine, Phule s'attaqua aux injustices profondes du système de castes indien. Il devint un réformateur de grande influence, contre ce système, contre les vieilles traditions poussiéreuses sur le rôle des sexes, l'une des figures les plus importantes de l'histoire de l'Inde. Rosalind O'Hanlon, *Caste, Conflict, and Ideology: Mahatma Jotirao Phule and Low Caste Protest in Nineteenth-Century Western India*, Bombay, Orient Longman, 1985.

les consciences des dominants : Même les militants dont les combats étaient aussi austères que ceux pour la réforme du fonctionnariat au XIXe siècle étaient poussés par un engagement sincère pour l'égalité et l'universalisme. « Il est difficile à des Américains du premier quart du XXIe siècle de comprendre les émotions que soulevait la réforme du service public vers la fin du XIXe siècle. Des milliers, des millions se rassemblaient derrière trois principes fondamentaux de la démocratie américaine : d'abord, l'égalité des chances entre tous les citoyens, ensuite, la nomination au mérite et au mérite seulement, enfin, l'assurance qu'aucun fonctionnaire n'aurait à souffrir de ses opinions politiques » (Edmund Morris, *The Rise of Theodore Roosevelt*, New York, Modern Library, 2001, p. 404-5). Pour une discussion plus large sur les facteurs à l'œuvre dans cette réforme du service public, voir le chapitre 10 de Fukuyama, *Political Order and Political Decay*.

De la page 338 à la page 339

cacher leur amour : Voir par exemple Dorothy Ross, « Lincoln and the Ethics of Emancipation: Universalism, Nationalism, Exceptionalism », *Journal of American History* 96, n° 2 (2009): 379-99, doi.org/10.1093/jahist/96.2.379 ; Carlos A. Ball, critique d'*Essentialism and Universalism in Gay Rights Philosophy: Liberalism Meets Queer Theory*, de Ladelle McWhorter et David A. J. Richards, *Law and Social Inquiry* 26, n° 1 (2001): 271-93, www.jstor.org/stable/829050

Dix-neuf sondés sur vingt affirmaient que c'était mal : McCarthy, « U.S. Approval of Interracial Marriage ».

l'intégration des immigrés : Yascha Mounk, *La Grande Expérience*, chapitre 8.

tout bonnement absurde : Pour les États-Unis, voir « LGBT Rights », Gallup, 13 juillet 2022, news.gallup.com/poll/1651/gay-lesbian-rights.aspx. Pour le Royaume-Uni, voir Ben Clements et Clieve D. Field, « The Polls—Trends: Public Opinion Toward Homosexuality and Gay Rights in Great Britain », *Public Opinion Quarterly* 78, n° 2 (2014): 523-47, www.jstor.org/stable/24545938

du mariage homosexuel : Pour les États-Unis, voir « LGBT Rights », Gallup. Pour l'Europe occidentale, voir « Most Central and Eastern Europeans Oppose Same-Sex Marriage, While Most Western Europeans Favor It », Pew Research Center's Religion & Public Life Project, 24 octobre 2018, www.pewresearch.org/religion/2018/10/29/eastern-and-western-europeans-differ-on-importance-of-religion-views-of-minorities-and-key-social-issues/pf-10-29-18_east-west_-00-04/

de vrais compatriotes : En 2020, seuls 31 %, 32 % et 25 % des Britanniques, des Français et des Allemands, respectivement, disaient qu'il est très/assez important d'être né dans le pays pour être britannique/français/allemand (Shannon Greenwood, « Views About National Identity Becoming More Inclusive in U.S., Western Europe », Pew Research Center's Global Attitudes Project, 5 mai 2021, www.pewresearch.org/global/2021/05/05/views-about-national-identity-becoming-more-inclusive-in-us-western-europe/ Voir aussi Bruce Stokes, « What It Takes to Truly Be "One of Us" » Pew Research Center, 1er février 2017 ; Yascha Mounk, *La Grande Expérience*, chapitre 8.

Seul un sondé sur vingt dit aujourd'hui que c'est mal : McCarthy, « U.S. Approval of Interracial Marriage ».

Page 340

du même échelon : Voir par exemple Doris Oberdabernig et Alyssa Schneebaum, « Catching Up? The Educational Mobility of Migrants' and Natives' Children in Europe », *Applied Economics* 49, n° 37 (2017): 3716, doi.org/ 10.1080/ 00036846.2016.1267843 ; Cris Beauchemin, « France: Intergenerational Mobility Outcomes of Natives with Immigrant Parents », in *Catching Up? Country Studies on Intergenerational Mobility and Children of Immigrants*, OECD, 28 mai 2018, https://www.oecd-ilibrary.org/fr/social-issues-migration-health/catching-up-country-studies-on-intergenerational-mobility-and-children-of-immigrants/france-intergenerational-mobility-outcomes-of-natives-with-immigrant-parents_9789264301030-4-en ; Tony Sewell *et al.*, *Commission on Race and Ethnic Disparities: The Report*, U.K. Government Commission, mars 2021, assets.publishing.service.gov.uk/government/uploads/system/uploads/attachment_data/file/974507/20210331_-_CRED_Report_-_FINAL_-_Web_Accessible.pdf. Comparez aussi avec Lucas G. Drouhot et Victor Nee, « Assimilation and the Second Generation in Europe and America: Blending and Segregating Social Dynamics Between Immigrants and Natives », *Annual Review of Sociology* 45, n° 1 (2019): 177-99, doi.org/10.1146/annurev-soc-073117-041335

des Irlandais il y a cent ans : Ran Abramitzky *et al.*, « Intergenerational Mobility of Immigrants in the United States over Two Centuries », *American Economic Review* 111, n° 2 (2021): 580-608, doi: 10.1257/aer.20191586

depuis plusieurs générations : Sur les femmes asiatiques-américaines, voir « Usual Weekly Earnings of Wage and Salary Workers: First Quarter 2021 », Bureau of Labor Statistics, tableau 3, consulté le 27 septembre 2021, www.bls.gov/news.release/pdf/wkyeng.pdf. Comparer avec les données antérieures dans « Asian Women and Men Earned More Than Their White, Black, and Hispanic Counterparts in 2017 », U.S. Bureau of Labor Statistics, consulté le 27 janvier 2023, www.bls.gov/opub/ted/2018/asian-women-and-men-earned-more-than-their-white-black-and-hispanic-counterparts-in-2017.htm. Pour les Nigérians-Américains, voir B. Joseph, « Why Nigerian Immigrants Are One of the Most Successful Ethnic Group in the U.S. », Medium, 2 juillet 2018, medium.com/@joecarleton/why-nigerian-immigrants-are-the-most-successful-ethnic-group-in-the-u-s-23a7ea5a0832. Pour les Indiens-Américains, voir « Indians in US Wealthier with Average Household Earning of $123,700: Report », *Economic Times*, 25 août 2021,

De la page 340 à la page 341

economictimes.indiatimes.com/nri/migrate/indians-in-us-wealthier-with-average-household-earning-of-123700-report/articleshow/85623601.cms?from=mdr

des Blancs américains : Voir chapitre 3, note 10.

accès à de bonnes écoles : Voir par exemple « Causes and Consequences of Separate and Unequal Neighborhoods », Urban Institute, consulté le 24 mars 2023, www.urban.org/racial-equity-analytics-lab/structural-racism-explainer-collection/causes-and-consequences-separate-and-unequal-neighborhoods

une grande classe moyenne afro-américaine a émergé : Pour une version plus détaillée de cet argument, voir Yascha Mounk, *La Grande Expérience*, chapitre 8.

bien mieux que ses parents : 55,6 % des Afro-Américains ou des Noirs ont un emploi de bureau (« Labor Force Characteristics by Race and Ethnicity, 2020 », U.S. Bureau of Labor Statistics, 1er novembre 2021, www.bls.gov/opub/reports/race-and-ethnicity/2020/home.htm, graphique 3. Les données de recensement montrent que 54 % des Noirs vivent dans les banlieues aisées, contre 43 % en 2010 (« Black Population Continues to Grow in Suburbs and Shrink in Cities Across the U.S. », *Los Angeles Times*, 14 mars 2022, www.latimes.com/world-nation/story/2022-03-14/census-black-population-grows-suburbs-shrinks-cities). Ajustés sur l'inflation, les salaires horaires ont augmenté de 30,5 % ; le taux de pauvreté au niveau fédéral a baissé d'un tiers (de 35 à 21 %) ; le patrimoine a été multiplié par six entre 1968 et 2016 pour les Noirs. John Schmitt et Valerie Johnson, « African Americans Are Better Off in Many Ways but Are Still Disadvantaged by Racial Inequality », Economic Policy Institute, 26 février 2018, www.epi.org/publication/50-years-after-the-kerner-commission/

Américains blancs : Carol Graham et Sergio Pinto, « Unequal Hopes and Lives in the USA: Optimism, Race, Place, and Premature Mortality », *Journal of Population Economics* 32 (2019): 665-733, link.springer.com/article/10.1007/s00148-018-0687-y. Comme je l'ai dit dans la partie III, les mesures indifférentes à la race comme la couverture maladie universelle et les investissements dans l'éducation peuvent contribuer à accentuer ces premiers signes de progrès, ce qui augmenterait considérablement les opportunités économiques des groupes historiquement marginalisés sans les monter les uns contre les autres dans une lutte à somme nulle pour le pouvoir et les ressources.

Page 345

15. Plaidoyer pour une alternative libérale

La plupart des sociétés du passé : Bien sûr, les historiens et les anthropologues ont découvert des sociétés fascinantes apparemment pourvues de caractéristiques dignes d'être admirées. Ces cultures, en général très petites, étaient égalitaires ou sexuellement libérées, tolérantes sur le plan racial ou d'esprit très ouvert sur le plan spirituel. Cependant, même en prenant au premier degré ces descriptions parfois exagérément généreuses, il s'agissait de cultures petites, très pauvres et de courte durée. Un regard moins complaisant nous révèle que toutes souffraient d'une combinaison quelconque de caractères peu enviables, tels qu'une espérance de vie très brève ou une prévalence la violence. Si quiconque d'entre nous songeait un instant à s'y installer pour y vivre, ces caractères pèseraient rapidement plus lourd que les valeurs admirables célébrées plus avant.

Les Mbuti, par exemple, sont souvent pris en exemple d'une société où « la femme n'est en aucune manière inférieure à l'homme », mais un examen plus précis nous apprend qu'ils accordaient « aux maris une certaine dose de violence contre leurs femmes ». Holden Karnofsky, « Pre-agriculture Gender Relations Seem Bad », *Cold Takes*, 19 octobre 2021, www.cold-takes.com/hunter-gatherer-gender-relations-seem-bad/

un tout petit groupe : Pour un résumé complet, voir Daron Acemoglu et James A. Robinson, *The Narrow Corridor: States, Societies, and the Fate of Liberty*, New York, Penguin Press, 2020. Il semblerait que les sociétés d'avant l'agriculture aient pu être plus égalitaires en comparaison, mais que la violence y aurait été très présente. Voir par exemple D. W. Harding, « Hierarchical or Egalitarian? », in *Rewriting History: Changing Perceptions of the Past*, Oxford, Oxford University Press, 2020.

au monde entier : Voir Steven Pinker, *The Better Angels of Our Nature: Why Violence Has Declined*, New York, Viking, 2011.

une extrême cruauté : Voir l'idée de « cage des normes » introduite par Daron Acemoglu et James A. Robinson dans *The Narrow Corridor*.

ceux qui refusaient de se soumettre : Voir Christopher Tyerman, *God's War: A New History of the Crusades*, Cambridge, Belknap Press of Harvard University Press, 2008, p. 159.

De la page 345 à la page 348

un système d'esclavagisme brutal : Benjamin Madley, *An American Genocide: The United States and the California Indian Catastrophe, 1846-1873*, New Haven, Yale University Press, 2017.

d'intouchables pendant plus de mille ans : Susan Bayly, *Caste, Society, and Politics in India from the Eighteenth Century to the Modern Age*, Cambridge, Cambridge University Press, 1999.

de milliers de vies humaines : « Great Wall of China », History.com, 24 août 2010, www.history.com/topics/ancient-china/great-wall-of-china

les autres pendant des siècles : Richard Reid, « Warfare in Pre-colonial Africa », dans *The Encyclopedia of War*, éd. Gordon Martel, Malden, Wiley-Blackwell, 2011, doi.org/10.1002/9781444338232.wbeow687

des parties du monde, aujourd'hui encore : Alexis Okeowo, « Freedom Fighter », *New Yorker*, 1er septembre 2014, www.newyorker.com/magazine/2014/09/08/freedom-fighter

la pénurie à l'abondance : Voir par exemple Karlsson Klas-Göran et Michael Schoenhals, *Crimes Against Humanity Under Communist Regimes: Research Review*, Stockholm, Living History Forum, 2008 ; Stéphane Courtois *et al.*, *Le Livre noir du communisme*, Paris, Robert Laffont, 1997.

aux hôpitaux et aux soins médicaux : Daron Acemoglu et James A. Robinson, *Why Nations Fail: The Origins of Power, Prosperity, and Poverty*, New York, Crown, 2012.

politique : qui dirige ? : Une autre question cruciale est bien sûr de savoir qui sera inclus dans « le peuple », le groupe de ceux qui seront dirigés. De fait, les plus grandes injustices de l'histoire de la démocratie libérale ne sont pas issues des traitements infligés à ceux qu'on considérait comme le peuple, mais à ceux qu'on lui considérait comme extérieurs, tels que les métèques en Grèce antique et les Afro-Américains aux États-Unis. C'est un problème que toutes les traditions politiques doivent affronter, le libéralisme inclus. Pour plus d'informations à ce sujet dans le contexte du libéralisme, voir Michael J. Sandel, *Liberalism and the Limits of Justice*, Cambridge, Cambridge University Press, 2010 ; Michael J. Sandel, « Moral Argument and Liberal Toleration: Abortion and Homosexuality », *California Law Review* 77, n° 3 (1989): 521, doi.org/10.2307/3480558 ; Michael Walzer, *Spheres of Justice: A Defense of Pluralism and Equality*, New York, Basic Books, 2010.

De la page 348 à la page 350

se battre pour constituer ce dernier : La grande contribution historique de Thomas Hobbes consiste en la reconnaissance de cet ensemble d'intuitions fondamentales. Analysant les implications de la guerre civile anglaise et de l'échec historique des cités-États italiennes, il pensait que les républiques autogouvernées ne pouvaient pas résoudre le problème de l'instabilité politique. De là sa préférence pour la monarchie par rapport à un système parlementaire. Mais même si Hobbes penchait pour l'absolutisme, il a pavé la voie à des penseurs, plus optimistes que lui sur cette capacité des républiques autogouvernées à préserver la stabilité politique, qui plaidèrent en faveur de ce qui commençait vraiment à ressembler à la démocratie libérale. En ce sens, Hobbes compte, malgré lui d'une certaine façon, parmi les fondateurs de la tradition libérale. Pour une interprétation convaincante de Hobbes à cette lumière, voir l'introduction de Richard Tuck au *Léviathan* dans Thomas Hobbes, *Léviathan*, édition dirigée par Richard Tuck, Cambridge, Cambridge University Press, 1996.

la bonne façon de mener sa vie : En surface, il pourrait sembler que s'exprime ici un scepticisme face aux prétentions de vérité scientifique. Mais ce serait mal comprendre la nature de la science. Évidemment, les gens du commun ont de bonnes raisons, en de nombreuses circonstances, de déférer aux jugements des experts. Mais la raison pour laquelle la science a permis de telles avancées et mérite cette déférence, du moins jusqu'à certaines limites raisonnables, c'est que la méthode scientifique et ses mécanismes d'examen critique par les pairs et de scepticisme radical face aux idées reçues se fondent sur une notion d'égalité. Pour une excellente explication de la méthode scientifique, voir Jonathan Rauch, *The Constitution of Knowledge*.

de la pratiquer comme nous le désirons : Les détracteurs du libéralisme ont souvent prétendu que son engagement en faveur des droits individuels éludait l'importance des convictions religieuses et des liens interpersonnels dans la vie de la plupart. Mais c'est mal comprendre la nature de cette tradition. Les libéraux sont bien conscients que beaucoup accordent une importance fondamentale aux exigences de leur foi et aux édits de leur conscience, de même qu'ils savent parfaitement que personne ne se réinvente complètement à 18 ans révolus comme s'il n'avait jamais tissé un réseau serré d'affections profondes et de lien avec les communautés dans

De la page 351 à la page 353

lesquelles il a grandi. C'est même pour cette raison que les libéraux insistent tant sur la liberté d'expression, la liberté de culte, la liberté d'association et de manifestation. L'alternative consisterait à placer des groupes au cœur des gouvernements, ce qui leur donnerait le pouvoir de régner sur leurs membres, et ce qui violerait de toute évidence le principe d'égalité puisque cela constituerait un retour à la hiérarchie naturelle qui permet au pasteur de mener son troupeau ou au chef du groupe culturel d'édicter une façon de vivre. (Pour une version plus détaillée de cet argument, voir le chapitre 4 de mon précédent ouvrage, *La Grande Expérience*.)

égaux en droits : Cela ne revient pas à dire que les libéraux ne sont pas capables de reconnaître le besoin de certains accommodements en faveur des minorités religieuses, comme les exceptions raisonnables dont les sikhs pourraient profiter à l'obligation de port du casque en moto. Pour une explication plus profonde des opinions libérales sur ce genre de mesures spécifiques à des groupes, voir le chapitre 12.

un moyen pacifique de s'en débarrasser : Voir Fukuyama, *Political Order and Political Decay*, chapitres 1 et 8-13 ; et Joseph A. Schumpeter, *Capitalism, Socialism, and Democracy*, London, Routledge, 1976, en particulier « Another Theory of Democracy ».

les risques de famine : Amartya Sen, *Poverty and Famines: An Essay on Entitlement and Deprivation*, Oxford, Oxford University Press, 1982.

de rébellions régionales et de guerres civiles : Voir par exemple Johan Brosché, « Conflict over the Commons: Government Bias and Communal Conflicts in Darfur and Eastern Sudan », *Ethnopolitics*, 19 janvier 2022, 1-23, doi.org/10.1080/17449057.2021.2018221

des écoles de qualité : Daron Acemoglu et James Robinson, *Why Nations Fail* ; Daron Acemoglu et James Robinson, *The Narrow Corridor*.

parfois comme des ennemis : Si les citoyens se considèrent comme les membres d'un ensemble disparate de groupes en compétition, la société sera propice aux conflits. C'est pourquoi, comme l'a montré une étude, le « statut de nationalité » et la « préservation d'attributs communs » sont « importants pour éviter les conflits internes ». Nicholas Sambanis et Moses Shayo, « Social Identification and Ethnic Conflict », *SSRN Electronic Journal* 107, n° 2 (mai 2013): 319, doi.org/10.2139/ssrn.1955111

De la page 354 à la page 355

les plus florissants du monde : Pour un argument en faveur des causes exogènes à la démocratie, qui implique que la richesse mène plus certainement à des démocraties stables que la démocratie ne mènerait à la richesse, voir Adam Przeworski et Fernando Limongi, « Modernization: Theories and Facts », *World Politics* 49, n° 2 (1997): 155-83 ; Adam Przeworski, Fernando Limongi et Salvador Giner, « Political Regimes and Economic Growth », in *Democracy and Development: Proceedings of the IEA Conference Held in Barcelona, Spain*, Londres, Palgrave Macmillan, 1995, 3-27. Pour une réponse, voir Carles Boix et Susan C. Stokes, « Endogenous Democratization », *World Politics* 55, n° 4 (2003): 517-49.

l'humanité par le passé : Pour une déclaration récente et forte en ce sens, voir Martin Wolf, *The Crisis of Democratic Capitalism*, New York, Penguin Press, 2023.

l'Australie et les États-Unis : Un sondage Gallup mené entre 2013 et 2016 demandant aux migrants potentiels dans quels pays ils souhaiteraient vivre a montré que 21 % choisissaient les États-Unis, 6 % l'Allemagne, et 5 % la France, à égalité avec le Canada et le Royaume-Uni. Moins de 10 % choisissaient des pays qui n'étaient pas des démocraties libérales. Neli Esipova, Julie Ray et Anita Pugliese, « Number of Potential Migrants Worldwide Tops 700 Million », Gallup, 8 juin 2017, news.gallup.com/poll/211883/number-potential-migrants-worldwide-tops-700-million.aspx?g_source=World&g_medium=newsfeed&g_campaign=tiles

des démocraties libérales : Les exceptions sont Singapour (12e) et les Émirats arabes unis (26e). « Statistical Annex: Human Development Index and Its Components », in *Human Development Report 2021/2022 : Uncertain Times, Unsettled Lives: Shaping Our Future in a Transforming World*, New York, UNDP, 2022, p. 272.

des démocraties libérales : Seule la Chine est dans le classement, à la 29e place. « Life Expectancy at Birth » (indicator), OECD (2023), consulté le 29 janvier 2023, doi: 10.1787/27e0fc9d-en

vingt-deux sont démocratiques : Malte, l'Islande, Macao, Saint-Marin, Brunei et le Luxembourg ont des populations inférieures à 4 millions d'habitants. Voir le PIB par habitant en 2023, consulté le 29 janvier 2023, worldpopulationreview.com/country-rankings/gdp-per-capita-by-country. (Les données sont issues du World Economic Outlook, octobre 2022.)

De la page 356 à la page 363

une vie épanouie : Pour des arguments liés, voir John Rawls sur les « biens primaires » dans John Rawls, *Théorie de la justice*, Paris, Seuil, 1987 ; ainsi qu'Amartya Sen et Martha Nussbaum sur les capacités : Amartya Sen, « Human Rights and Capabilities », *Journal of Human Development* 6, n° 2 (2005): 151-66 ; Martha C. Nussbaum, « Capabilities as Fundamental Entitlements: Sen and Social Justice », in *Capabilities Equality*, éd. Alexander Kaufman, New York, Routledge, 2006, p. 54-80.

le séparaient encore de ses camarades : Eboo Patel décrit son expérience de la synthèse identitaire dans Eboo Patel, « What I Want My Kids to Learn About American Racism », *The New York Times*, 10 mai 2022, www.nytimes.com/2022/05/10/opinion/race-teaching-school.html ; les paragraphes suivants, dont les citations de Patel, se fondent sur cet article. Voir aussi son dernier livre : Eboo Patel, *We Need to Build: Field Notes for Diverse Democracy*, Boston, Beacon Press, 2022, et son entretien avec l'auteur : « What an Overly Pessimistic View of America Gets Wrong », *Persuasion*, 30 juillet 2022, podcast, www. persuasion.community/p/patel

une évolution semblable : Travis Mitchell décrit son expérience de la synthèse identitaire dans Travis Mitchell, « Building Resilient Organizations ».

des espaces progressistes : Travis Mitchell, « Building Resilient Organizations ».

leur identité ethnique ou sexuelle : Zach Goldberg et Eric Kaufmann, « Yes, Critical Race Theory Is Being Taught in Schools », *City Journal*, 20 octobre 2022, www.city-journal.org/yes-critical-race-theory-is-being-taught-in-schools

les œuvres d'art et les expositions : Voir par exemple Julia Halperin, « How the Dana Schutz Controversy—and a Year of Reckoning—Have Changed Museums Forever », *Artnet News*, 6 mars 2018, news.artnet.com/art-world/dana-schutz-controversy-recent-protests-changed-museums-forever-1236020

auprès de leurs employés : Christopher F. Rufo, « The DEI Regime », *City Journal*, 13 juillet 2022, www.city-journal.org/the-diversity-equity-and-inclusion-regime

la couleur de leur peau : L'administration Biden s'est concentrée explicitement sur l'équité dès le premier jour. Voir par exemple « Advancing Equity and Racial Justice Through the Federal Government »,

De la page 363 à la page 364

White House, consulté le 24 mars 2023, www.whitehouse.gov/equity/. De même, le Comité national démocrate a récemment admis que « les politiques indifférentes à la race ne sont pas suffisantes pour rectifier les disparités raciales ». Voir « Healing the Soul of America », Democratic National Committee, consulté le 24 mars 2023, democrats.org/where-we-stand/party-platform/healing-the-soul-of-america/

« cérémonies de purification par les flammes » : Thomas Gerbet, « Des écoles détruisent 5 000 livres jugés néfastes aux autochtones, dont *Tintin* et *Astérix* », Radio-Canada, 7 septembre 2021, ici.radio-canada.ca/nouvelle/1817537/livres-autochtones-bibliotheques-ecoles-tintin-asterix-ontario-canada. Suzy Kies, alors coprésidente de la Commission des peuples autochtones du Parti libéral du Canada en 2019, a conseillé à une école catholique de brûler, recycler ou enterrer plus de 4 700 livres. Mais quand il a découvert que Kies n'avait aucun ancêtre autochtone, le Parti libéral a condamné ses actions et elle a démissionné peu de temps après. Kevin J. Jones, « Indigenous "Expert" Advised Book Burnings at Catholic Schools », Catholic News Agency, 6 octobre 2021, www.catholicnewsagency.com/news/249209/indigenous-expert-who-advised-book-burnings-at-catholic-schools-in-canada-draws-scrutiny

la nature du genre et du sexe biologique : Richard Adams, « Sussex Professor Resigns After Transgender Rights Row », *The Guardian*, 28 octobre 2021, www.theguardian.com/world/2021/oct/28/sussex-professor-kathleen-stock-resigns-after-transgender-rights-row

des dreadlocks depuis l'adolescence : « Zurich Bar Cancels Concert by Musicians—Because of Rastas », *Switzerland Times*, 17 août 2022, switzerlandtimes.ch/local/zurich-bar-cancels-concert-by-musicians-because-of-rastas/

l'œuvre d'une poétesse noire bien connue : Nicole Daniels, « Should White Writers Translate a Black Author's Work? », *The New York Times*, 31 mars 2021, www.nytimes.com/2021/03/31/learning/should-white-writers-translate-a-black-authors-work.html

« Nous vivons tous sur le campus, aujourd'hui » : Andrew Sullivan, « We All Live on Campus Now », *Intelligencer*, 9 février 2018, nymag.com/intelligencer/2018/02/we-all-live-on-campus-now.html

le courage de le dénoncer : Un article de Ryan Grim dans *The Intercept* est devenu viral en raison du très grand nombre de citations qu'il contenait et qui décrivaient, dans les mots de leurs dirigeants,

De la page 364 à la page 365

les effets destructeurs de la synthèse identitaire sur des organisations progressistes. Il a ainsi donné voix à un sentiment diffus que certains ressentaient depuis longtemps. Ryan Grim, « Meltdowns ». Voir aussi le chapitre 7.

s'y montrer sourd : Les leaders institutionnels deviennent aussi plus conscients des risques de la culture de dénonciation pour le recrutement. L'un d'eux a remarqué : « J'en suis au point où la première chose que je me demande sur un postulant, c'est la possibilité qu'il fasse exploser mon organisation de l'intérieur. » Ryan Grim, « Meltdowns ».

façade, à cette idéologie : Voir par exemple Anemona Hartocollis, « After a Legal Fight, Oberlin Says It Will Pay $36,59 Million to a Local Bakery », *The New York Times*, 8 septembre 2022, www.nytimes.com/2022/09/08/us/oberlin-bakery-lawsuit.html ; Pacific Legal Foundation, « Lawsuit Filed Against City of Seattle for Hostile Workplace Caused by Pervasive "Racial Equity Training" », 16 novembre 2022, pacificlegal.org/press-release/lawsuit-filed-against-city-of-seattle-for-hostile-workplace-caused-by-pervasive-racial-equity-training/ ; Michael Paulson, « New 42 Worker Files Bias Lawsuit over Diversity Training », *The New York Times*, 9 juin 2022, www.nytimes.com/2022/06/09/theater/new-42-diversity-lawsuit.html

de la ville lors des années précédentes : Voir par exemple Helen Holmes, « How Dimes Square Became the NYC Nabe We Love to Hate », *Daily Beast*, 11 août 2022, www.thedailybeast.com/how-dimes-square-became-the-new-york-neighborhood-we-love-to-hate ; Ben Smith, « They Had a Fun Pandemic. You Can Read About It in Print », *The New York Times*, 7 mars 2021, www.nytimes.com/2021/03/07/business/media/the-drunken-canal-media-nyc.html ; Aidan Walker, « Dimes Square », Know Your Meme, 17 août 2022, knowyourmeme.com/memes/subcultures/dimes-square.

les publications de premier plan : Voir par exemple Megan Twohey et Christina Jewett, « They Paused Puberty, but Is There a Cost? », *The New York Times*, 14 novembre 2022, www.nytimes.com/2022/11/14/health/puberty-blockers-transgender.html ; Katie J. M. Baker, « When Students Change Gender Identity, and Parents Don't Know », *The New York Times*, 22 janvier 2023, www.nytimes.com/2022/11/14/health/puberty-blockers-transgender.html ; John McWhorter, « Wokeness Is Oversimplifying the American Creed », *The New York Times*, 26 octobre 2021, www.nytimes.com/2021/10/26/opinion/wokeness-america.html ; Editorial Board, « America Has a Free

Speech Problem », *The New York Times*, 18 mars 2022, www.nytimes.com/2022/03/18/opinion/cancel-culture-free-speech-poll.html

parler de travers : « Obama's Advice for Democrats », *Pod Save America*, 15 octobre 2022, crooked.com/podcast/obamas-advice-for-democrats/

se dérouler sous nos yeux : David Brooks, « This Is How Wokeness Ends », *The New York Times*, 13 mai 2021, www.nytimes.com/2021/05/13/opinion/this-is-how-wokeness-ends.html

qu'elles n'en partiront plus : Le politologue Ruy Teixeira adopte une position semblable : Ruy Teixeira, « Ruy Teixeira Asks Whether America Has Reached "Peak Woke" », *The Economist*, 19 octobre 2022, www.economist.com/by-invitation/2022/10/19/ruy-teixeira-asks-whether-america-has-reached-peak-woke

disparaîtront probablement bientôt : Par exemple, les élus démocrates ont vite abandonné un programme de prêt d'urgence aux minorités raciales à la suite de problèmes juridiques potentiels. Maeve Sheehey, « Democrats Abandon Race-Based Loan Relief After White Farmers Sue », Bloomberg Law, 22 août 2022, news.bloomberglaw.com/social-justice/democrats-pivot-on-race-based-loan-relief-as-white-farmers-sue

les écoles locales : Hannah Natanson et Moriah Balingit, « Caught in the Culture Wars, Teachers Are Being Forced from Their Jobs », *Washington Post*, 16 juin 2022, www.washingtonpost.com/education/2022/06/16/teacher-resignations-firings-culture-wars/

cours de yoga : Kat Rosenfield, « The Cruel World of Yoga », UnHerd, 12 mai 2022, unherd.com/2022/05/the-cruel-world-of-yoga/

communautés de gamers : Lewis Pennock, « Video Game Firm Fires Woman After Trans Activist Publicly Branded Her a "Transphobe" for Following Conservative Accounts and "Voicing Excitement Over Harry Potter Game" », *Daily Mail*, 25 janvier 2023, www.dailymail.co.uk/news/article-11675683/Video-game-company-fires-employee-follows-conservative-Twitter-accounts.html

groupes de couture : Calla Wahlquist, « Stitch-Up: Online Sewing Community at War over Cultural Appropriation », *The Guardian*, 1er juin 2019, www.theguardian.com/lifeandstyle/2019/jun/01/stitch-up-online-sewing-community-at-war-over-cultural-appropriation

De la page 368 à la page 372

la suprématie blanche : Yascha Mounk, « Stop Firing the Innocent ». Voir aussi Anne Applebaum, « The New Puritans », *The Atlantic*, 31 août 2021, theatlantic.com/magazine/archive/2021/10/new-puritans-mob-justice-canceled/619818/

des problèmes majeurs ont radicalement varié : Par exemple, aussi récemment qu'en 2008, ni Barack Obama ni Hillary Clinton ne soutenaient le mariage homosexuel. « Factbox: Presidential Candidates' Views on Gay Marriage », Reuters, 15 mai 2008, www.reuters.com/article/us-usa-politics-gaymarriage/factbox-presidential-candidates-views-on-gay-marriage-idUKN1534301220080516

les formes habituelles de la persuasion : John McWhorter, *Woke Racism: How a New Religion Has Betrayed Black America*, New York, Portfolio, 2021. Selon McWhorter, « Nous sommes les témoins de la naissance d'une nouvelle religion, comme les Romains furent témoins de la naissance du christianisme » (John McWhorter, *Woke Racism*, p. 23-24). Cette affirmation n'est pas une hyperbole, insiste-t-il : « Je ne veux pas dire que cette idéologie serait "pareille" à une religion. Je veux dire que c'est une religion » (John McWhorter, *Woke Racism*, p. 23). « Superstition, clergé, péché, impulsion prosélyte, dégoût de l'impureté, tout est là », écrit-il dans sa prose acérée très caractéristique. « Ils voient ça comme la logique incarnée. C'est aussi ce que pensait Torquemada quand il menait, vigoureux, l'inquisition espagnole. » (John McWhorter, *Woke Racism*, p. 26). Tout comme il est futile d'argumenter face à des religieux convaincus, conclut-il, ce serait une erreur de tenter de convaincre les partisans de (ce que j'appelle moi) la synthèse identitaire à la force de nos arguments.

politique publique dans leur vie : Taylor Orth, « Which Political Issues Do Americans Change Their Minds on and Why? », YouGovAmerica, 16 août 2022, today.yougov.com/topics/politics/articles-reports/2022/08/16/how-often-and-why-do-americans-change-their-minds

encore plus élevé : Diane Lowenthal et George Loewenstein, « Can Voters Predict Changes in Their Own Attitudes? », *Political Psychology* 22, n° 1 (mars 2001): 65-87, doi.org/10.1111/0162-895x.00226 ; Jordi Quoidbach, Daniel T. Gilbert et Timothy D. Wilson, « The End of History Illusion », *Science* 339, n° 6115 (2013): 96-98, doi.org/10.1126/science.1229294 ; Gregory B. Markus, « Stability and Change in Political Attitudes: Observed, Recalled, and "Explained" », *Political Behavior* 8, n° 1 (1986) : 21-44, doi.org/10.1007/bf00987591

au cours d'une vie : Voir par exemple Benny Geys, Tom-Reiel Heggedal et Rune J. Sørensen, « Age and Vote Choice: Is There a Conservative Shift Among Older Voters? », *Electoral Studies* 78 (2022) : 102485 ; Joe Chrisp et Nick Pearce, « Grey Power: Towards a Political Economy of Older Voters in the UK », *Political Quarterly* 90, n° 4 (2019): 743-56. Notez que quelques indices nous suggèrent que les millenials au Royaume-Uni et aux États-Unis casseraient cette tendance en devenant, avec l'âge, plus conservateurs bien plus lentement. Voir par exemple John Burn-Murdoch, « Millennials Are Shattering the Oldest Rule in Politics », *Financial Times*, 30 décembre 2022, www.ft.com/content/c361e372-769e-45cd-a063-f5c0a7767cf4

des immigrés et des Noirs vers plus d'égalité : Stephen Hawkins *et al.*, « Defusing the History Wars: Finding Common Ground in Teaching America's National Story », More in Common, consulté le 24 mars 2023, www.historyperceptiongap.us/

les tribus idéologiques américaines : Stephen Hawkins *et al.*, « Hidden Tribes: A Study of America's Polarized Landscape », More in Common, 2018, hiddentribes.us/media/qfpekz4g/hidden_tribes_report.pdf

leur propre bénéfice : La description des militants progressistes dans le rapport est très semblable, même si évidemment pas identique, à ce que j'appelle les « partisans de la synthèse identitaire ». Les militants progressistes, dit-il, « doutent des normes et de l'autorité traditionnelles. Ils voient ces valeurs comme établies par des groupes sociaux dominants tels que les hommes blancs hétérosexuels pour leur propre bénéfice. Les militants progressistes cherchent à corriger la marginalisation historique des groupes fondée sur la race, le genre, la sexualité, la fortune et autres formes de privilège » (Hawkins *et al.*, « Hidden Tribes », p. 10).

partager cette vision du monde : Comparés à l'Américain moyen, les militants progressistes étaient « 11 % plus blancs » et « deux fois plus diplômés » (Hawkins *et al.*, « Hidden Tribes », p. 30). D'autres sondages ont trouvé des majorités solides d'Américains issus de tous les groupes démographiques opposées à toute politique sensible à la race, ou inquiètes de la progression du politiquement correct. Loin d'opposer les Blancs et les « personnes de couleur », le combat contre le piège identitaire se définirait mieux comme une guerre civile culturelle entre différentes factions de

De la page 375 à la page 377

l'élite américaine à grande majorité blanche. Voir Vianney Gómez, « U.S. Public Continues to View Grades, Test Scores as Top Factors in College Admissions », Pew Research Center, 26 avril 2022, www.pewresearch.org/fact-tank/2022/04/26/u-s-public-continues-to-view-grades-test-scores-as-top-factors-in-college-admissions/ ; Scott Jaschik, « Poll Finds the Public Doesn't Favor Affirmative Action », *Inside Higher Ed*, 2 mai 2022, www.insidehighered.com/admissions/article/2022/05/02/poll-finds-public-doesnt-favor-affirmative-action ; Yascha Mounk, « Americans Strongly Dislike PC Culture », *The Atlantic*, 10 octobre 2018, www.theatlantic.com/ideas/archive/2018/10/large-majorities-dislike-political-correctness/572581/

discriminations contre les minorités : Voir par exemple Matthew D. Lassiter, *The Silent Majority: Suburban Politics in the Sunbelt South*, Princeton, Princeton University Press, 2007.

la synthèse identitaire : Par exemple, Herbert Marcuse est fondamental pour comprendre l'opposition de la synthèse identitaire à la liberté d'expression. Voir le chapitre 10. De même, Freire est souvent cité par les partisans du séparatisme progressiste. Voir le chapitre 11 et l'appendice.

Olúfẹmi Táíwò : Voir Olúfémi O. Táíwò, *Elite Capture: How the Powerful Took over Identity Politics (and Everything Else)*, Chicago, Haymarket Books, 2022 ; de même que Yascha Mounk, « Do the Politics of Class and Race Stand in Tension? », *The Good Fight*, 25 juin 2022, podcast, 56'41'', www. persuasion.community/p/taiwo#-details

rien de radical : Adolph L. Reed, dans l'introduction de *Class Notes: Posing as Politics and Other Thoughts on the American Scene*, New York, New Press, 2000, p. 19.

ces privilèges particuliers : C'est particulièrement vrai de la droite en Europe. Voir par exemple « How "Identitarian" Politics Is Changing Europe », *The Economist*, 28 mars 2018, www.economist.com/europe/2018/03/28/how-identitarian-politics-is-changing-europe ; Thomas Chatterton Williams, « The French Origins of "You Will Not Replace Us" », *New Yorker*, 27 novembre 2017, www.newyorker.com/magazine/2017/12/04/the-french-origins-of-you-will-not-replace-us. On doit également une version de cet argument à Eric Kaufmann. Lui-même métis, critique de la synthèse identitaire, Kaufmann exprime malgré tout le besoin, pour les groupes ethniques blancs, d'adopter une forme d'essentialisme stratégique qui leur serait propre.

De la page 377 à la page 378

Voir Eric Kaufmann, *Whiteshift: Populism, Immigration, and the Future of White Majorities*, New York, Abrams Press, 2019.

de bonnes raisons de défendre : Blake Smith, « Conservatives Need Multiculturalism », UnHerd, 14 septembre 2021, unherd.com/2021/09/conservatives-need-multiculturalism/

de la vie bonne à tout le monde : Pour un excellent résumé du débat entre les postlibéraux et la droite libérale, voir Benjamin Wallace-Wells, « David French, Sohrab Ahmari, and the Battle for the Future of Conservatism », *New Yorker*, 12 septembre 2019, www.newyorker.com/news/the-political-scene/david-french-sohrab-ahmari-and-the-battle-for-the-future-of-conservatism. Pour une critique de l'idée de Vermeule de « constitutionnalisme du bien commun », voir Garrett Epps, « Common-Good Constitutionalism Is an Idea as Dangerous as They Come », *The Atlantic*, 3 avril 2020, www.theatlantic.com/ideas/archive/2020/04/common-good-constitutionalism-dangerous-idea/609385/. Voir aussi James Chappel, « Nudging Toward Theocracy: Adrian Vermeule's War on Liberalism », *Dissent*, printemps 2020, www.dissentmagazine.org/article/nudging-towards-theocracy. Sur Curtis Yarvin, voir Damon Linker, « The Red-Pill Pusher », *Persuasion*, 23 janvier 2023, www.persuasion.community/p/the-red-pill-pusher

la propriété privée et la liberté religieuse : David French, « A Christian Defense of American Classical Liberalism », *Dispatch*, 31 octobre 2021, thedispatch.com/newsletter/frenchpress/a-christian-defense-of-american-classical/

d'identité tels que la race et l'ethnie : Voir par exemple Donald S. Lutz, « The Relative Influence of European Writers on Late Eighteenth-Century American Political Thought », *American Political Science Review* 78, n° 1 (1984): 189-97, doi.org/10.2307/1961257. Pour un emploi canonique de cette idée dans la tradition juive, voir Abraham Joshua Heschel, « Religion and Race » (discours à Chicago, 14 janvier 1963), Voices of Democracy, voicesofdemocracy.umd.edu/heschel-religion-and-race-speech-text/

Jésus-Christ : Épître aux Galates, 3,28. Traduction Louis Segond. Le même argument est répété ailleurs dans la Bible, dont l'épître aux Éphésiens 6,8 (« Sachant que chacun, soit esclave, soit libre, recevra du Seigneur selon ce qu'il aura fait de bien ») et l'épître aux Corinthiens 12,13 (« Nous avons tous, en effet, été baptisés dans un seul Esprit, pour former un seul corps, soit juifs, soit Grecs, soit esclaves, soit libres, et nous avons tous été abreuvés d'un seul Esprit. »)

De la page 378 à la page 382

de l'islam au bouddhisme : Par exemple, au cours d'une conférence en 1998, le 14e dalaï-lama disait qu'« au cœur du bouddhisme repose cette idée d'un potentiel d'éveil et de perfection présent chez tous les êtres humains, dont la réalisation sera l'effet d'un effort intime. Bouddha a proclamé que tout individu était maître de sa destinée. Il a souligné cette capacité de chacun à atteindre l'illumination. En ce sens, la vision bouddhiste du monde reconnaît l'uniformité fondamentale de tous les humains ». 14e dalaï-lama Tenzin Gyatso, « Buddhism, Asian Values, and Democracy », *Journal of Democracy* 10, n° 1 (1999) : 3-7, doi: 10.1353/jod.1999.0005

l'« unité spirituelle de l'humanité » : Abdu'l-Bahá, « Abdu'l-Bahá on Divine Philosophy », Bahá'í Library Online, 1998, 176, bahai-library.com/abdul-baha_divine_philosophy. Version électronique de la traduction anglaise d'Elizabeth Fraser Chamberlain, publiée en 1918.

Dieu n'est-il pas le berger universel ? : Abdu'l-Bahá, « Abdu'l-Bahá on Divine Philosophy ».

les critiques de la synthèse identitaire : John Rawls a employé l'idée de « consensus partagé » dans sa défense du libéralisme politique. Voir John Rawls, *Political Liberalism*, et John Rawls, « The Idea of an Overlapping Consensus », *Oxford Journal of Legal Studies* 7, n° 1 (1987) : 1-25. J'emploie ici ce terme de façon moins rigoureuse.

s'empêcher de le critiquer : Communication privée.

de cette position : Yascha Mounk, « The Perils of 180ism », *Persuasion*, 25 juin 2021, www. persuasion.community/p/mounk-the-perils-of-180ism

du débat et de l'ouverture : Voir par exemple la « Déclaration de Chicago », chapitre 10, note, p. 499, **au moins sur le papier**.

de la culture d'entreprise : Communication privée.

leurs opinions : Voir par exemple Ryan Grim, « Meltdowns » ; Pompeo, « "It's Chaos" » ; Katie Robertson et Benjamin Mullin, « Infighting Overshadows Big Plans at the Washington Post », *The New York Times*, 17 juin 2022, www.nytimes.com/2022/06/17/business/media/sally-buzbee-washington-post.html

au sein de l'organisation : Les guides de ce genre déjà mis en place sont souvent trop vagues et trop largement interprétables. Voir « Recommendations for Social Media Use on the National Desk », du National Social Media Committee à Steven Ginsberg (rédacteur

Page 382

national en chef) et Lori Montgomery (rédactrice nationale en chef adjointe), 20 avril 2020, www.documentcloud.org/documents/21582916-washington-post-social-media-guidelines (de Karl Bode, « New York Times Editors Still Don't Understand How Twitter or the Internet Work », *Techdirt*, 13 avril 2022, www.techdirt.com/2022/04/13/new-york-times-editors-still-dont-understand-how-twitter-or-the-internet-work/).

Table

PARTIE III
LES DÉFAUTS DE LA SYNTHÈSE IDENTITAIRE

Composition et mise en pages
Nord Compo à Villeneuve-d'Ascq

Achevé d'imprimer en octobre 2023
sur les presses de Normandie Roto Impression s.a.s.
61250 Lonrai
N° d'impression : 2304022

Imprimé en France